हाइनरिक हैरर का जन्म 1912 में कैरिंथिया में हुआ था। उन्होंने ग्राज़ यूनिवर्सिटी में पढ़ाई की और भूगोल और खेल-कूद दोनों में ही प्रतिष्ठा अर्जित की। उनके स्कीइंग कौशल ने उन्हें 1936 की ऑस्ट्रियाई ओलिंपिक टीम में जगह दिलाई और 1937 में उन्होंने वर्ल्ड यूनिवर्सिटी स्लैलम चैम्पियनशिप जीती। वह उस दल में शामिल थे जिसने 1938 में सबसे पहले आइगर के कुख्यात उत्तरी मुख की चढ़ाई की थी। उन्होंने पर्वतारोहण पर एक उत्कृष्ट पुस्तक द *वाइट स्पाइडर* लिखी। इसमें उस ख़तरनाक चढ़ाई के लिए किए गए प्रयासों का पूरा इतिहास दर्ज है।

2006 में 93 वर्ष की उम्र में उनका निधन हो गया।

तिब्बत में सात वर्ष

तिब्बत में सात वर्ष

यह पुस्तक हमारे समय के कुछ शानदार
यात्रा वृत्तांतों में स्थान पाने की हकदार है
–द टाइम्स

हाइनरिक हैरर

हिन्दी अनुवाद : यामिनी रामपल्लीवार

MANJUL
मंजुल पब्लिशिंग हाउस

MANJUL

मंजुल पब्लिशिंग हाउस

कॉरपोरेट एवं संपादकीय कार्यालय

• द्वितीय तल, उषा प्रीत कॉम्प्लेक्स, 42 मालवीय नगर, भोपाल-462 003

विक्रय एवं विपणन कार्यालय

• सी-16, सेक्टर 3, नोएडा, उत्तर प्रदेश, 201301

वेबसाइट : www.manjulindia.com

वितरण केन्द्र

अहमदाबाद, बेंगलुरू, कोच्चि, कोलकाता, चेन्नई,
हैदराबाद, मुम्बई, नई दिल्ली, पुणे

हाइनरिक हैरर द्वारा लिखित मूल अंग्रेजी पुस्तक
सेवन इयर्स इन तिब्बत का हिन्दी अनुवाद

Seven Years In Tibet by Heinrich Harrer – Hindi edition

यह हिन्दी संस्करण 2026 में पहली बार प्रकाशित

ISBN 978-93-7317-443-3

हिन्दी अनुवाद : यामिनी रामपल्लीवार

Cover image: adobe stock.com

मुद्रण व जिल्दसाज़ी : रेप्रो इंडिया लिमिटेड

विषय वस्तु

संदेश

हाइनरिक हैरर और मेरे बड़े भाई लोबसांग समतेन अच्छे दोस्त थे। वे दोनों मिलकर शरारतें भी ख़ूब करते थे। और मेरी उनसे पहली मुलाक़ात भी इसी वजह से हुई। फिर मैंने उन्हें इसलिए अपने घर आमंत्रित किया, क्योंकि मैं अपने मूवी प्रोजेक्टर के लिए जनरेटर पर काम करने में उनकी मदद चाहता था। और, जल्द ही हम दोनों भी अच्छे दोस्त बन गए।

अब, जब हम दोनों की उम्र बढ़ रही है, तो हमें वे सुखद दिन याद आते हैं जो हमने एक ख़ुशहाल देश में साथ-साथ बिताए थे। हैरर तिब्बती स्वतंत्रता के अंतिम वर्षों में ल्हासा में रहने वाले उन गिने-चुने लोगों में से एक थे, जो सभी तरह के जन-जीवन और दृश्यों की तसवीरों को अपने कैमरे में क़ैद कर सकते थे। ये तसवीरें तिब्बत के उस दौर का बेशक़ीमती दस्तावेज़ हैं। और मुझे ख़ुशी है कि इन्हें प्रकाशित किया जा रहा है, ताकि अन्य लोग भी हमारी उस संतुष्टि को महसूस कर सकें।

सच्ची दोस्ती की निशानी यही है कि चाहे कुछ भी हो जाए, यह कभी नहीं बदलती। एक बार जब आप एक-दूसरे को जान जाते हैं, तो आप अपनी दोस्ती बनाए रखते हैं और जीवन भर एक-दूसरे की मदद करते हैं। हैरर हमेशा से तिब्बत के ऐसे ही दोस्त रहे हैं। हमारे उद्देश्य की प्राप्ति के प्रयासों में उनका सबसे महत्त्वपूर्ण योगदान, उनकी पुस्तक, *सेवन इयर्स इन तिब्बत* है। इसने लाखों लोगों को मेरे देश से परिचित कराया। आज भी वे तिब्बतियों के स्वतंत्रता के अधिकार के संघर्ष में सक्रिय हैं और हम इसके लिए उनके आभारी हैं।

प्रस्तावना

मुझे लगता है कि ब्रिटिशों के लिए, और वास्तव अधिकतर यूरोपीय लोगों के लिए, पिछले पचास सालों में तिब्बत के प्रति आकर्षण विशेष रूप से बढ़ा है। 1904 में यंगहसबैंड ने एक ऐसे अभियान का नेतृत्व किया जो युद्ध के इतिहास में बेजोड़ था। इसकी प्रशासनिक कठिनाइयां हों या फिर जिस साहस और मानवीयता के अद्भुत संयोजन के साथ इसे संचालित किया गया था, वह उल्लेखनीय था। इस अभियान के तहत ल्हासा तक मार्च करके तिब्बत को अपने अधीन कर लिया गया। तिब्बतियों की साम्राज्यवादी सीमा पर लगातार अड़ियल रवैया बना हुआ था और इसी कारण अंततः हमें आक्रमण करना पड़ा था। इन तिब्बतियों के लिए अत्यंत उदार शर्तें रखी गईं। इसी के साथ सुदूर, रहस्यमय पठार पर यंगहसबैंड के अभियान के साथ आए मुट्ठी भर संवाददाताओं द्वारा भेजे गए संदेशों के कारण कुछ समय के राहत जो मिली थी, उस पर जल्द ही पर्दा पड़ गया।

यह एक मोटा पर्दा था। और सालों गुज़र गए, लेकिन झीना नहीं हुआ। उन्नीसवीं सदी के अंत में यूरोप की नज़रें एशिया की ओर मुड़ गईं। अफ्रीका की भौगोलिक चुनौती का मूलतः समाधान हो चुका था। उन दिनों उस महाद्वीप पर, दक्षिण अफ्रीका को छोड़कर, राजनीतिक समस्याओं का समाधान केवल यूरोपीय राजधानियों में ही संभव था। इसके विपरीत, एशिया में अप्रत्याशित और विचित्र शक्तियां सक्रिय थीं। मध्य एशिया में रूस की विजय ने उसकी क्षेत्रीय महत्त्वाकांक्षाओं का केवल पहला चरण पूरा किया था, लॉर्ड कर्जन और किपलिंग के मन में यह बात थी कि जब उसने अपनी सेनाओं को भारत से अलग करने वाले पर्वतीय अवरोध की जांच के लिए टोही दलों का सहारा लिया तो उसके मन में आशंकाएं उत्पन्न हो गईं, जो बाद में असंगत साबित हुईं।

लेकिन यहां एक बार फिर से एशिया परिदृश्य में तब उभरा, जब यंगहसबैंड - इतिहास में पहली और आख़िरी बार समुद्र तल से 17 हज़ार फ़ुट ऊपर तोपखाने का इस्तेमाल कर रहा था, तिब्बतियों को हरा रहा था, तो मंचूरिया में जापानी, बिना किसी मुरव्वत या माफ़ी के रूसियों को हरा रहे थे। और बॉक्सर विद्रोह में, सिर्फ़ तीन साल पहले एक अंतरराष्ट्रीय अभियान ने पीकिंग में लेगेशन क्वार्टर की घेराबंदी हटा दी थी।

तिब्बत ने एशिया को लेकर यूरोप की जिज्ञासाओं को संतुष्ट करने के लिए एक सीमा से बढ़कर कुछ नहीं किया। यूरोप लगातार उसे उकसाता रहा, लेकिन तिब्बत की प्रतिक्रिया न्यूनतम रही। एक बार चार तिब्बती लड़कों (आगे के पृष्ठों में आपको उनके बारे में संक्षिप्त जानकारी मिलेगी। एक समझदारीपूर्ण प्रयोग में वे ही जीवित बच पाए थे। इस प्रयोग को तिब्बतियों ने फिर कभी नहीं दोहराया) को रग्बी सीखने के लिए भेजा गया और 1950 में चीनी कम्युनिस्ट ताक़तों के देश पर कब्ज़ा करने तक, कुलीन लोगों के बेटे अक्सर भारत की स्कूलों में पढ़ते थे और (अन्य बातों के अलावा) अंग्रेज़ी भाषा सीखते थे। यूरोप तिब्बतियों का ख़ुशी-ख़ुशी स्वागत करता, जैसे उसने अन्य एशियाई देशों से आने वाले प्रवासियों और विद्यार्थियों का स्वागत किया; लेकिन मोटे तौर पर कहा जाए तो यूरोप, तिब्बत को अपने साथ मिलाने के बेताब है, तिब्बत ने कभी भी यूरोप में मिलने की ज़रा भी इच्छा नहीं दिखाई।

इसके अलावा, उन्होंने यूरोपीय लोगों या वास्तव में किसी भी ग़ैर-तिब्बती के लिए तिब्बती क्षेत्र में पैर रखना जितना संभव हो सके उतना मुश्क़िल बना दिया है। चाहे उनकी साख कितनी भी बेदाग़ क्यों ना हो। रहस्य का पर्दा, या शायद विशिष्टता का पर्दा, जिसे यंगहसबैंड ने उठाया और फिर इतने मोहक ढंग से गिरा भी दिया, उसे पिछले पचास वर्षों में बहुत कम लोग भेद पाए हैं। और यह कहना ग़लत ना होगा कि उनमें से किसी को भी वह उल्लेखनीय स्थान प्राप्त नहीं हुआ, जो स्थान इस पुस्तक के लेखक ने ल्हासा में पांच साल बिताने के बाद युवा दलाई लामा के समूह में पाया।

यूरोपीय यात्री एशिया या एशिया के पिछड़े इलाक़ों को ऊपरी तौर पर देखने का आदी है। मेरे कहने का मतलब यह है कि कभी-कभी उसके पास संसाधन कम होते हैं या वह असुविधाजनक स्थिति में होता है। लेकिन

यूरोपीय जिनके इलाक़े से गुज़र रहा होता है, उनकी तुलना में बहुत बेहतर स्थिति में होता है। उसके पास पैसा और आग्नेयास्त्र, साबुन और दवाइयां, टेंट और टिन-ओपनर जैसी कई चीज़ें होती हैं। ये उन लोगों के पास नहीं होतीं। इसके अलावा, उसके पास पृथ्वी के दूसरे हिस्से में एक सरकार होती है जो मुसीबत पड़ने पर उसे उससे बाहर निकालने की कोशिश करेगी। इसीलिए विदेशी लोग सर्वसुविधाओं के ऊंचे लेकिन बहुत भरोसेमंद नहीं, घोड़े पर सवार होकर पिछड़े इलाक़ों और उनके निवासियों को ऊपर ही ऊपर से देखने की कोशिश करते हैं।

हेर हैरर के साथ ऐसा नहीं था। जब 1943 में उन्होंने देहरादून के एक नज़रबंदी शिविर से भागने का तीसरा और सफल प्रयास किया और तिब्बत की ओर बढ़े, तो वह ज़मीन से एशिया को देख रहे थे। वह पैदल यात्रा करते थे। अपनी पीठ पर सामान ढोते थे और खुले आसमान के नीचे धरती पर सोते थे। वह भगोड़े थे। कोई हैसियत नहीं थी, काग़ज़ात नहीं थे। पास में बहुत सीमित धन था। एक सुनियोजित अभियान के लिए चांगथांग पठार से होते हुए ल्हासा तक शीतकालीन घुमावदार रास्ते पर चलना एक सराहनीय उपलब्धि रही होती, जैसा कि हैरर और उनके साथी औफ़श्नेटर ने किया। यह यात्रा एक हैरतअंगेज़ कामयाबी थी। जब वे ल्हासा पहुंचे तो कंगाल और फटेहाल थे।

यद्यपि तिब्बती राजधानी में उनकी उपस्थिति का कोई औचित्य नहीं था, फिर भी वहां उनका बहुत अच्छा स्वागत हुआ। भले ही रास्ते में जगह-जगह पर अधिकारियों द्वारा उनके साथ किए गए बुरे बर्ताव से मन में रोष था, लेकिन यहां पहुंचकर उन्हें बड़ी प्रसन्नता हुई। फिर भी उनके पास यह मानने के लिए कई कारण थे कि उन्हें इस देश से निकाल दिया जाएगा। और भले ही अब युद्ध समाप्त हो चुका था, फिर भी हेरर यह मानकर चल रहे थे कि इस निष्कासन का अर्थ होगा भारत में उन्हें पुनः नज़रबंद कर दिया जाना। अब तक वह तिब्बती भाषा धाराप्रवाह बोलने लगे थे। हालांकि उच्चारण देहाती होने के कारण ल्हासा के परिष्कृत लोग उन पर हँसते थे, पर वह जहां रह रहे थे, वहीं रहने और सरकारी काम में मदद करने की लगातार अनुमति मांगते रहे।

मैं हेरर से कभी नहीं मिला, लेकिन जब आप अगले पन्नों को पढ़ेंगे तो आपको पता चलेगा कि वह एक समझदार, विनम्र और बहुत साहसी व्यक्ति हैं। उनकी रुचियां सामान्य हैं, लेकिन जीवन के मापदंड बहुत कठोर। यह तो स्पष्ट है कि शुरु से ही तिब्बती लोग उन्हें पसंद करते थे और मैं समझता हूं कि यह उनकी ईमानदारी ही थी जिसके कारण अधिकारियों ने, उन्हें ल्हासा में पांच सालों तक रहने की औपचारिक ना सही, अनौपचारिक अनुमति तो दे ही दी थी। इस दौरान वह अपने आत्म-विश्वास के बल पर लगातार प्रगति करते रहे। उन्होंने एक निराश्रित और विदेशी घुमक्कड़ से युवा दलाई लामा के शिक्षक और विश्वासपात्र व्यक्ति बनने की प्रतिष्ठा अर्जित की। इस चौदह वर्षीय प्रभावशाली व्यक्ति के बारे में हैरर ने एक दिलचस्प और सहानुभूतिपूर्ण विवरण दिया है। हैरर निश्चित रूप से किसी भी विदेशी (संभवतः सर चार्ल्स बेल को छोड़कर) की तुलना में दलाई लामा के अधिक क़रीब थे। 1950 में जब चीनी कम्युनिस्टों ने तिब्बत पर आक्रमण किया तो इस एकाकी, योग्य और स्नेही नौजवान से बिछड़ना हैरर के लिए ही नहीं तो दलाई लामा के लिए भी कष्टकारी अनुभव था।

तिब्बत के चरित्र में रहस्यवाद और विनोदप्रियता, चतुराई और अंधविश्वास, सहिष्णुता और कठोर परंपराओं का विचित्र मिश्रण है। संभावना है कि तिब्बत को जीतने वाले इस चरित्र को बदल दें। लेकिन तिब्बती समाज की प्राचीन, जर्जर संरचना प्रणाली, जिस पर दलाई लामा अपने क्रमिक अवतारों में अध्यक्षता करते रहे हैं, दोषों और कालबाह्यताओं से भरी हुई है। अपने पारंपरिक रूप में यह शायद ही उन वैचारिक तनावों से बच पाएगी, जिनसे इस समय जूझ रही है। यह कितने सौभाग्य की बात है कि मिस्टर हेर हैरर को यह अवसर मिला और उन्होंने इसका सराहनीय ढंग से उपयोग किया। हैरर को उन लोगों के साथ घनिष्ठ संबंध बनाकर अध्ययन करने का अवसर मिला जिनके साथ पश्चिम अब अल्प संपर्क बना पाने में भी असमर्थ है। हैरर ने जो कुछ किया और जो कुछ देखा, उसका वर्णन मिस्टर हेयर्डहल द्वारा कोन-टिकी के यात्रा वर्णन के समान ही विलक्षण है। और, मुझे यह कहते हुए ख़ुशी हो रही है कि यह कहानी भी उतनी ही सरल, अनौपचारिक शैली में कही गई है।

पीटर फ़्लेमिंग

भूमिका

हमारे तमाम सपनों की शुरुआत नौजवानी में होती है। बचपन में मुझे किताबें कम लुभाती थीं। मुझे हमारे समय के नायकों की उपलब्धियों से अधिक प्रेरणा मिलती थी। नई जगहों की तलाश करने निकले, किसी खेल का चैंपियन बनने के लिए जी-जान से मेहनत करने वाले या किसी पर्वत चोटी को फतह करने वाले लोगों का अनुकरण करना मेरी महत्त्वाकांक्षा थी।

लेकिन मेरे पास अनुभवी लोगों की सलाह और मार्गदर्शन नहीं था। और इसीलिए यह समझने में ही मेरे कई साल बर्बाद हो गए कि एक ही समय में कई लक्ष्यों के पीछे नहीं भागना चाहिए। मैंने कई तरह के खेलों में हाथ आज़माया था, लेकिन मुझे संतोषजनक सफलता नहीं मिली। इसलिए आख़िरकार मैंने स्कीइंग और पर्वतारोहण पर अपना ध्यान केंद्रित करने का फ़ैसला किया। इन दो खेलों को मैं इसीलिए पसंद करता था, क्योंकि इनकी वजह से मुझे प्रकृति के साथ अपना क़रीबी जुड़ाव महसूस होता था।

मैंने अपना बचपन आल्प्स में बिताया था। मैं गर्मियों में स्कूल की छुट्टियों के दौरान अक्सर पहाड़ों पर चढ़ाई करता था और मेरी सर्दियों की छुट्टियां स्की-रनिंग करते हुए बीतती थीं। इस दौरान छोटी-छोटी सफलताओं ने मुझे कुछ बड़ा करने के लिए प्रेरित किया। मेरे भीतर महत्त्वाकांक्षा जागी और मैं कड़ी मेहनत करने के बाद 1936 में ऑस्ट्रियाई ओलिंपिक टीम में जगह पाने में सफल हो गया। एक साल बाद मैं वर्ल्ड स्टूडेंट्स चैंपियनशिप में डाउनहिल रेस का विजेता बना।

इन प्रतियोगिताओं से मुझे गति का आनंद और जीत की शानदार संतुष्टि का अनुभव हुआ। आख़िर इस उपलब्धि के लिए मैंने अपना सर्वस्व

झोंक दिया था। लेकिन अपने इंसानी प्रतिद्वंद्वियों पर जीत और सफलता की सार्वजनिक मान्यता ने मुझे संतुष्ट नहीं किया। मुझे लगने लगा कि पहाड़ों के विरुद्ध अपनी ताक़त को मापना ही एकमात्र सार्थक महत्त्वाकांक्षा है। इसलिए मैंने चट्टानों और बर्फ़ पर अभ्यास किया। महीनों तक अभ्यास करने के बाद मैं इतना फ़िट हो गया कि अब मुझे कोई भी खाई अजेय नहीं लगती थी। लेकिन इसके कारण मुझे कई परेशानियों से जूझना पड़ा और अपने अनुभव की क़ीमत भी चुकानी पड़ी। एक बार मैं 170 फ़ुट नीचे गिर गया और यह केवल एक चमत्कार ही था कि मेरी जान बच गई। छोटी दुर्घटनाएं तो लगातार हो ही रही थीं।

अभ्यास के बाद पढ़ाई के लिए यूनिवर्सिटी में वापस लौटना हमेशा एक बड़ा झटका होता था। लेकिन मुझे इस बारे में शिकायत नहीं करनी चाहिए थी! मुझे पर्वतारोहण और यात्राओं के संबंध में तरह-तरह की जानकारियों का अध्ययन करने के अवसर यहीं मिले। और जैसे-जैसे मैं ये किताबें पढ़ता गया, मेरे मन की अव्यवस्थित इच्छाएं नष्ट होने लगीं। केवल एक महत्त्वाकांक्षा प्रबल हुई, जो हर किसी पर्वतारोही की होती है और वह थी हिमालय अभियान में हिस्सा लेना।

लेकिन मेरे जैसे अनजान नौजवान ने ऐसे महत्त्वाकांक्षी सपने देखने की हिम्मत आख़िर कैसे की? क्यों, हिमालय तक पहुंचने के लिए या तो बहुत अमीर होना पड़ता या उस राष्ट्र से संबंधित होना था जिसके नागरिकों को उस समय भी भारत में सेवा के लिए भेजे जाने का मौक़ा था। जो व्यक्ति ना तो ब्रिटिश था और ना ही अमीर, उसके लिए केवल एक ही रास्ता था। उन दुर्लभ अवसरों में से एक का लाभ उठाना था, जो बाहरी लोगों के लिए भी खुले थे और कुछ ऐसा करना था जिससे उसके दावों को ख़ारिज करना असंभव हो जाए। लेकिन कौन-सा प्रदर्शन किसी व्यक्ति को इस श्रेणी में खड़ा कर सकता था? हर अल्पाइन चोटी पर बहुत पहले चढ़ाई की जा चुकी है, यहां तक कि सबसे दुर्गम चोटियां और चट्टानें भी पर्वतारोहियों के अविश्वसनीय कौशल और साहस के आगे झुक गई हैं। लेकिन रुकिए! अभी भी एक अजेय खाई बाक़ी थी।

6,700 फ़ुट ऊंचे इस पर्वत को कभी कोई फ़तह नहीं कर पाया था। सभी प्रयास विफल हो गए थे और इसको जीतने की कोशिश में कई लोग अपनी जान गंवा बैठे थे। आगे चलकर इस ख़तरनाक और दैत्याकार पर्वत को लेकर अनेक किंवदंतियां जुड़ गईं और आख़िरकार स्विस सरकार ने इस पर चढ़ाई प्रतिबंधित कर दी।

नि:संदेह, मैं इसी तरह के किसी रोमांच की तलाश में था। अगर मैं आल्प्स पर्वतमाला के अनछुए, अजेय उत्तरी हिस्से पर चढ़ाई करने में सफल हो जाता हूं, तो मैं हिमालय के अभियान के लिए चुने जाने का अधिकारी हो जाऊंगा। मैं इस लगभग निराशाजनक उपलब्धि को हासिल करने के विचार पर लंबे समय तक मंथन करता रहा। 1938 में मैं अपने दोस्तों फ़्रिट्ज कास्परेक, एंडरल हेकमेयर और विगर्ल वोर्ग के साथ इस ख़तरनाक चढ़ाई को पूरा करने में कैसे सफल हुआ, इस बारे में कई किताबों में लिखा गया है।

इस साहसिक अभियान के बाद मैंने शरद ऋतु में अपना प्रशिक्षण जारी रखा और उम्मीद करता रहा कि मुझे 1939 की गर्मियों में नियोजित नंगा पर्वत अभियान में शामिल होने के लिए आमंत्रित किया जाएगा। ऐसा भी लग रहा था कि कहीं मेरी उम्मीदों पर पानी ना फिर जाए, क्योंकि सर्दी आ गई और कुछ नहीं हुआ। कश्मीर के उस भाग्यशाली पर्वत के अन्वेषण लेने के लिए कई लोगों का चयन हो गया था। और इसलिए मेरे पास भारी मन से एक स्की-फ़िल्म में भाग लेने के लिए अनुबंध पर हस्ताक्षर करने के अलावा कोई विकल्प नहीं बचा था।

रिहर्सल काफ़ी आगे बढ़ चुकी थी। तभी मुझे अचानक फ़ोन आया। यह हिमालय अभियान में भाग लेने का आमंत्रण था। जिसकी मुझे लंबे समय से प्रतीक्षा थी। अभियान चार दिनों में शुरू होने वाला था। मुझे सोचने-विचारने की कोई ज़रूरत थी ही नहीं। मैंने बिना किसी हिचकिचाहट के अपना अनुबंध तोड़ दिया। ग्राज़ स्थित घर के लिए रवाना हुआ। एक दिन सामान पैक करने में बीता। और अगले ही दिन जर्मन नंगा पर्वत अभियान के लीडर पीटर औफ़्शनाइटर के साथ एंटवर्प के लिए रवाना हो गया। ग्रुप के अन्य साथी थे लुट्ज़ चिकन और हैंस लोबेनहोफ़र।

उस समय तक इस 25,000 फ़ुट ऊंचे पहाड़ पर चढ़ने के चार प्रयास हो चुके थे। सभी विफल रहे थे। इनमें कई जानें गईं और इसीलिए ऊपर चढ़ने का नया रास्ता तलाशने का फ़ैसला किया गया था। यही हमारा काम था और अगले साल चोटी पर धावा बोलने की योजना बनाई गई थी।

नंगा पर्वत के इस अभियान के दौरान हिमालय से मैं अभिभूत था। इन विशाल पर्वतमालाओं का अद्भुत सौंदर्य, जिस धरती पर वे निर्भय होकर खड़े हैं उसकी विशालता, भारत के लोगों की विलक्षणता-इन सबने मेरे दिमाग़ पर जादू कर दिया था।

तब से कई साल बीत चुके हैं, लेकिन मैं कभी भी अपने आपको एशिया से अलग नहीं कर पाया। यह सब कैसे हुआ और इसका क्या नतीजा निकला, इस पुस्तक में मैं सब बताने की कोशिश करूंगा और चूंकि मेरे पास बतौर लेखक कोई अनुभव नहीं है, इसलिए मैं बिना किसी सीधी-सपाट भाषा में तथ्यों को रखूंगा।

—हाइनरिक हैरर

1

नज़रबंदी

युद्ध छिड़ना और हमारी क़ैद-देहरादून-मैं मार्कीज़ी (एक इतालियन कुलीन) के साथ हो लिया-भागा-मार्कीज़ी ने मुझे गले लगा लिया-हम रात में पैदल चलते हैं और दिन में किसी वाहन की सवारी करते हैं-ट्राउट (मछली) और सिगरेट- गंगा और तीर्थयात्रियों के मार्ग पर पकड़ लिया गया-मैं एक बार फिर भाग निकला, अबकी बार अकेला- और, फिर पकड़ा गया।

अगस्त 1939 के अंत तक हमने अपनी टोही पूरी कर ली थी। हमने वास्तव में पहाड़ पर चढ़ने का एक नया रास्ता खोज लिया था और अब कराची में उस मालवाहक जहाज़ का इंतज़ार कर रहे थे जो हमें वापस यूरोप ले जाने वाला था। हमारा जहाज़ बहुत पहले ही रवाना हो चुका था और युद्ध के बादल लगातार घने होते जा रहे थे। गुप्त पुलिस ने हमारे लिए पहले ही जाल बिछाना शुरू कर दिया था और चिकन, लोबेनहोफ़र और मैंने उसी मुताबिक़ उससे बचने का तय कर लिया था। जहां भी हमें रास्ता मिले, वहां से भागना था। केवल औफ़्शनाइटर ही कराची में रहने के पक्ष में थे। उन्होंने प्रथम विश्व युद्ध में हिस्सा लिया था।

हममें से बाक़ी लोगों ने फ़ारस के रास्ते घर पहुंचने की योजना बनाई। जो आदमी हमारा पीछा कर रहा था, उससे जान छुड़ाने में हमें कोई कठिनाई नहीं हुई। अपनी जर्जर कार के सहारे कुछ सौ मील रेगिस्तान पार करने के बाद हम कराची के उत्तर-पश्चिम में एक छोटी-सी रियासत लास बेला पहुंचने में कामयाब रहे। लेकिन वहां क़िस्मत ने हमें धोखा दिया। अचानक आठ

सैनिकों ने हमें घेर लिया। उनका कहना था कि हमें व्यक्तिगत सुरक्षा की आवश्यकता है। हम वास्तव में गिरफ़्तार थे, हालांकि जर्मनी और ब्रिटिश राष्ट्रमंडल अभी युद्ध में उतरे नहीं थे।

जल्द ही हम अपने भरोसेमंद पहरेदार के साथ कराची वापस आ गए। यहां हमें पीटर औफ़्शनाइटर मिले। दो दिन बाद इंग्लैंड ने जर्मनी के ख़िलाफ़ युद्ध की घोषणा कर दी। उसके बाद सब कुछ ठीक चलता रहा। युद्ध की घोषणा के कुछ ही मिनट बाद, हथियारों से लैस पच्चीस भारतीय सैनिक हमें ले जाने के लिए एक रेस्तरां के बग़ीचे में पहुंचे। यहां हम लोग पहले से ही बैठे हुए थे। हम पुलिस की कार में सवार होकर कांटेदार तारों से घिरे जेल शिविर में पहुंचे। लेकिन वह महज एक ट्रांजिट कैंप निकला और दो सप्ताह बाद हमें बॉम्बे के पास अहमदनगर के बड़े नज़रबंदी शिविर में भेज दिया गया। वहां हम भीड़ भरे तंबुओं और झोपड़ियों में रहते थे। परस्पर विरोधी विचारों और उत्साह भरी बातचीत का कोलाहल रहता था। मैंने सोचा, 'नहीं, यह वातावरण हिमालय की धूप से जगमगाती, एकांत ऊंचाइयों से बहुत अलग है। आज़ादी पसंद लोगों के लिए इस ज़िंदगी का कोई अर्थ नहीं है।' इसलिए मैं भागने के तरीक़े और साधन तलाशने में व्यस्त हो गया।

बेशक, भागने की योजना बनाने वाला मैं अकेला व्यक्ति नहीं था। मेरे जैसा ही सोचने वाले साथियों की मदद से मैंने कंपास, पैसे और नक़्शे इकट्ठा किए। इन्हें तस्करी करके लाया गया था। हम चमड़े के दस्ताने और कांटेदार तार काटने वाली मशीन जुटाने में भी कामयाब रहे। इसके गुम होने पर सख़्त लेकिन निरर्थक जांच शुरू की गई थी।

हम सभी को लगा कि युद्ध जल्द ही ख़त्म हो जाएगा, इसलिए हम भागने की अपनी योजना को टालते रहे। लेकिन एक दिन अचानक हमें दूसरे शिविर में ले जाया गया। हमें देवलाली जा रहे ट्रकों के काफ़िले में लाद दिया गया। हर ट्रक में हम अठारह क़ैदी बैठे थे और हमारी सुरक्षा के लिए एक भारतीय सैनिक था। संतरी की राइफ़ल को एक चेन से उसकी बेल्ट से बांध दिया गया था, ताकि कोई उसे छीन ना सके। काफ़िले के आगे और पीछे सैनिकों से भरा एक ट्रक था।

जब हम अहमदनगर के शिविर में थे, तब लोबेनहॉफ़र और मैंने नए शिविर में स्थानांतरित होने से पहले ही भागने का तय किया। नए शिविर में भागने की हमारी संभावनाएं नए ख़तरे में पड़ सकती थीं। इसलिए अब हम ट्रक के पिछले हिस्से में बैठ गए। हमारे लिए सौभाग्य की बात थी कि सड़क पर कई मोड़ थे और हम अक्सर धूल के घने बादलों में घिरे रहते थे। हमने सोचा यह हमारे लिए कूदकर जंगल में ग़ायब होने का अच्छा मौक़ा है। कोई हमें देख भी नहीं पाएगा। हमें उम्मीद नहीं थी कि ट्रक में बैठा गार्ड हमें देख लेगा, क्योंकि हमें लग रहा था कि वह सामने वाले ट्रक पर नज़र रखे हुए है। वह कभी-कभार ही हमारी तरफ़ देखता था। हर तरह से हमें ऐसा नहीं लगा कि भाग पाना बहुत मुश्क़िल होगा और हमने अपने प्रयास को अंतिम संभावित क्षण तक के लिए स्थगित कर दिया। हमारा इरादा हमारे रास्ते में पड़ने वाले किसी तटस्थ पुर्तगाली क्षेत्र में पहुंचने का था।

आख़िरकार वह क्षण आ ही गया। हम कूद पड़े और मैं सड़क से बीस गज़ दूर तक भागा और एक झाड़ी के पीछे एक छोटे-से गड्ढे में अपने आपको गिरा दिया। और, मैं डर गया क्योंकि काफ़िला रुक गया था। मैंने सीटी और गोलीबारी की आवाज़ सुनी और फिर, गार्ड को सड़क के दूर किनारे पर भागते हुए देखकर, मुझे कोई संदेह नहीं था कि क्या हुआ था। लोबेनहॉफ़र को ज़रूर खोज लिया गया होगा और चूंकि उसके पास हमारा बैग और सारा सामान था, इसलिए मेरे पास भागने की उम्मीद छोड़ने के अलावा कोई चारा नहीं था। सौभाग्य से इस अफ़रा-तफ़री में किसी भी सैनिक की नज़र मुझ पर नहीं पड़ी और मैं अपनी जगह पर वापस पहुंच गया। मेरे भागने की जानकारी केवल मेरे साथियों को थी, तो स्वाभाविक रूप से उन्होंने अपना मुंह बंद रखा।

फिर मैंने लोबेनहॉफ़र को देखा। वह संगीनों की कतार का सामना करते हुए अपने हाथ ऊपर उठाए खड़ा था। मैं अपनी विफलता से बुरी तरह निराश हो गया था। लेकिन वास्तव में मेरे दोस्त को इसके लिए दोषी नहीं ठहराया जा सकता। जब वह कूदा तो उसके हाथ में हमारा भारी बैग था। ऐसा लगता है कि सामान के साथ उसकी भागदौड़ के दौरान कुछ आवाज़ हुई होगी जिसे गार्ड ने सुन लिया होगा। इसीलिए वह जंगल में पहुंचने से पहले ही पकड़ा गया। हमने इस साहसिक कार्य से एक कड़वी लेकिन उपयोगी सीख ली, वह

यह कि भागने की किसी भी मिली-जुली योजना में प्रत्येक भगोड़े को अपने साथ अपना सारा ज़रूरी सामान लेकर भागना चाहिए।

उसी साल हमें एक बार फिर दूसरे शिविर में ले जाया गया। इस बार हमें रेलगाड़ी में भारत के सबसे बड़े युद्धबंदी शिविर में ले जाया गया। यह देहरादून शहर से कुछ मील दूर था। देहरादून के ऊपर मसूरी हिल स्टेशन था। मसूरी ब्रिटिश और धनाढ्य भारतीयों का ग्रीष्मकालीन निवास था। हमारा शिविर सात बड़े खंडों में बना था, जिनमें से प्रत्येक कांटेदार तार की दोहरी बाड़ से घिरा हुआ था। पूरा शिविर तार की दो और पंक्तियों से घिरा हुआ था, जिसके बीच में गश्ती दल लगातार चलते-फिरते रहते थे।

हमारे नए शिविर की परिस्थितियों ने हमारे लिए स्थिति पूरी तरह से बदल दी। जब तक हम मैदानी इलाक़े में थे, हमारा हमेशा लक्ष्य भागकर किसी तटस्थ पुर्तगाली क्षेत्र में पहुंचना था। यहां पहाड़ी इलाक़े में हमारे सामने उत्तुंग हिमालय खड़ा था। एक पर्वतारोही के लिए दर्रे पार करके तिब्बत तक पहुंचने का विचार बड़ा लुभावना था।

इन परिस्थितियों में और इन उद्देश्यों के साथ भागने की योजना बड़ी सावधानी से बनानी थी। अब तक हम युद्ध के शीघ्र समाप्त होने की आशा छोड़ चुके थे और इसीलिए, यदि हम भागना चाहते थे तो हमारे पास व्यवस्थित रूप से संगठित होने के अलावा और कोई विकल्प नहीं था। भारत के घनी आबादी वाले इलाक़ों से निकल पाना संभव नहीं था। इसके लिए बहुत सारा पैसा और अंग्रेज़ी भाषा का अच्छा ज्ञान होना चाहिए था। और मेरे पास दोनों में से कुछ भी नहीं था। इसलिए आप आसानी से कल्पना कर सकते हैं कि मेरी प्राथमिकता तिब्बत के निर्जन इलाक़ों में थी। मैंने हिमालय पर जाने के बारे में सोचा और मुझे लगा कि भले ही मेरी योजना विफल हो जाए, फिर भी ऊंचे पहाड़ों में स्वतंत्रता का एक क्षण बिताना सार्थक होगा।

अब मैंने थोड़ी-बहुत हिंदुस्तानी, तिब्बती और जापानी भाषा सीखना शुरू कर दिया। एशिया के यात्रा-वृत्तांतों पर लिखी सभी तरह की पुस्तकों को मैंने पढ़ा। ये मुझे लाइब्रेरी में मिलीं। मैंने ख़ास तौर पर वे पुस्तकें पढ़ीं जो मेरे संभावित मार्ग पर पड़ने वाले जिलों की जानकारी देती थीं। मैंने इन पुस्तकों

से ज़रूरी अंश निकाले और महत्त्वपूर्ण मानचित्रों की प्रतियां बना लीं। पीटर औफ़्शनाइटर के पास एशिया में अभियानों से संबंधित कई पुस्तकें और मानचित्र थे। पीटर को भी देहरादून में हमारे साथ रखा गया था। उन्होंने बड़ी मेहनत करके इन जानकारियों को व्यवस्थित किया और अपने सभी नोट्स और रेखाचित्र मुझे सौंप दिए। मैंने इन सभी की दो प्रतियां बनाईं, एक प्रति भागते समय अपने साथ ले जाने के लिए और दूसरी प्रतिलिपि मूल प्रतियों के खो जाने की स्थिति में उपयोग के लिए रख ली।

मैं जिस रास्ते से भागने वाला था, उसे देखते हुए ख़ुद को शारीरिक रूप से जितना संभव हो सके उतना फ़िट रखना भी मेरे लिए बहुत ज़रूरी था। इसलिए चाहे मौसम अच्छा हो या ख़राब, मैं हर दिन कई घंटों तक खुली हवा में व्यायाम करता था। वहीं, रात में मैं बाहर निकलकर पहरेदारों की आदतों पर ग़ौर करता था।

मेरी सबसे बड़ी चिंता यह थी कि मेरे पास बहुत कम पैसे थे। हालांकि मैंने वह सारा सामान बेच दिया था जिनके बिना मैं रह सकता था। लेकिन फिर भी मेरे पास जो बचत थी, वह तिब्बत में जीवन-यापन की ज़रूरतों को पूरा करने के लिए बहुत कम थी, रिश्वत और उपहारों की तो बात ही छोड़िए, जो एशिया में जीवन की आम बात है। फिर भी मैं अपनी योजना पर व्यवस्थित रूप से काम करता रहा और मुझे ऐसे कुछ दोस्तों से मदद मिली, जिनका ख़ुद भागने का इरादा नहीं था।

मेरा इरादा अकेले ही भागने का था ताकि किसी साथी की वजह से मेरी योजना बाधित ना हो। इससे मेरे अवसर चूक सकते थे। लेकिन एक दिन मेरे दोस्त रॉल्फ़ मैगनर ने मुझे बताया कि मेरी ही तरह एक इतालवी जनरल भी भागना चाहता है। मैंने इस आदमी के बारे में सुन रखा था, और इसीलिए एक रात मैगनर और मैं तार की बाड़ पर चढ़कर पड़ोसी विंग में पहुंच गए। इसमें चालीस इतालवी जनरलों को रखा गया था। मेरे भावी साथी का नाम मार्कीज़ी था और वह ठेठ इतालवी दिखता था। उसकी उम्र चालीस साल से कुछ ज़्यादा थी, दुबला-पतला, मिलनसार और साफ़-सुथरे पहनावे में था। मैं उसकी क़द-काठी से विशेष रूप से प्रभावित था। शुरू में हमें एक-दूसरे को समझने में कठिनाई हुई। वह जर्मन नहीं बोल पाता था और मैं इतालवी नहीं

जानता था। हम दोनों को केवल थोड़ी-बहुत अंग्रेज़ी आती थी, इसलिए हमने एक दोस्त की मदद से, फ्रेंच में बातचीत की। मार्कीज़ी ने मुझे अबीसीनिया में युद्ध की जानकारी दी और एक युद्धबंदी शिविर से भागने के अपने पहले के प्रयास के बारे में भी बताया।

अच्छी बात यह थी कि उसे ब्रिटिश जनरल के बराबर वेतन मिलता था और पैसे की कोई समस्या नहीं थी। वह हमारी निकलने के लिए ऐसी-ऐसी चीज़ें ख़रीद सकता था जिन्हें ख़रीद पाना मेरे बस की बात नहीं थी। उसे ऐसे साथी की ज़रूरत थी जो हिमालय से परिचित हो। इसलिए हमारे बीच जल्दी ही इस बात पर सहमति बन गई कि योजना बनाने और उसे साकार करने की ज़िम्मेदारी मुझ पर होगी और पैसे और साधन का इंतज़ाम वह करेगा।

हर हफ़्ते मैं बार-बार मार्कीज़ी के साथ विस्तार से चर्चा करने के लिए अपने टेंट से रेंगकर उस ओर निकल जाता था। अब मैं कांटेदार तारों को पार करने में माहिर हो गया था। बेशक भागने के कई तरीक़े थे, लेकिन जो मुझे सबसे ज़्यादा आशाजनक लगा वह इस महत्त्वपूर्ण तथ्य पर आधारित था कि पूरे कैंप को घेर कर बंद करने वाले 'चिकन-रन' के साथ हर अस्सी गज़ की दूरी पर पुआल की ढलुआ छत बनी हुई थी। इसे तेज़ गर्मी में संतरियों को सूरज के ताप से बचाने के लिए बनाया गया था। अगर हम इनमें से किसी एक छत पर चढ़ पाते तो हम एक ही छलांग में कांटेदार तारों की दो पंक्तियों को पार कर सकते थे। मई 1943 में हमने अपनी सारी तैयारियां पूरी कर ली थीं। पैसे, खाने-पीने की चीज़ें, कंपास, घड़ियां, जूते और एक छोटा सा पर्वतारोही तंबू-यानी सब तैयार था।

एक रात हमने कोशिश करने का फ़ैसला किया। मैं हमेशा की तरह बाड़ से गुज़रकर मार्कीज़ी की विंग में चढ़ गया। वहां मेरे लिए एक सीढ़ी तैयार थी। इस सीढ़ी को हमने तब छिपाकर रख लिया था, जब कैंप में आग लगी थी। हमने इसे एक झोपड़ी की दीवार के सहारे टिका दिया और छिपकर इंतज़ार करने लगे। आधी रात होने वाली थी और दस मिनट में पहरेदार बदलने वाले थे। ड्यूटी से छुट्टी मिलने का इंतज़ार कर रहे संतरी आराम से चहलक़दमी कर रहे थे। कुछ ही मिनटों बाद वे उसी जगह पर पहुंच गए जहां हम उन्हें चाहते थे। तभी चाय के बागानों की चोटियों से चांद निकल आया।

और बात बन गई। अभी नहीं, तो कभी नहीं!

दोनों संतरी हमसे दूर जा चुके थे। मैं झुककर बैठा हुआ था, अब उठकर खड़ा हुआ और सीढ़ी लेकर बाड़ की ओर भागा। मैंने उसे बाड़ से सटाया, ऊपर चढ़ा और छप्पर तक पहुंचने से रोकने के लिए रखे गए तारों को काट दिया। मार्कीज़ी ने एक लंबी कांटेदार छड़ी से तारों के गुच्छे एक तरफ़ धकेला, जिससे मैं छत पर पहुंच सका। यह तय हुआ था कि इतालवी तुरंत मेरे पीछे-पीछे आएगा। मैं उसके लिए अपने हाथों से तार को हटाकर रखता हूं, लेकिन वह नहीं आया। यह सोचकर कि बहुत देर हो चुकी है और पहरेदार लौटने को हैं, उसने अंगुलियों से इशारा करके ऊपर आने से मना कर दिया। और, वास्तव में, मैंने भी उनके क़दमों की आहट सुनी,पर मैंने उसे और सोचने का मौक़ा नहीं दिया, बल्कि उसे अपनी बांहों में जकड़कर छत पर खींच लिया। वह रेंगता हुआ आगे बढ़ा और धप से गिरकर आज़ाद हो गया।

लेकिन यह सब बिलकुल शांति से नहीं हुआ था। पहरेदारों ने अलार्म बजाया और उन्होंने गोलियां चलानी शुरू कर दीं, लेकिन जैसे ही उनकी गोलियों ने रात के सन्नाटे तोड़ा, हम जंगल में समा गए।

सबसे पहले मार्कीज़ी ने अपने स्वभाव के अनुरूप मुझे गले लगाया और चूमा। वैसे, यह ख़ुशी के मारे झूमने का समय नहीं था। पहरेदार सक्रिय हो चुके थे और उनकी सीटियां हमें साफ़-साफ़ सुनाई देने लगीं, जिससे हमें पता चला कि पहरेदार हमारे पीछे-पीछे ही हैं। हम अपनी जान मुट्ठी में लेकर बहुत तेज़ी से भागे, हमने उन छोटे-छोटे रास्तों का इस्तेमाल किया, जिन्हें कैंप से बाहर निकलते समय मैंने अच्छी तरह से देख-समझ लिया था। हम मुख्य सड़कों पर नहीं चले। चलते-चलते कुछ गांवों को पार कर लिया। शुरू में तो अपने बैगों पर हमारा ध्यान नहीं था, लेकिन बाद में वे भारी लगने लगे।

एक गांव में स्थानीय लोगों ने ढोल बजाना शुरू कर दिया और एकबारगी हमें लगा कि वे ख़तरे की घंटी बजा रहे हैं। यह एक ऐसी परेशानी थी जिसकी कल्पना हम गोरे लोगों के बीच पला-बढ़ा कोई भी व्यक्ति शायद ही कर सकता है। एशिया में 'साहब' हमेशा नौकरों के साथ यात्रा करते हैं और कभी

भी अपना सामान ख़ुद नहीं ढोते। इसलिए जब स्थानीय लोगों ने भारी भरकम सामान लादकर चल रहे दो यूरोपीय लोगों को ग्रामीण इलाक़े में पैदल चलते देखा होगा, तो क्या सोचा होगा!

हमने रात में चलने का फ़ैसला किया, क्योंकि हम जानते थे कि भारतीय लोग जंगली जानवरों के डर से अंधेरे में जंगल से गुज़रने से डरते हैं। वैसे तो हमें भी यह विचार पसंद नहीं था, क्योंकि हमने कैंप में उपलब्ध समाचार-पत्रों में अक्सर आदमख़ोर बाघों और तेंदुओं के क़िस्से पढ़े थे।

जब दिन निकला तो हम थके हुए थे और एक नाले के पास छिप गए। हमने पूरा दिन वहीं बिताया। तपती गर्मी में सोते और खाते रहे। उस रास्ते पर हमने दिन भर में सिर्फ़ एक व्यक्ति को देखा। वह एक चरवाहा था, भाग्यवश उसने हमें नहीं देखा। सबसे बुरी बात यह थी कि हममें से हर एक के पास पानी की केवल बोतल थी। इसी के सहारे पूरे दिन काम चलाना पड़ता था। जब शाम हुई, तो चुपचाप पड़े-पड़े दिन बिताने के बाद हम मुश्क़िल से अपनी घबराहट पर क़ाबू रख पा रहे थे। हम जितनी जल्दी हो सके आगे बढ़ना चाहते थे, और रातें हमें छोटी लग रही थीं, क्योंकि हम रातों को ही चल रहे थे। हमें हिमालय से होकर तिब्बत तक का सबसे छोटा रास्ता खोजना था। और इसका मतलब था कि हमें कई हफ़्तों तक कठिन पैदल यात्रा करनी होगी, तभी हम खुद को सुरक्षित रख पाएंगे।

बचकर निकलने के बाद शाम को हमने पहली पहाड़ी को पार किया। चोटी पर हमने कुछ देर आराम किया और वहां से 3,000 फ़ीट नीचे नज़रबंदी शिविर में टिमटिमा रही अनगिनत रौशनियां देखीं। रात 10.15 बजे सभी रोशनियां एक साथ बुझ गईं और शिविर के चारों ओर घूम रहीं सर्चलाइट्स ही इसकी विशालता का अंदाज़ लगाया जा सकता था।

जीवन में पहली बार था मुझे वास्तव में आज़ादी का मतलब समझ में आया। हमने इस शानदार एहसास का आनंद लिया और उन दो हज़ार युद्धबंदियों के बारे में सहानुभूतिपूर्वक विचार भी किया, जो कांटेदार तारों बाड़ के पीछे रहने के लिए मजबूर थे।

लेकिन हमारे पास चिंतन के लिए अधिक समय नहीं था। हमें यमुना की घाटी में उतरना था। इससे हम बिलकुल अनजान थे। कई छोटी-छोटी घाटियों में से एक ऐसी संकरी खाई में हम उतर गए, जहां से आगे बढ़ना संभव नहीं था और हमें सुबह तक इंतज़ार करना पड़ा। यह जगह इतनी सुनसान और सुरक्षित थी कि मैं बिना डरे अपने बालों को सुनहरा और दाढ़ी को काला रंग देने में जुट गया। मैंने अपने चेहरे और हाथों को परमैंगनेट, भूरे रंग और ग्रीस से तैयार गहरे रंग के मिश्रण से रंग लिया। इस तरह से मैं एक भारतीय जैसा दिखने लगा। यह ज़रूरी था, क्योंकि हमने तय किया था कि अगर हमें रोककर पूछताछ की गई, तो हम कहेंगे कि हम पवित्र गंगा की तीर्थयात्रा पर निकले हैं। जहां तक मेरे साथी का सवाल है, वह इतना काला था कि दूर से नज़र ही नहीं आता था। ज़ाहिर है हमारा इरादा उसे नज़दीक से देखने का नहीं था।

इस शाम को हम अंधेरा होने से पहले ही निकल पड़े। लेकिन जल्द ही हमें अपनी हड़बड़ी पर पछतावा हुआ, क्योंकि एक ढलान को पार करते हुए हमारा सामना धान बुआई करते किसानों से हो गया। वे कीचड़ भरे खेतों में अर्धनग्न होकर काम कर रहे थे और पीठ पर बोझा लादे दो लोगों को वहां से गुज़रते देखकर आश्चर्यचकित हो गए। उन्होंने ऊपर एक ढलान की ओर इशारा किया, जिस पर एक गांव दिखाई दे रहा था। इसका मतलब था कि खाई से बाहर निकलने का यही एकमात्र रास्ता था। उनके सवालों से बचने के लिए हम जितनी जल्दी हो सके, उनकी बताई गई दिशा की ओर चल पड़े। घंटों चढ़ने और उतरने के बाद आख़िरकार हम यमुना नदी के पास पहुंच गए।

इस बीच रात हो चुकी थी। हमारी योजना यमुना के रास्ते पर चलते हुए इसकी एक सहायक नदी, अगलर तक पहुंचने की थी। और फिर इसकी धारा का अनुसरण करते हुए जलग्रहण क्षेत्र तक पहुंचना चाहते थे। वहां से गंगा नदी बहुत दूर नहीं थी, जो हमें उत्तुंग हिमालय पर्वत श्रंखला तक ले जाती। यहां तक तो हमारा अधिकांश मार्ग देश के भीतर-भीतर ही था, और केवल यहां-वहां जलमार्गों के किनारे हमें मछुआरों द्वारा उपयोग किए जाने वाले रास्ते मिले थे। इस सुबह मार्कीज़ी बहुत थक गया था। मैंने उसके लिए चीनी और पानी मिलाकर कॉर्नफ़्लेक्स तैयार किए। मेरे आग्रह पर उसने

थोड़ा खाया। दुर्भाग्य से जिस स्थान पर हम पहुंचे, वह शिविर लगाने के लिए एकदम अनुपयुक्त था। वहां काटने वाली बड़ी-बड़ी चींटियां थीं। उनके कारण सो पाना कठिन था। दिन अंतहीन लग रहा था।

शाम के समय मेरे साथी की बेचैनी बढ़ गई और मैं उम्मीद करने लगा कि जल्द ही उसकी तबीयत में सुधार हो जाए। उसे भी पूरा भरोसा था कि रात की थकान ख़त्म हो जाएगी। आधी रात के बाद, वह ठीक हो गया। बस अधिक मेहनत करने की स्थिति में नहीं था। मेरी कड़ी ट्रेनिंग और शारीरिक स्थिति हम दोनों के लिए वरदान साबित हुई। मैं अक्सर अपने बैग के साथ-साथ उसका बैग भी ढोकर चलता था। मैं यहां बताना चाहूंगा कि हमको लेकर कोई संदेह ना हो इस वजह से हमने अपने बैग को जूट के बोरे से ढंक रखा था।

अगली दो रातों में हम धारा के विपरीत बढ़ते रहे। जब जंगल या चट्टानों के कारण हमारा रास्ता अवरुद्ध हो जाता था, तो हमें अक्सर अगलर नदी से होकर गुज़रना पड़ता था। एक बार जब हम दो चट्टानों के बीच जलप्रवाह में आराम कर रहे थे, तो कुछ मछुआरे हमें देखे बिना ही वहां से निकल गए। एक और बार जब हमें कुछ मछुआरों को टालना संभव नहीं था तो, हमने अपनी टूटी-फूटी हिंदी में उनसे मछलियां मांगीं। हमारी वेशभूषा पर उन्हें कोई संदेह नहीं हुआ और उन लोगों ने हमें बड़ी आसानी से मछलियां दे दीं। बल्कि हमें पकाकर दीं। इस बीच वे सिगरेट पीते हुए हमसे बातचीत भी करते रहे। वे जो सिगरेट पी रहे थे, उन्हें यूरोपीय लोग बिलकुल पसंद नहीं करते हैं। मार्कीज़ी उन लोगों से सिगरेट मांगने का लोभ संवरण ना कर सका। (कैंप से भागने से पहले तक वह बहुत सिगरेट पीता था।) लेकिन उसने मुश्क़िल से दो कश ही लिए थे कि वह बेहोश हो गया। जैसे किसी ने उस पर हमला किया हो! सौभाग्य से वह जल्दी ही ठीक हो गया और हम अपनी यात्रा पर निकल सकते थे।

बाद में हमें कुछ किसान मिले जो मक्खन लेकर शहर जा रहे थे। इस बीच हम और भी आश्वस्त हो गए और उनसे मक्खन ख़रीदने के लिए तैयार हो गए। उनमें से एक तैयार हो गया, लेकिन जब उसने अपने काले, गंदे हाथों से लगभग पिघलते हुए मक्खन को अपने बर्तन से हमारे बर्तन में डाला, तो हम दोनों को घृणा से उल्टी आने लगी।

अंततः घाटी चौड़ी हुई और हमारा रास्ता धान और मकई के खेतों से होकर गुज़रने लगा। अब हमारे लिए दिन के समय छिपने के लिए अच्छी जगह ढूंढ़ना मुश्क़िल होता जा रहा था। एक बार जब सुबह के समय हमें कुछ किसानों ने देख लिया और हमसे तरह-तरह के बेतुके सवाल पूछने लगे, तो हमने अपना सामान समेटा और जल्दी से आगे बढ़ गए। हमें अभी तक कोई नई छुपने की जगह मिली भी नहीं थी कि अचानक हमें आठ आदमी मिले जिन्होंने हमें आवाज़ देकर रोक लिया। लगा कि हमारी क़िस्मत ने दगा दे दिया। उन्होंने हमसे ना जाने कितने सवाल पूछे और मैं एक ही जवाब देता रहा, यानी कि हम दूर के प्रांत से आए तीर्थयात्री हैं। हमें बहुत आश्चर्य हुआ कि हम उनकी परीक्षा में खरे उतर गए। थोड़ी देर बाद उन्होंने हमें जाने दिया। हमें यक़ीन ही नहीं हुआ हमें उनसे छुटकारा मिल गया है। और जब हम काफ़ी आगे बढ़ गए तो हमें लगा कि कोई हमारा पीछा कर रहा है।

उस दिन लग रहा था कि हम किसी के वशीभूत होकर लगातार परेशान हो रहे थे। अंततः हम इस निराशाजनक निष्कर्ष पर पहुंचे कि हमने एक महत्त्वपूर्ण जलसंग्रहण क्षेत्र पार तो कर लिया था, लेकिन अभी भी यमुना की घाटी में ही थे। जिसका अर्थ था कि हम अपने टाइम टेबल से कम से कम दो दिन पीछे चल रहे थे।

इसलिए हमें फिर से चढ़ाई शुरू करनी पड़ी और जल्द ही हम बुरांश (रोडोडेंड्रोन) के घने जंगलों में पहुंच गए। यह जंगल पूरी तरह से सुनसान लग रहा था और हम उम्मीद कर सकते थे कि हमारा दिन शांति से बीतेगा और हम एक लंबी नींद ले सकेंगे। लेकिन तभी हमें गायों के झुंड दिखाई दिए और हमें वहां से अपना शिविर हटाना पड़ा। और उस दिन अच्छी नींद की संभावना को भी अलविदा कहना पड़ा।

अगली कुछ रातों में हम अपेक्षाकृत कम आबादी वाले इलाक़े से गुज़रे। हमें जल्द ही समझ में आ गया कि आख़िर यहां इंसानों की आबादी क्यों नहीं हैं। दरअसल, वहां पानी बिलकुल नहीं था। हम प्यास से बहुत परेशान हो गए। इस चक्कर में मैंने एक ऐसी बड़ी ग़लती कर दी जिसका नतीजा भयानक हो सकता था। हुआ यूं कि एक छोटे-से तालाब को देखते ही मैंने अपने आपको उसमें डुबो दिया और बिना कुछ सोचे-समझे पानी पीना

शुरू कर दिया। परिणाम भयानक थे। पता चला कि इस तालाब में जंगली भैंसें लोटती हैं और इसमें पानी से ज़्यादा कीचड़ था। मुझे खांसी का तेज़ दौरा पड़ा और फिर उल्टी हुई और मुझे इस समस्या से निपटने में बड़ा समय लगा।

इस घटना के तुरंत बाद हमें इतनी प्यास लगी कि हम आगे बढ़ ही नहीं सके और हमें लेटना पड़ा। भोर होने में बहुत समय बाक़ी था। जब सुबह हुई तो मैं पानी की तलाश में अकेले ही ढलान से नीचे उतरा। और पानी मिल गया। हमारे अगले तीन दिन और रातें थोड़ी बेहतर रहीं। हमारा रास्ता देवदार के सूखे जंगलों से होकर गुज़रता था जो इतने सुनसान थे कि वहां शायद ही किसी भारतीय से हमारा सामना हुआ। इसमें पकड़े जाने का जोख़िम बहुत कम था।

हमारी यात्रा के बारहवें दिन हमारे समक्ष एक महान क्षण उपस्थित हुआ। हम गंगा के तट पर पहुंच गए। इस पवित्र जलधारा को देखकर हम जितने प्रभावित हुए, बड़े से बड़ा धर्मनिष्ठ हिंदू भी शायद उतना प्रभावित ना हो। हमने कल्पना की कि अब हम तीर्थयात्रियों के मार्ग का अनुसरण करके गंगा के उद्गम तक पहुंच सकते हैं। इससे हमारी यात्रा की थकान बहुत कम हो जाएगी। अपनी रात्रिकालीन यात्रा प्रणाली के आधार पर हम इतनी दूर और इतने सुरक्षित ढंग से यात्रा करने के बाद हमने तय किया कि हम इसमें बदलाव का जोख़िम नहीं उठाएंगे। इसलिए हम दिन में सोते रहे और केवल रात में ही आगे बढ़ते रहे।

इस बीच हमें रसद भी बहुत कम मिल रही थी। हमारा खाना लगभग ख़त्म हो चुका था, लेकिन बेचारे मार्कीज़ी हड्डी का ढांचा बन गया था, फिर भी उसने हार नहीं मानी। सौभाग्य से मैं अभी भी अपेक्षाकृत तरोताज़ा महसूस कर रहा था और मेरी ताक़त बनी हुई थी।

हमारी सारी उम्मीदें उन चाय और किराने की दुकानों पर टिकी थीं, जो तीर्थयात्रियों को जगह-जगह मिल जाती थीं। उनमें से कुछ देर रात तक खुली रहती थीं। वहां जल रहे मद्धिम रौशनी वाले तेल के दीयों से उन्हें पहचानना मुश्क़िल नहीं होता था। अपना मेकअप करने के बाद हमारे रास्ते में पड़ने वाली पहली दुकान पर मैं पहुंचा। यहां से मुझे गाली-गलौज करते हुए बाहर

निकाल दिया गया। उन्होंने मुझे चोर-उचक्का समझ लिया। यह अनुभव भले ही अप्रिय था, लेकिन इससे यह तो समझ में आ गया कि मेरी वेशभूषा पर लोग भरोसा कर रहे थे। यह हमारे लिए फ़ायदे की बात थी।

अगली दुकान पर पहुंचकर मैंने अपने पैसों को हाथ में इस तरह रखा कि दुकानदार को साफ़-साफ़ दिखाई दे। इससे दुकानदार पर अच्छा प्रभाव पड़ा। फिर मैंने दुकानदार से कहा कि मुझे दस लोगों के लिए सामान खरीदना है, ताकि बीस किलो राशन, चीनी और प्याज़ खरीदना आसान हो।

दुकानदार ने मुझसे ज़्यादा मेरे कागज़ी नोटों की जांच-परख़ करने में दिलचस्पी दिखाई, और इसीलिए कुछ ही देर बाद में मैं खाने-पीने का बहुत सारा सामान लेकर दुकान से बाहर निकल आया। अगला दिन ख़ुशियों भरा रहा। आख़िरकार हमारे पास खाने का पर्याप्त सामान था और देश भर की लंबी पैदल यात्रा के बाद, तीर्थयात्रियों का रास्ता हमें महज सैरगाह जैसा लग रहा था।

लेकिन हमारी ख़ुशी ज़्यादा देर टिकी नहीं रही। हमारे अगले पड़ाव पर, जलावन की तलाश में निकले लोगों ने हमें परेशान किया। उन्होंने मार्कीज़ी को अर्धनग्न अवस्था में देख लिया, दरअसल भीषण गर्मी के कारण वह इस हालत में लेटा हुआ था। वह इतना दुबला हो गया था कि कोई उसकी पसलियां गिन ले, और वह वास्तव में बहुत बीमार लग रहा था। निश्चित ही हम पर संदेह किया जा सकता था, क्योंकि हम सामान्य तीर्थयात्रियों की तरह धर्मशाला में नहीं रह रहे थे। उन लोगों ने हमें अपने घर में रहने के लिए भी आमंत्रित किया, लेकिन हम उनके साथ नहीं रहना चाहते थे, और इसीलिए मार्कीज़ी की बीमरी का बहाना बनाकर उनके साथ नहीं गए। वे तब तो चले गए, लेकिन जल्द ही वापस आए। और अब यह स्पष्ट हो गया था कि उन्होंने हमें भगोड़ा समझ लिया था। उन्होंने हमें यह कहकर ब्लैकमेल करने की कोशिश की कि पड़ोस में आठ सैनिकों के साथ एक अंग्रेज़ रह रहा है, जो कुछ भागे हुए क़ैदियों की तलाश कर रहा है। उसने उन्हें किसी भी तरह की जानकारी देने के लिए इनाम देने का वादा किया है। लेकिन उन ग्रामीणों ने हमें आश्वासन दिया कि अगर हम उन्हें पैसे देंगे तो वे हमारे बारे में उसे कुछ

नहीं बताएंगे। मैं अडिग रहा। मैंने ज़ोर देकर कहा कि मैं कश्मीर का डॉक्टर हूं। प्रमाण में मैंने उन्हें अपनी दवा की पेटी दिखा दी।

चाहे यह मार्चीज़ी की सच्ची तकलीफ़ के कारण हुआ हो या मेरे नाटक के कारण, वे लोग फिर से ग़ायब हो गए। हमने अगली रात उनके वापस आने के डर में बिताई। हमें लग रहा था कि वे किसी अधिकारी को अपने साथ लेकर आएंगे। हालांकि, हमें कोई परेशानी नहीं हुई।

हालात ऐसे थे कि दिन में हमारी ताक़त बहाल नहीं हो पाती थी। वास्तव में हम रातों की तुलना में दिन में ही अधिक दबाव पड़ता था। बेशक, मांस-पेशियों में तकलीफ़ नहीं थी, पर नसों में खिंचाव था, क्योंकि हम लगातार तनाव की स्थिति में थे। दोपहर तक हमारी पानी की बोतलें आमतौर पर ख़ाली हो जाती थीं और बाक़ी दिन बड़ी मुश्क़िल से कटता था। हर शाम मार्चीज़ बड़े साहस के साथ चलना शुरू करता और वज़न कम होने के कारण थकावट के बावजूद वह आधी रात तक चल पाता था। उसके बाद उसे एक-एक क़दम आगे बढ़ाना कठिन हो जाता। फिर उसे कुछ और चलने के लिए दो घंटे की नींद लेनी पड़ती थी। सुबह होते-होते हम कहीं डेरा डाल देते थे। हम जहां पर ठहरते थे, वहां से तीर्थयात्रियों के विशाल के जत्थों को आते-जाते देख पाते थे। वे अक्सर अजीबोगरीब वेशभूषा में होते थे, इसलिए हम उनसे ईर्ष्या करते थे। वे कितने भाग्यशाली थे! उन्हें किसी से छिपने ज़रूरत नहीं थी। हमने शिविर में सुना था कि गर्मियों के महीनों में लगभग 60,000 तीर्थयात्री इस रास्ते से गुज़रते हैं और हमने इसे सहजता से मान लिया।

हमारा कूच थोड़ा लंबा था, लेकिन आधी रात के क़रीब हम मंदिरों के शहर उत्तर काशी पहुंच गए। संकरी गलियों में चलते-चलते हम अपना रास्ता भूल गए, इसलिए मार्चीज़ थककर एक अंधेरे कोने में बैठ गया और मैं अकेले ही रास्ता तलाशने के लिए निकल पड़ा। मंदिरों के खुले कपाटों से मूर्तियों के सामने जलते हुए दीयों की जगमग दिखाई दे रही थी और मुझे अक्सर एक इधर से उधर आते-जाते भिक्षुओं की नज़र से बचने के लिए छिपते-छिपाते आगे बढ़ना पड़ता था। एक घंटे से अधिक समय तक भटकने के बाद आख़िरकार मुझे तीर्थयात्रियों का मार्ग फिर से मिल गया। यह शहर के

दूसरी तरफ़ था। मैंने बहुत से यात्रा वर्णन पढ़े थे, इसलिए मुझे पता था कि अब हमें तथाकथित 'इनर लाइन' को पार करना होगा। यह लाइन 60 से 120 मील के बीच की दूरी पर वास्तविक सीमा के समानांतर चलती है। इस क्षेत्र से गुज़रने वाले सामान्य निवासियों को छोड़कर, बाक़ी प्रवासियों के पास पास होना चाहिए। चूंकि हमारे पास किसी तरह का पास नहीं था, इसलिए हमें पुलिस चौकियों और गश्ती दल से बचने के लिए विशेष सावधानी बरतनी पड़ी।

जिस घाटी की ओर हम आगे बढ़े, वहां धीरे-धीरे आबादी कम होती गई। दिन के समय हमें रुकने की सुरक्षित जगह खोजने में कोई परेशानी नहीं हुई। मैं अक्सर अपने छिपने की जगह देखने के बाद पानी की तलाश में निकल जाता था। एक बार मैंने आग जलाकर दलिया भी पकाया। यह पखवाड़े भर में हमारा पहला गर्म भोजन था।

हम पहले ही लगभग 7,000 फ़ीट की ऊंचाई पर पहुंच चुके थे और रात के समय हम अक्सर भूटिया लोगों के शिविरों से गुज़रते थे। ये तिब्बती व्यापारी गर्मियों में दक्षिणी तिब्बत में अपना व्यापार करते हैं और सर्दियों में भारत में आ जाते हैं। उनमें से कई लोग गर्मी के मौसम में 1,000 फ़ीट की ऊंचाई पर स्थित छोटे-छोटे गांवों में रहते हैं। वहां वे जौ उगाते हैं। इन शिविरों में बड़े ताक़तवर और क्रूर तिब्बती कुत्ते रहते थे। हमारा यहां एक मध्यम आकार के झबरे कुत्ते से पहली बार सामना हुआ।

एक रात हम ऐसे ही एक भूटिया गांव में पहुंचे, जहाँ केवल गर्मियों में ही लोग रहते थे। इसकी दीवारें और छत पत्थरों से बनी हुई थी और दिखने में सामान्य घर जैसा ही था। लेकिन इसके पीछे एक अप्रिय आश्चर्य हमारी प्रतीक्षा कर रहा था। यहां हमें नदी का एक तेज़ प्रवाह दिखाई दी जिसने अपने किनारों को ध्वस्त कर दिया था और आसपास की जगह को दलदल में बदल दिया था। इसे पार करना बिलकुल असंभव था। आख़िरकार हमने रास्ता खोजने की कोशिश छोड़ दी और सुबह होने तक इंतज़ार करने का फ़ैसला किया। हमें रात गुज़ारने के लिए एक जगह भी खोजनी थी। हमें विश्वास नहीं हो रहा था कि तीर्थयात्रियों का रास्ता आख़िर यहां कैसे रुक गया। अगली सुबह जब हमने देखा कि तीर्थयात्रियों का जत्था अपनी राह पर

आगे बढ़ता जा रहा था और ठीक उसी जगह से पानी को पार कर रहा था, जहां से निकलने की कोशिश में हमने रात में अपने कई घंटे व्यर्थ कर दिए थे। हमारे आश्चर्य का ठिकाना नहीं रहा। दुर्भाग्य से हम यह नहीं देख पाए कि उन्होंने किस तरह से उसे पार किया। क्योंकि पेड़ों के झुरमुट की वजह से हम वास्तविक स्थान को नहीं देख पा रहे थे। लेकिन इसी के साथ कुछ और भी घटा जो उतना ही रहस्यमय था। हमने देखा कि सुबह के समय तीर्थयात्रियों का जत्था रुक गया था। अगली शाम हमने फिर से उसी जगह पर पार करने की कोशिश की और हमारे लिए यह संभव नहीं हो पा रहा था। अंततः मुझे समझ में आया कि हमारे सामने एक जल-कुंड है, जो पिघली हुई बर्फ़ और हिमखंडों से भरा हुआ है। इसमें दोपहर से लेकर देर रात तक पानी उच्चतम स्तर पर बना रहता है। सुबह-सुबह पानी का स्तर बहुत कम हो जाता है।

जैसा मैंने अनुमान लगाया था, वैसा ही हुआ। धूसर भोर में जब हम नदी के किनारे खड़े थे, तो हमने आधे डूबे हुए पेड़ों के तनों से बना एक प्राचीन पुल देखा। सावधानी से संतुलन बनाते हुए हम दूसरी ओर पहुंच गए। दुर्भाग्य से वहां दूसरी धाराएं भी थीं जिन्हें हमें उसी तरह से पार करना था। मैंने उनमें से आख़िरी धारा पार की ही थी कि मार्चीज़ी फिसलकर पानी में गिर गया। सौभाग्य से वह पेड़ों के तनों के ऊपर था, नहीं तो वह तेज बहाव में बह गया होता। वह पूरी तरह भीग गया था और बुरी तरह से थका भी था। इस वजह से मैं उसे आगे बढ़ने के लिए राज़ी नहीं कर सका। मैंने उससे आग्रह किया कि वह कम से कम छिप तो जाए, लेकिन उसने अपने गीले कपड़े सुखाने के लिए फैला दिए और आग जलाने लगा। तब पहली बार मुझे इस बात का अफ़सोस हुआ कि मैंने उसका अनुरोध क्यों नहीं माना। दरअसल, वह मुझसे बार-बार कह रहा था कि मैं उसे छोड़कर अकेले ही आगे बढ़ जाऊं। मैंने हमेशा इस बात पर ज़ोर दिया था कि चूंकि हमने यात्रा की शुरुआत एकसाथ की है, इसलिए हमें साथ-साथ ही आगे बढ़ना चाहिए।

हम बहस कर ही रहे थे, कि इस बीच एक भारतीय हमारे सामने आकर खड़ा हो गया। उसने ज़मीन पर फैली हुई यूरोपीय मूल की विभिन्न वस्तुओं पर नज़र डालने के बाद हमसे सवाल पूछना शुरू कर दिया। तभी मार्चीज़ को अहसास हुआ कि हमारे सामने कितना बड़ा ख़तरा है। उसने जल्दी से

अपना सामान समेटा, और हम आगे बढ़ने लगे। लेकिन हम अभी मुश्क़िल से दो-चार क़दम ही चले थे कि हमें एक और भारतीय ने रोक लिया। वह दस तगड़े सैनिकों की टुकड़ी का नेतृत्व कर रहा था। उसने शुद्ध अंग्रेज़ी में पास दिखाने के लिए कहा। हमने उसकी बात ना समझने का नाटक किया और कहा कि हम कश्मीर से आए तीर्थयात्री हैं। उसने इस पर एक पल सोचा और फिर जो उपाय निकाला उससे हमारी भागने की उम्मीदें समाप्त हो गईं। उसने कहा, इसी इलाक़े में दो कश्मीरी रहते हैं। अगर हम उन्हें अपनी बात समझा सकें, तो हम आगे बढ़ सकते हैं। हमारी बदक़िस्मती ने ही दो कश्मीरियों को उस इलाक़े में पहुंचा दिया था। इस इलाक़े में कश्मीरियों का मिलना अत्यंत असंभव बात थी, इसलिए मैंने इस 'बहाने' का इस्तेमाल किया था।

जिन दो लोगों के बारे में उसने बात की, वे बाढ़-क्षति विशेषज्ञ थे। उन्हें कश्मीर से बुलाया गया था। जैसे ही हम उनके सामने खड़े हुए, हमें समझ में आ गया कि अब हमारे झूठ से पर्दा उठने का समय आ गया है। जैसा कि हमने ऐसे मामलों में करने का फ़ैसला किया था, मैंने मार्चीज़ से फ्रेंच में बात करना शुरू कर दिया। तुरंत ही उनमें से एक भारतीय ने बीच में आकर फ्रेंच में बात करना शुरू कर दिया और हमसे अपने बैग खोलने को कहा। जब उसने मेरी अंग्रेज़ी-तिब्बती व्याकरण की पुस्तक देखी, तो उसने कहा कि हमें बता देना चाहिए कि हम कौन हैं। फिर हमने स्वीकार किया कि हम भागे हुए क़ैदी हैं, लेकिन हमने अपनी राष्ट्रीयता नहीं बताई।

कुछ ही देर बाद हम एक आरामदायक कमरे में बैठकर चाय पी रहे थे, लेकिन फिर भी मुझे बहुत निराशा हुई। यह हमारी यात्रा का अठारहवां दिन था और हमने जितनी परेशानियां उठाई थीं और जितने प्रयास किए, सब व्यर्थ हो गए थे। जिस व्यक्ति ने हमसे पूछताछ की थी, वह टिहरी-गढ़वाल राज्य के वन विभाग का प्रमुख था। उसने अंग्रेज़ी, फ्रेंच और जर्मन स्कूलों में वानिकी का अध्ययन किया था और तीनों भाषाओं को अच्छी तरह जानता था। इस इलाक़े में पिछले सौ वर्षों में सबसे भयंकर बाढ़ आई थी और इसी वजह से वह यहां का निरीक्षण करने आया था। उसने मुस्कराते हुए अपनी पूछताछ पर खेद व्यक्त किया और कहा कि चूंकि उसे हमारे बारे में की सूचना दी जा चुकी थी, इसलिए उसे अपना कर्तव्य निभाना पड़ा।

हम जिन पस्थितियों के कारण पकड़े गए थे उनके बारे में आज जब मैं सोचता हूं, तो लगता है कि केवल दुर्भाग्य नहीं बल्कि उससे भी बदतर किसी चीज़ के शिकार हुए थे और हम अपने नियति को टाल नहीं सकते थे। फिर भी मुझे एक पल के लिए भी संदेह नहीं हुआ कि मैं फिर से भाग सकता हूं। लेकिन, मार्कीज़ी इतनी बुरी तरह से पस्त हो चुका था कि उसने आगे भागने का विचार ही छोड़ दिया था। उसने बड़ी उदारता से अपने धन का एक बड़ा हिस्सा मुझे दे दिया, वह जानता था कि मेरे पैसे नहीं हैं। हमने इस ख़ाली समय का फ़ायदा उठाते हुए भरपेट खाना खाया, क्योंकि हमने पिछले कुछ दिनों में शायद ही ठीक से कुछ खाया-पिया हो। वन अधिकारी के रसोइया हमें लगातार भोजन परोस रहा था। भोजन का आधा हिस्सा मैंने अपने झोले में रख लिया। शाम को जल्दी ही हमने कहा कि हम थक गए हैं और सोना चाहते हैं। हमारे बेडरूम का दरवाज़ा बाहर से बंद कर दिया गया था और वन अधिकारी ने अपना बिस्तर हमारी खिड़की के सामने बरामदे में लगवाया था, ताकि उस तरफ़ से भागने की कोई कोशिश ना हो। हालांकि, वह कुछ समय के लिए बाहर निकला था और मार्चीज़ी और मैंने इस अवसर का लाभ उठाकर नक़ली झगड़ा शुरू कर दिया।

मार्चीज़ी ने मेरी भी भूमिका निभाईं। यूं कहें कि एक बार ऊंची आवाज़ में गालियां दे रहा था, दूसरी बार धीमी आवाज़ में। इस बीच मैं अपने सामान के साथ खिड़की से बाहर कूदकर वन-अधिकारी के बिस्तर पर पहुंचा और फिर बरामदे से होते हुए भागने लगा। अंधेरा छा गया था। कुछ सेकंड तक मकान के संतरी के दूसरे कोने में जाने की प्रतीक्षा करने के बाद मैं बारह फ़ुट नीचे ज़मीन पर कूद गया। जिस मिट्टी में मैं गिरा वह कठोर नहीं थी, इसलिए मेरे गिरने से आवाज़ भी कम हुई। एक पल में मैं बग़ीचे की दीवार के ऊपर था और फिर घने अंधेरे जंगल में ग़ायब हो गया था।

मैं आज़ाद था!

सब कुछ शांतिपूर्वक चल रहा था। मैं बहुत उत्तेजित था, बावजूद यह सोचकर मेरी हँसी नहीं रुक रही थी कि मार्कीज़ी हमारी योजना के अनुसार

अभी भी मुझे गालियां दे रहा था, और वह वन-अधिकारी हमारी खिड़की के सामने अपने बिस्तर से हम पर नज़र रख रहा था।

बहरहाल, मुझे आगे बढ़ना था और जल्दबाज़ी में भेड़ों के झुंड में जा घुसा। इससे पहले कि मैं संभल पाता, भेड़ों की रखवाली करने वाले एक कुत्ते ने मेरी पतलून का पिछवाड़ा दबोच लिया और तब तक नहीं छोड़ा जब तक कि उसने एक टुकड़ा काटकर खींच नहीं लिया। मैं अपनी जान मुट्ठी में लेकर भागा, लेकिन मैंने देखा कि मैंने जो रास्ता चुना था, वह बहुत खड़ी चढ़ाई वाला था और इसलिए मुझे वापस लौटकर भेड़ों के इर्द-गिर्द रेंगते हुए आगे बढ़ना पड़ा। तब तक जब तक कि मुझे दूसरा रास्ता ना मिल जाए। आधी रात के तुरंत बाद मुझे समझ में आया कि मैं ग़लत रास्ते पर बढ़ रहा था। इसलिए एक बार फिर मुझे हांफते हुए कुछ मील पीछे लौटना पड़ा। मेरी दिशाहीन भटकन की वजह से मेरे चार घंटे बर्बाद हो गए थे। और दिन ढलने लगा था। एक मोड़ पर मुड़ते ही मेरी नज़र लगभग बीस गज़ की दूरी पर एक भालू पर पड़ी। सौभाग्य से वह मेरी ओर देखे बिना ही आगे बढ़ गया।

उजाला होते ही मैं फिर से छिप गया, हालांकि उस जगह पर इंसानी बस्ती का नामो-निशान नहीं था। मुझे पता था कि तिब्बती सीमा पर पहुंचने से पहले मुझे एक गांव में पहुंचना होगा जिसके दूसरी तरफ़ मेरी आज़ादी थी। मैं अगली पूरी रात चलता रहा और मुझे आश्चर्य हो रहा था कि अब तक मैं उस भाग्यशाली गांव तक क्यों नहीं पहुंच पाया। मेरी जानकारी के अनुसार यह गांव नदी के दूसरे किनारे पर था और इस किनारे से उस किनारे को जोड़ने वाला एक पुल था। मैं हैरत में था कि क्या मैंने गांव को पीछे तो नहीं छोड़ दिया, लेकिन अपने आपको यह सोचकर सांत्वना दी कि भला कोई भी गांव इतनी आसानी से नज़रअंदाज़ कैसे हो सकता है। इसलिए मैं बेफ़िक्र होकर आगे बढ़ता रहा, दिन के उजाले में भी।

यह मेरे सर्वनाश का समय था। जब मैं चट्टानों के ढेर के पास पहुंचा, तो मैंने ख़ुद को एक गांव में बने हुए कुछ घरों के ठीक सामने पाया। यहां लोगों का झुंड खड़ा था। मेरे नक़्शे में जगह ग़लत दिखाई गई थी और चूंकि मैं रात में दो बार रास्ता भटक गया था, इसलिए मेरे पीछा करने वालों को मेरे पास

आने का समय मिल गया था। मुझे तुरंत घेर लिया गया और आत्म-समर्पण करने के लिए कहा गया। इसके बाद मुझे एक घर में ले जाया गया और जलपान कराया गया।

यहां मेरी पहली बार असली तिब्बती ख़ानाबदोशों से मुलाक़ात हुई। ये लोग अपनी भेड़ों के झुंड और नमक के साथ भारत में घूमते हैं और जौ लेकर लौटते हैं। मुझे तिब्बती मक्खन वाली चाय के साथ त्सम्पा परोसा गया। यह इन लोगों का मुख्य भोजन है। और, बाद में मैंने कई सालों तक इसी पर अपना गुज़ारा किया। मैंने पहली बार यह भोजन किया था और इसने मेरे पेट को बुरी तरह से बिगाड़ दिया।

मैंने नेलांग नाम के इस गांव में कुछ रातें बिताईं और एक बार फिर, यहां से कैसे भागा जाए इस पर विचार करने लगा। लेकिन मैं शारीरिक रूप से बहुत थक गया था और मानसिक रूप से इतना हताश था कि अपने विचारों को कार्यरूप में परिणत नहीं कर पा रहा था।

मेरी पिछली मशक्कत की तुलना में वापसी की यह यात्रा आनंददायी लग रही थी। मुझे कोई बोझ नहीं उठाना पड़ा और मेरी बहुत अच्छी तरह से देखभाल की गई थी। रास्ते में मेरी मुलाक़ात मार्चीज़ी से हुई जो वन-अधिकारी के साथ उनके निजी बंगले में मेहमान के तौर पर रह रहा था। मुझे उनके साथ शामिल होने के लिए आमंत्रित किया गया। और मुझे उस समय बहुत आश्चर्य हुआ, जब कुछ दिनों बाद युद्धबंदी शिविर में हमारे दल के दो अन्य भागे हुए सदस्यों को लाया गया - पीटर औफ़्शनाइटर , जो नंगा पर्वत अभियान में मेरा साथी था, और एक फ़ादर कैलेनबर्ग।

इस बीच मैं एक बार फिर भागने की योजना बनाने में व्यस्त हो गया था। मैंने एक भारतीय गार्ड से दोस्ती की जो हमारे लिए खाना बनाता था और हमारे आत्मविश्वास को बनाए रखता था। मैंने उसे अपने नक़्शे, अपना कंपास और अपने पैसे सौंप दिए, क्योंकि मैं जानता था कि शिविर में वापस जाने से पहले हमारी तलाशी ली जाएगी और इन चीज़ों को हमारे साथ ले जाना असंभव होगा। इसलिए मैंने उस भारतीय से कहा कि मैं अगले वसंत में फिर से आऊंगा और उससे अपना सामान ले लूंगा। उसे मई में छुट्टी मांगनी थी

और मेरा इंतज़ार करना था। उसने पूरी गंभीरता से मुझे वादा किया। इसलिए अब हमें शिविर में वापस जाना था और एक बार फिर से आज़ाद होने के मेरे संकल्प ने ही मुझे अपनी निराशा को सहने में मदद की।

मार्चीज़ी अभी भी बीमार था। वह चल नहीं सकता था, इसलिए उसे सवारी के लिए एक घोड़ा दिया गया। हमें एक और सुखद अनुभव मिला, रास्ते में टिहरी-गढ़वाल के महाराज ने हमारा आतिथ्य-सत्कार किया। फिर हम अपने कांटेदार तारों वाली बाड़ में लौट आए।

मेरे भागने की घटना ने मेरे शरीर पर एक स्पष्ट निशान छोड़ दिया था। यह मुझे तब दिखाई दिया जब मैं वापस लौटते समय गर्म पानी के एक झरने में नहा रहा था। वहां मैंने देखा कि मेरे बाल मुट्ठी-मुट्ठी भर झड़ रहे थे। ऐसा लगता है कि मैंने भारतीय वेश बनाने के लिए जिस रंग का इस्तेमाल किया, वह नुक़सानदेह था।

मुझे अनिच्छा से बाल कटवाने पड़े। इस वजह से और यात्रा के थकाऊ अनुभवों के कारण भी, जब मैं शिविर में वापस पहुंचा तो मेरे साथी मुझे पहचान नहीं पा रहे थे।

2

पलायन

एक जोख़िम भरा छद्मवेश - मैं उसी रास्ते पर बढ़ता हूं - तिब्बत अजनबियों को पसंद नहीं करता - हम अपने क़दम पीछे खींचते हैं - वापस भारत की ओर।

शिविर में लौटने पर अंग्रेज़ कर्नल ने कहा 'तुमने भागने का दुस्साहस किया है। मुझे खेद है, मुझे तुम्हें अट्ठाइस दिन की सज़ा देनी होगी'। मैंने अड़तीस दिन की आज़ादी का आनंद लिया था और अब अट्ठाइस दिन एकांत कारावास में बिताने थे। यह शिविर से भागने की सामान्य सज़ा थी। पर, चूंकि अंग्रेजों ने हमारे इस दुस्साहस को बहुत गंभीरता से नहीं लिया, इसलिए मेरे साथ कम कठोरता से बर्ताव किया गया।

जब मैंने अपनी सज़ा पूरी कर ली तो मुझे पता चला कि शिविर के दूसरे हिस्से में मार्चीज़ को भी मेरी ही तरह सज़ा भुगतनी पड़ी। बाद में, हमें आपस में बातचीत करने और अपने-अपने अनुभव बांटने के मौक़े मिले। मार्चीज़ ने मुझसे वादा किया कि वह मुझे यहां से दोबारा भागने में मदद तो करेगा, लेकिन इस बार मेरे साथ नहीं जाएगा। बिना समय गंवाए मैंने तुरंत नए नक़्शे बनाने शुरू कर दिए और भागने के पिछले अनुभव का विश्लेषण करने लगा। मुझे पूरा विश्वास था कि मेरा अगला प्रयास सफल होगा और इस बार मैं अकेले ही जाना चाहता था।

इधर, मैं अपनी तैयारियों में व्यस्त था, उधर सर्दियां भी तेज़ी से बीत रही थीं। जब तक अगला 'एस्केप सीजन' आया, तब तक मैं पूरी तरह

से तैयार हो चुका था। इस बार मैं ज़रा जल्दी शुरुआत करना चाहता था, ताकि नेलांग गांव से होते हुए निकल जाऊं। यह गांव अभी भी निर्जन था। मुझे उम्मीद नहीं थी कि निकलते समय भारतीय के पास अपना जो सामान छोड़कर आया था, वह मुझे वापस मिल पाएगा, इसलिए मैंने फिर से वही सारा सामान इकट्ठा किया, जिसकी मुझे सबसे अधिक ज़रूरत पड़ने वाली थी। मित्रता का एक मार्मिक प्रमाण मेरे उन साथियों की उदारता थी, जिन्होंने मुझे साजो-सामान जुटाने के लिए दिल खोलकर पैसों से मदद की। जबकि इनमें से अनेक कठिनाई में थे।

मैं अकेला युद्धबंदी नहीं था, जो भागना चाहता था। मेरे दो बहुत अच्छे दोस्त, रॉल्फ़ मैगनर और हेंस वॉन हैव भी भागने की तैयारी में लगे हुए थे। दोनों धाराप्रवाह अंग्रेज़ी बोलते थे और उनका लक्ष्य भारत से होते हुए बर्मा की सीमा तक पहुंचना था। वॉन हैव दो साल पहले ही एक साथी के साथ भाग चुका था और लगभग बर्मा पहुंच ही गया था, लेकिन सीमा से ठीक पहले पकड़ा गया। दूसरे प्रयास के दौरान उसके दोस्त की एक घातक दुर्घटना हुई। मैंने सुना कि तीन-चार अन्य क़ैदियों ने भी भागने की योजना बनाई थी। अंत में हम सातों ने एक साथ भागने का फ़ैसला किया, क्योंकि हमारे एक के बाद एक, लगातार प्रयासों से गार्ड अधिक सतर्क हो जाते और आगे चलकर भागना और भी कठिन हो जाता था। अगर हमारी सामूहिक तौर पर भागने की कोशिश सफल हो जाती, तो हम में से हर कोई शिविर से बाहर निकलने के बाद अपना-अपना रास्ता पकड़ सकता था। इस बार पीटर औफ़्शनाइटर के तीन साथी थे। साल्ज़बर्ग के ब्रूनो ट्रेपेल और बर्लिन के हैंस कोप तथा सैटलर। ये सभी मेरी तरह भागकर तिब्बत जाना चाहते थे।

अपनी योजना को क्रियान्वित करने का समय हमने तय किया 29 अप्रैल, 1944 को दोपहर 2 बजे। हमारी योजना थी कि हम कांटेदार तारों की मरम्मत करने वाले दस्ते में शामिल होकर ख़ुद को छिपाएं। यह काम लगातार चलता रहता था। इसका कारण यह था कि सफ़ेद चींटियां इन तारों को सहारा देने वाले खंभों को कुतरती रहती थीं। इसलिए इन खंभों को लगातार बदलते रहना पड़ता था। काम करने वाले दलों में एक अंग्रेज़ ओवरसियर के साथ भारतीय कामगार शामिल रहते थे।

तयशुदा समय पर हम एक छोटी-सी झोपड़ी में मिले। इस पर सबसे कम निगरानी रखी जाती थी। यहां शिविर के मेक-अप विशेषज्ञों ने हमें कुछ ही समय में भारतीय बना दिया। हेव और मैगनर ने अंग्रेज़ अफसरों की वर्दी पहन ली। हम 'भारतीयों' ने अपने सिर मुंडवा लिए और पगड़ियां पहन लीं। इतनी गंभीर परिस्थिति में भी हम एक-दूसरे को देखकर हँसे बिना नहीं रह सके। हम किसी कार्निवल में हिस्सा लेने वाले नक़ाबपोशों की तरह दिख रहे थे। हममें से दो लोग एक सीढ़ी लेकर चल रहे थे। इसे पिछली रात तार की बाड़ में ऐसी जगह पर रख दिया था, जहां किसी की नज़र ना पड़े। हमने कांटेदार तार का एक लंबा रोल भी बनाया था और उसे एक खंभे पर लटका दिया था। हमने अपने-अपने सामान को सफ़ेद लबादों के नीचे रख लिया था। यह दिखने में अजीब इसलिए नहीं लग रहा था, क्योंकि भारतीय हमेशा अपने साथ सामान लेकर चलते हैं। हमारे दो 'ब्रिटिश अफ़सरों' का बर्ताव बहुत वास्तविक था। वे अपनी कांख में ब्लू-प्रिंट वाले रोल दबाए हुए थे और बेंत लहराते हुए चल रहे थे। हमने पहले ही बाड़ में सेंध लगा दी थी, जिसके ज़रिए हम एक-एक करके उस रास्ते से निकलने लगे। यहां पहरा नहीं था। यह इलाक़ा शिविर को अलग-अलग हिस्सों में बांटता था। यहां से मुख्य द्वार तक की दूरी क़रीब 300 गज़ थी। हम चुपचाप बढ़ते चले गए और सिर्फ़ एक बार रुके, जब सार्जेंट-मेजर अपनी साइकिल पर सवार होकर मुख्य द्वार के पास से गुज़रे। इस समय हमारे 'अफ़सर' तारों का बारीक़ी से निरीक्षण करने लगे। उसके बाद हम पलक झपकते गेट से बाहर हो गए। उन्हें बिना संदेह फुर्ती से सलामी ठोंकते देखकर हमें बड़ी राहत मिली। हमारा सातवां आदमी, सैटलर, जो अपनी झोपड़ी से काफ़ी देर से निकला था, हमारे बाद पहुंचा। उसका चेहरा काला-काला था और वह तारकोल की बाल्टी को तेज़ी से हिलाते-डुलाते चल रहा था। संतरियों ने उसे जाने दिया और वह गेट के बाहर हमारे साथ हो लिया।

जैसे ही हम पहरेदारों की नज़रों से ओझल हुए, हम झाड़ियों में छिप गए और अपना वेश बदल लिया। भारतीय परिधानों के नीचे हमने ख़ाकी कपड़े पहल रखे थे। यह हमारी सैर की पोशाक होती है। बहुत थोड़े शब्दों में हमने एक-दूसरे को अलविदा कहा। हैव, मैगनर और मैं कुछ मील साथ-साथ दौड़े

और फिर हमारे रास्ते अलग हो गए। मैंने पिछली बार की तरह ही रास्ता चुना और अगली सुबह तक अपने शिविर से जितनी अधिक दूरी बना सकता था, बना ली। इस बार मैंने ठान लिया था कि केवल रात में यात्रा करूंगा और दिन में आराम। अपने इस संकल्प से विचलित ना होने का पक्का निश्चय किया। नहीं! इस बार मैं कोई जोख़िम नहीं उठाने वाला था। तिब्बत को ही जाने वाले मेरे चार साथी एक साथ निकले। उन्होंने मुख्य सड़क पर चलने की हिम्मत दिखाई। यह सड़क अलूसूरी से होते हुए गंगा की घाटी तक पहुंचती थी। मुझे यह रास्ता बहुत जोख़िम भरा लगा और मैंने यमुना और अगलर घाटियों के बीच अपने पिछले रास्ते पर ही चलना ठीक समझा। पहली रात मैंने चालीस बार अलगर को पास किया। फिर भी, जब सुबह हुई तो मैंने अपने आपको ठीक उसी जगह पर पाया, जहां पहुंचने में मुझे पिछले साल चार दिन लगे थे। मैं आज़ाद होकर बहुत ख़ुश था और अपनी प्रगति से संतुष्ट भी था। हालांकि मुझे जगह-जगह खरोंचें आई थीं, चोटें लगी हुई थीं। मेरे भारी बोझ के कारण एक ही रात में मेरे नए टेनिस के जूतों के तलवे उखड़ गए थे।

मैं नदी के किनारे, दो चट्टानों के बीच अपना पहला डे-कैंप बनाने की सोचने लगा। लेकिन मैंने अपना सामान अभी खोला ही था कि मुझे बंदरों का एक झुंड दिखाई दिया। उन्होंने मुझे देखा और मुझ पर ढेले फेंकने लगे। उनके शोर से विचलित होकर मैं नदी के किनारे-किनारे दौड़ते हुए आ रहे तीस भारतीयों के समूह को देख नहीं पाया। मेरी नज़र उन पर तब पड़ी, जब वे मेरे छिपने के स्थान के क़रीब पहुंच गए। मैं समझ नहीं पा रहा था कि वे मछुआरे थे या हम भगोड़ों की तलाश में निकले हुए लोग। चाहे जो भी हो, मैं यक़ीन नहीं कर पा रहा था कि उन्होंने मुझे नहीं देखा था, क्योंकि भागते समय मेरे और उनके बीच कुछ ही गज़ की दूरी रह गई थी। उनके निकलते ही मैंने राहत की सांस ली, लेकिन इसे एक चेतावनी के रूप में लिया और शाम तक अपने ठिकाने में ही छिपा रहा। अंधेरा होने तक वहां से नहीं हिला। मैं पूरी रात अगलर के बहाव के साथ-साथ चलता रहा और अच्छी दूरी तय कर ली। मेरे अगले कैंप में कोई गड़बड़ नहीं हुई और मैंने बड़ी अच्छी नींद ली और जब जागा तो तरोताज़ा महसूस कर रहा था। शाम होते-होते मैं अधीर हो गया और मैंने बहुत जल्दी अपना कैंप समेट लिया। मैं अभी कुछ सौ गज़ ही चला

था कि एक जल-स्रोत के पास भारतीय महिला से आमना-सामना हो गया। मुझे देखकर वह डर के मारे चिल्लाई, अपना पानी का घड़ा नीचे डालकर पास के घरों की ओर भागी। मैं भी उससे कम भयभीत नहीं था। डर के मारे रास्ते से उतरकर खड्ड में जा गिरा। यहां से मुझे खड़ी चढ़ाई करनी थी। हालांकि मुझे पता था कि मैं सही दिशा में जा रहा हूं, लेकिन मेरा यह मोड़ एक कष्टप्रद चक्कर था जिसकी वजह से मैं कई घंटे पीछे चला गया। मुझे नाग टिब्बा की चढ़ाई चढ़नी थी, जो 10,000 फ़ीट से ज़्यादा ऊंची है। इसका शिखर पूरी तरह से सुनसान और घने जंगलों से ढंका हुआ है।

भोर के धुंधलके में मैं आगे बढ़ रहा था, तभी मेरा सामना एक तेंदुए से हो गया। इस यात्रा का यह पहला ख़तरनाक प्राणी था। मेरे दिल की धड़कनें मानो थम गईं, क्योंकि मेरे पास अपनी सुरक्षा के लिए कोई साधन नहीं था। मेरे पास एकमात्र हथियार एक लंबा चाकू था, जिसे शिविर के लोहार ने मेरे लिए विशेष रूप से बनाया था। मैंने इसे एक छड़ी में खोंस लिया था। तेंदुआ ज़मीन से पंद्रह फ़ुट या शायद और अधिक ऊंचाई एक मोटी शाखा पर बैठा था। मुझे लगा कि अभी छलांग मार देगा। मैंने बहुत तेज़ी से सोचा कि क्या किया जा सकता है। फिर मैं चुपचाप धीरे-धीरे चलता रहा। कोई गड़बड़ नहीं हुई, लेकिन लंबे समय तक मुझे सिहरन महसूस होती रही।

अब तक मैं नाग टिब्बा की चोटी पर ही चल रहा था और अब आख़िरकार मैं फिर से सड़क पर आ गया। मैं अभी कुछ दूर ही गया था कि मेरे आश्चर्य का ठिकाना नहीं रहा। कुछ लोग रास्ते में लेटकर खर्राटे भर रहे थे! ये लोग पीटर औफ़्शनाइटर और उनके तीन साथी थे। मैंने उन्हें हिलाकर जगाया और फिर हम सभी ने एक सुरक्षित जगह पर पनाह ली। यहां बैठकर हमने अब तक की अपनी यात्रा के अनुभव साझा किए। हम सभी स्वस्थ थे और हमें पूरा विश्वास था कि हम तिब्बत पहुंच ही जाएंगे। अपने दोस्तों के साथ दिन बिताने के बाद शाम को अकेले आगे बढ़ना मेरे लिए मुश्क़िल हो गया, लेकिन मैं अपने संकल्प पर कायम रहा। उसी रात मैं गंगा तट पर पहुंच गया। मैं पांच दिनों से भाग ही रहा था।

मैं मंदिरों के शहर उत्तर काशी में पहुंच गया था था। इस स्थान का ज़िक्र मैंने अपने पहले पलायन के दौरान भी किया था। यहां पहुंचकर मुझे अपनी

जान बचाने के लिए भागना पड़ा था। मैं अभी एक घर के पास से गुज़रा ही था कि दो आदमी बाहर निकले और मेरे पीछे दौड़ने लगे। मैं खेतों और झाड़ियों से होते हुए गंगा तट की ओर भागा। वहां दो बड़ी चट्टानों के बीच छिप गया। सब कुछ शांत हो गया और मैं आश्वस्त हो गया था कि पीछा करने वाले मेरे आसपास नहीं हैं। लेकिन फिर भी, मैं काफ़ी समय बाद ही मैं बाहर आने की हिम्मत जुटा पाया। इस समय मेरे लिए एक जाने-पहचाने रास्ते पर चलना बहुत ख़ुशी की बात थी। तेज़ गति से आगे बढ़ने का आनंद इतना था कि मैं जिस बोझ को ढो कर चल रहा था, उसे भी भूल गया था। यह सच है कि मेरे पैरों में बहुत दर्द रहता था, लेकिन दिन में आराम करने से दर्द कम हो जाता था। मैं अक्सर लगातार दस घंटे सोता था।

अंतत:, मैं अपने उस भारतीय मित्र के फ़ार्महाउस़ पहुंचा, जिसे मैंने पिछले साल अपना पैसा और सामान सौंपा था। अब मई का महीना चल रहा था और हम इस बात पर सहमत हुए थे कि वह इस महीने के किसी भी दिन आधी रात को मेरा इंतज़ार करेगा। मैंने जान-बूझकर सीधे घर में प्रवेश नहीं किया। सबसे पहले मैंने अपना बैग छिपाया। मैं विश्वासघात की आशंका से मुक्त नहीं था।

उसके घर पर चांदनी चमक रही थी, इसलिए मैं अस्तबल के अंधेरे में छिप गया। दो बार धीरे से अपने दोस्त का नाम पुकारा। दरवाज़ा खुला और मेरा दोस्त बाहर भागकर बाहर आया। ज़मीन पर गिर पड़ा और मेरे पैरों को चूमने लगा। उसके गालों पर खुशी के आंसू ढलक रहे थे। वह मुझे एक अलग कमरे में ले गया, जिसके दरवाज़े पर एक बहुत बड़ा ताला लटका हुआ था। यहां उसने चीड़ की लकड़ी से बनी मशाल जलाई और एक लकड़ी का संदूक़ खोला। अंदर मेरी सारी चीज़ें सावधानी से सूती थैलों में रखी हुई थीं। थैले सिले हुए थे। मैंने सारा सामान खोलकर देखा और उसकी वफ़ादारी से प्रभावित होकर मैंने उसे इनाम दिया। आप कल्पना कर सकते हैं कि उसने जो खाना मुझे परोसा, मैंने उसका कितना आनंद लिया होगा। मैंने उससे कहा कि वह अगली रात से पहले मेरे लिए खाने-पीने की कुछ चीज़ें और एक ऊनी कम्बल ले आए। उसने वादा किया और इसके अलावा उसने मुझे हाथ से बुने हुए एक जोड़ी ऊनी कच्छे और एक शॉल भेंट की।

अगले दिन मैं पास के जंगल में जाकर सो गया और शाम को अपना सामान लेने आया। मेरे दोस्त ने मुझे भरपेट खाना खिलाया और कुछ दूर तक मेरे साथ रहा। वह मेरा सामान उठाने की ज़िद कर रहा था। उसका शरीर कमज़ोर था और वह मेरे साथ बड़ी कठिनाई से चल पा रहा था। मैंने जल्द ही उसे वापस भेज दिया और इतनी दोस्ताना विदाई के बाद मैं फिर से अकेला हो गया।

शायद आधी रात से कुछ अधिक समय रहा होगा। मेरे रास्ते के बीचोंबीच एक भालू अपने पिछले पैरों पर खड़ा था। वह मुझ पर गुर्रा रहा था। इस समय गंगा के प्रवाह की आवाज़ इतनी तेज़ थी कि हम दोनों में से कोई भी एक दूसरे के आहट नहीं सुन पाया। मैं अपना भाला उसके सीने पर तानते हुए धीरे-धीरे पीछे हटता गया। मेरी नज़र उस पर बनी थी। पगडंडी के पहले मोड़ पर मैंने जल्दी से आग जलाई और एक जलती हुई लकड़ी को लहराते हुए अपने दुश्मन का सामना करने के लिए आगे बढ़ा। लेकिन मोड़ पर आकर मैंने पाया कि भालू जा चुका था, सड़क साफ़ थी। बाद में तिब्बती किसानों ने मुझे बताया कि भालू केवल दिन में ही आक्रामक होते हैं। रात में वे हमला करने से डरते हैं।

मुझे चलते हुए दस दिन हो चुके थे और अब मैं नेलांग गांव पहुंच गया था। इसी गांव में पिछले साल नियति ने मेरी उम्मीदों पर पानी फेर दिया था। इस बार मैं एक महीने पहले पहुंचा था और गांव अभी भी निर्जन था। लेकिन यहां अपने शिविर के चार दोस्तों को पाकर मेरी ख़ुशी का ठिकाना नहीं रहा! जिस समय मैं अपने भारतीय दोस्त के पास रुका हुआ था, उस समय वे मुझसे आगे निकल गए थे। हमने एक खुले घर में डेरा जमाया और पूरी रात सोए। दुर्भाग्य से सैटलर को माउंटेन सिकनेस का दौरा पड़ा, उसे तकलीफ़ हो रही थी और उसने कह दिया कि वह अब आगे नहीं बढ़ सकता। उसने लौटने का फ़ैसला किया, लेकिन दो दिन तक आत्मसमर्पण नहीं करने का वादा किया, ताकि हमारी अगली यात्रा ख़तरे में ना पड़ जाए। कोप, जिसने पिछले साल पहलवान क्रेमर के साथ इसी मार्ग से तिब्बत में प्रवेश किया था, अब मेरा हमसफ़र बन गया था।

सात दिन की लंबी पैदल यात्रा के बाद हम आख़िरकार उस दर्रे तक पहुंच गए जो भारत और तिब्बत के बीच की सीमा तय करता है। एक ग़लत अनुमान के कारण हमें विलंब हुआ। एक प्रसिद्ध कारवां तिर्पनी शिविर से निकलने के बाद, हम तीन घाटियों में से सबसे पूर्व दिशा की एक घाटी की ओर निकल गए। लेकिन अंततः हमें समझ में आ गया कि हम रास्ता भूल गए थे। अपनी दिशा खोजने के लिए औफ़्शनाइटर और मैं एक पहाड़ की चोटी पर चढ़ गए, हमें उम्मीद थी कि वहां से हमें दूसरी तरफ के देश का अच्छा नज़ारा दिख सकेगा। यहां से हमने पहली बार तिब्बत देखा, लेकिन हम बहुत थके हुए थे और इस नज़ारे का आनंद नहीं ले पा रहे थे। लगभग 18,000 फ़ीट की ऊंचाई पर हमें ऑक्सीजन की कमी होने लगी थी। हमें बहुत निराशा हुई और हमने तिर्पनी वापस लौटने का तय किया। वहां पहुंचकर हमने पाया कि जिस दर्रे पर हम जाने वाले थे, वह हमसे बहुत पास था। अपनी चूक के कारण हमें तीन दिन का नुक़सान उठाना पड़ा। हमें अपने राशन में कटौती करनी पड़ी और हमें इस बात की चिंता सता रही थी कि अगली बसाहट के नजदीक पहुंचने तक हमारे पास पर्याप्त राशन बचेगा या नहीं।

तिर्पनी से हमारा रास्ता धीरे-धीरे ऊपर की ओर हरे-भरे चरागाहों से होकर जाता था। यहां से गंगा की एक पतली धारा बहती थी। इसी झरने को हमने एक सप्ताह पहले घाटी के नीचे एक उग्र, कर्कश प्रवाह के रूप में देखा था। अब यही प्रवाह घास के मैदानों के बीच से धीमी गति से बह रहा था। कुछ ही हफ़्तों में पूरा देश हरा-भरा हो जाएगा और धूप के ताप से काले पड़ चुके पत्थरों से पहचाने जाने वाले कई आश्रय स्थल हमें उन काफ़िलों की कल्पना करने पर मजबूर कर देंगे जो गर्मियों के मौसम में भारत से तिब्बत की ओर जाते हैं। पहाड़ी भेड़ों का एक झुंड हमारे सामने से हल्के क़दमों से गुज़रते हुए हमारी नज़रों से ओझल हो गया। हमें नज़रअंदाज़ करते हुए। अफ़सोस! हमारे पेट को पछतावा हो रहा था।

दर्रे की तलहटी में हमने भारत में आख़िरी बार डेरा डाला। हम मांस पकाकर लज़ीज़ खाना खाने का सपना देख रहे थे, पर हमने बचे हुए आटे में पानी मिलाकर छोटी-छोटी बाटियां बना लीं और उन्हें गर्म पत्थरों पर रख

दिया। मौसम बहुत ठंडा था और घाटी में बहने वाली बर्फ़ीली पहाड़ी हवा से हमारा बचाव केवल पत्थर की एक दीवार ही कर रही थी।

आख़िरकार 17 मई, 1944 को हम सांगचोकला दर्रे की चोटी पर पहुंच गए। हमारे नक़्शों से पता चल रहा था कि हम 17,200 फुट की ऊंचाई पर थे। तो अब हम भारत और तिब्बत की सीमा पर थे, जो इतने लंबे समय से हमारा सपना था। यहां पहुंचकर हमने पहली बार सुरक्षित महसूस किया। इस भावना से ही हम आनंदित थे, क्योंकि हम जानते थे कि यहां हमें कोई भी अंग्रेज़ गिरफ़्तार नहीं कर सकता। हम नहीं जानते थे कि तिब्बती हमारे साथ कैसा व्यवहार करेंगे, लेकिन चूंकि हमारे देश का तिब्बत के साथ झगड़ा नहीं था, इसलिए हमें विश्वास था कि हमारा गर्मजोशी से स्वागत-सत्कार होगा।

दर्रे के शिखर पर पत्थरों-चट्टानों के ढेर और प्रार्थना पताकाएं लहरा रही थीं। ये पताकाएं धर्मनिष्ठ बौद्धों द्वारा अपने देवताओं को समर्पित की गई थीं। कड़ाके की ठंड थी, लेकिन हमने बहुत देर तक आराम किया और अपनी वर्तमान स्थिति पर विचार-विमर्श किया। हमें यहां की भाषा का ना के बराबर ज्ञान था और हमारे पास पैसे भी नहीं बचे थे। सबसे बड़ी बात यह थी कि अब हमें भूखे मरने की नौबत आ गई थी। हमें जल्द से जल्द इंसानी बस्ती की तलाश करनी थी। लेकिन हम जिस जगह पर थे, वहां से दूर-दूर तक केवल पहाड़ों की चोटियां और सुनसान घाटियां ही दिखाई दे रही थीं। हमारे नक़्शे में इस इलाक़े में गांव या बस्तियां नहीं दिखा रहे थे। हमारा अंतिम लक्ष्य, जैसा कि मैंने पहले ही उल्लेख किया है, जापान की सीमाएं थीं - हज़ारों मील दूर। जिस मार्ग पर हम चलने की योजना बना रहे थे, वह पहले पवित्र कैलाश पर्वत तक ले जाता था और फिर ब्रह्मपुत्र के रास्ते से होते हुए अंततः हमें पूर्वी तिब्बत तक पहुंचाता था। कोप का मानना था कि हममारे नक़्शों पर दिए गए संकेत काफ़ी सटीक थे। कोप पिछले साल तिब्बत में थे और उन्हें उस देश से निष्कासित कर दिया गया था।

एक खड़ी चढ़ाई चढ़ने के बाद हम ऑप्टचू के रास्ते पर पहुंचे और दोपहर को वहां विश्राम किया। घाटी के दोनों ओर लटकती चट्टानी दीवारें एक घाटी की तरह थीं। घाटी बिलकुल निर्जन थी और केवल एक लकड़ी के

खंभे से पता चलता था कि कभी-कभी लोग वहां आते थे। घाटी के दूसरी ओर शेल (अवसादी चट्टान) की ऊंची-नीची सतहें थीं, जिन पर हमें चढ़ना था। पठार पर पहुंचने से पहले शाम हो गई थी और हम बर्फ़ीली ठंड में डेरा डाले हुए थे। पिछले कुछ दिनों से हमारा ईंधन कंटीली झाड़ियों ही थीं, ये हमें ढलानों पर मिल जाती थीं। यहां पर घास नहीं उग रही थी, इसलिए हमें सूखे गोबर का इस्तेमाल करना पड़ा। इसे इकट्ठा करने के लिए हमें बड़ी मेहनत करनी पड़ी थी।

अगले दिन दोपहर से पहले हम अपने पहले तिब्बती गांव कासापुलिंग पहुंचे। यहां छह घर थे। यह जगह पूरी तरह से सुनसान लग रही थी और जब हमने दरवाज़े खटखटाए, तो कोई हलचल नहीं हुई। कुछ देर बाद हमें पता चला कि सभी गांववाले आस-पास के खेतों में जौ बोने में व्यस्त थे। वे झुककर मशीनों की तरह निरंतर गति से बीज का एक-एक दाना ज़मीन में बो रहे थे। हमने उन्हें लगभग उसी भाव से देखा जिस भाव से कोलंबस पहली बार भारतीयों से मिला था। क्या वे हमें दोस्त के रूप में स्वीकार करेंगे या दुश्मन मान लेंगे? कुछ देर तक तो उन्होंने हमारी ओर ध्यान ही नहीं दिया। बस चुड़ैल जैसी दिखनी वाली एक बूढ़ी औरत की चीख़ें ही हम सुन पाए। चीख़ें हमारी ओर नहीं, बल्कि जंगली कबूतरों के झुंड की ओर लक्षित थीं। दरअसल, वे कबूतर अभी-अभी बोए हुए अनाज के दानों पर झपट्टा मार रहे थे। शाम तक गांववालों ने शायद ही हमारी उपस्थिति पर ग़ौर किया हो। इसलिए हम चारों ने एक घर के पास अपना डेरा जमा लिया। और जब रात होने पर वे लोग खेतों से घर को लौटे तो हमने उनके साथ व्यापार करने की कोशिश की। हमने उन्हें उनकी भेड़ या बकरी के बदले पैसे देने की पेशकश की। लेकिन उनकी इसमें रुचि नहीं थी। चूंकि तिब्बत में कोई सीमा चौकी नहीं थी, इसलिए पूरी आबादी को विदेशियों से शत्रुता का भाव रखना सिखाया जाता है और यदि कोई भी तिब्बती किसी विदेशी को कुछ भी बेचता है, तो उसके लिए कठोर दंड का प्रावधान है। हम भूख से मर रहे थे और अब हमारे पास उन्हें डराने-धमकाने के अलावा कोई विकल्प नहीं था। हमने धमकी दी कि अगर वे हमें एक जानवर नहीं बेचेंगे तो हम उनका एक जानवर जबरन ले

लेंगे और चूंकि हम चारों में से कोई भी कमज़ोर नहीं दिख रहा था, इसलिए हमारा यह उपाय कामयाब रहा। बहुत रात होने से पहले उन्होंने बड़ी बेशर्मी से एक बूढ़ी बकरी हमें सौंप दी और उसके बदले हमसे बड़ी धनराशि वसूली। हम जानते थे कि हमें ब्लैकमेल किया जा रहा है, लेकिन हमने इसे बर्दाश्त कर लिया। क्योंकि हम इस देश में आदर-आतिथ्य पाना चाहते थे।

हमने बकरी को अस्तबल में काटा और आधी रात तक भी हम उसके मांस को ठीक से पका नहीं पाए।

हमने अगले दिन आराम किया और आसपास के घरों को क़रीब से देखा। ये पत्थर से बने थे और इनकी छत सपाट थी जिस पर ईंधन सूखने के लिए रखा जाता था। यहां रहने वाले तिब्बतियों की तुलना उन लोगों से नहीं की जा सकती जो अंदरूनी इलाक़ों में रहते हैं। इनके बारे में हमें बाद में पता चला। गर्मियों में भारत के काफ़िलों के आवागमन ने उन्हें बिगाड़ दिया है। हमने पाया कि वे साफ़-सुथरे ढंग से नहीं रह रहे थे। उनमें बेईमानी समा गई थी। उनमें वह उल्लास दिखाई नहीं दे रहा था, जिसके लिए उनकी जाति प्रसिद्ध है। वे उदास नजर आते थे। हताश और निराश होकर अपने रोज़मर्रा के काम पर चले जाते थे और ऐसा लगता था कि वे इस बंजर देश में सिर्फ़ इसलिए बसे हुए हैं ताकि अपनी ज़मीन की उपज के लिए काफ़िलों से अच्छा पैसा कमा सकें। सीमा पर बसा छह घरों वाला यह गांव एकमात्र ऐसा गांव था, जहां कोई मठ नहीं था। इस बात की बाद में पुष्टि हुई।

अगली सुबह हम बिना किसी कठिनाई के इस दुर्गम स्थान से निकल गए। अब तक हम हमने पर्याप्त आराम कर लिया था और कोप की जिस हास्यवृत्ति को पिछले कुछ दिनों से ग्रहण लगा हुआ था, उसने हमें फिर से हंसाया। हम खेतों को पार करके एक छोटी-सी घाटी में नीचे उतर गए। अगले पठार पर विपरीत ढलान पर चढ़ते समय हमें अपने बैग का वज़न पहले से कहीं ज़्यादा महसूस होने लगा। यह शारीरिक थकान हमारी निराशा के कारण थी। निराशा इस वजह से थी, क्योंकि अपने सपने के देश को हम देख नहीं पा रहे थे। हमें अपनी रात एक दुर्गम खड्ड में ज़मीन पर सोकर बितानी पड़ी। यहां हम हवा के थपेड़ों से बच नहीं पाए थे।

अपनी यात्रा की शुरुआत में ही हमने अपने दल के हर सदस्य को अलग-अलग काम सौंप दिए थे। पानी लाना, आग जलाना और चाय बनाना बहुत मुश्क़िल काम था। हर शाम हम अपने बैग ख़ाली कर लेते थे ताकि ठंड से बचने के लिए उन्हें फ़ूटबैग के रूप में इस्तेमाल कर सकें। उस शाम जब मैंने अपना बैग हिलाया तो एक छोटा-सा विस्फोट हुआ। घर्षण से मेरी माचिस ने आग पकड़ ली थी। जो ऊंचे तिब्बती पठार की हवा की शुष्कता का प्रमाण थी।

जिस जगह पर हमने डेरा डाला था, उसे भोर की पहली किरण के साथ ही जांचा-परखा। हमने देखा कि जिस खड्ड में हमने रात बिताई थी, उसे शायद किसी इंसान ने ही बनाया होगा, क्योंकि यह बिलकुल गोलाकार था और इसकी दीवारें सीधी खड़ी थीं। शायद इसे जंगली जानवरों को फंसाने के लिए बनाया गया होगा। हमारे पीछे हिमालय था, जिसमें कामेत पर्वत का एकदम सटीक बर्फ़ का पिरामिड था। सामने एक दुर्गम पहाड़ी इलाक़ा था। हम एक तरह की लोएस बनावट (दोमट मिट्टी का जमाव) से नीचे की ओर उतरे और दोपहर के समय दुशांग गांव पहुंचे। एक बार फिर, हमें बहुत कम घर मिले और ग्रामीणों का व्यवहार कासापुलिंग गांव जैसा ही अमानवीय था। पीटर औफ़्शनाइटर ने वर्षों तक किए भाषा अध्ययन से अर्जित ज्ञान का व्यर्थ प्रदर्शन किया। हमारे हाव-भाव भी किसी काम के नहीं थे।

बहरहाल, हमने यहां पहली बार एक वास्तविक तिब्बती मठ देखा। मिट्टी की दीवारों में काले छेद थे और एक पहाड़ी पर हमने विशाल इमारतों के खंडहर देखे। यहां कभी सैकड़ों भिक्षु रहते होंगे। अब यहां सिर्फ़ गिने-चुने भिक्षु थे जो एक आधुनिक घर में रहते थे। लेकिन वे कभी हमारे सामने नहीं आए। मठ के सामने एक छत पर लाल रंग से रंगी क़ब्रों की कतारें थीं।

हम थोड़े से उदास और निराश होकर अपने तंबू में लौट आए। यह हमारे लिए एक दिलचस्प लेकिन विचित्र रूप से प्रतिकूल दुनिया के बीच एक छोटा-सा घर था।

जब हम दुशांग पहुंचे तो यहां भी कोई अधिकारी नहीं था, जिससे हम ठहरने या यात्रा करने की अनुमति मांग सकें। लेकिन यह चूक जल्द ही

दुरुस्त हो गई, क्योंकि अधिकारी हमें खोजने के लिए पहले ही निकल चुके थे। अगले दिन हमने अपनी पदयात्रा फिर से शुरू की। कोप और मैं आगे-आगे थे औफ़्शनाइटर और ट्रीपेल हमारे पीछे थोड़ी दूर पर थे। अचानक हमें घंटियों की झनकार सुनाई दी और टट्टुओं पर सवार दो आदमी हमारे सामने उपस्थित हुए। स्थानीय बोली में उन्होंने हमें उल्टे पांव भारत लौटने के लिए कहा। हम जानते थे कि बातचीत करने से हमें कोई फ़ायदा नहीं होना होने वाला था और इसलिए हमने धक्का दे दिया। सौभाग्य से उन्होंने अपने हथियारों का इस्तेमाल नहीं किया, क्योंकि उन्हें लगा कि हम भी हथियारबंद हैं। हमें रोकने के कुछ कमज़ोर प्रयास करने के बाद वे चले गए और हम बिना किसी बाधा के अगली बस्ती में पहुंच गए। इसके बारे में हमें पता था कि यह एक स्थानीय गवर्नर का निवास स्थान है।

जिस देश से हम इस दिन गुज़र रहे थे, वह निर्जन था और वहां पानी भी नहीं था। कहीं भी जीवन का नामोनिशान नहीं। इसके बीचोंबीच एक छोटा-सा शहर था त्सापारंग। यह केवल सर्दियों के महीनों में ही आबाद होता था और जब हम गवर्नर की तलाश में निकले तो हमें पता चला कि वह अपने ग्रीष्मकालीन निवास शांगत्से में जाने के लिए अपना सामान पैक कर रहा था। हमें यह जानकर बहुत आश्चर्य हुआ कि वह हमें रास्ते में मिले दो हथियारबंद लोगों में से ही एक था। उसका व्यवहार बहुत रूखा था, स्वागत का भाव नहीं था। हम उसे दवा के बदले में थोड़ा आटा देने के लिए बड़ी मुश्क़िल से मना पाए। मेरे बैग में रखी हुई दवा की छोटी-सी पेटी उस समय हमारी मुक्ति का साधन बनी। और, आगे भी यह हमारे लिए बहुत काम आने वाली थी।

अंतत: गवर्नर ने हमें एक गुफा दिखाई, जहां हम रात बिता सकते थे, और उसने हमें एक बार फिर चेतावनी दी कि हमें तिब्बत छोड़ना होगा, और उसी रास्ते से लौट जाना होगा जिससे हम आए थे। हमने उसके आदेश को मानने से इनकार कर दिया और उसे समझाने की कोशिश की कि तिब्बत एक तटस्थ राज्य है और उसे हमें शरण देनी चाहिए। लेकिन वह इस विचार को समझ नहीं पाया और भले ही वह समझ गया हो, पर वह निर्णय लेने में सक्षम नहीं था,। इसलिए हमने उसे प्रस्ताव दिया कि हमें निर्णय एक उच्च पदस्थ

अधिकारी पर छोड़ देना चाहिए जिसका आधिकारिक निवास थुलिंग में था, जो केवल पांच मील दूर था। अधिकारी एक भिक्षु था।

त्सापारंग वास्तव में कुतूहल जगाता था। मैंने शिविर में पढ़ी हुई पुस्तकों से जाना था कि तिब्बत में पहला कैथोलिक मिशन स्टेशन 1624 में यहां स्थापित किया गया था। पुर्तगाली जेसुइट एंटोनियो डी एंड्रेड ने एक कैथोलिक समुदाय का गठन किया था और कहा जाता है कि उन्होंने एक चर्च का निर्माण किया था। हमने इसके भग्नावशेषों को तलाशने का प्रयास किया, लेकिन हमें किसी भी ईसाई इमारत के अवशेष नहीं मिले। हमारे अपने अनुभव से हमें एहसास हुआ कि फ़ादर एंटोनियो के लिए यहां अपना मिशन स्थापित करना कितना मुश्क़िल रहा होगा।

अगले दिन हम थुलिंग पहुंचे और भिक्षु के सामने अपना मामला रखा। वहां हमें औफ़्शनाइटर और ट्रीपेल मिले। उन्होंने एक अलग रास्ता पकड़ा था। हम सभी मठाधीश के पास गए। संयोगवश यह वही अधिकारी था जिससे हमें काम था। लेकिन उसने पूर्व की ओर बढ़ने देने के हमारे निवेदन को उसने अनसुना कर दिया। वह हमें केवल तभी खाने-पीने का सामान बेचने के लिए राज़ी हुआ, जब हमने शांगत्से वापस जाने का वादा किया। यह जगह भारत जाने के रास्ते में पड़ती थी। हमारे पास सहमत होने के अलावा कोई विकल्प नहीं था, क्योंकि हमारे पास भोजन नहीं था।

थुलिंग में एक धर्मनिरपेक्ष अधिकारी भी था। लेकिन हमें वह और भी कम मिलनसार लगा। वह इतने ग़ुस्से में था कि उसने हमने मिलने से भी इनकार कर दिया और इस हद तक चला गया कि उसने बाक़ी लोगों में हमारे ख़िलाफ़ भड़का दिया। हमें बासे मक्खन और सड़े-गले मांस के लिए बहुत ज़्यादा क़ीमत चुकानी पड़ी। एक रुपया चुकाकर थोड़ी-सी लकड़ियां मिलीं। थुलिंग से हम जो एकमात्र सुखद स्मृति अपने साथ लेकर चले, वह थी सीढ़ीदार मठ की तसवीर। इसकी सोने से मढ़ी हुई कंगूरेदार छत सूरज की रोशनी में चमक रही थी और नीचे सतलुज का पानी बह रहा था। यह पश्चिमी तिब्बत का सबसे बड़ा मठ है, लेकिन यह बहुत सुनसान है और हमने सुना कि दो सौ साठ भिक्षुओं में से केवल बीस ही वास्तव में निवास कर रहे थे।

अंततः जब हमने शांगत्से लौटने का वादा किया, तो उन्होंने हमें अपना सामान ढोने के लिए चार गधे दिए। पहले तो हमें आश्चर्य हुआ कि उन्होंने हमें बिना किसी सुरक्षाकर्मी के सिर्फ़ गधे वाले के साथ जाने दिया। लेकिन जल्द ही हमें समझ में आ गया कि तिब्बत में निगरानी का सबसे आसान तरीक़ा यह है कि बिना परमिट के अजनबियों को खाद्य सामग्री बेचने पर रोक लगा दी जाए।

हमने यहीं रात बिताई। शांगत्से एक पूरे दिन की पैदल यात्रा की दूरी पर था। अगले दिन वहां जाते समय हमें हिमालय के शानदार नज़ारे देखने को मिले। ये दृश्य उस बंजर इलाक़े की कुछ हद तक भरपाई कर रहे थे, जहां से हम अपने गधों को लेकर गुज़र रहे थे। इस रास्ते पर हम सबसे पहले क्यांग से मिले। यह एक प्रकार का जंगली गधा है, जो मध्य एशिया में पाया जाता है और अपनी मोहक चाल से यात्रियों को मंत्रमुग्ध कर देता है। यह जानवर खच्चर के आकार का होता है। यह अक्सर उत्सुक होकर राहगीरों को देखने के लिए ऊपर आता है और फिर मुड़कर बड़े लुभावने ढंग से भाग भी जाता है। क्यांग घास खाता है और स्थानीय निवासी इसे परेशान नहीं करते। इसका एकमात्र दुश्मन भेड़िया है। जब से मैंने इस जानवर को देखा, यह बेहद सुंदर जानवर स्वतंत्रता का प्रतीक लगता है।

शांगत्से गांव में भी सिर्फ़ आधा दर्जन घर थे। ये घर गर्मी के कारण सूख चुकी मिट्टी की ईंटों और घास-फूस से बने थे। यह गांव भी बाक़ी गांवों की तरह ही मेहमाननवाज़ नहीं था। यहां हमारी मुलाक़ात त्सापारंग के एक रूखे अधिकारी से हुई। यह अपने ग्रीष्मकालीन क्वार्टर में रहने के लिए चला गया था। वह किसी भी क़ीमत पर हमें तिब्बत की ओर बढ़ने की अनुमति देने के लिए तैयार नहीं था। उसने हमें त्सापारंग के रास्ते या शिपकी दर्रे से होते हुए भारत जाने का विकल्प दिया। अगर हम इनमें से किसी एक मार्ग पर जाने के लिए तैयार होते तो ही वह हमें खाने-पीने की चीज़ें बेचने के लिए राज़ी होता।

हमने शिपकी मार्ग चुना। पहला तो इसलिए कि यह हमारे लिए नया देश था और दूसरा इसलिए कि हमें उम्मीद थी कि हम वहां से निकलने का कोई रास्ता ढूंढ़ लेंगे। फिलहाल हम जितना चाहें उतना मक्खन, मांस और

आटा ख़रीद सकते थे। हम एक बार फिर कांटेदार तारों की बाड़ के पीछे जाने की आशंका से निराश थे। ट्रीपेल तिब्बत में कुछ भी अच्छा नहीं लगा था और इसलिए अब वह इस यात्रा रोकना चाहता था। इस बंजर भूमि में बने रहने के लिए कोई भी प्रयास करने को इच्छुक नहीं था।

अगला दिन हमने मन भर कर खाने-पीने में बिताया। मैंने अपनी डायरी भी अपडेट कर ली थी और सूजी हुई नसों का इलाज किया। यह सूजन मजबूरी में रात भर पैदल चलने की वजह से हुई थी। मैं फिर से क़ैद में नहीं जाना चाहता था और इसके लिए कोई भी जोख़िम उठाने के लिए तैयार था, और औफ़श्नाइटर भी मेरी ही तरह सोच रहा था। अगली सुबह हमें स्थानीय गवर्नर का असली चरित्र पता चला। हमने तांबे के बर्तन में मांस पकाया था, और औफ़श्नाइटर को शायद फूड पॉइज़निंग हो गई थी, क्योंकि वह बहुत अस्वस्थ महसूस कर रहा था। जब मैंने गवर्नर से हमें थोड़ी देर और रुकने की अनुमति मांगी, तो उसने पहले से कहीं ज़्यादा बदतमीज़ी की। मैंने उसके साथ बुरी तरह झगड़ा किया और इसका कुछ हद तक असर भी हुआ, क्योंकि वह औफ़श्नाइटर को सवारी करने के लिए एक घोड़ा देने के साथ-साथ हमारे सामान को ढोने के लिए दो याक देने के लिए सहमत हो गया।

याक को प्रत्यक्ष रूप से मैंने पहली बार देखा था। यह प्राणी तिब्बत में आमतौर पर पाया जाता है और केवल ऊंचाई पर ही रह सकता है। यह लंबे बालों वाला जानवर बैल प्रजाति का है और इसका उपयोग करने के लिए बड़े प्रशिक्षण की आवश्यकता होती है। यह गाय-बैलों की तुलना में काफी छोटा जानवर है और अच्छी मात्रा में दूध देता है।

शांगत्से से हमारे साथ आए सैनिक अपने साथ एक पत्र लेकर चल रहे थे। जिसके अनुसार हमें अपनी ज़रूरत की चीज़ें ख़रीदने का अधिकार था। इसके अलावा, हमें हर पड़ाव पर बिना पैसे दिए अपने याक बदलने का भी अधिकार था।

दिन में मौसम सुहाना और तुलनात्मक रूप से गर्म था, लेकिन रातें बहुत ठंडी थीं। हम कई गांवों और आबाद गुफाओं से गुज़रे, लेकिन लोगों ने हम पर ज़्यादा ध्यान नहीं दिया। हमारे गधे को हांकने वाला ल्हासा का रहने

वाला था। वह हमारे साथ अच्छा और दोस्ताना व्यवहार करता था। गांवों में इधर-उधर घूमना-भटकना पसंद करता था। लोग हम पर विश्वास कर रहे थे। बेशक इसकी एक वजह हमारा अच्छा आचरण भी था। जब हम रोंगचुंग ज़िले से गुज़र रहे थे, तो हमने पाया कि हम कुछ दिनों तक स्वेन हेडिन के मार्ग का अनुसरण कर रहे थे। मैं इस खोजकर्ता का बहुत बड़ा प्रशंसक था, इसलिए इस दौरान उनके वर्णन की सजीव यादें ताज़ा हो गईं। हम जिस इलाक़े से गुज़र रहे थे, वह वैसा ही था, जैसा उन्होंने लिखा था। हम पठारों को पार करते रहे, गहरी घाटियों में उतरते रहे और दूसरी तरफ़ कष्टदायक चढ़ाई चढ़ते रहे रहे। अक्सर ये खड्डे इतने संकरे होते थे कि उन्हें पार तो किया जा सकता था, लेकिन इसमें घंटों लग जाते थे। लगातार इतने उतार-चढ़ाव आए कि हमारी यात्रा की लंबाई दोगुनी हो गई थी, ये विचार हमें बहुत परेशान कर रहे थे और हम चुपचाप चिंतन करते जा रहे थे। फिर भी हम आगे बढ़ते रहे। हमें अपने भोजन की चिंता नहीं करनी पड़ती थी। एक बार जब हमने कुछ नया खाने का सोचा, तो हमने मछली पकड़ने की कोशिश की। कांटा डालकर जब मछलियां नहीं मिलीं तो हमने कपड़े उतारे और हाथों में मछलियां पकड़ने की कोशिश की। लेकिन ऐसा लग रहा था कि मछलियों के पास हमारे खाना पकाने के बर्तन में आने के बजाय करने के लिए और भी बेहतर काम थे।

इस तरह हम धीरे-धीरे हिमालय पर्वतमाला, और दुख की बात यह कि भारतीय सीमा के क़रीब पहुंच गए। अब हम अधिक ऊंचाई पर नहीं थे, इसलिए तापमान गर्म हो गया था। यहीं पर सतलुज नदी हिमालय से होकर बहती है। इस इलाक़े के गांव छोटे-छोटे मरुद्यानों की तरह दिखते थे और घरों के आसपास खुबानी के बग़ीचे और सब्ज़ियां लगाई गई थीं।

शांगत्से से ग्यारह दिन बाद हम शिपकी के सीमावर्ती गांव में पहुंचे। तारीख़ 9 जून थी - हम तीन सप्ताह से ज़्यादा समय से तिब्बत में ही घूम रहे थे। हमने बहुत कुछ देखा था और हमने कड़वे अनुभव से सीखा था कि बिना निवास परमिट के तिब्बत में जीवन संभव नहीं था।

हमने तिब्बत में एक और रात बिताई। खुबानी के पेड़ों के नीचे डेरा डाला। दुर्भाग्य से फल अभी पके नहीं थे। यहां मैं 80 रुपये में एक गधा

ख़रीदने में सफल रहा। मैंने बहाना बनाया कि मुझे भारत में अपना सामान ढोने के लिए एक प्राणी की ज़रूरत होगी। तिब्बत के अंदरूनी इलाक़ों में मैं ऐसा कभी नहीं कर सकता था। मुझे लगा कि मेरी योजनाओं सफल करने बनाने के लिए सामान ढोने वाला एक जानवर बहुत ज़रूरी था।

हमारे गधे हांकने वाले ने हमें यहीं छोड़ दिया और अपने जानवरों को अपने साथ ले गया। उसने मुस्कराते हुए कहा. 'शायद हम ल्हासा में फिर मिलें।' उसने राजधानी में मिलने वाली सुंदर लड़कियों और बढ़िया बीयर के बारे में हमसे बड़े उत्साह से बात की। हमारी सड़क दर्रे के शीर्ष तक पहुंच गई। हम सीमा पर थे, लेकिन वहां सीमा चौकियां नहीं थीं। ना तिब्बती ना भारतीय। पत्थरों और प्रार्थना की पताकाओं के ढेर के अलावा कुछ नहीं था। और सभ्यता का पहला संकेत एक मील के पत्थर के रूप में था जिस पर लिखा था -

शिमला 200 मील।

हम एक बार फिर भारत में थे। लेकिन हममें से किसी का भी ऐसी भूमि पर लंबे समय तक रहने का इरादा नहीं था, जहां कांटेदार तारों की बाड़ से घिरा शिविर हमारा स्वागत करने के लिए इंतज़ार कर रहा था।

3

तिब्बत में

एक बार फिर सीमा पार - बेहतर स्वागत, गरतोक, वायसराय का निवास - एक और कठिन यात्रा - सुनहरी छतों वाला एक लाल मठ, ट्रेडीन और कोप नेपाल रवाना।

मेरी योजना थी कि तिब्बत में फिर से सीमा पार करने का मौक़ा तलाश किया जाए। हम सभी इस बात से आश्वस्त थे कि अब तक जिन छोटे अधिकारियों से हमारा सामना हुआ था, वे हमारे मामले में निर्णय लेने में सक्षम नहीं थे। इस बार हमें किसी उच्च अधिकारी से संपर्क करना था। हमें जो चाहिए था उसे पाने के लिए हमें पश्चिमी तिब्बत की राजधानी गरतोक जाना था। यहां उस इलाक़े के गवर्नर का निवास था।

इसलिए हम पहले कुछ मील तो बहुत इस्तेमाल किए जाने वाले व्यापार मार्ग पर चलते-चलते पहले भारतीय गांव में पहुंचे। यह नामग्या था। यहां हम निश्चिंत होकर रह सकते थे, क्योंकि हम तिब्बत से आए थे, भारत से नहीं। हमने अपने आपको अमेरिकी सैनिकों के रूप में पेश किया, अपने लिए खाने-पीने का सामान ख़रीदा और सार्वजनिक विश्रामगृह में सो गए। फिर हमारे रास्ते अलग-अलग हो गए। औफ़्शनाइटर और ट्रीपेल व्यापार मार्ग से नीचे की ओर निकल गए। यह रास्ता जो सतलुज के किनारे-किनारे चलता था। कोप और मैं अपने गधे के साथ दूसरी दिशा की ओर एक घाटी की ओर बढ़ गए। यह घाटी तिब्बत की ओर ले जाने वाले दर्रे की ओर पहुंचाती थी। जैसा

कि हमने अपने नक़्शों से जाना था, हमें पहले स्पिति घाटी से गुज़रना था। यह आबाद थी। मुझे बहुत ख़ुशी हुई कि कोप ने मेरे साथ चलने का विचार बनाया क्योंकि वह एक होशियार, व्यावहारिक और हंसमुख साथी था। उसका हास्य-बोध हर हाल में बना रहता था।

दो दिनों तक हम स्पीति नदी के किनारे-किनारे चलते रहे। फिर हम पास की एक घाटी की ओर बढ़े जो हमें हिमालय के पार ले जाने वाली थी। हमारे नक़्शे में इस इलाक़े का ठीक से चिह्नांकन नहीं किया गया था। हमने स्थानीय लोगों से जाना कि संगसम नामक एक पुल को पार करते ही हम सीमा पार कर चुके थे। अपनी यात्रा के इस पूरे हिस्से में हमारे दाहिनी ओर रियो पुर्ग्यिल था, यह हिमालय पर्वत श्रृंखला पर 22,000 फ़ुट से भी अधिक ऊंचा एक सुंदर पर्वत शिखर था। हम तिब्बत के कुछ ऐसे स्थानों से गुज़र रहे थे, जहां तिब्बती क्षेत्र हिमालय पर्वतमाला तक फैला हुआ था। बेशक अब हम चिंतित होने लगे थे और सोचने लगे थे कि इस बार हम कितनी दूर तक पहुंच पाएंगे। सौभाग्य से यहां कोई हमें नहीं जानता था और किसी निर्दयी अधिकारी ने लोगों को हमारे ख़िलाफ़ चेतावनी नहीं दी थी। जब हमसे पूछा गया तो हमने कहा कि हम तीर्थयात्री हैं और पवित्र कैलाश पर्वत के दर्शन के लिए निकले हुए हैं।

हम जिस पहले तिब्बती गांव में पहुंचे, उसका नाम क्युरिक था। इसमें दो घर थे। अगला गांव डोट्सो काफ़ी बड़ा था। यहां हम कई भिक्षुओं से मिले। इनमें से सौ से ज़्यादा चिनार के वृक्षों की तलाश में थे। इनकी लकड़ी को वे दर्रे से होते हुए त्राशीगांग ले जाने वाले थे। वहां मठ की इमारत में इसका उपयोग किया जाना था। यह मठ त्सुरुबिन प्रांत का सबसे बड़ा मठ था और यहां का मठाधीश ही सर्वोच्च धर्मनिरपेक्ष अधिकारी भी था। जैसे ही हम इस गणमान्य व्यक्ति से मिले, हमें डर लगने लगा कि हमारी यात्रा कहीं समय से पहले ही समाप्त ना हो जाए। हालांकि, जब हमने उन्हें बताया कि हम एक बड़ी यूरोपीय सेना का अग्रिम दल के सदस्य हैं। हमारी सेना के सदस्यों ने केंद्रीय सरकार से तिब्बत में प्रवेश करने की आधिकारिक अनुमति प्राप्त की है। ऐसा लगा कि उन्होंने हमारी बात पर विश्वास कर लिया। हमें बड़ी राहत महसूस हुई और हमने अपनी यात्रा जारी रखी। हमें एक दर्रे की कठिन चढ़ाई

करनी पड़ी। तिब्बती इसे बिद-बिद ला कहते थे। यह दर्रा 18,000 फ़ुट से ज़्यादा ऊंचा रहा होगा। ऊपर हवा की कमी थी और हमारे रास्ते के नीचे पास के ग्लेशियर की बर्फ़ीली परतें चमचमा रही थीं।

रास्ते में हमें कुछ भूटिया लोग मिले। वे अंदरूनी इलाक़ों में जाना चाहते थे। वे मिलनसार थे और उन्होंने अपनी आग साझा की और बासी मक्खन वाली चाय पीने के लिए आमंत्रित किया। चूंकि हमने उनके पास ही अपना टेंट लगाया था, इसलिए वे शाम को हमारे लिए स्वादिष्ट पहाड़ी साग पकाकर लाए।

जिस इलाक़े से हम आगे बढ़ रहे थे, वह पूरी तरह से निर्जन था। अपनी यात्रा के अगले आठ दिनों के दौरान हमें केवल एक छोटा-सा काफ़िला ही मिला। मुझे इस रास्ते में मिला एक व्यक्ति बहुत अच्छी तरह से याद है। यह एक नौजवान ख़ानाबदोश था। वह भेड़ की खाल से बना हुआ लंबा कोट पहने हुए था और उसने एक चोटी बनाई हुई थी, जैसी कि वे सभी तिब्बती पुरुष बनाते हैं, जो भिक्षु नहीं होते। वह हमें याक के बालों से बने अपने काले तंबू में ले गया। यहां उसकी पत्नी उसका इंतज़ार कर रही थी। वह बड़ी खुशमिजाज़ स्त्री थी, हमेशा मुस्कराती रहती थी। तंबू के अंदर हमें एक ऐसा ख़ज़ाना मिला, जिसे देखकर हमारे मुंह में पानी आ गया। यह था हिरण का मांस। हमारे मेज़बान ने हमें ख़ुशी-ख़ुशी बेहद कम क़ीमत पर थोड़ा-सा मांस दे दिया। उसने हमसे विनती की कि हम उसके शिकार के बारे में कहीं, कुछ ना कहें, नहीं तो वह मुसीबत में पड़ जाएगा। चाहे मानव हो या पशु, किसी का भी शिकार करना बौद्ध धर्म के सिद्धांतों के विपरीत है और इसीलिए वहां शिकार करना वर्जित था। तिब्बत में सामंती व्यवस्था के तहत शासन होता था। जिसके अनुसार मनुष्य, पशु और भूमि दलाई लामा के अधीन थे और उनका आदेश क़ानून की तरह काम करता था।

मैं इन हंसमुख साथियों को अपनी बात समझा पा रहा था। और मुझे इस बात की बहुत ख़ुशी हो रही थी कि मेरा भाषा ज्ञान बढ़ रहा था। हमने अगले दिन एक साथ शिकार पर जाने की योजना बनाई, और इस बीच इस युवा जोड़े के तंबू में हमें घर जैसी अनुभूति हुई। वह ख़ानाबदोश नौजवान

और उसकी हमसफ़र ऐसे पहले हँसमुख और मिलनसार तिब्बती थे जिनसे हमारी मुलाक़ात हुई थी। मैं उन्हें कभी नहीं भूलूंगा। हमारे मेज़बान की मेहमाननवाज़ी का सबसे ख़ास बात थी एक लकड़ी की बोतल में जौ की बीयर की पेशकश। यह एक दूधिया तरल था और हमारी बीयर से इसकी कोई समानता नहीं थी, लेकिन इसका असर बिलकुल वैसा ही था।

अगली सुबह हम तीनों शिकार पर गए। हमारे नौजवान के पास एक पुरानी मज़ल लोडर (बंदूक़) थी। और उसने कोट की जेब में सीसे की गोलियां, बारूद और एक माचिस रख ली थी। जब हमने जंगली भेड़ों का पहला झुंड देखा तो वह बड़ी मुश्क़िल से चकमक पत्थर से माचिस जलाने में कामयाब हुआ। हम यह जानने के लिए उत्सुक थे कि यह प्राचीनकालीन बंदूक़ किस तरह काम करेगी। तभी गरजने जैसी आवाज़ आई और जब तक मैं धुएं से बाहर निकल पाता, भेड़ों का नामोनिशान नहीं था। हमने झुंड को दूर सरपट भागते देखा। इससे पहले कि वे चट्टानों के पीछे छिपते, उनमें से कुछ भेड़ों पीछे मुड़कर मानो हमारी हँसी उड़ाई। हम अपनी पराजय पर केवल हंस ही सकते थे। लेकिन हम खाली हाथ नहीं लौटना चाहते थे इसलिए कुछ जंगली प्याज़ तोड़ लिए। ये पहाड़ियों पर जगह-जगह उगते हैं। हिरण के मांस के साथ ये बहुत अच्छे लगते हैं।

हमारे मित्र की पत्नी को शिकार के मैदान में अपने पति की बदक़िस्मती की आदत हो गई थी। जब उसने हमें शिकार के बिना लौटते देखा तो वह ज़ोर-ज़ोर से हँसने लगी और हँसते-हँसते उसकी आंखें ही बंद हो गईं। उसके पति ने कुछ दिनों पहले जो शिकार लाया था, उसने उसी को बड़े उत्साह के साथ पकाना शुरू किया। हम उसे रसोई पकाते हुए देख रहे थे और जब उसने चमड़े से बना हुआ जैकेट जैसा अपना ऊपरी परिधान बिना संकोच उतार दिया तो हमें बहुत आश्चर्य हुआ। उसने अपनी कमर के चारों ओर चमकीला बेल्ट बांध रखा था। दरअसल, वह चमड़े का परिधान उसके काम में बाधा डाल रहा था, इसलिए उनसे उसे उतारकर रख दिया और फिर से ख़ुशी-ख़ुशी खाना पकाने में जुट गई। आगे भी हमें उनकी स्वाभाविक सादगी के ऐसे ही कई उदाहरण देखने को मिले। हमें इस हँसमुख और ज़िंदादिल जोड़े से अलग

होने का बहुत अफ़सोस था। जब हमने भरपूर आराम और भरपेट भोजन कर लिया तब एक बार फिर अपनी अगली यात्रा पर निकल पड़े। यात्रा के दौरान हमने अक्सर दूर पहाड़ों की ढलान पर जंगली काले याक के झुंड को चरते हुए देखा। उन्हें देखकर हमारा गधा भी आज़ाद होकर मचलने लगा। मौक़ा मिलते ही एक चौड़ी जलधारा की ओर भाग गया और इससे पहले कि हम उसके पास पहुंच पाते, उसने अपनी पीठ पर लदा सामान उतार फेंका। हम धिक्कारते-फटकारते हुए उसके पीछे-पीछे भागे और आख़िरकार उसे पकड़ ही लिया। फिर, जब हम पानी के किनारे अपना सामान सुखाने में व्यस्त थे, तो अचानक दो आकृतियां नज़र आईं। हमने पहली आकृति को उसकी चिर-परिचित पर्वतारोही क़दमों की आहट से तुरंत पहचान लिया - यह पीटर औफ़्शनाइटर था। वह किराए की सवारी के साथ चल रहा था। ऐसी जगह पर ऐसी मुलाक़ातें अटपटी लग सकती हैं। लेकिन कुछ घाटियों और दर्रों से गुज़रते हुए ही पर्वत श्रंखलाओं तक पहुंचा जा सकता है और हमने और पीटर ने वही रास्ता चुना था जो सबसे अधिक प्रचलित था। गर्मजोशी से अभिवादन के बाद ऑफ़श्नेटर ने हमें बताना शुरू किया कि बीच में उसके साथ क्या-क्या हुआ था। 17 जून को वह ट्रीपेल से अलग हो गया था। उसे भारत में छोड़ दिया, ताकि वह ख़ुद को अंग्रेज़ साबित कर सके। उसने अपने बचे हुए पैसे से घोड़ा ख़रीदा। ऑफ़श्नेटर बीमार पड़ा था, लेकिन जब वह ठीक हो गया तो हमारे पीछे-पीछे आ गया। रास्ते में उसने युद्ध की कुछ ताज़ा ख़बरें सुनी थीं, जिन्हें हम दूसरी दुनिया में रहते हुए भी बड़े चाव से सुनते थे।

पहले तो औफ़्शनाइटर हमारे साथ गरतोक नहीं जाना चाहता था ,क्योंकि उसे लगता था कि हम फिर से देश से बाहर कर दिए जाएंगे। तिब्बत में जाने के लिए सीधे सेंट्रल तिब्बत में जाना और वहां के ख़ानाबदोशों के साथ मिल जाना ज़्यादा समझदारी भरा काम होगा। आख़िरकार हम साथ-साथ चल पड़े और औफ़्शनाइटर और मैं कई सालों तक साथ नहीं रहने वाले थे। हम जानते थे कि अगर सब कुछ ठीक रहा तो हमें गरतोक पहुंचने में लगभग पांच दिन लगेंगे। हमें एक और हाईपास, बोंगरी ला पार करना था। इन दिनों कैंपिंग करना सुखद नहीं था। 17,000 फुट की ऊंचाई पर रात में बहुत ठंड पड़ती थी!

छोटी-छोटी घटनाएं हमारी यात्रा में विविधता पैदा करती थीं। एक बार हमने जंगली गधों के बीच लड़ाई का तमाशा देखा। लड़ाके दो घोड़े थे, जो शायद झुंड में मौजूद गधियों पर वर्चस्व स्थापित करने लिए लड़ रहे थे। घास के तिनके हवा उड़ रहे थे और धरती उनके खुरों से कांप रही थी। द्वंद करने वाले अपने संघर्ष में इतने मग्न थे कि दर्शकों पर उनका ध्यान नहीं था। इस बीच, सनसनी से अभिभूत गधियां इधर-उधर नाचती रहीं और अखाड़ा बीच-बीच में धूल के घने बादल में छिप जाता था।

दो दर्रे पार करने के बाद हम एक बार फिर हिमालय को पीछे छोड़ चुके थे और मैं उन पर्वतमालाओं से दूर होते हुए ख़ुश था, क्योंकि हम आख़िरकार गर्म क्षेत्रों में पहुंच रहे थे। सिंधु घाटी में उतरते हुए हमें ऊन लेकर भारत जा रहे याकों का एक समूह मिला। हम इन जानवरों के आकार और ताक़त से चकित थे। उनको हांकने वाले युवा भी हृष्ट-पुष्ट नौजवान थे, जो भयंकर ठंड के बावजूद अधनंगे थे। पुरुष और महिलाओं ने अपने फर-कोट को उल्टा पहन रखा था, जिससे कोट का फर उनके नंगे बदन को छू रहा था। वे अपनी बांहों को कोट की आस्तीन से बाहर रखे हुए थे, ताकि उनकी गति में बाधा ना आए। हांकने वाले लोग याकों पर पत्थर फेंककर उन्हें आगे बढ़ा रहे थे और इसी तरह से उन्हें रास्ते पर रख रहे थे। ऐसा लग रहा था कि उन्हें हम विदेशियों में कोई रुचि नहीं थी और हम बिना किसी रोक-टोक के अपने रास्ते पर चलते रहे।

हम लगातार पांच दिनों तक सिंधु नदी के ऊपरी जलक्षेत्र में आगे बढ़ते रहे और फिर गरतोक पहुंच गए। आस-पास का दृश्य अविस्मरणीय था। प्रकृति के रंग हमें मोहित कर रहे थे। मैंने कभी किसी चित्रकार को अपनी कला में सभी रंगों को इतने सामंजस्यपूर्ण ढंग से उतारते नहीं देखा था। सिंधु नदी के साफ़ पानी के किनारे सरसों के पीले खेत थे, इनमें कोंपलें उग रही थीं (क्योंकि इन क्षेत्रों में वसंत जून तक नहीं आता)। पीछे चमकती हुई बर्फ़ की चोटियां थीं।

हिमालय के सुदूर छोर पर पहला गांव है ताशीगंग, जिसमें कुछ ही घर थे। यह एक किलेनुमा मठ के चारों ओर बने थे और मठ एक खाई से घिरा

हुआ था। यहां भी हमें कुछ बदमिजाज़ लोग मिले, लेकिन उन्हें हमें देखकर आश्चर्य नहीं हुआ और उन्होंने हमें कोई ख़ास परेशानी नहीं दी। इस बार हम ठीक उसी मौसम में पहुंचे थे, जब भारतीय व्यापारी ऊन ख़रीदने के लिए यहां आते हैं। हमें इन लोगों से खाने-पीने का सामान लेने में कोई कठिनाई नहीं हुई। औफ़्शनाइटर ने अपना सोने का ब्रेसलेट बेचकर पैसे लेने चाहे, लेकिन बात नहीं बनी। अगर उसे पैसे मिल गए होते तो वह गरतोक गए बिना सीधे तिब्बत में प्रवेश कर सकता था। हम पूरी पदयात्रा में हिम्मत से आगे बढ़ रहे थे, बावजूद हमें संपन्न दिखने वाले घुड़सवार तिब्बतियों ने बार-बार रोका और पूछा कि हम क्या बेच रहे हैं। चूंकि हमारे पास कोई सहायक-सेवक नहीं था और हम एक गधे पर अपना सामान लादकर चल रहे थे, इसलिए हम व्यापारी के अलावा कुछ होंगे, वे सोच नहीं सकते थे। हमें यक़ीन हो गया कि हर तिब्बती, चाहे वह ग़रीब हो या अमीर, जन्मजात व्यापारी होता है और पैसे और वस्तुओं का लेन-देन करना उसका शौक़ होता है।

हमने जितना भी पढ़ा था उससे हमें पता था कि गरतोक पश्चिमी तिब्बत की राजधानी है और वायसराय यहीं रहते हैं। हमारी भूगोल की किताबों ने हमें सिखाया था कि यह दुनिया का सबसे ऊंचा शहर है। हालांकि, जब हमने इस मशहूर जगह पर नज़र दौड़ाई तो हमें हँसी आ गई। सबसे पहले हमने देखा कि विशाल मैदान में ख़ानाबदोशों के कुछ तंबू बिखरे पड़े थे। फिर हमने मिट्टी की ईंटों से बनी झोपड़ियां देखीं। यह गरतोक था। कुछ आवारा कुत्तों को छोड़कर, वहां जीवन का कोई निशान नहीं था।

हमने सिंधु नदी की सहायक नदी गर्तांग-चू के तट पर अपना छोटा-सा तंबू लगाया। और फिर कुछ जिज्ञासु लोग हमारे पास आए। उनसे पता चला कि दोनों ही बड़े अधिकारी शहर में नहीं हैं और केवल 'द्वितीय वायसराय' का प्रतिनिधि ही हमारा स्वागत कर सकता है। हमने तुरंत इस व्यक्ति के पास अपनी याचिका प्रस्तुत करने का निर्णय किया। उनके ऑफ़िस में हमें झुककर जाना पड़ा, क्योंकि वहां कोई दरवाज़ा नहीं था, केवल छेद था। उसके सामने एक चिकना पर्दा लटका हुआ था। हम एक मंद रोशनी वाले कमरे में पहुंच गए, जिसकी खिड़कियों पर काग़ज़ चिपका हुआ था। जब हमारी आंखें इस

धुंधलके में देखने की अभ्यस्त हो गईं, तो हमने अपने सामने फ़र्श पर एक व्यक्ति को बुद्ध की तरह बैठा हुआ पाया। वह बुद्धिमान और विलक्षण लग रहा था। उसके बाएं कान में उसके पद के संकेत के रूप में कम से कम छह इंच लंबा एक छल्ला लटक रहा था। वहां एक महिला भी मौजूद थी। पता चला कि वह अनुपस्थित अधिकारी की पत्नी थी। हमारे पीछे बच्चों और नौकरों की भीड़ थी जो इन अजीबोगरीब विदेशियों को क़रीब से देखना चाहती थी।

विनम्रतापूर्वक हमसे से बैठने का अनुरोध किया गया और तुरंत हमें सूखा मांस, पनीर, मक्खन और चाय पेश की गई। माहौल सौहार्दपूर्ण था और हम ख़ुश हो गए। अंग्रेज़ी-तिब्बती शब्दकोश और इशारों की सहायता से बातचीत बड़ी सहजता से हुई। हमारी उम्मीदें बढ़ गईं थीं, लेकिन हमने इस पहली ही मुलाक़ात में अपनी सभी योजनाओं को प्रकट करने से परहेज़ किया। हमने बताया कि हम भगोड़े जर्मन हैं और तटस्थ तिब्बत के अतिथि बनकर रहना चाहते हैं।

अगले दिन मैंने उस एजेंट को कुछ दवाइयां उपहार में दीं। वह बहुत ख़ुश हुआ और मुझसे इस्तेमाल करने की विधि पूछी। फिर मैंने उसे निर्देश लिखकर दिए। इस समय हमने उससे जानना चाहा कि वह हमें यात्रा-परमिट देंगे या नहीं। उसने सीधे मना तो नहीं किया, लेकिन हमसे कहा कि हम उसके प्रमुख अधिकारी के आने का इंतज़ार करें। अधिकारी कैलाश पर्वत की तीर्थयात्रा पर निकले थे। पर उनके जल्दी ही लौटने की उम्मीद थी।

इस दौरान हमने एजेंट से अच्छी दोस्ती कर ली थी। मैंने उसे एक आतशी शीशा दिया, जो तिब्बत में बहुत काम आ सकता था। हमें परंपरागत धन्यवाद उपहार भी जल्दी ही मिल गया। एक दोपहर कुछ लोग मक्खन, मांस और आटे का उपहार लेकर हमारे तंबू में आए। और कुछ ही देर बाद एजेंट ख़ुद हमारे पास आया, उसके साथ नौकरों का एक दल भी था। जब उसने देखा कि हम कितनी आदिम शैली में अपने तंबुओं में रह रहे हैं, तो वह इस बात पर हैरान रह गया कि यूरोपीय लोग इतना सादा जीवन जीते हैं।

लेकिन, जैसे-जैसे उनके प्रमुख के लौटने का समय क़रीब आने लगा, उसका मेल-जोल कम होने लगा और उसने हमसे पूरी तरह से दूरी बना ली। उस पर ज़िम्मेदारियों का बोझ बढ़ता जा रहा था। और तो और, अब उसने हमें भोजन सामग्री भी बेचने से मना कर दिया। सौभाग्य से, यहां भारतीय व्यापारी थे, जो पैसे कमाने के लिए हमारी मदद करने के लिए तैयार थे।

एक सुबह हमने दूर से घंटियों की आवाज़ सुनी। एक बड़ा-सा काफ़िला गांव की ओर बढ़ रहा था, इसमें खच्चर भी शामिल थे। सैनिक आगे-आगे चल रहे थे, उनके पीछे-पीछे पुरुष और महिला सेवकों का झुंड और उनके पीछे-पीछे तिब्बती कुलीन वर्ग के सदस्यों की सवारी थी। इन्हें हमने पहली बार देखा था। दोनों वायसराय में से वरिष्ठ, जिन्हें तिब्बत में गारपोन कहा जाता है, उनकी सवारी आ रही थी। उन्होंने और उनकी पत्नी ने शानदार रेशमी परिधान पहने थे और कमरबंद में पिस्तौलें रखी थीं। पूरा गांव यह तमाशा देखने के लिए इकट्ठा हो गया था। गांव में पहुंचने के तुरंत बाद गारपोन तीर्थयात्रा से सुरक्षित लौटने पर देवताओं को धन्यवाद देने के लिए बड़ा-सा औपचारिक जुलूस लेकर मठ की ओर बढ़ गए।

औफ़्शनेटर ने हमारी सुनवाई के लिए अधिकारियों को एक छोटा पत्र लिखा। जब कोई उत्तर नहीं मिला तो हम देर दोपहर में गारपोन से मिलने के लिए निकल पड़े। गारपोन का घर भी उसके एजेंट के घर जैसा ही था, लेकिन अंदर से वह साफ़-सुथरा था और उसमें बेहतर सुविधाएं थीं। उच्च अधिकारी गारपोन अपने मिशन की अवधि के लिए कुलीनों के पदानुक्रम में चौथे स्थान पर होता है। वह पांच ज़िलों का प्रभारी होता है, जो पांचवीं, छठी और सातवीं रैंक के कुलीनों द्वारा प्रशासित होते हैं। अपने कार्यकाल के दौरान गारपोन अपने गुंथे हुए बालों में एक सुनहरा ताबीज़ पहनता है, लेकिन वह यह आभूषण केवल गरतोक में ड्यूटी के दौरान ही पहन सकता है। ल्हासा में उसे पांचवीं रैंक पर रखा जाता है। तिब्बत के सभी कुलीनों को सात श्रेणियों में रखा गया था, जिनमें से केवल दलाई लामा ही पहले स्थान पर थे। सभी धर्मनिरपेक्ष अधिकारी अपने बालों को बांधकर रखते थे, भिक्षुओं के सिर मुंडाए गए थे और आम लोग बालों की चोटी गूंथकर रखते थे।

अंतत: हम इस प्रभावशाली व्यक्ति के सामने पहुंचे। हमने उन्हें अपना मामला विस्तार से बताया और उन्होंने बड़ी सहानुभूति और धैर्य के साथ हमारी बातें सुनीं। कई बार वह हमारे तिब्बती भाषा के दोषपूर्ण उच्चारण पर मुस्कराने लगते थे, जबकि उनके अनुचर ज़ोर से हँस पड़ते थे। हँसी-ठट्ठे के बीच हुई बातचीत से एक मैत्रीपूर्ण माहौल बन गया। गारपोन ने हमारे मामले पर सहानुभूतिपूर्वक विचार करने और अपने सहकर्मी के प्रतिनिधि के साथ इस पर चर्चा करने का वादा किया। बातचीत के अंत में हमारा आतिथ्य सत्कार किया गया और हमें यूरोपीय शैली में बनी चाय पिलाई गई। उसके बाद गारपोन ने हमारे तंबू में उपहार भेजे और हमारे भीतर एक सुखद परिणाम की आशा जाग गई।

हमारी अगली मुलाक़ात औपचारिक तो थी, लेकिन फिर भी सौहार्दपूर्ण थी। यह एक नियमित आधिकारिक मुलाक़ात थी। गारपोन एक तरह के सिंहासन पर बैठे थे और उनके पास एक निचली सीट पर उनके सहयोगी का प्रतिनिधि बैठा था। एक छोटी-सी मेज़ पर तिब्बती काग़ज़ पर लिखे पत्रों की एक फ़ाइल रखी हुई थी। गारपोन ने हमें बताया कि वह हमें सिर्फ़ न्गारी प्रांत के लिए पास और परिवहन की इजाज़त दे सकता है। हमें किसी भी हालत में तिब्बत के अंदरूनी प्रांतों में प्रवेश नहीं करने दिया जाएगा। हमने तुरंत आपस में सलाह-मशविरा किया और उन्हें सुझाव दिया कि वह हमें नेपाल की सीमा तक जाने का परमिट दें। थोड़ी-सी हिचकिचाहट के बाद उन्होंने वादा किया कि वे हमारे अनुरोध से ल्हासा सरकार को अवगत कराएंगे। लेकिन उन्होंने हमें यह भी बताया कि हो सकता है जबाव जल्दी ना मिले। हम गरतोक में लंबे समय तक इंतज़ार करने के इच्छुक नहीं थे। हमने पूर्व की ओर बढ़ने का विचार नहीं छोड़ा था और हर हाल में अपनी यात्रा जारी रखने के लिए उत्सुक थे। चूंकि नेपाल एक तटस्थ देश था। और उसी दिशा में स्थित था जिस दिशा में हम जाना चाहते थे, इसलिए हमें लगा कि वार्ता के परिणाम संतोषजनक रहेंगे।

उसके बाद गारपोन ने हमसे अनुरोध किया कि हम कुछ दिन और उसके मेहमान बनकर रहें, क्योंकि हमें आगे बढ़ने के लिए सामान ढोने वाले जानवरों और गाइड की ज़रूरत थी। तीन दिन बाद हमें यात्रा का पास मिल

गया। इसमें हमारे मार्ग का स्पष्ट उल्लेख किया गया था। हमें न्गाख्यु, सेरसोक, मोंटसे, बार्कलिया, टोकचेन, लोलुंग, शामत्संग, टुकसम और ग्याबनाक के रास्ते ही गुज़रना था। यह भी शर्त रखी गई थी कि हमें केवल दो याक मिल सकेंगे। इसके अलावा एक बहुत ही महत्त्वपूर्ण शर्त यह थी कि निवासी हमें स्थानीय क़ीमतों पर खाद्य सामग्री बेचेंगे और हमें शाम के लिए मुफ़्त ईंधन और नौकर-चाकर उपलब्ध कराएंगे।

इतनी सारी सुविधाएं पाकर हम बहुत ख़ुश थे। गारपोन ने हमें विदाई भोज पर आमंत्रित किया। इस दौरान मैं उसे अपनी घड़ी बेचने में कामयाब रहा। बाद में उसने हमसे यह वादा लिया कि हम उसके इलाक़े से ल्हासा नहीं जाएंगे।

आख़िरकार, 13 जुलाई को हमने गरतोक को अलविदा कहा और अपनी यात्रा पर निकल पड़े। हमारा काफ़िला छोटा ही था पर अब ठीक-ठाक बन चुका था। हमारे पास दो याक और उनको हांकने वाले दो लोग थे। मेरा छोटा गधा तो था ही। वह अब अच्छी हालत में था। अब उसे केवल एक चायदानी का बोझ उठाकर चलना पड़ता था। हमें नोरबू नाम का एक नौजवान तिब्बती गाइड मिला। वह घोड़े पर सवार होकर आया था, जबकि हम तीन यूरोपीय पैदल ही उसके पीछे-पीछे चल रहे थे।

अब एक बार फिर से हम हफ़्ते भर के लिए अपना रास्ता भटक गए। अगले पूरे महीने के दौरान हम किसी भी इंसानी आबादी वाली छोटी-बड़ी जगह से नहीं गुज़रे। केवल ख़ानाबदोश शिविर और अलग-थलग बने हुए *तसम* घर थे। ये काफ़िलों की सराय होते हैं, जहां याक बदले जा सकते हैं और यात्रियों को पनाह भी मिल जाती है।

इनमें से एक *तसम* में मैं अपने गधे की जगह याक लेने में सफल रहा। मुझे इस सौदे पर बहुत गर्व हुआ, क्योंकि इससे मेरी संपत्ति बहुत बढ़ गई थी। लेकिन मेरी संतुष्टि अधिक देर टिकी नहीं रही। यह जानवर इतना बिगड़ैल निकला कि मुझे उससे छुटकारा पाकर ही ख़ुशी मिलती। बाद में मुझे उसके बदले फिर से एक छोटा और कुछ कम उम्र वाला जानवर मिल गया। यह

जानवर भी कम बिगड़ैल नहीं था। इसमें नकेल डालने के बाद ही मैं उसे रास्ते पर ठीक ढंग से हांक सका। हमने उसका नाम आर्मिन रखा था।

जिस देश से होते हुए हम कई दिनों से यात्रा कर रहे थे, उसकी अपनी एक अलग ही ख़ूबसूरती थी। विस्तृत मैदानों में पहाड़ी इलाक़ों के साथ-साथ निचले दर्रे भी थे। हमें अक्सर तेज गति से बहने वाली बर्फ़ीली जलती हुई चट्टानों के नज़दीक से गुज़रना पड़ता था। गरतोक में रहते हुए, हमें कभी-कभी ओलों की बारिश का भी सामना करना पड़ा था, लेकिन अब मौसम ज़्यादातर अच्छा और गर्म था। इस समय तक हम सभी की दाढ़ी बड़ी और घनी हो गई थी। यह हमें धूप से बचाती थी। हमें ग्लेशियर देखे हुए काफ़ी समय हो गया था, लेकिन जब हम बरखा में तसम के पास पहुंचे, तो धूप में चमकते हुए ग्लेशियर की एक क़तार दिखाई दी। भूदृश्य पर गुरला मांधाता की 25,000 फ़ुट ऊंची चोटी हावी थी। कम आकर्षक, लेकिन कहीं ज़्यादा प्रसिद्ध, पवित्र कैलाश पर्वत है, जो 3,000 फ़ुट नीचे स्थित है और हिमालय की श्रंखला से अलग एकांत में राजसी ढंग से खड़ा है। जब हमने पहली बार इसे देखा तो तिब्बती साथियों ने इसे दंडवत प्रणाम किया और प्रार्थना की। बौद्धों और हिंदुओं के लिए यह पर्वत उनके देवताओं का वास है और सभी धर्मपरायण लोगों की महत्त्वाकांक्षा होती है कि एक तीर्थयात्री के रूप में कम से कम एक बार दर्शन करें। श्रद्धालु अक्सर हज़ारों मील की यात्रा करके यहां पहुंचते हैं। अपनी यात्रा के दौरान वे भिक्षा मांग कर जीते हैं और आशा करते हैं कि पुरस्कार के तौर पर वे अगले जन्म में उच्चतर अवतार लेंगे। यहां पर सभी दिशाओं के तीर्थयात्रियों के रास्ते मिलते हैं। जिन स्थानों से इस पर्वत की पहली झलक मिलती है, वहां पत्थरों के ढेर लगे हुए हैं। सदियों से इनकी संख्या बढ़ती ही जा रही है। ये तीर्थयात्रियों की बाल-सुलभ धर्मपरायणता को व्यक्त करते हुए इन ढेरों में नए पत्थर जोड़ता है। हम भी बाक़ी तीर्थयात्रियों की तरह पर्वत की परिक्रमा करना चाहते थे, लेकिन बरखा में सराय के असंवेदनशील मालिक ने हमें यह धमकी देकर रोक दिया कि अगर हम तयशुदा रास्ते पर चलना जारी नहीं रखेंगे तो हमारी आगे की परिवहन सुविधाएं बंद कर दी जाएंगी।

पूरे दो दिन तक हम ग्लेशियर को देखते हुए आगे बढ़ते रहे। हम पर्वतारोही पवित्र पर्वत की अपेक्षा मानसरोवर झील के पानी में प्रतिबिंबित राजसी गुरला मांधाता की ओर अधिक आकर्षित थे। हमने झील के किनारे अपने तंबू गाड़े और इस विशाल पर्वत की अवर्णनीय सुंदर तसवीर को निहारने के लिए ठहर गए। पर्वत ऐसा प्रतीत होता था मानो झील से ही निकला हो। यह निश्चित रूप से पृथ्वी पर सबसे सुंदर स्थानों में से एक है। झील को पवित्र माना जाता है और इसके चारों ओर कई छोटे-छोटे मठ स्थापित हैं। इनमें तीर्थयात्री ठहरते हैं और अपनी भक्ति में रमे रहते हैं। कई तीर्थयात्री अपनी कोहनियों और घुटनों के बल पर रेंगते हुए झील तक पहुंचते हैं और पवित्र जल से बर्तन भरकर घर लाते हैं। हर तीर्थयात्री इसके बर्फ़ीले जल में स्नान करता है। हमने भी स्नान किया। हालांकि हमारे लिए यह धार्मिक आचरण नहीं था। यहां मैं मुसीबत में फंस गया था। तैरते हुए किनारे से कुछ दूर आगे बढ़ने के बाद मैं एक दलदली जगह तक पहुंच गया था। यहां से मैं बहुत प्रयास करके ही बाहर निकल पाया। कीचड़ से बाहर निकलने के मेरे बेताब संघर्ष को मेरे साथी नहीं देख पाए थे।

हम जिस समय वहां पहुंचे थे, वह तीर्थयात्रा से थोड़ा पहले का था। इसलिए हमारी मुलाक़ात ज़्यादातर व्यापारियों से ही हुई। हमने कई संदिग्ध लोगों को भी देखा। यह क्षेत्र लुटेरों के लिए कुख्यात है। ये लुटेरे बाज़ारों में आने वाले व्यापारियों पर हमला करते हैं। इस क्षेत्र का सबसे बड़ा बाज़ार ज्ञानीमा है। यहां सैकड़ों तंबू एकसाथ लगते हैं। इनसे एक शिविर जैसा बन जाता है जो ख़रीद-फरोख़्त के लिए समर्पित होता है। भारतीयों के तंबू सस्ते सूती कपड़े से बने होते हैं, जबकि तिब्बतियों के तंबू याक के बालों से बुने होते हैं। ये इतने भारी होते हैं कि उन्हें लेकर चलने के लिए एक या कभी-कभी दो याक भी लग जाते हैं।

हम झील के किनारे पूर्वी दिशा की ओर कुछ घंटों तक घूमते-भटकते रहे। हमें ऐसा महसूस हो रहा था जैसे हम समुद्र के किनारे सैर कर रहे हों। प्रकृति की सुंदरता को निहारते हुए हम बहुत आनंदित थे, लेकिन मच्छर हमारे आनंद में विघ्न डाल रहे थे। जब तक हम उस इलाक़े से निकल नहीं गए, तब तब हम उनसे निपट नहीं पाए थे।

टोकचेन की ओर बढ़ते हुए हमें एक ऐसा काफ़िला दिखा जो बड़ा महत्त्वपूर्ण लग रहा था। यह त्सापारंग के नए ज़िला गवर्नर का था, जो अपने पद पर काबिज़ होने के लिए ल्हासा से त्सापारंग जा रहे थे। हम सड़क के किनारे रुके और हमारे गाइड ने उन्हें फ़र्शी-सलाम ठोंका और अभिवादन में अपनी जीभ बाहर निकाली। यह आज्ञाकारिता का एक आदर्श दृश्य था। बता दें कि अपने गाइड के साथ वास्तव में हमारा दोस्ताना संबंध नहीं था। गाइड ने उन्हें हमारी यात्रा की जानकारी दी। हमें डराने के लिए उठे हथियार बाज़ू में रख दिए गए और हमें फल और सूखे मेवे दिए गए।

हमारे व्यक्तित्व में अब यूरोपीय श्रेष्ठता की झलक नहीं दिखाई देती थी। हम ख़ानाबदोशों की तरह रहते थे। पिछले तीन महीनों से हम से खुले आसमान के नीचे सो रहे थ। हम स्थानीय लोगों की तुलना में कम सुविधाओं में रह रहे थे। हम खुले में डेरा डालते, आग जलाते और खाना बनाते थे, चाहे मौसम कैसा भी हो। बाक़ी ख़ानाबदोश तो अपने भारी-भरकम तंबुओं में रहते थे। और उनके पास ठंड से बचने के इंतज़ाम रहते थे। बहुत कम यूरोपीय लोगों ने इन इलाक़ों की यात्रा की थी और हम जानते थे कि हमने जो कुछ भी देखा है, उसका मूल्यांकन बाद में किया जाएगा। हम अब भी यही सोचते थे कि कुछ समय बाद हम अपनी-अपनी दुनिया में वापस लौट जाएंगे। हम सबके ख़तरे और संघर्ष एक जैसे थे, इसलिए हम एक दूसरे के साथ घनिष्ठ मित्रता के बंधन में बंध गए थे। प्रत्येक को एक दूसरे की अच्छाइयों और कमियों का पता था और इसलिए हम निराशा के समय में एक दूसरे की मदद कर सकते थे।

हम निचले दर्रों से होते हुए ब्रह्मपुत्र के उद्गम स्थल पर पहुंचे, जिसे तिब्बती लोग त्सांगपो कहते हैं। यह क्षेत्र ना केवल एशियाई तीर्थयात्रियों के लिए धार्मिक महत्त्व रखता है, बल्कि यह भौगोलिक दृष्टि से भी बहुत दिलचस्प है, क्योंकि इसमें सिंधु, सतलुज, कर्णाली(भारत में घाघरा) और ब्रह्मपुत्र के स्रोत हैं। तिब्बतियों के लिए, जो सभी नामों को प्रतीकात्मक धार्मिक अर्थ देने के अभ्यस्त हैं, इन नदियों के नाम शेर, हाथी, मोर और घोड़े जैसे पशुओं से जुड़े हुए हैं।

अगले पखवाड़े तक हम त्सांगपो नदी के साथ-साथ चलते रहे। हिमालय के पास से आने वाली कई धाराओं से पोषित यह नदी धीरे-धीरे विस्तृत होती जा रही थी। और विस्तार के साथ ही इसकी जलधारा शांत होती जा रही थी। अब मौसम लगातार बदल रहा था। कुछ ही मिनटों में कड़क धूप चमकने लगती तो कुछ समय बाद ठंड के मारे जमने की नौबत आ जाती थी। ओलावृष्टि, बारिश और धूप एक के बाद एक अपना रूप दिखाते जा रहे थे। एक सुबह जब हम जागे तो हमने अपने तंबू को बर्फ़ में दबा पाया। और फिर कुछ ही घंटों में तेज धूप में सारी बर्फ़ पिघल भी गई। हमारे यूरोपीय परिधान तापमान के इन निरंतर परिवर्तनों के लायक़ नहीं थे। हमें तिब्बतियों से ईर्ष्या होती थी कि वे चमड़े के लबादे पहनते थे जो कमर में बेल्ट के साथ चुस्ती से बंधा रहता था और दस्ताने की जगह लबादे की लंबी चौड़ी आस्तीन होती थी।

इन असुविधाओं के बावजूद हमारी यात्रा सही ढंग से चल रही थी। जब भी किसी सड़क किनारे घर नज़र आता तो हम रुक जाते थे। समय-समय पर हमें हिमालय का नज़ारा देखने को मिलता था। हिमालय जैसी प्राकृतिक सुंदरता मैंने कहीं नहीं देखी। हमें रास्ते में ख़ानाबदोश कम ही मिलते थे। ब्रह्मपुत्र के दाहिने किनारे पर हमें केवल हिरण और गरुड़ ही दिखाई देते थे। अब हम ग्याबनाक के क़रीब पहुंच रहे थे, जो हमारे यात्रा परमिट में उल्लिखित स्थानों की सूची में अंतिम नाम था। इसके आगे हमारे मित्र का अधिकार नहीं था। आगे क्या करना है, इसका निर्णय हम नहीं कर पाए, क्योंकि ग्याबनाक में हमारे मुक़ाम के तीसरे दिन ट्रेडिन से एक दूत भागते-हांफते आया और हमें तुरंत दूसरे स्थान पर जाने के लिए कहा। दो उच्च अधिकारी हमसे मिलना चाहते थे। ग्याबनाक को छोड़ने का हमें कोई अफ़सोस नहीं था। वह बहुत छोटी-सी जगह थी। यह बोंगपा प्रांत के एक मठवासी अधिकारी का एक घर था। सबसे नज़दीकी ख़ानाबदोश तंबू एक घंटे से ज़्यादा की पैदल दूरी पर था। हमने तुरंत ही चलना शुरू किया और रात एक सुनसान जगह पर बिताई जहां सिर्फ़ जंगली गधे ही थे।

मैं अगले दिन को हमेशा अपने जीवन के सबसे ख़ूबसूरत अनुभवों में से एक के रूप में याद रखूंगा। हम आगे बढ़ते रहे और कुछ ही समय बाद दूर एक मठ के चमचमाते सुनहरे गुंबद दिखाई दिए। उनके ऊपर से सुबह की

धूप में चमकती हुई बर्फ़ की शानदार विशाल दीवारें झलक रही थीं। और हमें एहसास हुआ कि हम धौलागिरी, अन्नपूर्णा और मनास्लू की विशाल तिकड़ी को देख रहे थे। चूंकि ट्राडुन और उसके मठ की महीन सुंदर नक़्क़ाशी वाली दीवारें मैदान के दूर छोर पर थीं, इसलिए हमारे पास इन विशाल पहाड़ों के नज़ारे का आनंद लेने के लिए भरपूर समय था। इस बीच हमें त्साचू के बर्फ़ीले पानी से होकर गुज़रना था, लेकिन हमारा उत्साह बिलकुल ठंडा नहीं पड़ा था।

ट्रेडीन पहुंचते-पहुंचते शाम हो गई। पहाड़ी पर ढलते सूरज की अंतिम किरणों में सुनहरी छत वाला लाल मठ किसी परी महल जैसा लग रहा था। वहां के निवासियों के घर सामान्य, मिट्टी की ईंटों से बने हुए थे। हवा से बचाव हो सके इसलिए घरों को पहाड़ी के पीछे बनाया गया था। हमने देखा कि पूरी आबादी इकट्ठा होकर चुपचाप हमारा इंतज़ार कर रही थी। हमें तुरंत एक ऐसे घर में ले जाया गया जो ख़ासतौर पर हमारे लिए ही तैयार किया गया था। हमने अपना सामान रखना अभी शुरू ही किया था कि कई नौकर-चाकर अपने मालिकों का निमंत्रण लेकर हमारे पास हाज़िर हो गए। उन्होंने बड़ी विनम्रता के साथ अपने साथ चलने का आग्रह किया। हम उनके पीछे-पीछे उनके दो बड़े अधिकारियों के घर पहुंचे। हमारे दिल में बड़ी उम्मीदें थीं।

हम सेवकों की फुसफुसाती भीड़ के बीच से होते हुए एक बड़े कमरे में पहुंचे, जहां बहुत ऊंचे आसन पर एक हृष्ट-पुष्ट भिक्षु बैठे थे और उनकी बराबरी में ही उनके धर्मनिरपेक्ष सहयोगी भी बैठे थे। थोड़ा नीचे एक मठाधीश, ग्याबनाक से आए मठ के अधिकारी और नेपाल से पहुंचे एक व्यापारी बैठे थे। व्यापारी ने कुछ शब्द अंग्रेज़ी में बोले। वह दुभाषिया का काम कर रहा था। उन्होंने बेंच पर तकिये लगाकर हमारे लिए बैठने का विशेष इंतज़ाम किया था, ताकि हमें तिब्बतियों की तरह फ़र्श पर पैर मोड़कर ना बैठना पड़े। हमें चाय और केक परोसी गई और विनम्रता से पूछताछ स्थगित कर दी गई। अंत में हमसे हमारा यात्रा परमिट दिखाने के लिए कहा गया। इसे सभी उपस्थित लोगों ने ध्यान से पढ़ा और पास कर दिया। कुछ समय तक चिंताजनक चुप्पी छाई रही। दोनों अधिकारियों से धीरे-से अपनी शंकाएं व्यक्त कीं। हम वास्तव में जर्मन हो सकते हैं? उनके लिए यह अविश्वसनीय

था कि हम युद्ध के भागे हुए क़ैदी हैं। उन्हें लग रहा था कि हम ब्रिटिश या रूसी थे। उन्होंने हमें अपना सामान लाने को कहा। सामान खोलकर आंगन में फैला दिया गया और फिर ध्यान से जांच की गई। उनकी मुख्य चिंता यह थी कि हमारे पास हथियार या ट्रांसमिटिंग सेट हो सकता है। और हमारे पास इनमें से कोई भी सामान ना पाकर उन्हें अचरज भी हो रहा था। हमारे पास जो चीज़ें थीं, उनमें से केवल तिब्बती व्याकरण और इतिहास की पुस्तक ही संदेह पैदा करने वाली थी।

हमारे यात्रा परमिट में लिखा था कि हम नेपाल जाना चाहते हैं। यह विचार हमारे जांचकर्ताओं को पसंद आया और उन्होंने हर तरह से हमारी मदद करने का वादा किया। उन्होंने कहा कि हम अगली सुबह निकल सकते हैं और कोरेला दर्रा पार करके दो दिन में नेपाल पहुंच जाएंगे। उनकी यह बात हमें बिलकुल भी पसंद नहीं आई। हम हर हाल में तिब्बत में ही रहना चाहते थे और चाहते थे कि हम आसानी से यहां बने रहें। हमने शरण के अधिकार का हवाला दिया, तिब्बती तटस्थता पर ज़ोर दिया और तिब्बत की स्थिति की तुलना स्विट्ज़रलैंड से की। अधिकारी बड़ी विनम्रता के साथ लेकिन दृढ़तापूर्वक हमारे यात्रा दस्तावेज़ में निर्धारित शर्तों पर टिके रहे। हालांकि, तिब्बत में हमारे प्रवास के दौरान हम एशियाई लोगों की मानसिकता से बेहतर ढंग परिचित हो गए थे और हम जानते थे कि जल्दी से रास्ता दे देना नियमों के विरुद्ध था। हमारी बाक़ी चर्चा बड़ी शांति से निपट गई। हम सभी ने बहुत सारी चाय पी और हमारे मेज़बानों ने विनम्रतापूर्वक हमें बताया कि वे कर-वसूली के लिए निकले हैं और ट्रैडीन में जितनी उनकी जितनी पूछ-परख़ है, ल्हासा में उतनी नहीं है। वहां उनके ऊपर और भी बड़े अधिकारी बैठे हैं। वे बीस नौकर-चाकरों और बोझा ढोने वाले बहुत सारे जानवरों के साथ यात्रा कर रहे थे, जिससे ऐसा लगता था कि वे कम से कम मंत्री तो थे ही।

विदा लेने से पहले हमने साफ़-साफ़ कह दिया कि हम कुछ दिन और यहां रहना चाहते हैं। अगले दिन एक सेवक पोनपो की ओर से दोपहर के भोजन का निमंत्रण लेकर आया। (तिब्बत में सभी उच्च पदस्थों को पोनपो कहा जाता है।) हमने चीनी नूडल्स वाला एक शानदार भोजन किया। जिस

तरह से वे हमारे थालियों में ढेर सारा भोजन परोस रहे थे, उससे मुझे लगा कि वे हमें भूखा समझ रहे थे। तिब्बती लोग जिस शानदार ढंग से चॉपस्टिक का इस्तेमाल कर रहे थे, हम लोग उनके इस कौशल से बहुत प्रभावित हुए। उन्हें चॉपस्टिक से चावल का एक-एक दाना उठाते हुए देखकर हमें बहुत आश्चर्य हुआ। एकदूसरे की आश्चर्यजनक बातों ने एक दोस्ताना माहौल बनाने में मदद की और हमारे बीच खूब हँसी-मज़ाक हुआ। भोजन के अंत में बीयर परोसी गई। जलसे में ख़ुशी का वातावरण था। मैंने देखा कि भिक्षुओं ने बीयर को हाथ नहीं लगाया।

धीरे-धीरे बातचीत हमारी समस्याओं की ओर मुड़ गई और हमने सुना कि अधिकारियों ने ल्हासा में केंद्रीय सरकार को एक पत्र भेजने का फ़ैसला किया है। पत्र में हमें तिब्बत में रहने की अनुमति के लिए अनुरोध किया गया है। हमसे अंग्रेज़ी में एक आवेदन लिखने के लिए कहा गया। दोनों अधिकारियों ने अपने पत्र के साथ इसे भेजने की बात कही। हमने मौक़े पर ही इसे लिख दिया और इसे पहले से तैयार आधिकारिक पत्र के साथ नत्थी कर दिया गया। इसे विधिवत तरीके से सील करके एक संदेशवाहक को सौंप दिया गया। यह व्यक्ति तुरंत ल्हासा के लिए रवाना भी हो गया।

हम समझ नहीं पा रहे थे कि हम अपने इस स्वागत को कितना दोस्ताना समझें और हमें ल्हासा से जवाब आने तक ट्राडुन में ही रहने दिया जाएगा या नहीं। दरअसल, छोटे अधिकारियों के साथ हमारा अनुभव संतोषजनक नहीं रहा था, इसलिए हमने बड़े अधिकारियों से ट्राडुन में रहने के लिए मौखिक सहमति की लिखित पुष्टि मांगी। हमें लिखित में अनुमति मिल गई। आख़िरकार हम अपने क्वार्टर में वापस लौटे और इस बात से बहुत ख़ुश थे कि सब कुछ ठीक-ठाक रहा। हम अभी अपने घर में पहुंचे ही थे कि दरवाज़ा खुला और भारी भरकम बोझ से लदे नौकरों का एक जत्था अंदर आया। वे हमारे लिए आटा, चावल और त्सम्पा(जौ का आटा) की बोरियां और चार कटी हुई भेड़ें लेकर आए थे। हमें नहीं पता था कि ये उपहार किसकी ओर से आए हैं। फिर नौकरों के साथ आए मुखिया ने हमें बताया कि उन्हीं दो उच्च अधिकारियों की ओर से यह सारा सामान आया है। जब हमने उन्हें धन्यवाद देने की कोशिश की, तो मुखिया ने विनम्रतापूर्वक इसका श्रेय लेने से इंकार

कर दिया। हमसे विदा लेते हुए उस सहज और शांतचित्त तिब्बती ने कुछ ऐसी बात कही जो मेरे लिए बहुत काम की थी। उसके मुताबिक़, तिब्बत में यूरोपीय लोगों की जल्दबाज़ी के लिए कोई जगह नहीं है। यदि हम लक्ष्य तक पहुंचना चाहते हैं तो हमें धीरज रखना सीखना होगा।

जब हम तीनों अपने घर में शांति से बैठकर उपहारों को देख रहे थे, तो हमें यक़ीन ही नहीं हो रहा था कि हमारी क़िस्मत बदल गई है। तिब्बत में रहने की अनुमति के लिए हमारा अनुरोध ल्हासा के लिए भेजा जा रहा था और अब हमारे पास खाने-पीने का इतना सामान था कि महीनों तक हमारा गुज़ारा हो सकता था। सिर छिपाने के लिए हमारे पास एक पतले-हल्के तंबू के बजाय एक मोटी छत थी और चूल्हा जलाने और पानी लाने के लिए एक नौकरानी भी। अफ़सोस, वह ना तो जवान थी और ना ही सुंदर। हमें पछतावा हो रहा था कि हमारे पास ऐसी कोई मूल्यवान वस्तु नहीं थी जिसे हम उन अधिकारियों को अपनी कृतज्ञता के प्रतीक के रूप में भेंट कर सकें। हमारे पास उन्हें देने के लिए थोड़ी-सी दवाओं के अलावा कुछ नहीं था। पर हमें उम्मीद थी कि हमें अपना आभार व्यक्त करने का अवसर अवश्य मिलेगा। गरतोक की तरह, हमने यहां भी ल्हासा के कुलीनों के सौजन्य का लाभ उठाया था। इन लोगों की प्रशंसा मैंने सर चार्ल्स बेल की पुस्तकों में बहुत पढ़ी थी।

चूंकि हमें यहां महीनों तक रहना था, इसलिए हमने समय बिताने की योजना बनाई। हमें निश्चित रूप से अन्नपूर्णा और धौलागिरी क्षेत्रों और उत्तर के मैदानी इलाक़ों की यात्रा करनी चाहिए थी। लेकिन थोड़ी देर बाद मठाधीश हमसे मिलने आए। उन्होंने हमें बताया कि ट्राडुन में हमारा ठहरना केवल इस शर्त पर स्वीकृत किया गया है कि हम शहर से एक दिन की पैदल यात्रा से ज़्यादा दूर नहीं जाएंगे। हम भ्रमण पर जहां चाहें, वहां जा सकते थे, बशर्ते हम रात से पहले वापस आ जाएं। ज़ाहिर है अगर हम उनके इन निर्देशों का पालन नहीं करते तो उन्हें ल्हासा में इसकी रिपोर्ट करनी पड़ती और इससे निस्संदेह हमारे पूरे मामले पर प्रतिकूल प्रभाव पड़ता।

गांव में लगभग बीस घर थे, जो उस पहाड़ी के ऊपर स्थित थे जिस पर मठ स्थापित था। इस मठ में केवल सात भिक्षु रहते थे। गांव के घर संकरे

और सटे हुए थे। फिर भी, हर घर का अपना आंगन था, जिसमें सामान रखा जाता था। सभी गांववासी किसी न किसी तरह का व्यापार करते थे या फिर किसी तरह के परिवहन से आजीविका कमाते थे।असली ख़ानाबदोश मैदानों में बिखरे-बिखरे हुए रहते थे। हमें कई धार्मिक उत्सवों में शामिल होने का मौक़ा मिला। इनमें से सबसे शानदार था फ़सलों का त्यौहार। इसमें प्रकृति को उसके आशीर्वाद के लिए धन्यवाद दिया जाता है। अब स्थानीय निवासियों के साथ हमारा दोस्ताना संबंध स्थापित हो गया था और हम उनका इलाज भी करने लगे थे। ख़ास तौर पर घावों का इलाज करने और पेट के दर्द को ठीक करने में हम कामयाब होते थे।

बीच-बीच में बड़े अधिकारी ट्राडुन आते रहते थे और इस वजह से यहां की जीवन की एकरसता में बदलाव आता रहता था। और मेरे ज़ेहन में दूसरे गारपोन के गरतोक आगमन की यादें अब तक दर्ज हैं।

उनका काफ़िला पहुंच रहा है, इसके संकेत हमें बहुत बाद में मिले, उसके पहले ही सैनिक उनके आगमन की सूचना देने के लिए आ पहुंचे। फिर उनका रसोइया आया, जिसने तुरंत उनका खाना तैयार शुरू कर दिया और अगले दिन गारपोन ख़ुद अपने काफ़िले और तीस नौकरों के एक दल के साथ पहुंचे। पूरी आबादी उनकी सवारी को देखने के लिए उमड़ पड़ी, इनमें हम भी शामिल थे। यह बड़ा आदमी और उसका परिवार शानदार खच्चरों पर सवार होकर आया। गांव के हर बुज़ुर्ग ने परिवार के एक सदस्य को उनके जानवरों की लगाम थामने के लिए भेजा। ये सब लोग उन्हें, उनके लिए तैयार किए गए क्वार्टर में ले गए। हम गारपोन से कम और उनकी बेटी से अधिक प्रभावित हुए। वह 1939 के बाद पहली बार इतनी ख़ूबसूरत और सुसज्ज युवती देखी थी। उसके कपड़े शुद्ध रेशम के बने थे और उसके नाख़ूनों पर लाल रंग लगा रखा था। शायद उसने रूज़, पाउडर और लिपस्टिक थोड़ा ज़्यादा लगा लिया था, लेकिन वह तरोताज़ा लग रही थी और उसके बदन से ख़ुशबू आ रही थी। हमने उससे पूछा कि क्या वह ल्हासा की सबसे सुंदर लड़की है, लेकिन उसने विनम्रता से मना कर दिया, और कहा कि राजधानी में उससे कहीं ज़्यादा सुंदर लड़कियां हैं। अगले दिन जब उनका काफ़िला आगे बढ़ गया तो हमें उसका साथ खोने का बहुत दुख हुआ।

कुछ समय बाद ही ट्राडुन में हमारे पास एक नया मेहमान आया। यह नेपाल का एक सरकारी अधिकारी था जो हमसे मिलने आया था, लेकिन अपने आपको तीर्थयात्री बता रहा था। हमें लगा कि वह हमारी इच्छा के विरुद्ध हमें नेपाल जाने के लिए राज़ी करना चाहता था। उसने कहा कि राजधानी काठमांडू में हमारा अच्छा स्वागत होगा और हमें वहां नौकरी भी मिल जाएगी। हमारी यात्रा का प्रबंध प्रशासन द्वारा किया जाएगा और हमारे ख़र्च के लिए 300 रुपये पहले ही आवंटित कर दिए गए थे। उसकी बातें हमें बहुत लुभावनी लग रही थीं, क्योंकि हम जानते थे कि एशिया में ब्रिटिशों का कितना अधिक प्रभाव था। हमने उसकी सलाह नहीं मानी।

तीन महीने बाद हमारा धैर्य समाप्त होने लगा और हम तीनों साथी एक-दूसरे पर ग़ुस्सा उतारने लगे। कोप लगातार यही कहता रहा कि वह नेपाल जाने का निमंत्रण सहर्ष स्वीकार कर लेगा। औफ़्शनाइटर हमेशा की तरह अपने रास्ते पर निकल गया। उसने सामान ढोने के लिए चार भेड़ें ख़रीद लीं। वह चांगथांग जाना चाहता था। यह सच है कि अपना-अपना रास्ता पकड़कर निकल जाना ल्हासा से पत्र की प्रतीक्षा करने के हमारे मूल निर्णय के विपरीत था, लेकिन इस बारे में भी संदेह था कि हमें अनुकूल उत्तर मिलेगा।

एक दोपहर को औफ़्शनाइटर का धीरज चुक गया और वह अपनी भेड़ों को लेकर निकल पड़ा। ट्राडुन से कुछ मील दूर जाकर उसने अपना डेरा डाल दिया। हमने उसका सामान वहां पहुंचाने में मदद की और अगले दिन उससे मिलने का इरादा किया। कोप ने भी सामान पैक करना शुरू कर दिया और स्थानीय अधिकारियों ने उसे वादा किया कि वे उसका सामान ढोने के लिए परिवहन उपलब्ध करा देंगे। अधिकारी बहुत खुश थे कि उसने नेपाल जाने का फ़ैसला किया, लेकिन औफ़्शनाइटर का बर्ताव उन्हें अच्छा नहीं लगा। उस दिन से गार्ड हमारे दरवाज़े के सामने सोते थे। लेकिन अगले दिन हमें आश्चर्य हुआ कि औफ़्शनाइटर अपना सामान लेकर हमारे पास वापस आ गया था। उसकी भेड़ों पर भेड़ियों ने हमला किया और वह अपनी दो भेड़ें गंवा बैठा था। इस घटना ने उसे वापस लौटने के लिए मजबूर किया और इसीलिए हम तीनों को एक और शाम साथ बिताने का मौक़ा मिला।

अगली सुबह कोप ने हमें विदा किया। पूरा गांव उसे विदा करने के लिए इकट्ठा हुआ। इस तरह से नज़रबंदी शिविर से भागे सात लोगों में से जो पांच तिब्बत आए थे उनमें से केवल औफ़्शनाइटर और मैं ही यहां बचे थे। उन सात लोगों के समूह में हम दोनों ही पर्वतारोही थे और इसीलिए शारीरिक और मानसिक रूप से इस सुनसान इलाक़े में एकाकी और कठिन जीवन के लिए सबसे उपयुक्त भी थे।

अब नवंबर महीने के आख़िरी दिन चल रहे थे और रास्तों पर काफ़िलों की भीड़ नहीं थी। मठ के अधिकारी ने हमें कुछ भेड़ें और ईंधन के लिए ढेर सारा याक का सूखा गोबर भेजा। हमें इसकी ज़रूरत थी, क्योंकि तापमान तो पहले से ही शून्य से बारह डिग्री नीचे चला गया था।

4

ख़ुशियों का गांव

हमें किरोंग -ख़ुशहाल गांव में जाने का आदेश दिया जाता है-तिब्बत में हमारा पहला नया साल-कामचलाऊ स्की-युद्ध समाप्त-बहुत बुरा स्नोमैन?

जाड़े के मौसम के बावजूद हमने ट्राडुन छोड़ने का मन बना लिया था, अधिकारियों का पत्र मिले या ना मिले। हमने खाने-पीने की चीज़ें जमा करनी शुरू कर दीं। एक और याक ख़रीद लिया। हम तैयारियां कर ही रहे थे कि मठाधीश यह ख़बर लेकर आ गए कि ल्हासा से वह पत्र आ गया है, जिसकी हमें लंबे समय से प्रतीक्षा थी। हमारा डर सच में बदल गया। हमें तिब्बत के भीतरी इलाक़ों में जाने से मना कर दिया गया। वह पत्र हमें नहीं सौंपा गया। हमें केवल इतना बताया गया कि हमें नेपाल के सबसे छोटे रास्ते से जाना होगा, लेकिन हम तिब्बती क्षेत्र में किरोंग तक जा सकते हैं। वहां से नेपाली सीमा तक केवल आठ मील और राजधानी काठमांडू तक सात दिन की पैदल यात्रा थी। हमें यात्रा के लिए परिवहन और नौकर दिए जाएंगे। हमने तुरंत इस फ़ैसले पर सहमति जता दी, क्योंकि हम इस रास्ते पर चलते हुए तिब्बत में कुछ और आगे बढ़ जाएंगे। और हम जितने लंबे समय तक क़ानून को मानकर चलें, उतना ही बेहतर।

जिस ट्राडुन ने हमें चार महीने तक शरण दी थी, वहां से हम 17 दिसंबर को निकल गए। हमें ल्हासा जाने की अनुमति नहीं मिली थी, लेकिन इसको लेकर हमें तिब्बतियों के प्रति कोई द्वेष नहीं था। हर कोई जानता है कि विदेशियों के लिए किसी भी देश में बिना पासपोर्ट के रहना कितना कठिन है।

हमें उपहार देकर और परिवहन की सुविधा प्रदान करके तिब्बतियों ने अन्य देशों की तुलना में कहीं अधिक आतिथ्य दिखाया था। हालांकि उस समय अपने आपको उतना भाग्यशाली नहीं समझता था, जितना कि अब मानने लगा हूं। बावजूद, मैं और औफ़्शनाइटर उन आठ महीनों के लिए आभारी थे, जो हमने कांटेदार तार की बाड़ से मुक्त होकर बाहर बिताए थे।

एक बार फिर से मार्च महीना आ गया था। हमारे काफ़िले में औफ़्शनाइटर और मेरे साथ दो नौकर थे। इनमें से एक व्यक्ति ने सरकार द्वारा किरोंग के जिला अधिकारी को लिखे गए पत्र को किसी पवित्र सामग्री की तरह सुरक्षित ढंग से लपेटकर अपने पास रखा था। हम सभी याक पर सवार थे और हमारे दो याक को एक व्यक्ति हांक रहा था। दूर से ही कोई समझ सकता था कि हमारा काफ़िला विशेष व्यक्तियों का है। उन तीन निराश्रित यायावरों से बिलकुल अलग, जो कुछ महीने पहले हिमालय की सीमा पार करके तिब्बत में घुसे थे।

हमारी सड़क हमें फिर से हिमालय के जलक्षेत्र से होते हुए दक्षिण-पूर्व की ओर ले गई। जब हम त्सांगपो नदी पार कर रहे थे, तब वह जम चुकी थी और तंबू में रातें बहुत ठंडी लग रही थीं।

एक हफ़्ते के सफ़र के बाद हम जोंगका पहुंचे। घरों के ऊपर से उठते धुएं के घने बादलों के कारण यह स्थान बहुत दूर से दिखाई दे रहा था। जोंगका को वास्तव में एक गांव कहा जा सकता था। इसमें एक मठ के चारों ओर मिट्टी की ईंटों से बने हुए लगभग सौ घर थे। गांव के चारों ओर खेत थे। यह गांव कोसी नदी की दो धाराओं के संगम पर स्थित था। ये धाराएं हिमालय में प्रवेश करते हुए नेपाल में बहती हैं। यह स्थान तीस फ़ुट की प्राचीर से घिरा था और एक शानदार चोटी पर बसा हुआ था। यह लगभग 20,000 फ़ुट ऊंची थी। स्थानीय लोग इसे चोगुलहारी कहते थे। जब हम जोंगका पहुंचे तो क्रिसमस का दिन था। क़ैद से भागने के बाद से यह हमारा पहला क्रिसमस था। हम आश्चर्यचकित थे कि हमें बेहद आरामदायक क्वार्टर में ठहराया गया। वृक्ष-रेखा सिर्फ़ दो दिन दूर थी और लकड़ी अब एक महंगी विलासिता नहीं थी। इसका उपयोग निर्माण और सभी घरेलू ज़रूरतों के लिए किया जा सकता था। टिन का एक उपकरण स्टोव के रूप में काम करता था जिसमें हम हपुषा

(जुनिपर) की लकड़ी जलाते थे, जो जलते समय चटकती थी। इसके जलते ही कमरा बहुत अच्छी तरह से गर्म हो जाता था। पहुंचने के बाद शाम को हमने कुछ दीपक जलाए। इसमें तिब्बती मक्खन डाला गया था। और इस दिन का जश्न मनाने के लिए हमारे लिए मटन पकने लगा।

तिब्बत के बाक़ी स्थानों की तरह यहां भी कोई सार्वजनिक सराय नहीं थी। अधिकारियों द्वारा यात्रियों को निजी घरों में ठहरने की व्यवस्था की जाती है। यह रोटेशन के आधार पर किया जाता है, ताकि लोगों को बहुत ज़्यादा असुविधा ना हो और यह व्यवस्था कर प्रणाली का हिस्सा बन जाए।

हम जोंगका में लंबे समय तक रुकना नहीं चाहते थे, लेकिन भारी बर्फ़बारी के कारण हम पूरे एक महीने तक यहां रहे। पूरे दिन मोटी बर्फ़ गिरती रहती थी और आवागमन बाधित रहता था। हम यहां आराम से थे और बहुत ख़ुश थे। हमने भिक्षुओं की कुछ गतिविधियों में रुचि लेना शुरू किया और दर्शकों के रूप में न्येनम के नर्तकों के एक समूह के प्रदर्शन का आनंद भी लिया।

यहां कई कुलीन अधिकारी रहते थे और हमने जल्द ही उनसे दोस्ती कर ली। अब तक हम अच्छी तिब्बती भाषा बोलने लगे थे और लंबी बातचीत कर लिया करते थे। इस वजह से हमें इस देश के तौर-तरीक़ों और रीति-रिवाज़ों के बारे में बहुत कुछ पता चल गया था। सेंट सिल्वेस्टर ईव का जन्मदिन तो नहीं मनाया गया, लेकिन हमें अपने घर की बहुत याद आई। प्रतीक्षा की इस अवधि के दौरान जब भी हमें मौक़ा मिला, हमने आस-पास के इलाक़ों का दौरा किया। हमने बलुआ पत्थर की गुफाएं देखीं। एक ऐसी दिलचस्प गुफा देखी जिसमें लकड़ी या मिट्टी की मूर्तियां और तिब्बती पवित्र ग्रंथों के पन्ने रखे हुए थे। निस्संदेह ये उन गुफाओं में रहने वाले साधु-संतों को प्रसाद के तौर पर अर्पित किए गए थे।

19 जनवरी को सड़कें चलने लायक़ हो गई थीं और हम एक विशाल याक-कारवां के साथ निकल पड़े। हमारे आगे याक का एक झुंड चल रहा था। इन पर कोई बोझ नहीं लादा गया था। ये झुंड सिर्फ़ बर्फ़ हटाने वाले हल की तरह काम कर रहा था और ऐसा लग रहा था कि जानवरों को यह काम बहुत

पसंद आ रहा था। रास्ते में घाटियां और खड्ड थे और पहले दो दिनों में हमने कोसी पर कम से कम बारह पुल पार किए। मेरा याक, जो चांगथांग से आया था, पुलों को पार करने का आदी नहीं था और जब उसे एक पुल पार करना होता था तो वह अड़ जाता था और आगे बढ़ने से इंकार कर देता था। उसे पीछे से धक्का देना पड़ता था, साथ ही सामने से खींचना भी पड़ता था। हमारे साथ चल रहे साथियों ने इस काम में हमारी बड़े उत्साह से मदद की। मुझे पहले ही चेतावनी दी गई थी कि उसे किरोंग ना ले जाऊं, क्योंकि वह गर्मियों के मौसम को बर्दाश्त नहीं कर पाएगा। मैं उसे पीछे नहीं छोड़ना चाहता था, क्योंकि हमने पलायन की योजना बनाई थी और हमने अभी भी अपनी उस योजना को टाला नहीं था। इस पूरे सफ़र के दौरान मेरा थर्मामीटर लगातार -30 डिग्री सेंटीग्रेड तापमान दिखाता रहा।

हम लोंगडा गांव के पास एक चट्टान पर बने मठ से बहुत प्रभावित हुए। घाटी से सात सौ फ़ुट ऊपर चट्टानों पर लाल रंग के मंदिर और पक्षियों के घोंसलों की तरह अनगिनत कोठरियां बनी हुई थीं। हिमस्खलन के ख़तरे के बावजूद औफ़्शनाइटर और मैं चट्टान पर चढ़ने से ख़ुद को नहीं रोक पाए और इस तरह हमें हिमालय का एक और अद्भुत नज़ारा देखने को मिला। हम कुछ भिक्षुओं और भिक्षुणियों से भी मिले और उनसे जाना कि यह मठ ग्यारहवीं शताब्दी में प्रसिद्ध तिब्बती संत और कवि मिलारेपा द्वारा स्थापित किया गया था। इस जगह का शानदार परिवेश और एकांत ध्यान और काव्य रचना के लिए अत्यंत अनुकूल था। हमें इस जगह को छोड़कर जाने का अफ़सोस तो था, पर हमने तय कर लिया कि एक दिन फिर से यहां आएंगे।

दिन ब दिन बर्फ़ कम होती जा रही थी और वृक्ष-रेखा तक पहुंचने के बाद हम जल्द ही वास्तव में उष्णकटिबंधीय क्षेत्र पहुंच गए थे। तिब्बती सरकार द्वारा हमें दिए गए सर्दियों के कपड़े इस वातावरण में बहुत गर्म हो रहे थे। अब हम ड्रोथांग पहुंचे, जो कि किरोंग से पहले का पड़ाव था। मुझे याद है कि यहां के सभी रहवासियों को में घेंघा (ग्वाइटर) रोग था। तिब्बत में यह बहुत कम देखने को मिला। किरोंग पहुंचने में हमें एक सप्ताह लग गया।

रास्ता अच्छा हो तो जोंगका सिर्फ़ तीन दिन की पैदल दूरी पर है, और वाहन तेज़ हो तो एक ही दिन में पहुंच सकते हैं।

किरोंग नाम का अर्थ है 'खुशी का गांव' और वास्तव में यह गांव इस उपाधि का हक़दार है। ऐसा कभी नहीं होगा कि मैं इस गांव को याद ना करूं और अगर अपने जीवन की शाम बिताने के लिए किसी स्थान का विकल्प चुनने की बारी आई तो वह स्थान किरोंग ही होगा। वहां मैं अपने लिए लाल देवदार की लकड़ी का एक घर बनाऊंगा और अपने बग़ीचे से एक तेज़ बहती पहाड़ी धारा को बहाऊंगा। बग़ीचे में हर तरह के फल उगेंगे। यह 9,000 फुट से अधिक की ऊंचाई पर स्थित है। जब हम जनवरी में पहुंचे तो तापमान शून्य से थोड़ा नीचे था। तापमान शायद ही कभी 10 डिग्री सेंटीग्रेड से नीचे गिरता है। ऋतुएं आल्प्स के मौसम के अनुरूप थीं, लेकिन वनस्पति उपोष्णकटिबंधीय। कोई भी पूरे साल स्कीइंग कर सकता है, और गर्मियों में चोटी की चढ़ाई करने के लिए 20,000 सीढ़ियों की एक पंक्ति होती है।

इस गांव में क़रीब अस्सी घर हैं, जो दो ज़िला गवर्नरों का मुख्यालय है। ये अधिकारी तीस गांवों का प्रशासन चलाते हैं। किरोंग आने वाले हम पहले यूरोपीय थे-ऐसा हमने बताया गया। ग्रामवासी हमें आश्चर्य से देख रहे थे। इस बार हमें एक किसान के घर में ठहराया गया। इसने मुझे हमारे टायरोलिस घरों की याद दिला दी। वास्तव में पूरा गांव आल्प्स से उठाकर लाया गया लगता था, सिवाय इसके कि घरों की छतों पर चिमनियों की जगह प्रार्थना-पताकाएं लगी हुई थीं। ये पांच रंगों की होती थीं, जो तिब्बत में जीवन के विभिन्न पहलुओं का प्रतिनिधित्व करती थीं।

भूतल पर गायों और घोड़ों के अस्तबल थे। इन्हें परिवार के रहने के कमरों से एक मोटी छत से अलग कर दिया गया था। आंगन में बनी सीढ़ी द्वारा यहां पहुंचा जा सकता था। मोटे गद्दे बिछे रहते थे, जो बिस्तर और आरामकुर्सी की तरह काम करते थे। उनके पास छोटी, कम ऊंची मेज़ें रखी गई थीं। घर के सदस्य अपने कपड़े चमकदार रंगों वाली अलमारी में रखते थे और नक्काशीदार लकड़ी की वेदी के सामने मक्खन के दीये अवश्य जलते

रहते थे। सर्दियों में पूरा परिवार लकड़ियों की आग के चारों ओर फ़र्श पर बैठकर चाय की चुस्कियां लेता है।

औफ़्शनाइटर और मुझे जो कमरा दिया गया था, वह बहुत छोटा था, इसलिए मैं जल्द ही बगल के खलिहान में चला गया। औफ़्शनाइटर को चूहों और कीड़ों के साथ संघर्ष करना पड़ा, जबकि मुझे चूहों और पिस्सू से निपटना पड़ा। मैं कीड़ों से तो जीत नहीं पाया, लेकिन ग्लेशियरों और बुरांश के जंगलों का नज़ारा देखते हुए मेरी परेशानी कम हो जाती थी। हमें एक नौकर दिया गया था, लेकिन हम अपना खाना खुद बनाना पसंद करते थे। हमारे कमरे में एक चिमनी थी और हमें जलावन के लिए लकड़ियां दी गई थीं। हमने बहुत कम पैसे ख़र्च किए। हमारे भोजन पर हमें हर महीने दो सौ रुपये ज़्यादा ख़र्च नहीं करना पड़ा। मैंने एक जोड़ी पतलून बनवाई, और दर्जी ने आधा क्राउन (लगभग डेढ़ रुपये) लिया।

इस क्षेत्र का मुख्य भोजन त्सम्पा है। इसके लिए लोहे की कड़ाही में रेत को उच्च तापमान पर गर्म किया जाता है और फिर उस पर जौ के दाने डालते हैं। ये दाने फूटते हैं। जिसके बाद इन दानों और रेत को एक महीन छन्नी से छानकर रेत को अलग किया जाता है। इसके बाद इन दानों को महीन पीसा जाता है। तैयार आटे से भोजन बनाया जाता है। भोजन बनाने के लिए इस आटे में मक्खन वाली चाय, दूध या बीयर के साथ मिलाकर लपसी जैसा बनाया जाता है और फिर यह खाने के लिए तैयार हो जाता है। तिब्बती लोग त्सम्पा को कई तरीक़े से बनाते हैं। हम जल्दी ही इसे पसंद करने लगे, लेकिन मक्खन वाली चाय हमें अच्छी नहीं लगती थी। यह आमतौर पर बासी मक्खन से बनाई जाती है और यूरोपीय लोगों को नापसंद होती है। ये बात अलग है कि दुनिया भर के तिब्बतियों द्वारा इसे पीया और सराहा जाता है। ये लोग तो अक्सर एक दिन में साठ कप तक पी जाते हैं। किरोंग के तिब्बती मक्खन वाली चाय और त्सम्पा के अलावा चावल, कूटू, मक्का, आलू, शलजम, प्याज, सेम और मूली खाते हैं। किरोंग में मांस आसानी से नहीं मिलता, क्योंकि यह एक पवित्र स्थान है, इसलिए यहां कभी भी पशु-वध नहीं किया जाता। मांस केवल तभी मेज़ पर दिखाई देता है जब इसे दूसरे जिले से लाया जाता है या, जब भालू या तेंदुआ अपने शिकार का कुछ हिस्सा बिना खाए छोड़ देते हैं,

तो उसे लाकर पका लिया जाता है। मुझे कभी समझ में नहीं आया कि इस सिद्धांत को इस तथ्य के साथ कैसे जोड़ा जा सकता है कि हर शरद ऋतु में लगभग 15,000 भेड़ें नेपाल के बूचड़खानों के लिए किरोंग से होकर जाती हैं और तिब्बती लोग उन पर निर्यात शुल्क लगाते हैं।

अपने प्रवास की शुरुआत में ही हमने ज़िला अधिकारियों से मुलाक़ात की। हमारे यात्रा दस्तावेज़ पहले ही एक मुलाज़िम द्वारा पहुंचा दिए गए थे और पोनपो ने सोचा कि हम सीधे नेपाल निकल जाएंगे। लेकिन हमारा तुरंत निकलने का इरादा नहीं था और हमने उनसे कहा कि हम कुछ समय के लिए किरोंग में रुकना चाहते हैं। उन्होंने इसे बहुत सहानुभूतिपूर्वक लिया और हमारे अनुरोध के बारे में ल्हासा को जानकारी देने का वादा किया। हमने नेपाल के प्रतिनिधि से भी मुलाक़ात की। उन्होंने अपने देश का बहुत शानदार ढंग से वर्णन किया। इस बीच हमें पता चला कि राजधानी में कुछ दिन रहने के बाद कोप को भारत के एक नज़रबंदी शिविर में भेज दिया गया था। हमें बताया गया कि काठमांडू में हमें कारों, साइकिलों और सिनेमा जैसी आकर्षक सुविधाएं मिल सकती हैं, लेकिन हमें उनका लालच नहीं था।

हमें ल्हासा से निवास परमिट पाने की उम्मीद नहीं थी, और अगर हम नेपाल गए, तो हमें भारत भेज दिया जाएगा। इसलिए हमने पलायन की नई योजना बनाने तक इसी परियों के गांव में रहने का फ़ैसला किया। हम यहां रहकर अपनी चुस्ती-फुर्ती को बनाए रखना चाहते थे। हमें यह अंदाज़ नहीं था कि हमें किरोंग में नौ महीने तक रहना पड़ेगा।

यहां रहते हुए हम उकताए नहीं थे। हमने तिब्बतियों के तौर-तरीक़ों और रीति-रिवाज़ों के बारे में जानकारियां इकट्ठा कीं और कई नोट्स बना लिए। अक्सर दिन में हम आस-पास के इलाक़ों की खोज-ख़बर लेने के लिए निकल जाते थे। म्यूनिख़ में हिमालय फ़ाउंडेशन के सचिव रहे औफ़्शनाइटर ने समय मिलने पर नक़्शे बनाए। हम अपने साथ जो नक़्शे लेकर आए थे उनमें केवल तीन नाम दर्ज थे, लेकिन अब हमने उसमें दो सौ से ज़्यादा स्थानों के नाम भर दिए। दरअसल, हमने ना सिर्फ़ अपनी आज़ादी का आनंद उठाया, बल्कि उसका व्यावहारिक उपयोग भी किया।

हमारा पर्यटन, जो पहले केवल आस-पास के इलाक़ों तक ही सीमित था, धीरे-धीरे आगे बढ़ता गया। गांववासी हमसे अच्छी तरह परिचित हो चुके थे और कोई भी हमारे काम में दख़ल नहीं देता था। बेशक, पड़ाड़ ही हमें सबसे ज़्यादा आकर्षित करते थे और उसके बाद किरोंग के आस-पास के गर्म पानी के झरने। इन झरनों की संख्या भी बहुत थी। इनमें सबसे गर्म पानी का झरना बर्फ़ीली कोसी नदी के किनारे बांस के जंगल में था। यहां का पानी ज़मीन से लगभग उबलता हुआ निकलता था और एक कृत्रिम जलाशय में इकट्ठा होता था। यहां भी उसका तापमान लगभग 40 डिग्री सेंटीग्रेड पर रहता था। मैं बारी-बारी से गर्म पानी के कुंड में और कोसी के हिमनदों के पानी में डुबकी लगाता था।

वसंत ऋतु यहां लोग नियमित रूप से स्नान करने आते हैं। तिब्बतियों के झुंड इस जगह पर आते हैं। किरोंग से दो घंटे की दूरी पर स्थित इस सुनसान जगह पर इस मौसम में हर जगह बांस की झोपड़ियां उग आती हैं। पुरुष और महिलाएं लोक-लाज छोड़कर निर्वस्त्र अवस्था में इस जलाशय में डुबकियां लगाते हैं। कई परिवार छुट्टियां मनाने के लिए भी इस झरने में आते हैं। वे अपने साथ खाने-पीने की चीज़ों से भरी बोरियां और बीयर के बैरल लेकर निकलते हैं और बांस की झोपड़ियों में एक पखवाड़े तक अपना मुक़ाम बना लेते हैं। उच्च वर्ग के लोग भी झरनों को देखने के लिए आते हैं। ये लोग नौकर-चाकरों के साथ पूरा काफ़िला लेकर आते हैं। लेकिन ये छुट्टी और मौज-मस्ती का मौसम थोड़े समय के लिए ही रहता है, क्योंकि पिघलती बर्फ़ से उफनती नदी झरनों को अपने साथ बहा ले जाती है।

किरोंग में मेरी मुलाक़ात एक ऐसे भिक्षु से हुई जिसने ल्हासा के स्कूल ऑफ़ मेडिसिन से पढ़ाई की थी। उसकी बड़ी प्रतिष्ठा थी और अपनी सेवाओं के लिए शुल्क के रूप में मिलने वाले भोजन पर बहुत शानदार जीवन व्यतीत कर सकता था। वह कई तरीक़े से उपचार करता था। इन्हीं में से एक पद्धति थी वेदना वाले स्थान पर प्रार्थना की मुहर लगाना। यह उपचार मानसिक रूप से परेशान रोगियों के लिए कारगर साबित होता था। गंभीर मामलों में वह रोगी को गर्म लोहे से दागता था। मैं इस बात का गवाह हूं कि उसने इसी तरह एक गंभीर रोगी को होश में लाया था। लेकिन इस उपचार ने उसके

कई रोगियों को नुक़सान भी हुआ। उसने पालतू जानवरों पर भी इस कठोर उपचार का प्रयोग किया। चूंकि मुझे भी आधा डॉक्टर माना जाता था और चिकित्सा से जुड़ी हर बात में मेरी बहुत रुचि थी, इसलिए मैं इस भिक्षु से लंबी बातचीत करता था। उसने मुझे बताया कि उसे चिकित्सा संबंधी बहुत ज्ञान नहीं है, लेकिन वह अपने सीमित ज्ञान को लेकर बहुत अधिक चिंतित नहीं रहता था। वह बार-बार अपना निवास स्थान बदलकर अप्रिय घटनाओं से बचने में कामयाब रहता था। उसकी अंतरात्मा इस बात से संतुष्ट रहती थी कि उसके संदिग्ध उपचार से कुछ लोगों का भला होता है और उसकी आजीविका चलती रहती है और उसके तीर्थाटन का ख़र्च निकल जाता है।

फ़रवरी के मध्य में हमने पहला तिब्बती नववर्ष मनाया। वर्ष की गणना चंद्र कैलेंडर के अनुसार की जाती है और इसके दो नाम हैं, एक प्राणी का और दूसरा तत्व का। यहां बुद्ध के जन्मोत्सव और परिनिर्वाण दिवस के अलावा नववर्ष सबसे बड़ा पर्व होता है। पिछली रात को हमने भिखारियों और भिक्षुओं की आवाज़ें सुनीं, वे घर-घर दस्तक दे रहे थे। सुबह ताज़ी कटी हुई देवदार की शाखाओं को घर-घर की छतों पर लगाया गया और उनको झंडे-पताकाओं से सजाया गया। धार्मिक ग्रंथों का मनोयोग से पाठ किया गया और देवताओं को त्सम्पा का भोग चढ़ाया गया। लोगों ने मंदिरों में मक्खन चढ़ाया और देखते ही देखते तांबे के विशाल बर्तन भर मक्खन से भर गए। मान्यता है कि इससे देवता प्रसन्न होते हैं और नए साल पर अपनी कृपा बरसाते हैं। विशेष सम्मान के प्रतीक के रूप में सोने की परत चढ़ी मूर्तियों को सफेद रेशमी परिधान पहनाए जाते हैं और भक्त श्रद्धापूर्वक उनके चरणों पर अपना माथा टेकते हैं।

अमीर हो या ग़रीब सभी पूरे भक्ति भाव से भरे हुए थे और मन में बिना किसी संदेह के देवताओं के सामने अपनी भेंट चढ़ा रहे थे और उनकी प्रार्थना कर रहे थे। सभी देवताओं का आशीर्वाद चाहते थे। मैं सोच रहा था कि क्या कोई और ऐसा है जो अपने धर्म से इतना जुड़ा हो और अपने दैनिक जीवन में अपने धर्म का इतनी निष्ठा से पालन करता हो? तिब्बतियों की सहज और सरल आस्था और विश्वास से मैं हमेशा ईर्ष्या करता रहा हूं, क्योंकि मैं

जीवन भर एक साधक रहा हूं। हालांकि, मैंने एशिया में रहते हुए ध्यान करने का तरीक़ा सीखा, लेकिन जीवन की पहेली का सही उत्तर मुझे नहीं मिला। लेकिन मैंने कम से कम जीवन की घटनाओं पर शांतिपूर्वक विचार करना और परिस्थितियों के वशीभूत होकर अपने आपको संदेह के सागर में भटकने नहीं दिया। इन लोगों ने केवल साल के आख़िरी एक दिन ही प्रार्थना नहीं की। वे सात दिनों तक वे भिक्षुओं की कृपा और सुखद सान्निध्य में नाचते, गाते और शराब पीते रहे। हर घर में पार्टी हो रही थी और हमें भी आमंत्रित किया गया।

मुझे एक घटना को याद करके बहुत दुख होता है। इस उत्सव के दौरान हमारे घर पर एक त्रासदी का साया मंडरा रहा था। एक दिन मुझे हमारी गृह-स्वामिनी की छोटी बहन के कमरे में बुलाया गया। कमरे में बड़ा अंधेरा था और जब गर्म हाथों ने मेरी कलाई पकड़ी, तभी मुझे एहसास हुआ कि मैं उसके पास खड़ा हूं। जब मेरी आंखें अंधेरे में देखने की अभ्यस्त हो गईं तो मैंने बिस्तर की ओर देखा। इतना भय़ावह दृश्य था कि मेरे क़दम पीछे हट गए। मैं अपना डर मुश्क़िल से छिपा पाया। बिस्तर पर एक ऐसी लड़की पड़ी थी, जो बीमारी से पूरी तरह बदल गई थी। दो दिन पहले यही एक सुंदर, स्वस्थ लड़की थी। हालांकि मैं बहुत जानकार तो नहीं था, लेकिन फिर भी मैं तुरंत समझ गया कि उसे चेचक हो गया था। उसके गले और जीभ पर पहले से ही हमला हो चुका था और वह भर्राए गले से चिल्ला-चिल्लाकर कह रही थी कि वह मर रही है। मैंने उसे समझाने की कोशिश की कि चिंता ना करे, ऐसा कुछ नहीं होगा। और फिर में भागकर अपने कमरे में गया और जल्दी-जल्दीअच्छी तरह से नहाया। कोई कुछ भी नहीं कर सकता था। केवल यही उम्मीद की जा सकती थी, यह महामारी गांव में ना फैले। औफ़्श्नाइटर भी उससे मिलने गया और मेरे निदान से सहमत था। दो दिन बाद उस लड़की की मृत्यु हो गई।

तो त्योहार की ख़ुशियों के बाद, इस शोकपूर्ण घटना ने हमें तिब्बतियों के शव को दफ़नाने की रस्मों से परिचित कराया। छत पर सुंदरता से सजाई गई देवदार की टहनी हटा दी गई और अगले दिन भोर में शव को सफ़ेद कफ़न में लपेटा गया। एक पेशेवर शव वाहक की पीठ पर लादकर इस मृतदेह को घर से बाहर निकाला गया। शोक संतप्त लोगों के पीछे-पीछे हम भी चल पड़े। ये सिर्फ़ तीन आदमी थे। गांव के पास एक ऊंचे स्थान पर गिद्धों

और कौओं का झुंड मंडरा रहा था। दूर से ही समझ में आ रहा था कि यह एक क़ब्रिस्तान है। वहां पहुंचकर एक आदमी ने कुल्हाड़ी से शव के टुकड़े-टुकड़े किए। दूसरा आदमी पास में बैठकर प्रार्थनाएं बुदबुदा रहा था और एक छोटा-सा ढोल भी बजा रहा था। तीसरा आदमी पक्षियों को उड़ा रहा था और बीच-बीच में दूसरे दो आदमियों को ख़ुश करने के लिए बीयर या चाय भी पिलाता जा रहा था। मृत लड़की की हड्डियों के टुकड़े-टुकड़े कर दिए गए, ताकि पक्षी उन्हें भी खा जाएं और शव का कोई निशान न बाक़ी रह जाए।

देखने, सुनने या पढ़ने में ये सब भले ही बर्बर लगता हो, लेकिन अंतिम संस्कार के इस रिवाज़ की उत्पत्ति धार्मिक उद्देश्यों से होती है। तिब्बती लोग मरने के बाद अपने शरीर का कोई निशान नहीं छोड़ना चाहते, क्योंकि आत्मा के बिना शरीर का कोई महत्त्व नहीं होता। कुलीन और उच्च पदस्थ लामाओं के शवों को जला दिया जाता है, लेकिन आम लोगों के अंतिम संस्कार के दौरान उनके अंगों को भंग ही किया जाता है। और, जिन बहुत ग़रीब लोगों को अंतिम संस्कार का यह तरीक़ा बहुत महंगा लगता है, उनके शव नदी में फेंक दिए जाते हैं। यहां मछलियां गिद्धों का काम करती हैं। जब ग़रीब लोग संक्रामक बीमारियों से मरते हैं, तो उनका अंतिम संस्कार सरकार करवाती है। इस काम को करने वाले विशेष व्यक्तियों को सरकार द्वारा भुगतान किया जाता है।

सौभाग्य से चेचक के मामले कम थे और इसकी चपेट में आकर बहुत कम लोगों की जान गई। हमारे घर में उन्चास दिनों तक शोक मनाया गया और फिर छत पर एक नई शाखा लगाई गई और उस पर प्रार्थना की पताकाओं को फहराया गया। इस समारोह में कई भिक्षु आए। उन्होंने विशेष गीत-संगीत के साथ प्रार्थना की। यह सब बड़ा ख़र्चीला होता है। जब तिब्बतियों के परिवार में कोई मृत्यु होती है तो परिजन आमतौर पर अपने कुछ आभूषण या मृतक की संपत्ति बेच देते हैं। इससे मिलने वाले धन से भिक्षुओं द्वारा किए जाने वाले अंतिम संस्कार का और अनगिनत छोटे दीपों में इस्तेमाल होने वाले छोटे-छोटे दीपों में जलने वाले तेल का भुगतान किया जाता है।

इस दौरान हम अपनी रोज़ाना की सैर करते रहे और शानदार बर्फ़ ने हमें स्की बनाने के लिए उकसाया। औफ़्शनाइटर ने सनोबर के वृक्ष के दो तने

काटे। इनकी हमने छाल उतारी और अपने कमरे में जल रही आग के सामने सुखाई। मैंने छड़ियां और पट्टियां बनाना शुरू किया और एक बढ़ई की मदद से हम दो जोड़ी अच्छी-सी दिखने वाली स्की बनाने में सफल रहे। हम उनके कौशल से बहुत ख़ुश थे और अब इन स्की को आज़माने के लिए बहुत उत्सुक थे। तभी, साफ़ आसमान से बिजली की तरह कौंधता हुआ एक आदेश पोनपो की तरफ़ से आया। आदेश में लिखा गया था कि हमें बस नज़दीकी इलाक़े में सैर करने की इजाज़त है, किरोंग छोड़ने की नहीं। हमने इसका ज़ोरदार विरोध किया, लेकिन हमें बताया गया कि जर्मनी एक शक्तिशाली राज्य है और अगर पहाड़ों में हमारे साथ कुछ भी हुआ, तो ल्हासा में इसकी शिकायत होगी और किरोंग के अधिकारियों को ज़िम्मेदार ठहराया जाएगा। पोनपो पर हमारे विरोध का कोई असर नहीं हुआ, वह अपने आदेश पर अडिग रहे और हमें यह समझाने की पूरी कोशिश की कि पहाड़ों में हमें भालू, तेंदुए और जंगली कुत्तों के हमलों का बड़ा ख़तरा है। हम जानते थे कि हमारी सुरक्षा के बारे में उनकी यह चिंता बकवास थी। फिर हमने अनुमान लगाया कि उन्होंने यह रुख़ इसलिए अख़्तियार किया होगा, क्योंकि इलाक़े के अंधविश्वासी लोग संभवतः यह मानते थे कि पहाड़ों पर हमारी यात्रा से देवता नाराज़ हो सकते हैं। और उनकी भावनाओं का सम्मान करते हुए हमें यह आदेश थमाया गया था। सिवाय समर्पण के फ़िलहाल हम कुछ नहीं कर सकते थे।

अगले कुछ हफ़्तों तक हमने आदेशों का पालन किया, लेकिन फिर हम स्कीइंग करने के लोभ का संवरण नहीं कर सके। बर्फ़ और इसकी ढलानों का आकर्षण हमें ललचा रहा था। और फिर एक दिन हमने एक चाल चली। मैंने गांव से सिर्फ़ आधे घंटे की दूरी पर गर्म पानी के एक झरने के पास अस्थायी रूप से एक घर ले लिया। कुछ दिनों बाद जब लोगों को मेरी अनुपस्थिति की आदत हो गई, तो मैंने अपनी स्की उठाई और चांदनी रात में पहाड़ की ओर निकल गया। अगली सुबह जल्दी ही औफ़्शनाइटर और मैं वृक्ष रेखा को पार करके ऊपर चढ़ गए और एक शानदार बर्फ़ की सतह पर मौज-मस्ती की। हमें आश्चर्य हो रहा था कि हम दोनों लंबे समय स्कीइंग से दूर थे, फिर इतनी अच्छी तरह से बर्फ़ पर इसे चला पा रहे थे। चूंकि हमें किसी ने देखा नहीं था, इसलिए हम दूसरे दिन फिर से बाहर निकले, लेकिन इस बार हमारी स्की

टूट गईं और हमें इन अजीबोगरीब उपकरणों के अवशेषों को छिपाना पड़ा। किरोंग लोगों को कभी पता नहीं चला कि हमने कभी स्नो राइडिंग भी की थी। वे स्कीइंग को स्नो-राइडिंग ही कहते थे।

वसंत ऋतु आ गई, खेतों में काम शुरू हुआ और मकई की फ़सल लहलहा गई। कैथोलिक देशों की तरह यहां भी मकई के खेतों को पुजारियों द्वारा आशीर्वाद देने की परंपरा थी। इसमें ग्राणीणों के पीछे-पीछे भिक्षुओं का एक बड़ा जत्था चलता है। वह तिब्बती बाइबल के 108 खंडों को अपने साथ लेकर चलता है और प्रार्थना और पवित्र संगीत के साथ गांव के चारों ओर चक्कर लगाता है।

मौसम गर्म होते ही मेरा याक बीमार पड़ गया। उसे बुखार था और स्थानीय पशु चिकित्सक ने घोषणा की कि केवल भालू के गॉल ब्लैडर से ही मेरा जानवर ठीक हो सकता है। मैंने क़ीमत चुकाकर सामान ख़रीदा। इसलिए नहीं कि मुझे इस उपचार पर विश्वास था, बल्कि 'डॉक्टर' को संतुष्ट करने के लिए मैंने ऐसा किया। परिणाम तो मिलना ही नहीं था, तो मुझे आश्चर्य भी नहीं हुआ। मुझे बकरी के गॉल ब्लैडर और कस्तूरी का प्रयोग करने की सलाह दी गई और मेरे अवचेतन में आशा बनी हुई थी कि तिब्बतियों के लंबे अनुभव से मेरा क़ीमती जानवर बच जाएगा। हालांकि, कुछ दिनों के बाद मुझे बेचारे आर्मिन को मरवाना पड़ा, क्योंकि मैं कम से कम उसका मांस बचा लेना चाहता था।

ऐसे मामलों के लिए लोग कसाई की मदद लेते हैं। ऐसा आदमी जो गांव से बाहर निर्वासित के रूप में रहने के लिए बाध्य है। जैसे कोई लोहार। लोहार के शिल्प का तिब्बत में सबसे कम मोल होता है। वध करने वाले को उसकी सेवा देने के लिए याक के पैर, सिर और आंतें दी जाती हैं। मैंने देखा कि जानवर को मारने का उसका तरीक़ा हमारे तरीकों की तरह ही तेज़ और अधिक मानवीय था। एक ही वार में उसने शरीर को चीर दिया, अपना हाथ अंदर डाला और हृदय की धमनी को काट दिया। जानवर की तुरंत मौत हो गई। हमने मांस निकाल लिया और उसे खुली आग पर अच्छी तरह से पका लिया। इस तरह से हमारे भोजन का भंडार बना लिया। अगली बार जब हम भागें तो यह हमारे काम आ सके।

लगभग इसी समय ज़ोनका में महामारी फैली और कई लोगों की जान चली गई। ज़िला अधिकारी ख़तरे से बचने के लिए अपनी आकर्षक युवा पत्नी और चार बच्चों के साथ किरोंग चले आए। दुर्भाग्य से बच्चे बीमारी से संक्रमित होकर ही आए और एक-एक करके सभी बीमार पड़ गए। उन्हें पेचिश हो गई थी। उस समय मेरे पास पेचिश की सबसे कारगर दवा बची हुई थी। मैंने ये दवा परिवार को दी। यह औफ़्शनाइटर और मेरा सबसे बड़ा त्याग था, क्योंकि हमने अपने लिए आख़िरी कुछ ख़ुराक बचाकर रखी थी। दुर्भाग्य से इससे कोई फ़ायदा नहीं हुआ और तीन बच्चों की मृत्यु हो गई। चौथे, सबसे छोटे बच्चे के लिए दवा ही नहीं बची। वह सबसे बाद में बीमार पड़ा था। हम उसकी जान बचाने के लिए बेहद चिंतित थे। हमने उसके माता-पिता को सलाह दी कि वे जल्दी से जल्दी किसी संदेशवाहक के साथ बच्चे के मल के नमूने काठमांडू भिजवाएं ताकि पता लगाया जा सके कि कौन-सी दवा दी जानी चाहिए। और इसीलिए औफ़्शनाइटर ने अंग्रेजी में एक पत्न लिखा, लेकिन उसे भेजा ही नहीं गया। बच्चे का इलाज भिक्षुओं ने किया। लेकिन, उनके सारे प्रयास बेकार गए और दस दिन बाद बच्चे की मौत हो गई। यह घटना तो बहुत दुखद थी लेकिन इसने हमें एक तरह से अपराध-बोध से मुक्त कर दिया। क्योंकि अगर यह आख़िरी बच्चा ठीक हो जाता, तो हमें बाक़ी बच्चों की मौत के लिए ज़िम्मेदार ठहराया जाता।

इन बच्चों के माता-पिता और कई और लोग भी बीमार पड़े, लेकिन ठीक हो गए। अपनी बीमारी के दौरान उन्होंने खूब खाया-पिया और ख़ूब शराब पी, शायद इसी वजह से वे ठीक हो गए। बच्चों ने बीमारी के दौरान खाना-पीना छोड़ दिया था इस वजह से वे कमज़ोर हो गए और बीमारी से हार गए।

बाद में उन माता-पिता के साथ हमारे दोस्ताना संबंध बन गए। हालांकि उन्हें अपने बच्चों की कमी बहुत खल रही थी पर लेकिन पुनर्जन्म में उनकी आस्था ने उन्हें कुछ हद तक सांत्वना दी। वे कुछ समय के लिए किरोंग के एक आश्रम में रहे और हम अक्सर उनसे मिलने वहां जाते थे। पिता का नाम वांगडूला था। वह प्रगतिशील और खुले विचारों वाले व्यक्ति थे। ज्ञान हासिल करने के लिए बहुत उत्सुक थे और उन्होंने हमें तिब्बत के बाहर के जीवन

के बारे में बहुत सी बातें बताईं। उनके अनुरोध पर, औफ़्शनाइटर ने अपने दिमाग़ से दुनिया का नक़्शा बनाया। उनकी पत्नी तिब्बत की एक बाइस वर्षीय सुंदर स्त्री थीं। वह धाराप्रवाह हिंदी बोलती थीं। उन्होंने भारत में स्कूल की पढ़ाई के दौरान हिंदी सीखी थी।

कई सालों बाद हमें उनके बारे में एक बार फिर जानकारी मिली। दुर्भाग्य ने उनका पीछा नहीं छोड़ा था। उनकी एक और संतान पैदा हुई लेकिन इस दौरान मां की प्रसव-शैय्या पर ही मृत्यु हो गई। वांगडूला दुःख से पागल हो गए। मैं अपने जीवन में जितने भी तिब्बतियों से मिला, वह उनमें सबसे अधिक प्रिय थे। उनके दुख से मुझे बहुत अधिक सहानुभूति थी।

गर्मियों का मौसम चल रहा था और अधिकारियों ने हमें एक बार फिर बुलाया और हमें किरोंग छोड़ने के लिए कहा गया। इस बीच हमें व्यापारियों और अख़बारों से पता चला कि युद्ध समाप्त हो चुका है। हमें पता था कि प्रथम विश्व युद्ध समाप्त होने के दो साल बाद तक अंग्रेज़ों ने भारत में युद्धबंदी शिविरों को चालू रखा था। यह तो साफ़ था कि हम अपनी आज़ादी खोना नहीं चाहते थे और आंतरिक तिब्बत में घुसने का एक और प्रयास करना चाहते थे। इस देश के प्रति हमारा आकर्षण बढ़ रहा था और हम इसे बेहतर तरीक़े से जानने के लिए सब कुछ दांव पर लगाने के लिए तैयार थे। अब हमने इस भाषा को और भी अच्छी तरह से सीख लिया था और हमने बहुत अनुभव भी हासिल कर लिया था। हमें आगे बढ़ने से कौन-सी बात रोक रही थी? हम दोनों पर्वतारोही थे और यहां हमें हिमालय और ख़ानाबदोश ज़िलों का सर्वेक्षण करने का एक अनूठा अवसर मिला था। हमने बहुत पहले ही घर लौटने की सारी उम्मीद छोड़ दी थीं और अब तिब्बत के उत्तरी मैदानों से होते हुए चीन तक पहुंचना चाहते थे और वहां काम ढूंढ़ना चाहते थे। युद्ध की समाप्ति के कारण जापान की दंडात्मक कार्रवाई से निपटने की हमारी मूल परियोजना निरर्थक हो गई।

इसलिए हमने पोनपो से वादा किया कि अगर वे हमें घूमने-फिरने की आज़ादी देंगे तो हम शरद ऋतु में वापस चले जाएंगे। यह मंज़ूर हो गया और तब से हमारे भ्रमण का मुख्य उद्देश्य एक ऐसा रास्ता खोजना था जिससे होकर हम ज़ोंगका को छुए बिना तिब्बती पठार तक पहुंच सकें।

गर्मियों में किए गए इन यात्रा अभियानों के दौरान हमें इस क्षेत्र के जीव-जंतुओं के बारे में पता चला। हमें कई तरह के जानवर मिले, जिनमें बंदरों की कई प्रजातियां भी शामिल थीं। ये कोसी नदी की गहरी घाटी से होकर यहां आए होंगे। कुछ समय तक तेंदुए हर रात बैलों और याक को मारकर ले जाते थे और गांव वाले उन्हें जाल में फंसाने की कोशिश करते थे। भालुओं से बचने के लिए मैं अपनी जेब में लाल मिर्च से भरा एक डब्बा रखता था। जैसा कि मैंने बताया, भालू सिर्फ़ दिन में ही ख़तरनाक होता है और आदमी पर हमला कर सकता है। भालुओं से मुठभेड़ के कारण कई लकड़हारों के चेहरे पर गंभीर चोटें आईं थीं और एक तो भालू के पंजे के वार से अंधा तक हो गया। रात के समय इन जानवरों को देवदार की मशाल से भगाया जा सकता था।

एक बार वृक्ष रेखा पर मुझे ताज़ा हिमपात पर पैरों के गहरे निशान मिले। मैं समझ नहीं पाया कि वे किसके थे। हो सकता है कि वे किसी इंसान हों। मुझसे ज़्यादा कल्पनाशील लोग शायद उन्हें नृशंस हिममानव का बताते।

मैंने हमेशा फ़िट बने रहने पर ध्यान केंद्रित किया और मेरे पास मेहनत करने के विकल्प हमेशा मौजूद रहते थे। मैं खेतों में या खलिहानों में किसानों की मदद करता था। मैं पेड़ों को काटता था और रालदार देवदार की लकड़ी से मशालें बनाता था। तिब्बतियों की शारीरिक मज़बूती वहां की अनुकूल जलवायु और उनके द्वारा किए गए कठिन परिश्रम के कारण बनी रहती है।

वे खेलों में भी हिस्सा लेते हैं। हर साल किरोंग में खेल प्रतियोगिताएं आयोजित की जाती थीं। ये कई दिनों तक चलती थीं, इनमें मुख्य रूप से घुड़दौड़, तीरंदाजी, पैदल दौड़, और लंबी और ऊंची कूद शामिल रहती थीं। शारीरिक तौर पर मज़बूत पुरुषों के लिए भी एक प्रतियोगिता होती है। उन्हें एक निश्चित दूरी तक भारी पत्थर को उठाकर ले जाना होता है।

मैंने भी कुछ स्पर्धाओं में भाग लेकर लोगों का मनोरंजन किया। मैं पैदल दौड़ में लगभग जीत ही गया था, क्योंकि मैंने शुरुआत में ही अधिकांश समय बढ़त बनाए रखी थी, लेकिन मैंने स्थानीय तौर-तरीक़ों से परिचित नहीं था। ट्रैक के अंतिम छोर पर एक प्रतियोगी ने पीछे से मेरी पतलून पकड़ ली।

मैं हैरान होकर एकदम रुक गया और इधर-उधर देखने लगा। वह बदमाश इसी का इंतज़ार कर रहा था। उसने मुझे पीछे छोड़ दिया और विजेता बन गया। मैं इस तरह की गड़बड़ी के लिए तैयार नहीं था और लोगों के हँसी-ठट्ठे के बीच मैंने दूसरा पुरस्कार प्राप्त किया।

किरोंग का जीवन विविधतापूर्ण था। गर्मियों में हर दिन काफ़िले आते रहते थे। नेपाल में धान की फ़सल के बाद स्त्री और पुरुष टोकरियों में चावल लेकर आते थे और नमक के बदले में चावल दे जाते थे। यह तिब्बत का सबसे महत्त्वपूर्ण निर्यात था। यह नमक चांगथांग की उन झीलों से लाया जाता था, जिनका कोई निकास नहीं था।

किरोंग से नेपाल तक का परिवहन कुलियों के माध्यम से होता है, क्योंकि सड़क संकरी घाटियों से होकर गुज़रती है और अक्सर सीढ़ीनुमा बन जाती है। ज़्यादातर वाहक नेपाल की महिलाएं होती हैं जो फूहड़ क़िस्म के कपड़े पहनती हैं और उनके छोटे-छोटे स्कर्ट के नीचे उनकी मोटी मांसल टांगें दिखती रहती थीं। जब नेपाली शहद इकट्ठा करने आए तो हमने एक अजीबोग़रीब तमाशा देखा। तिब्बती सरकार ने तिब्बतियों को शहद लेने से आधिकारिक तौर पर मना कर दिया, क्योंकि उनका धर्म उन्हें जीवन-जंतुओं को उनके भोजन से वंचित करने की अनुमति नहीं देता। जैसा कि ज़्यादातर अन्य जगहों पर होता है, यहां भी लोग क़ानून तोड़ना पसंद करते हैं, और इसीलिए तिब्बती, जिनमें पोनपो भी शामिल हैं, नेपालियों को उनके द्वारा इकट्ठा किया गया शहद अपने पास रखने देते हैं और फिर उनसे वापस ख़रीद लेते हैं।

शहद निकालने का यह काम बहुत जोख़िम भरा होता है, क्योंकि मधुमक्खियां अपने छत्तों को गहरी घाटियों में उभरी चट्टानों के नीचे छिपाकर बनाती हैं। घाटियों में बांस की लंबी-लंबी सीढ़ियां लटकाई जाती हैं, जिनके सहारे लोग कभी-कभी दो-तीन सौ फ़ुट नीचे उतरकर हवा में झूलते रहते हैं। उनके नीचे कोसी बहती है और अगर सीढ़ी को पकड़ने वाली रस्सी टूट गई तो उनकी मौत निश्चित। कुछ लोग भड़की हुई मधुमक्खियों को भगाने के लिए धुआं करते हैं, जबकि कुछ लोग छत्ते को इकट्ठा करके रस्सी की मदद से बर्तनों में रखते हैं। इस ऑपरेशन की सफलता के लिए सटीक संयोजन

आवश्यक है, क्योंकि मदद मांगने के लिए चीख़ने-चिल्लाने या सीटी बजाने की आवाज़ नीचे बह रही नदी की गर्जना में खो जाती है। ग्यारह लोगों ने जुटकर एक सप्ताह तक खाई में काम किया और उसके बाद जिस क़ीमत पर उन्होंने शहद बेचा उसका उनके द्वारा उठाए गए जोख़िम के साथ कोई तालमेल नहीं था। मुझे बहुत अफ़सोस हुआ कि मेरे पास कोई सिनेकैमरा नहीं था जिससे मैं इस दृश्य की तसवीर ले पाता।

जब गर्मियों की भारी बारिश समाप्त हो जाती थी, तो हम व्यवस्थित ढंग से लंबी घाटियों की खोज में निकल पड़ते थे। अपने साथ भोजन, ड्राइंग सामग्री और कम्पास लेकर हम अक्सर कई दिनों तक बाहर रहते थे। इस दौरान हम चरवाहों के साथ ऊंचे चरागाहों पर डेरा डालते थे। ये चरवाहे आल्प्स की तरह ही गर्मियों के महीनों में अपने मवेशियों को हरे-भरे पहाड़ी घास के मैदानों में चराते थे। ग्लेशियरों की दुनिया के बीच चरागाह के हरे-भरे इलाक़ों में सैकड़ों गायें और मादा याक चरते हुए नज़र आते थे। मैं अक्सर उन्हें मक्खन बनाने में मदद करता था और अपनी मेहनत के बदले ताज़ा सुनहरा मक्खन पाकर मेरी ख़ुशी का ठिकाना नहीं रहता था।

सभी आबाद झोपड़ियों के पास खूंख़ार कुत्ते बंधे होते हैं और रात में उनके भौंकने से मवेशियों को तेंदुओं, भेड़ियों और जंगली कुत्तों से बचाया जा सकता है। बहुत मज़बूत शरीर वाले होते हैं। उनके खान-पान में दूध और बछड़ों का मांस शामिल होता है, जिसकी वजह से वे बहुत ताक़तवर होते हैं। वे वाक़ई बहुत ख़तरनाक होते हैं। इनके साथ मेरी कई ख़तरनाक मुठभेड़ें हो चुकी हैं। एक बार जब मैं ऊपर पहाड़ी पर आया तो इनमें से एक कुत्ता अपनी जंजीर से छूट गया और उसने मेरी गर्दन पर झपट्टा मारा। मैंने अपने आपको उसके हमले से बचाने की कोशिश तो उसने अपने दांत मेरी बांह में गड़ा दिए। उसने मेरी बांह को तब तक नहीं छोड़ा, जब तक मैंने उसे नीचे पटक नहीं दिया। मेरे कपड़ों के चीथड़े हो गए थे। पर कुत्ता ज़मीन पर बेसुध पड़ा था। मैंने अपनी शर्ट के बचे हुए हिस्से से अपने घावों पर पट्टी बांधी, लेकिन मेरे हाथ पर अभी भी गहरे निशान हैं। इसके बाद मैंने गर्म पानी के झरनों में लंबे समय तक स्नान किया, जिस वजह से घाव बहुत जल्दी ठीक हो गए। साल के

इस मौसम में इन झरनों पर तिब्बती कम और सांप ज़्यादा आते हैं। चरवाहों ने मुझे बाद में बताया कि कुत्तों के हमलों का शिकार मैं अकेला ही नहीं था। इसके बाद वह कुत्ता एक कोने में पड़ा रहा और एक सप्ताह तक उसने कुछ भी खाया-पिया नहीं।

हमारे भ्रमण के दौरान हमें ढेर सारी जंगली स्ट्रॉबेरी मिली। लेकिन जहां हमें सबसे अच्छी स्ट्रॉबेरी मिली, वहां बहुत सारी जोंकें भी थीं। मैंने किताबों में पढ़ा था कि ये जीव कई हिमालयी घाटियों के लिए किसी महामारी से कम नहीं हैं, और अब व्यक्तिगत अनुभव से जाना कि इनसे निपटने में इंसान कितना असहाय होता है। ये पेड़ों पर रहती हैं और ऊपर से मनुष्यों और जानवरों पर गिरती हैं। और कपड़ों के भीतर यहां तक कि जूतों की सुराखों से भीतर घुसकर शरीर पर रेंगने लगती हैं। अगर कोई उन्हें खींचकर निकालता है तो ज़्यादा खून बहने लगता है। शरीर पर चिपकी रहें तो कम खून पीती हैं। कुछ घाटियों में तो जोंकों का इतना प्रकोप है कि इनसे बचा ही नहीं जा सकता। उन्हें अपने आप से दूर रखने का सबसे अच्छा तरीक़ा है नमक में भीगे हुए मोज़े और पतलून पहनना।

घुमक्कड़ी के दौरान हमें नक़्शे और रेखाचित्र बनाने के तो कई अवसर मिले, लेकिन हमें कोई ऐसा मार्ग नहीं मिला जिससे हम बचकर भाग सकें। रस्सियों और अन्य मशीनों की सहायता के बिना हम भारी बोझ उठाकर पहाड़ की ऊंची चोटियों को पार करने के बारे में सोच भी नहीं सकते थे। और हम दोनों में से कोई भी जोंग का मार्ग से लौटने के विचार के बारे में उत्साहित नहीं था। इस रास्ते से हम पहले से परिचित थे। हमने इस संबंध में नेपाल सरकार को एक पत्र भेजा ताकि पता लगाया जा सके कि अगर हम वहां पहुंचे तो क्या हमें अंग्रेज़ों को सौंप दिया जाएगा? लेकिन कोई जवाब नहीं मिला। इस समय हमारे पास किरोंग छोड़ने से पहले लगभग दो महीने का समय था। हमने अपनी यात्रा की तैयारी में अपना समय बिताया। अपनी पूंजी बढ़ाने के लिए मैंने एक व्यापारी को 33 प्रतिशत ब्याज दर पर उधार दिया। मुझे बाद में इसका पछतावा हुआ, क्योंकि मेरे देनदार ने भुगतान में देरी की और इस वजह से हमारा प्रस्थान लगभग रुक गया।

शांतिप्रिय और परिश्रमी ग्रामवासियों के साथ हमारा संपर्क और भी घनिष्ठ होता गया। वे अपने काम को घंटों के हिसाब से नहीं करते, बल्कि दिन के उजाले के हर मिनट का इस्तेमाल करते हैं। चूंकि कृषि क्षेत्रों में श्रमिकों की कमी थी, इसलिए भूख और ग़रीबी नज़र नहीं आती थी। असंख्य भिक्षु, जो शारीरिक श्रम नहीं करते, आध्यात्मिक गतिविधियों में व्यस्त रहते हैं, उन्हें समाज मदद करता है। किसान संपन्न हैं और उनके पास हर उत्सव के हिसाब से साफ़-सुथरे परिधान रखे हैं। महिलाएं अपना कपड़ा खुद बुनती हैं और सभी कपड़े घर पर ही बनाए जाते हैं। हमारे हिसाब से वहां कोई पुलिस नहीं है। बुरे काम करने वालों को सार्वजनिक रूप से सज़ा दी जाती है। सज़ाएँ बहुत कठोर हैं, लेकिन वे लोगों की मानसिकता के अनुकूल लगती हैं। मुझे एक ऐसे व्यक्ति के बारे में बताया गया जिसने किरोंग के एक मंदिर से मक्खन-दीप चुराया था। दीप सोने का था। उसे अपराध का दोषी ठहराया गया और उसे अमानवीय सज़ा दी गई। कम से कम हम तो ऐसा ही मानते हैं। उसके हाथ सार्वजनिक रूप से काट दिए गए और फिर उसे याक की ताज़ी खाल में भरकर सिल दिया गया। जब भरी हुई खाल सूख गई तो उसे एक खाई में फेंक दिया गया।

हमने इससे ज़्यादा क्रूर दंड कभी और कहीं नहीं देखा। समय बीतने के साथ तिब्बती लोग ज़्यादा उदार होते गए हैं। मुझे याद है कि एक बार मैं सार्वजनिक रूप से कोड़े मारने की सज़ा का प्रत्यक्षदर्शी था। मुझे लगा कि यह काफ़ी कठोर सज़ा नहीं थी। एक भिक्षु और एक भिक्षुणी को दोषी ठहराया गया था, जो सुधारित बौद्ध चर्च से जुड़े हुए थे। चर्च में ब्रह्मचर्य का पालन करता पड़ता था। भिक्षुणी ने भिक्षु के साथ सहवास किया था और उससे एक संतान पैदा हुई, जिसे जन्म के साथ ही मार दिया गया। दोनों की निंदा की गई और उन्हें खंभे से बांध दिया गया। उनके अपराध की सार्वजनिक रूप से घोषणा की गई और उन्हें सौ-सौ कोड़े मारने की सज़ा सुनाई गई।

जब उन्हें कोड़े मारे जा रहे थे, तो निवासियों ने अधिकारियों से दया की भीख मांगी, उन्हें रिश्वत के तौर पर रुपये भी दिए। इससे सज़ा कुछ कम हुई और दर्शकों की सिसकती भीड़ ने राहत की सांस ली। भिक्षु और भिक्षुणी को ज़िले से निर्वासित कर दिया गया और उनसे उनका धार्मिक पद छीन लिया

गया। लोगों ने उनके प्रति जो सहानुभूति दिखाई, वह हमारे लिए अकल्पनीय थी। उन पापियों को उपहार के तौर पर लोगों ने पैसे और भोजन के उपलब्ध कराया और वे तीर्थयात्रा पर निकल गए। उनके पास जीवन-यापन के लिए पर्याप्त सामग्री इकट्ठी हो गई थी। और, इस तरह उन्होंने किरोंग से विदा ले ली। ये दोनों व्यक्ति जिस सुधारवादी संप्रदाय से जुड़े थे, वह तिब्बत में प्रमुख है। हालांकि आसपास के इलाक़ों में भी बड़ी संख्या में मठ थे जो दूसरे नियमों का पालन करते थे। उनमें भिक्षु और भिक्षुणी एक साथ पारिवारिक जीवन जी सकते थे और उनके बच्चे मठ में ही रहते थे। वे अपने खेतों में काम करते थे, लेकिन उन्हें कभी कोई आधिकारिक पद नहीं सौंपा गया। ये पद सुधारित 'येलो चर्च' के सदस्यों के लिए आरक्षित थे।

तिब्बत में मठों का प्रभुत्व अनोखा है। इसकी तुलना एक कठोर तानाशाही से की जा सकती है। भिक्षुओं के अधिकार को कमज़ोर करने वाला कोई भी प्रभाव उन्हें स्वीकार नहीं होता। वे इतने चतुर हैं कि वे मानकर चलते हैं कि उनकी पास सीमित शक्तियां और अधिकार हैं लेकिन जब वे किसी को दंडित करते हैं तो लगता है उनके पास असीमित शक्तियां हैं। इसी कारणवश किरोंग के कुछ भिक्षुओं को ग्रामीणों के साथ हमारा घनिष्ठ संपर्क रास नहीं आया था। हम लोग उनके अंधविश्वास से बेअसर थे और इसीलिए तिब्बती कुछ तो सोचने के लिए मजबूर हुए ही होंगे। हमें राक्षसों से डर नहीं लगता था और हम रात में भी घने जंगलों में निकल जाते थे। हम किसी तरह का यज्ञ, होम-हवन किए बिना ही पहाड़ों पर चढ़े और फिर भी हमें कुछ नुक़सान नहीं हुआ। कुछ घरों में हमने एक ख़ास तरह का संकोच अनुभव किया। इस व्यवहार का कारण लामाओं का प्रभाव ही हो सकता है। मुझे लगता है कि लोग ऐसा मानते थे कि हमारे भीतर अलौकिक शक्तियां हैं, उन्हें यक़ीन था कि हमारी घुमक्कड़ी के पीछे कोई छिपा हुआ उद्देश्य था। वे हमसे पूछते रहते थे कि हम हमेशा नदियों और पक्षियों से क्यों बात करते रहते हैं। कोई भी तिब्बती व्यक्ति किसी विशेष उद्देश्य के बिना एक क़दम भी आगे नहीं बढ़ाता, और उन्हें लगता था कि जब हम जंगल में घूमते-फिरते थे या नालों के किनारे बैठते थे तो हम ऐसा निरुद्देश्य तो नहीं करते थे।

5

चलते-चलते

किरोंग से नाटकीय ढंग से प्रस्थान - चखयुंगला दर्रे से होते हुए - पेल्गु झील तक - माउंट एवरेस्ट, एक अविस्मरणीय दृश्य - एक कठिन यात्रा - स्नेही ख़ानाबदोशों के बीच।

इस बीच शरद ऋतु आ गई थी और हमारे मुक़ाम की मिली हुई अवधि समाप्त होने वाली थी। प्रकृति के इस स्वर्ग जैसे स्थान को छोड़ना कठिन था, लेकिन हमें वहां रहने की अनुमति नहीं मिल पाई थी और इसमें कोई संदेह नहीं था कि हमें अब यह स्थान छोड़ना ही था। पिछले अनुभव से सबक़ लेते हुए हमने हमने बारह मील दूर ज़ोंगका रोड पर एक भंडार बनाया था। वहां हमने पर्याप्त मात्रा में त्सम्पा, मक्खन, सूखा मांस, चीनी और लहसुन जमा किया था। जैसा कि शिविर से भागने के समय हुआ था, अब भी हमारे पास अपना सामान ढोने के लिए परिवहन का कोई साधन नहीं था और हमें अपना सारा सामान अपनी पीठ पर ढोना पड़ा।

भारी बर्फ़बारी ने संकेत दे दिया कि जल्दी ही सर्दियां आने वाली हैं और हमारा हिसाब गड़बड़ हो गया। हमने पहले ही सोच लिया था कि हम अधिकतम कितना वज़न उठा सकते हैं, और अब हमें अपने सामान में एक और कंबल जोड़ना था। बेशक, मध्य एशिया के ऊंचे पठारों को पार करने के लिए सर्दी सबसे प्रतिकूल मौसम था, लेकिन हम अब किरोंग में नहीं रह सकते थे। हमने पहले इस संभावना पर विचार किया कि क्या कुछ समय के लिए

नेपाल में कहीं ठहरकर सर्दियां बिता ली जाएं, लेकिन फिर हमने यह विचार छोड़ दिया, क्योंकि नेपाली सीमा रक्षक अत्यधिक कुशल माने जाते थे।

जब हमारा डिपो तैयार हो गया तो हमने पोर्टेबल लैंप तैयार करने का काम शुरू कर दिया। क्योंकि गांववालों को पता था कि हम कुछ करने वाले हैं, इसलिए हम पर लगातार नज़र रखी जा रही थी। हमें यह बात पता थी। अपना लैंप तैयार करने के लिए हम एक दिन घूमने के लिए पहाड़ों पर निकल गए। वहां हमने तिब्बती काग़ज़ और एक किताब की जिल्द से एक तरह की लालटेन बनाई, जिसके अंदर हमने लौ को जलाए रखने के लिए मक्खन से भरा एक सिगरेट का डिब्बा रखा। हमें एक लाइट की ज़रूरत थी, चाहे वह कितनी ही मद्धिम क्यों ना हो। ऐसा इसलिए क्योंकि हमने तय किया था कि जब तक हम आबादी वाले इलाक़े में हैं, तब तक रात में ही यात्रा करेंगे। अब मैं उन पैसों की वापसी का इंतज़ार कर रहा था, जो मैंने उधार में दिए थे। मुझे उम्मीद थी कि मेरी रक़म अगले दिन मिल जाएगी। यही सोचकर हम अपना अगला क़दम उठाने के लिए तैयार थे।

रणनीति के तहत यह तय हुआ कि भ्रमण के बहाने औफ़्शनाइटर को पहले निकलना चाहिए। बड़े साहस के साथ वह 6 नवंबर, 1945 को अपना बैग पीठ पर लादकर दिन के उजाले में गांव से निकल गया। उसके साथ मेरा झबरा कुत्ता भी गया। यह कुत्ता मुझे ल्हासा के एक प्रतिष्ठित व्यक्ति ने उपहार में दिया था। इस बीच मैंने अपना पैसा वापस पाने की कोशिश की, लेकिन कोई फ़ायदा नहीं हुआ। मेरे क़र्ज़दार को मुझ पर शक़ था और वह औफ़्शनाइटर के वापस आने तक मुझे मेरे पैसे नहीं लौटाना चाहता था। और यह कोई आश्चर्य की बात भी नहीं थी कि लोगों को संदेह था कि हम भागने की साज़िश रच रहे हैं। अगर हम वास्तव में नेपाल जाना चाहते थे, तो गोपनीयता बरतने की कोई आवश्यकता नहीं थी। अधिकारियों को डर था कि अगर हम आंतरिक तिब्बत में घुसने में सफल हो गए तो वे परेशानी में आ जाएंगे, और इसलिए उन्होंने ग्रामीणों को हमारे ख़िलाफ़ भड़काया था। ग्रामीण हमेशा ही स्थानीय अधिकारियों से डरे-सहमे रहते थे और वे वही करते थे जो उनसे कहा जाता था।

औफ़्शनाइटर की तलाश का अभियान चलाया गया और मुझे पकड़ कर पूछताछ की गई। मैंने अधिकारियों लाख समझाने की कोशिश की कि वह अपने नियमित भ्रमण पर गया है। हालांकि मेरी दलीलें भी कमज़ोर ही थीं। जहां तक मेरे पैसे की बात है तो मुझे एक और दिन इंतज़ार करना पड़ा और फिर मुझे उसका केवल एक हिस्सा ही मिल पाया। औफ़्शनाइटर के लौटने के बाद ही मुझे मेरा पूरा पैसा मिलता, उसके पहले क़तई नहीं।

8 नवंबर की शाम को मैंने तय कर लिया था कि मैं घर छोड़कर चला जाऊंगा - अगर ज़रूरत पड़ी तो बलपूर्वक भी। मैं जहां भी जाता, मेरा पीछा किया जाता था। घर के अंदर और बाहर जासूस लगे हुए थे। मैं दस बजने तक उनके सोने की प्रतीक्षा करता रहा, लेकिन ऐसे कोई संकेत नहीं मिल रहे थे। फिर मैंने बहुत गुस्सा होने का नाटक किया और कहा कि घर के लोगों के व्यवहार के कारण मेरा वहां रहना असंभव हो गया है और मुझे जंगल में जाकर सोना होगा। उन्होंने देखा कि मैंने अपना सामान बांधना शुरू कर दिया है। मेरी मकान मालकिन और उसकी मां दौड़कर अंदर आईं और मुझे सामान बांधते देखकर मेरे सामने ज़मीन पर गिर पड़ीं और आंसू बहाते हुए मुझसे विनती करने लगीं कि मैं बाहर ना जाऊं। उन्होंने कहा कि अगर मैं चला गया, तो उन्हें गांव से बाहर निकाल दिया जाएगा और उनका घर छीन लिया जाएगा। उन्हें मुझसे ऐसी उम्मीद नहीं थी। बूढ़ी मां ने मेरे सामने उनके सम्मान का प्रतीक सफ़ेद दुपट्टा फैला दिया और जब उन्होंने देखा कि उनकी याचना से मेरा दिल नहीं पिघला, तो उन्होंने मुझे कुछ पैसे भी दिए। मुझे उन दोनों महिलाओं पर तरस आया और मैंने उन्हें समझाने की कोशिश की कि अगर मैं चला गया तो उन्हें कोई नुक़सान नहीं होगा। दुर्भाग्य से उनके रोने और चीख़ने से पूरा गांव जाग गया और मुझे इससे पहले कि देर हो जाए, तुरंत कुछ न कुछ करना था।

मैं मक्खन चुपड़े मंगोल चेहरों को बाहर से अपनी खिड़की की ओर घूरते हुए देख पा रहा था। उनके हाथों में देवदार की जलती हुई मशालें थीं और उनकी रोशनी से उनका चेहरा चमक रहा था। और अब दो प्रशासक पोनपो का एक संदेश लेकर आए। इसमें कहा गया था कि अगर मैं सुबह तक रुक जाऊं, तो फिर मैं जहां चाहूं जा सकता हूं। मुझे पता था कि यह मुझे रोकने की

एक चाल थी और मैंने इसका कोई जवाब नहीं दिया। इसलिए वे अपने प्रमुख अधिकारियों को लाने के लिए वापस भागे। मेरी मकान मालकिन मुझसे लिपट गई और रोते हुए कहने लगी कि उसने मुझे हमेशा अपने बच्चे की तरह देखा है और मुझे उसे इतना कष्ट नहीं देना चाहिए। मैं बहुत तनाव में आ गया था। कुछ न कुछ तो करना ही था। मैं पिघलने वाला नहीं था। मैंने अपना बैग कंधे पर डाला और घर से बाहर निकल गया। मैं हैरान था कि दरवाज़े के आस-पास जमा भीड़ ने मुझे नहीं रोका। वे कह रहे थे, 'वह जा रहा है, वह जा रहा है,' लेकिन किसी ने मुझे रोका-छुआ तक नहीं। उनको समझ में आ गया होगा कि मैं वास्तव में गंभीर था। कुछ युवकों ने बस रोको-रोको की आवाज़ लगाई। मैं बिना किसी परेशानी के उस भीड़ के बीच से निकल गया। लोग मेरे लिए रास्ता बनाते रहे।

मुझे ख़ुशी हुई जब मैं मशालों की रोशनी से बाहर निकलकर अंधेरे में पहुंच गया। मैं कुछ देर तक तेज़ क़दमों से नेपाल जाने वाली सड़क चलता रहा ताकि यदि कोई मेरा पीछा कर रहा हो, तो उसे झांसा दे सकूं। फिर मैंने गांव का एक बड़ा चक्कर लगाया और सुबह तक अपने डिपो में पहुंच गया। औफ़्शनाइटर सड़क के किनारे बैठा था और मेरा कुत्ता मेरा स्वागत करने के लिए उछल पड़ा। हम दिन में छुपने की जगह की तलाश में निकल पड़े।

बड़े दिनों बाद हमने जंगल में डेरा डाला था। अगली रात हम घाटी में चढ़े और जल्दी ही वृक्ष रेखा से बहुत ऊपर पहुंच गए। अपने घुमक्कड़ी स्वभाव के कारण हम पहाड़ी रास्तों को अच्छी तरह से जानते थे और हमारी कमज़ोर रोशनी वाली लालटेन हमारा पूरा साथ दे रही थी। फिर भी, कभी-कभी भटक जाते थे। नदी पर बने लकड़ी के संकरे पुलों को पार करते समय बहुत सावधान रहना पड़ता था। वे बर्फ़ से ढंके हुए थे और हमें बहुत संतुलन साधते हुए चलना पड़ता था। जबकि हम दोनों ने लगभग अस्सी पाउंड का वज़न उठाया हुआ था, फिर भी हम अच्छी गति से आगे बढ़ रहे थे। दिन में हमें आराम करने के लिए कोई न कोई अच्छा एकांत स्थान मिल ही जाता था। लेकिन उस समय जो तापमान था, उसमें कैंपिंग का आनंद नहीं उठाया जा सकता था।

एक दिन हमने देखा कि अब हम आगे नहीं बढ़ सकते। हमारे सामने एक चट्टान थी जिस पर चढ़ना असंभव था। एक रास्ता उस तक जाता था और कहीं खो जाता था। हम क्या करते? हम अपनी पीठ पर इतना भारी बोझ ढोकर तो कभी भी उस पर नहीं चढ़ सकते थे, इसलिए हमने फ़ैसला किया कि वापस लौटकर नदी को पार करने का प्रयास किया जाए। नदी यहां पर कई धाराओं में विभक्त थी। ठंड बहुत ज़्यादा थी। शून्य से पंद्रह डिग्री नीचे। जब हमने नदी को पार करने के लिए अपने जूते और मोज़े उतारे तो ज़मीन पर बिखरे पत्थरों पर हमारे पैर जम गए। जमे हुए पैरों को खींचकर फिर से जूते पहनना एक दर्दनाक काम था। कुछ दूर चलने के बाद हमें फिर से एक नई धारा को पार करना पड़ता था। वहां से गुज़रने का कोई तो रास्ता होगा, क्योंकि उस रास्ते से काफ़िले गुज़र रहे थे, बस हमको वह रास्ता दिखाई नहीं दे रहा था। इसलिए हम जहां थे, वहीं रात बिताने का विचार किया। और तय किया कि अगले दिन छुपकर देखेंगे कि काफ़िले इस कठिन रास्ते को कैसे पार करते हैं। भोर होते ही एक काफ़िला आया। चट्टान के सामने रुका, और फिर (हमें अपनी आंखों पर यक़ीन ही नहीं हुआ) भारी-भरकम बोझ से लदे कुली एक के बाद एक हिरणों की तरह तेज़ी से चट्टानी रास्ते पर चढ़ते चले गए। यह हम जैसे मज़बूत पर्वतारोहियों के लिए एक सबक़ था। उधर, याक अपने हांकने वालों को अपनी पीठ पर लादकर नदी को पार कर रहे थे।

हमने फिर से प्रयास करने का निश्चय किया। यह दिन हमें बहुत बड़ा लग रहा था और फिर रात हुई और हमने कठिन चढ़ाई की शुरुआत की। हमें रास्ता दिखाने के लिए चांद की रौशनी बिखरी हुई थी। अगर हमने कुलियों को इस चट्टानी दीवार पर चढ़ते नहीं देखा होता तो हम हार मान गए होते, लेकिन हम इस चढ़ाई को सफलतापूर्वक पूरा कर पाए।

हमने दो और रातों की यात्रा की और ज़ोंगका से आगे निकल गए। अब हम एक अनजान देश में थे। हमारा अगला लक्ष्य ब्रह्मपुत्र नदी को पार करना था। हम इसे कैसे पार करेंगे, यह हमारी यात्रा का सबसे गंभीर प्रश्न था। हमें उम्मीद थी कि यह जमी हुई होगी। हमारे सामने नदी तक जाने वाले रास्ते की धुंधली तसवीर थी, लेकिन उम्मीद पूरी थी कि इस रास्ते में

बड़ी बाधाएं नहीं आएंगी। सबसे बड़ी बात यह थी कि जितना संभव हो सके, उतनी तेज़ी से हमें आगे बढ़ना था और उन सभी जगहों से बचना था, जहां हम अधिकारियों से टकरा सकते थे। ज़ोंगका से गुज़रने के कुछ ही समय बाद हमने एक गुफा में डेरा डाला। यहां हमें मिट्टी की छोटी-छोटी हज़ारों मूर्तियां दिखाई दीं। यह जगह पहले एक आश्रम रही होगी। अगली रात हमने इस उम्मीद से खड़ी चढ़ाई शुरू की कि एक ही बार में दर्रा पार कर लेंगे। लेकिन हमने अपनी ताक़त का बहुत ज़्यादा मूल्यांकन किया था। 16,000 फ़ीट से ज़्यादा की ऊंचाई पर हवा की कमी के कारण सांस फूलने लगी और थकान हावी होने लगी। हमें एक बर्फ़ीले शिविर में रुकना पड़ा। हम एक बार फिर से हिमालय के जलक्षेत्र के पास पहुंच रहे थे। चखयुंगला दर्रे के ऊपर से दृश्य निराशाजनक था। पर हमें यह सोचकर संतोष हुआ कि हम संभवतः इस नदी को पार करने वाले पहले यूरोपीय थे, लेकिन मौसम इतना ठंडा था कि किसी भी उपलब्धि पर ख़ुशी या गर्व महसूस कर पाना संभव नहीं था!

इस निर्जन बर्फ़ीले इलाक़े में हमने दिन में यात्रा करने का साहस किया। हम सही ढंग से आगे बढ़ते रहे और अपने कैंप में ठिठुरते हुए रात बिताने के बाद, अगली सुबह हमें एक शानदार गहरे नीले रंग की झील का शानदार नज़ारा देखने को मिला। यह पेल्गु थी। वह हमारे नीचे बह रही थी। जिस पठार पर हम थे, वह ग्लेशियरों की एक चमचमाती श्रंखला से घिरा हुआ था। हमने दो नई चोटियों पर चढ़ाई की थी- गोसाईंथन (26,000 फ़ीट) और लापची कांग। और हमें बड़ा गर्व महसूस हुआ। दोनों अभी तक अजेय थीं, जैसा कि हिमालय की अधिकांश चोटियों के बारे में कहा जा सकता है। हमारी अंगुलियां ठंड से अकड़ गई थीं, लेकिन फिर भी हमने अपनी स्केचबुक निकाली और देखते ही देखते इन पहाड़ों की रूपरेखाएं खींच दीं। औफ़्शनाइटर ने अपने कंपास से इन दो महत्त्वपूर्ण चोटियों की दिशाओं का पता लगाया और उन आंकड़ों को लिख लिया। ये भविष्य में काम आ सकते थे। हम इस स्वप्न-सदृश्य शीतकालीन परिदृश्य को निहारते हुए झील के किनारे पहुंचे। यहां हमें एक खंडहरनुमा सराय मिली जिसका उपयोग कभी काफ़िलों ने किया होगा। और, हमें एक बार फिर बर्फ़ के साये में रात बितानी पड़ी।

वास्तव में हम आश्चर्यचकित थे कि आख़िर हम इतनी ऊंचाई पर कैसे पहुंच पाए और इतना भारी सामान ढोकर इतनी तेज़ गति से चलते कैसे रहे। लेकिन हमारा बेचारा कुत्ता बहुत कष्ट में था। वह भूखा रह जाता था। रात में वह हमारे पैरों के ऊपर लेट जाता था और हमें गर्माहट पहुंचाता था। इस गर्माहट की हमें बहुत ज़रूरत थी, क्योंकि वहां बाइस डिग्री हिमपात हुआ होगा।

अगले दिन जीवन का एक संकेत पाकर हम बेहद खुश थे। भेड़ों का एक झुंड धीरे-धीरे हमारी ओर आ रहा था और उसके पीछे मोटे लबादे में लिपटे कुछ चरवाहे भी थे। उन्होंने हमें बताया कि आगे बस्तियां कहां हैं। और उसी शाम हम त्राकचेन गांव पहुंच गए। वास्तव में अब हमें इंसानी बस्तियों में पहुंचने की ज़रूरत थी, भले ही हम गिरफ़्तार ही क्यों ना कर लिया जाए। क्योंकि हमारा खाना ख़त्म हो चुका था... !

यह बस्ती छोटी-सी थी, लेकिन गांव कहलाने लायक़ थी। इसमें लगभग चालीस घर थे और उनके ऊपर पहाड़ी पर एक मठ बना हुआ था। यह जगह गरतोक से भी बेहतर दिखती थी। हमने वास्तव में यहां एशिया और शायद पूरी दुनिया की सबसे ऊंची आबादी वाली जगह की खोज की थी ।

स्थानीय लोगों ने हमें भारतीय समझ लिया और खाने-पीने की चीज़ें मुफ़्त में दे दीं। एक घर में हमारा शानदार आतिथ्य हुआ। और हमने बर्फ़ हिमपात के बीच के बीच लंबी पैदल यात्रा के बाद गर्माहट का आनंद लिया! हमने यहां एक दिन और एक रात आराम किया। बहुत अच्छे से, बहुत अच्छा खाना खाया। और अपने कुत्ते को भी खिलाया। हमने स्थानीय अधिकारियों से मिलने से परहेज़ किया, क्योंकि पोनपो ने अपने घर में ताला लगा दिया था और वह हमें टाल रहे थे। शायद वह ज़िम्मेदारी से बच रहे थे।

ना चाहते हुए भी हमें एक और भेड़ की खाल ख़रीदनी पड़ी, क्योंकि हमारे कपड़े तिब्बती सर्दियों के लिए नहीं बने थे। यहां और लंबे और मज़ेदार मोल-भाव के बाद हमने एक याक ख़रीद लिया। यह हमारे आर्मिन से अधिक शरारती था।

यहां से हम यागुला दर्रे को पार करने के लिए आगे बढ़े, रास्ते में किसी से मुलाक़ात नहीं हुई। तीन दिन बाद हम एक बड़े से गांव मेनखाप मे के खेतों

में पहुंचे। यहां हमने फिर से ख़ुद को भारतीय बताया और अपने याक के लिए भूसा और अपने लिए त्सम्पा ख़रीदा। यहां के लोग बहुत कठिन जीवन जीते हैं। उनके जौ और मसूर के खेत बहुत पथरीले हैं और थोड़ी-सी फ़सल पैदा करने के लिए बहुत ज़्यादा मेहनत करनी पड़ती है। लेकिन वे ख़ुशमिज़ाज और मिलनसार लोग थे और शाम को हम उनके साथ बैठकर बीयर पीते थे। गांव के चारों ओर की ढलानों पर कुछ छोटे मठ हैं। जहां गांव के लोग, अपने दुरूह जीवन के बावजूद धर्मपरायण हैं और उनमें त्याग की भावना है। हर तरफ़ हमें तरह-तरह के खंडहर मिले, जो इस बात के गवाह थे कि इस क्षेत्र ने बेहतर समय भी देखा था। हम यह पता नहीं लगा पाए कि ये विध्वंस युद्धों के कारण हुआ था या जलवायु परिवर्तन के कारण।

एक घंटे तक लगतार चलने के बाद हम टिंगरी के विशाल मैदानी इलाक़े में पहुंचे। पीछे मुड़कर देखा और हमारी सांसें थम गईं- दुनिया का सबसे ऊंचा पर्वत खड़ा था। माउंट एवरेस्ट। हमने आश्चर्य, उत्साह और श्रद्धा से भरकर इस महान शिखर को निहारा और ऐसे अनेक अभियानों के बारे में विचार किया जिनमें कई साहसियों ने शिखर पर पहुंचने की कोशिश में अपनी जान गंवा दी थी। हमने पर्वत के कुछ रेखाचित्र बनाए। हमने जिस स्थान से यह विहंगम दृश्य देखा था, निश्चित ही वैसा किसी यूरोपीय ने नहीं देखा था।

इस अद्भुत दृश्य को छोड़कर आगे बढ़ना बहुत कठिन था, लेकिन हमें अपने अगले लक्ष्य की ओर जाना था। यह कोरा का 18,000 फ़ुट का दर्रा था, जो उत्तर की ओर स्थित था। चढ़ाई शुरू करने से पहले हमने दर्रे की तलहटी पर खारग्यू नामक एक छोटे-से गांव में रात बिताई। इस बार हम अपने को इतनी आसानी से भारतीय नहीं कह सकते थे, क्योंकि गांव वालों ने कई यूरोपीय लोगों को देख रखा था। पास में ही टिंगरी गांव था। यहां से सभी ब्रिटिश एवरेस्ट अभियानों के लिए कुलियों को किराए पर लिया जाता था। ऐसा लग रहा था कि वहां के निवासी हमें परख़ रहे थे। उन्होंने हमसे पहले ही पूछ लिया कि क्या हमने सुत्सो में पोनपो से मुलाक़ात की। तब हमें एहसास हुआ कि हमने जो बड़ा-सा घर देखा था, वह सरकारी आवास ही रहा होगा। हमने घर को ठीक से देखा था, क्योंकि यह एक पहाड़ी पर बना हुआ था और

वहां से पूरे ज़िले का नज़ारा दिखता था। सौभाग्य से वहां हमें किसी सरकारी अधिकारी ने नहीं देखा था।

अब हमें सावधान रहना था। हमने इस विषय को आगे नहीं बढ़ाया। गांववालों के सामने अपनी तीर्थयात्रा की कहानी दोहरा दी। लगा कि गांव वाले संतुष्ट हो गए हैं और उन्होंने अपने हिसाब से हमें आगे बढ़ने का सही रास्ता बताया।

दोपहर बाद हम दर्रे के शिखर पर पहुंच गए। आख़िरकार, हम फिर से नीचे की ओर जा रहे थे। हमने फ़िलहाल तो थका देने वाली चढ़ाई पूरी कर ली थी और हम ख़ुश थे कि हम इससे बाहर निकल ही गए। पर, हमारा याक कुछ और ही सोच रहा था। वह हमसे अलग हो गया और वापस दर्रे की ओर, ऊपर भागने लगा। बहुत कठिनाई के बाद हम उसे पकड़ने में कामयाब रहे। लेकिन हम उसे नीचे ला नहीं सके और हमें एक ऐसे अत्यंत दुर्गम स्थान पर डेरा डालना पड़ा, जहां हम आग नहीं जला सकते थे। और इसलिए हमने सूखा त्सम्पा और कच्चा मांस खाकर अपना पेट भरा। हमें एकमात्र सांत्वना दे रहा था सूर्यास्त की रोशनी में चमकता-दमकता माउंट एवरेस्ट का नज़ारा।

अगले दिन आर्मिन ने फिर से नखरे दिखाना शुरू किए। हमने एक रस्सी को उसके सींगों के चारों ओर बांध दिया और उसे खींचने लगे। लेकिन वह मनमानी करता रहा। हम अब अपने इस नए चौथे आर्मिन के व्यवहार से थक चुके थे और हमने तय कर लिया था कि आगे जब भी मौक़ा मिलेगा इसकी जगह दूसरा जानवर ले लेंगे।

हमको जल्दी ही मौक़ा मिल भी गया। अगले गांव में मैंने मेरे हिसाब से एक अच्छा सौदा कर लिया और एक कमज़ोर-सा दिखने वाला घोड़ा लेकर उसे दे दिया। हम बहुत ख़ुश थे और बड़े उत्साह के साथ अपने रास्ते पर चल पड़े।

उसी दिन हम एक चौड़ी घाटी में पहुंचे, जिसमें से हरे पानी की एक धारा बह रही थी, जो अपने साथ छोटे-छोटे बर्फ़ के टुकड़े बहाकर ले जा रही थी। यह त्सांगपो (ब्रह्मपुत्र) थी। नदी को जमी हुई अवस्था में देखने और बर्फ़ पर चलकर पार जाने का हमारा सपना टूट गया। लेकिन हमने हिम्मत नहीं

हारी। नदी के दूसरे तट पर हमने मठ और कई घर देखे और सोचा कि नदी पार करने का कोई साधन तो अवश्य होगा। हमारे मन में नौका का विचार आया और जब हम नौका की तलाश कर रहे थे तो मुझे एक लटकते हुए रस्सी के पुल का खंभा मिला। जब हम वहां पहुंचे तो हमें समझ में आया कि यह पुल हमारे लिए तो ठीक है लेकिन हमारे घोड़े के लिए नहीं। जानवरों को तैरकर जाना पड़ता है। वैसे, कुली कभी-कभी अपने गधों को अपनी पीठ पर उठाकर रस्सी से बने झूलते पुलों के पार ले जाने में कामयाब हो जाते हैं। हमने अपने घोड़े को पानी में धकेलने की कोशिश की लेकिन वह हिला ही नहीं। इस समय तक हम अपने पशुओं के साथ होने वाली परेशानियों के आदी हो चुके थे, इसलिए मैंने दुखी होकर गांव वापस जाने और फिर से जानवर की अदला-बदली करने का मन बना लिया। अपने पुराने आर्मिन को वापस पाने के लिए मुझे बहुत पैसा ख़र्च करना पड़ा और चार बातें भी सुननी पड़ीं, लेकिन अंततः वह मुझे मिल ही गया। मुझे दोबारा देखकर उसने ना तो ख़ुशी जताई ना ही दुख।

जब तक मैं उसे लेकर वापस उसे पुल के पास आया, तब तक अंधेरा हो चुका था। उसे लेकर पुल करने के लिए बहुत देर हो चुकी थी, इसलिए मैंने उसे पास ही एक खूंटे से बांध दिया। इस बीच औफ़्शनाइटर ने हमारे लिए एक आवास ढूंढ़ लिया था और हमने एक छत के नीचे एक सुखद, गर्माहट भरी रात बिताई। गांव वाले व्यापारियों के वहां से आने-जाने के अभ्यस्त थे। उन्होंने हम पर ध्यान नहीं दिया।

अगली सुबह मैंने आर्मिन को उसकी सारी ग़लतियों को माफ़ कर दिया। जब हमने उसे पानी में जाने के लिए राज़ी कर लिया तो उसने खुद को एक शानदार तैराक साबित कर दिया। वह अक्सर तेज़ बहाव वाले पानी में डूब जाता था और कुछ दूर तक बहते हुए आगे निकल जाता था, लेकिन इससे उसे कोई परेशानी नहीं होती थी। वह लगातार तैरता रहा और जब वह दूसरे किनारे पर पहुंचा तो हमने उसकी बहादुरी की प्रशंसा की। हमने बाक़ी दिन चुंग रिवोचे नाम के गांव में बिताया। यहां एक प्रसिद्ध मठ था। यह जगह बहुत ही दिलचस्प थी। इस इमारत के दरवाज़ों पर चीनी शिलालेखों वाले कई मंदिर थे। इस मठ के बारे में सबसे उल्लेखनीय बातों में से एक वह विशाल

चर्च (एक प्रकार का मकबरा) था, जो शायद सत्तर फ़ुट ऊंचा था। वह इस स्थान की पवित्रता का गवाह था। इसके चारों ओर बहुत सारे प्रार्थना-चक्र बने हुए थे। मैंने गिनती की तो पता चला आठ सौ। जो लगातार अपनी बेलनाकार आकृति के साथ घूमते रहते थे। इनमें काग़ज़ की पट्टियां लगी हुई थीं जिन पर देवताओं से आशीर्वाद मांगने वाली प्रार्थनाएं लिखी थीं। इन्हें लगातार गतिशील बनाए रखना ज़रूरी होता है और मैंने देखा कि एक भिक्षु उनके चारों ओर घूम-घूमकर उनकी धुरी में तेल भर रहा था। कोई भी श्रद्धालु चक्र को बिना घुमाए उनके पास से नहीं गुज़रता। बड़ी उम्र के स्त्री और पुरुष अक्सर पूरे दिन इन विशाल चक्राकार आकृतियों के पास बैठकर उन्हें भक्ति भाव से घुमाते रहते हैं और ईश्वर से प्रार्थना करते हैं कि उन्हें और उनके प्रियजन को उच्चतर अवस्था में पुनर्जन्म प्रदान करें। कुछ लोग तीर्थयात्रा पर जाते समय अपने साथ हाथों से घुमाने वाला प्रार्थना-चक्र ले जाते हैं। ये चक्र और जिस बालसुलभ मानसिकता से तिब्बती उसे घुमाते हैं, वह बहुत ही ही विशिष्ट है। उतनी ही विशिष्ट जितनी पर्वतीय दर्रों पर पत्थरों के ढेर और जगह-जगह फहराती प्रार्थना पताकाएं।

चूंकि हम अपने आवास से बहुत ख़ुश थे और यहां के आकर्षक नज़ारों से मोहित थे, इसलिए हमने एक और रात यहीं रुकने का निर्णय लिया। हमारा निर्णय सही साबित हुआ, क्योंकि हमारी मुलाक़ात एक बहुत दिलचस्प तिब्बती आगंतुक से हुई। यह भारत में एक ईसाई मिशन में बाइस वर्षों तक रहा था और अब उसे तिब्बत की याद सताने लगी थी, इसलिए वापस लौट रहा था। हमारी तरह वह भी सर्दियों की बर्फ़ में दर्रों पर अकेले भटक रहा था, लेकिन जब भी मौक़ा मिलता तो वह किसी काफ़िले के साथ हो लेता था। उसने हमें अंग्रेज़ी में लिखे गए सचित्र पत्र दिखाए। इन पत्रों में हमने पहली बार बमबारी वाले शहरों के चित्र देखे और युद्ध की समाप्ति के बारे में पढ़ा। ये हमारे लिए बहुत ही विक्षुब्ध करने वाले क्षण थे और हम अधिक से अधिक जानकारी पाने को लालायित थे। उस आगंतुक ने हमें भले ही हमें निराशाजनक समाचार दिया था, बावजूद हम उस व्यक्ति से मिलकर ख़ुश थे, जिसने हमें हमारी दुनिया की एक झलक तो दिखलाई। उस व्यक्ति ने जो कुछ हमें बताया उससे मध्य एशिया में अपनी यात्रा जारी रखने का हमारा

संकल्प और मज़बूत हो गया। हमें उसे अपना हमसफ़र बनाने में ख़ुशी होती, लेकिन हम उसे ना तो सुरक्षा दे सकते थे और ना ही आराम। हमने उससे कुछ पेंसिलें और काग़ज़ खरीद लिए, ताकि हम अपनी डायरी लिखना जारी रख सकें। फिर हमने उसे अलविदा कहा और अपनी यात्रा पर निकल पड़े।

हमारा रास्ता अब हमें ब्रह्मपुत्र से दूर ले गया। हमने एक अन्य दर्रे को पार करते हुए इस पर चलना जारी रखा। और दो दिन में संगसांग गेवु पहुंच गए और इस तरह एक बार फिर गरतोक से ल्हासा तक जाने वाले उस रास्ते से जुड़ गए, जहां से हम एक साल पहले किरोंग जाते समय निकले थे। इस रास्ते से काफ़िले गुज़रते रहते थे। संगसांग गेवु में पोनपो के प्रतिनिधि ने हमसे कई सवाल पूछे, लेकिन विनम्रता से। हमने महसूस किया कि जिस सज्जनतापूर्ण तरीक़े से ट्रेडीन के दो अधिकारियों ने हमारे साथ व्यवहार किया था, वही व्यवहार संगसांग तक के आस-पास के क्षेत्र में प्रचलित था। अन्य अधिकारी भी उसी विनम्रता से पेश आते हैं। सौभाग्य से इस अधिकारी को इस बात का कोई अंदाज़ नहीं था कि हम सरकारी निर्देशों का उल्लंघन करते हुए यहां तक पहुंचे हैं।

हमारी ख़ुशनसीबी थी कि उन्होंने हमारे रास्ते में कोई अतिरिक्त बाधा नहीं खड़ी की, क्योंकि हमारे पास पहले से ही अनेक परेशानियां थीं। हमें किसी न किसी तरह निर्णय लेना ही था। हमारे पास केवल 80 रुपये और एक सोने का सिक्का बचा था। बाक़ी पैसा भोजन सामग्री ख़रीदने और हमारे नवीनतम आर्मिन को बेचकर पांचवां याक ख़रीदने में चला गया। जैसे-जैसे हम गांवों के पास पहुंचे, वस्तुओं की क़ीमतें बढ़ती जा रही थीं। हमारे पास सीमित पैसा था और उसके सहारे चीनी सीमा तक कैसे पहुंच पाएंगे, हमारे लिए यह एक बहुत बड़ा प्रश्न था। चीन पहुंचने से पहले हमें अभी भी हज़ारों मील की दूरी तय करनी थी। लेकिन हमारा पैसा हमें केवल ल्हासा तक ही पहुंचा सकता था। यहां फिर वही हमारे सामने था 'निषिद्ध शहर' का आकर्षण। और हमारे उद्देश्य से रूबरू होने की संभावना अब लगभग पूरी होने को थी। हालांकि, हम वहां जाने की अपनी इच्छा रोक नहीं सके और इस नए उद्देश्य के लिए हम कोई भी त्याग करने के लिए तैयार थे।

जब हम युद्धबंदी शिविर में थे तो हमने ल्हासा से संबंधित हर पुस्तक को बड़े चाव से पढ़ा था। ये पुस्तकें बहुत कम थीं और वे सभी अंग्रेज़ों द्वारा लिखी गई थीं। हमें पता चला था कि 1904 में एक छोटी-सी सेना के साथ एक ब्रिटिश दंडात्मक अभियान राजधानी तक पहुंचा था और पिछले बीस सालों में कई यूरोपीय लोग वहां गए हैं। तब से दुनिया को ल्हासा के बारे में सिर्फ़ सतही जानकारी ही मिली है और खोजकर्ता के लिए दलाई लामा के घर से ज़्यादा आकर्षक कोई लक्ष्य नहीं है। और हम, जो उसके इतने पास पहुंच गए हैं, क्या हमें वहां जाने की कोशिश नहीं करनी चाहिए? और, आख़िर किस उद्देश्य की ख़ातिर हमने इतनी चालाकी से और तरक़ीब लगाकर हर तरह की मुश्क़िल को पार किया है? और किसलिए अपनी सहनशक्ति की सीमा तक शारीरिक रूप से मेहनत की और उस देश की भाषा सीखी? जितना ज़्यादा हम इसके बारे में सोचते, हमारा संकल्प उतना ही मज़बूत होता गया और 'ल्हासा चलो' हमारा ध्येय वाक्य बन गया। अपने अनुभव से हमने सीखा था कि अधीनस्थों की तुलना में उच्च अधिकारियों से निपटना ज़्यादा आसान होता है। हमें लगा कि बस एक बार ल्हासा पहुंच जाएं, तो फिर सबकुछ ठीक हो जाएगा। मैं फ़ादर जोहान ग्रुबर के शानदार उदाहरण के बारे में सोचता रहा। हम उनका अनुसरण कर सकते हैं। वह तीन सौ साल पहले एक काफ़िले के साथ ल्हासा पहुंचे थे और वहां उनका शानदार तरीक़े से स्वागत किया गया था।

इसलिए हमारा लक्ष्य तय था, उसे लेकर हमारे मन में कोई संदेह नहीं था। लेकिन हम यह तय नहीं कर पा रहे थे कि वहां तक कैसे पहुंचें। बेशक, हमें बहुत ज़्यादा भीड़-भाड़ वाले मुख्य मार्गों और उनके किनारे बने मकानों और सरायों का आकर्षण था। इस मार्ग से चलते हुए हम कुछ हफ़्तों में ल्हासा पहुंच सकते थे। अगर हम तिब्बत के दूसरे सबसे बड़े शहर शिगात्से को भी दरकिनार करते हुए आगे बढ़ते तो भी हमें रास्ते में कई दूसरे प्रशासनिक केंद्र मिलते। ये हमें हमारे रास्ते में बाधा खड़ी कर सकते थे। इस तरह जोख़िम बहुत ज़्यादा था। इसलिए हमने उत्तरी मैदानों से यात्रा करने का फ़ैसला किया, जिसे चांगथांग कहते हैं। इस इलाक़े में सिर्फ़ खानाबदोश रहते हैं, जिनके साथ हम सुरक्षित रह सकते थे। फिर, हमने सोचा कि हम उत्तर-पश्चिम दिशा

में बढ़ते हुए भी ल्हासा पहुंच सकते हैं। कोई नहीं सोच सकता कि विदेशी उस दिशा से आएंगे और हमारे लिए शहर में घुसना आसान होगा। स्वेन हेडिन ने चालीस साल पहले ऐसी ही योजना बनाई थी, लेकिन कुछ स्थानीय अधिकारियों की हठधर्मिता के कारण विफल हो गई थी। ल्हासा ना पहुंच पाना उनके लिए व्यक्तिगत रूप से एक बड़ा दुर्भाग्य रहा होगा, लेकिन इसकी वजह से वे उन क्षेत्रों का पता लगा सके जो अभी तक पूरी तरह से अज्ञात थे। हमारे पास कोई नक़्शा या ऐसे किसी रास्ते की जानकारी नहीं था जिसका हम अनुसरण करते। हमें बस अनजान रास्ते पर में आगे बढ़ना था और हमेशा उत्तर-पूर्व का लक्ष्य सामने रखना था। हमें शायद अपने रास्ते में यहां-वहां दिखने वाले ख़ानाबदोशों से मिलना होगा और उनसे दिशाओं और दूरियों के बारे में जानकारी लेनी होगी।

संगसांग में हमने अपनी योजनाओं के बारे में कोई बात नहीं की, लेकिन यह बता दिया कि हम उत्तर में नमक के भंडारों की ओर जाना चाहते हैं। लोग हमारे विचार से डर गए और उन्होंने हमें रोकने की बहुत कोशिश की। वह इलाक़ा इतना दुर्गम था कि केवल पागल लोग ही वहां जाना चाहेंगे। लेकिन हमारे झूठ बोलने का लाभ यह हुआ कि लोगों का यह संदेह दूर हो गया कि हम ल्हासा जाना चाहते हैं। वास्तव में, हमारी योजना में काफ़ी ख़तरा था और संगसांग में हमने जो बर्फ़ीले तूफ़ान देखे, उससे हमें अंदाज़ हो गया कि आगे हमें क्या-क्या झेलना पड़ सकता है।

फिर भी हम 2 दिसंबर, 1945 को निकल पड़े। संगसांग में रहते हुए हमने कुछ शेरपाओं से दोस्ती की। ये लोग तिब्बती हैं जो ज़्यादातर नेपाल में रहते हैं और हिमालय में उनकी पहचान गाइड और पोर्टर के तौर पर है। उन्हें 'हिमालय के बाघ' कहा जाता है। उन्होंने हमें हमारी तैयारियों को लेकर बहुमूल्य सलाह दी और एक नया याक खोजने में हमारी मदद की। यह हमारी सच्ची मदद थी। क्योंकि अब तक जब भी हमने कोई याक ख़रीदा, ठगे ही गए। हमारा नया जानवर बहुत सीधा और अच्छा था। वह किसी शक्तिशाली बैल की तरह था। उसका रंग काला था, सफ़ेद चित्तियां भी थीं। उसके लंबे लहराते बाल लगभग ज़मीन को छूते थे। युवावस्था में उसके सींग निकाल दिए गए थे और ऐसा लगता था कि इस ऑपरेशन ने उसकी ताक़त को कम

किए बिना उसके स्वभाव को बेहतर बनाया था। हमेशा की तरह इसकी नाक में भी छल्ला पड़ा हुआ था। बिना खदेड़े भी वह दो मील प्रति घंटे की औसत गति से आगे बढ़ सकता था। बेचारे को बहुत सारा वज़न उठाना पड़ा, क्योंकि हमने यह नियम बना रखा था कि हम हमेशा अपने साथ कम से कम आठ दिनों का राशन रखेंगे।

संगसांग से बाहर निकलने वाला हमारा पहला दिन आराम से गुज़रा, बिना किसी परेशानी के। हमारा रास्ता धीरे-धीरे ऊपर उठती घाटी से होकर गुज़र रहा था। जैसे ही सूरज ढलने लगा, कड़ाके की ठंड ने हमारे कपड़ों को भेदना शुरू कर दिया और ऐसे में ही हमने एक काला ख़ानाबदोश तंबू देखा। मानो वह हमारे लिए ही बनाया गया हो। यह पत्थरों की दीवार से घिरा हुआ था। इसे इहेगा कहते हैं। पत्थरों के ऐसे बाड़े पूरे तिब्बत में फैले हुए हैं, क्योंकि ख़ानाबदोश हमेशा नए चरागाहों की तलाश में रहते हैं और वे अपने तंबू के चारों ओर पत्थर की बाड़ लगा लेते हैं। इहेगा उनके जानवरों को ठंड और भेड़ियों के हमलों से बचाने में भी मदद करते हैं। जैसे ही हम तंबू के पास पहुंचे, कुछ कुत्ते भौंकते हुए हमारे पीछे आ गए। शोर सुनकर एक ख़ानाबदोश तंबू से बाहर आ गया। जब हमने रात के लिए पनाह मांगी, तो उसने बहुत रुचि नहीं दिखाई और हमें अपने तंबू के भीतर आने नहीं दिया। लेकिन बाद में वह हमारे लिए याक का थोड़ा-सा सूखा हुआ गोबर ले आया। जिससे हमने आग जलाई। हमें खुले में डेरा डालना पड़ा, लेकिन आख़िरकार हमने अपने आराम का इंतज़ाम कर ही लिया। हमने हपुषा (जुनिपर) की बहुत सारी शाखाएं एकत्र कीं। इनकी मदद से हम रात भर आग जलाए रखने में कामयाब रहे।

फिर भी मैं सो नहीं सका। मेरे भीतर एक बेचैनी थी जो ईगर की उत्तरी दीवार पर चढ़ाई करने से पहले की मेरी उत्तेजना थी। यह तो बहुत अच्छी बात थी कि हमें नहीं पता था कि हमारे सामने क्या है। अगर हमें इसका थोड़ा भी अंदाज़ होता, तो हम निश्चित रूप से वापस लौट जाते। हम अज्ञात भूमि पर जा रहे थे, जो नक़्शों पर केवल रिक्त स्थानों द्वारा चिह्नित थी, और खोजकर्ताओं के रूप में हमारी महत्त्वाकांक्षा के चुंबक द्वारा तैयार की गई थी।

अगले दिन हम दर्रे के शिखर पर पहुंच गए और यह देखकर दंग रह गए कि वहां से कोई उतराई नहीं थी। हम बस एक ऊंचे पठार पर पहुंच गए थे। अंतहीन मैदानी दृश्य हमारे लिए निराशाजनक था। ऐसा लग रहा था कि हम अनंत की ओर देख रहे हैं और विशाल भू-भाग को पार करने में निश्चित रूप से महीनों लगेंगे। जहां तक हमारी दृष्टि दौड़ रही थी, वहां तक जीवन का कोई संकेत नहीं था। बस, बर्फ़ीली हवा बह रही थी।

हमने अगली रात वीरान पड़े इहेगा में बिताई और आग जलाने के लिए याक का गोबर ढूंढ़ा। गर्मियों में यहां ख़ानाबदोश रहते थे और उनके काफ़िले इस इलाक़े से गुज़रते थे। बर्फ़ के मैदान तब नि:संदेह, हरे अल्पाइन चरागाह थे और उनके बारे में सोचकर हमें याद आया कि हमने अपनी यात्रा के लिए ग़लत समय चुन लिया था।

आगे, फिर हमारा दिन बहुत अच्छा रहा। हम एक तंबू में गए जहां एक वृद्ध दंपति और उनके बेटे ने हमारा गर्मजोशी से स्वागत किया। ये लोग वहां कई महीनों से डेरा डाले हुए थे। वे बहुत कठिन समय से गुज़र रहे थे। आठ सप्ताह पहले हुई भारी बर्फ़बारी के बाद से वे शायद ही अपने तंबू से बाहर निकले हों। उनके कई याक और भेड़ें मर गई थीं। क्योंकि घनी बर्फ़ के नीचे उनके चरागाह दब गए थे। बाक़ी बचे पशु तंबू के पास बे-आस से खड़े थे या चारे की उम्मीद में अपने खुरों से बर्फ़ को कुरेद रहे थे। मध्य एशिया में इतनी भारी बर्फ़बारी दुर्लभ है और इसकी वजह से जीवन को जोख़िम नहीं होता।

हमारे मेज़बान मुद्दत बाद मानवीय चेहरों को देखकर ख़ुश लग रहे थे। यह पहला मौक़ा था जब ख़ानाबदोशों के तंबू में हमारा स्वागत किया गया था और अपने साथ रात रुकने के लिए भी कहा गया था। उन्होंने हमें भारतीय समझा गया और हम पर कोई संदेह नहीं किया। उनके पास बहुत सारा मांस था, क्योंकि उन्हें अपने कई जानवरों को मारना पड़ा था। हमने अपने भोजन के लिए उनसे याक का एक पैर ख़रीदा।

हमारे मेज़बान ने हमारे आगे बढ़ने के रास्ते के बारे में जब जाना तो वे घबरा गए। उन्होंने हमें सलाह दी कि हम उस रास्ते पर ना जाएं। हालांकि, बातचीत के दौरान उन्होंने कहा कि हमें अपने रास्ते पर ख़ानाबदोशों के टेंट

मिल जाएंगे। और इस जानकारी ने आगे बढ़ने के हमारे संकल्प को मज़बूत किया।

अगले दिन सुबह निकलते ही हम बर्फ़ के मोटे ढेर में फंस गए। हमारे जूते इस रास्ते के लिए सही नहीं थे और उन्हें पहनकर चलना बड़ी यातना थी। बर्फ़ की ऊपरी परत ख़तरनाक थी और हम और हमारा याक अक्सर उसमें धंस जाते थे। कुछ जगहों पर बर्फ़ के नीचे धाराएं बह रही थीं और हम अपने आपको बर्फ़ीले पानी में चलते हुए पाते थे। इन जलधाराओं को हम महसूस तो कर सकते थे, लेकिन देख नहीं सकते थे। देखते ही देखते हमारे जूते और मोज़े जम कर सख़्त हो गए थे। हमारा दिन थका देने वाला था और हम सिर्फ़ कुछ मील ही चल पाए। शाम को हमें एक और ख़ानाबदोश टेंट दिखा, और हमें बड़ी ख़ुशी हुई। इस बार इसमें रहने वालों ने हमें अंदर नहीं बुलाया, लेकिन उन्होंने बुरा बर्ताव भी नहीं किया। उन्होंने हमारे लिए याक के बालों से बना एक छोटा-सा टेंट लगा दिया। मैं आख़िरकार अपने पैरों से जूते निकाल पाया और मेरी ख़ुशी का ठिकाना नहीं रहा। मेरे पैरों की अंगुलियों में ठंड के कारण जम गई थीं लेकिन मैं उन्हें लंबे समय तक रगड़ता रहा और आख़िरकार उनमें रक्त संचार वापस होने लगा।

इस दिन की यात्रा की कठिनाइयों और शीत-दंश की चेतावनी ने हमें चिंतित कर दिया था। इस बारे में औफ़्शनाइटर और मैंने लंबी और गंभीर बातचीत की। हमारे पास अभी भी वापल लौटने का विकल्प था, और हमने ऐसा करने के बारे में गंभीरता से सोचा भी। हम अपने याक के बारे में चिंतित थे। इसने कई दिनों से ठीक से खाना नहीं खाया था, और अनुमान लगा सकते थे कि वह कितने दिन जीवित रह पाएगा। लेकिन हम उसके बिना आगे बढ़ने के बारे में नहीं सोच सकते थे। लंबे समय तक हमने सभी पहलुओं पर विचार किया और आख़िरकार एक समझौते पर पहुंचे। हम एक और दिन अपनी यात्रा जारी रखेंगे और उसके बाद फ़ैसला करेंगे। हमारा फ़ैसला बर्फ़ की स्थिति पर निर्भर करेगा।

अगले दिन हम ऊबड़-खाबड़ इलाक़े से होते हुए एक दर्रे पर पहुंच गए। उस दर्रे को पार करते समय हमें यह देखकर आश्चर्य हुआ कि वहां बर्फ़ नहीं थी! ईश्वर ने हमारे हक़ में फ़ैसला कर दिया था।

हम जल्दी ही एक ख़ानाबदोश के तंबू के पास पहुंच गए। यहां हमारा बहुत अच्छा स्वागत किया गया और हमें अपने याक को जी भरकर चराने की अनुमति दी गई। इस बार हमारी मेजबान एक युवती थी। उसने जल्दी से हमारे लिए मक्खन वाली चाय बनाई। और पहली बार मैंने इस चाय को मज़े से पिया। हमारे ठिठुरे हुए शरीर में गर्माहट दौड़ गई और हमारी जान में जान आई। तभी हमने देखा कि हमारी मेज़बान की काया बहुत सुंदर थी। उसने भेड़ की खाल से बना लबादा पहना हुआ था जो ज़मीन तक लटक रहा था। अपनी लंबी काली चोटी को उसने सीपियों से सजा रखा था। उसने चांदी के सिक्कों से बने और विदेश से आयातित कुछ सस्ते गहने पहने हुए थे। उसने हमें बताया कि उसके दो पति जानवरों को चराने के लिए बाहर गए हैं। उसने बताया कि उनके पास 1,500 भेड़ें और बहुत सारे याक हैं। ल्हासा पहुंचने के बाद ही हमें उन सभी जटिल कारणों का पता चला जिनके कारण तिब्बत में बहुपतित्व और बहुविवाह की प्रथा साथ-साथ मौजूद थी।

जब वे दोनों घर लौटे, तो उन्होंने भी अपनी पत्नी की तरह ही हमारा गर्मजोशी से स्वागत किया। भरपूर भोजन तैयार किया गया था और हमें पीने के लिए खट्टा दूध भी दिया गया। यह ऐसा आनंद था जो बहुत पहले हमने किरोंग में मक्खन बनाने वालों की मदद करने के बाद उठाया था। उसके बाद पहली बार हमने इस स्वाद का मज़ा लिया था। हम आराम से आग के पास काफ़ी देर तक बैठे रहे और महसूस किया कि हमें अब जाकर रास्ते की कठिनाइयों का इनाम मिला है। हमने खूब हँसी-मज़ाक किया और जैसा कि आम तौर पर सभा में कई पुरुष के बीच एक अकेली सुंदर युवती हो तो उसके साथ मज़ाक़ किया जाता है, तो हमने भी अपनी सुंदर मेज़बान को ख़ूब चिढ़ाया।

हमने अगले दिन तरोताज़ा होकर आराम किया और हम इस बात से ख़ुश थे कि बर्फ़ीले अकेलेपन को पीछे छोड़ आए हैं। अब हमें इधर-उधर लोग दिखाई दे रहे थे। जंगली बकरियों के झुंड ढलानों पर दिखाई दिए और कभी-कभी वे इतने पास आ जाते थे कि यदि हमारे पास पिस्तौल होती तो हमारे रात के खाने का इंतज़ाम हो जाता। लेकिन हमारे पास पिस्तौल नहीं थी।

शाम ढलते ही और अधिक मिलनसार ख़ानाबदोशों को देखकर हमें सुखद आश्चर्य हुआ। जैसे ही उनके पास पहुंचे, उन्होंने अपने कुत्तों को क़ाबू में कर लिया। हमने फ़ैसला किया कि उनके बीच रहकर एक दिन आराम करेंगे और अपने याक को उनके उपजाऊ चरागाहों में चरने का मौक़ा देंगे।

सर्दियों में ख़ानाबदोश पुरुषों के पास करने के लिए ज़्यादा कुछ नहीं होता। वे घर के कामों में व्यस्त रहते हैं और मनोरंजन के लिए शिकार पर निकल जाते हैं। महिलाएं याक का गोबर इकट्ठा करती हैं। वे अक्सर काम पर निकलते समय अपने बच्चों को साथ लेकर जाती हैं। शाम को जानवरों के झुंड अंदर ले लिया जाता है। गायों का दूध निकाला जाता है। हालांकि सर्दियों में वे बहुत कम दूध देती हैं। ख़ानाबदोश बहुत आसान तरीक़े से खाना पकाते हैं। सर्दियों में वे लगभग पूरी तरह से मांस खाते हैं। इसमें अधिकाधिक वसा का उपयोग किया जाता है। वे अलग-अलग तरह के सूप भी पीते हैं। कृषिप्रधान क्षेत्रों में मिलने वाला मुख्य आहार त्सम्पा यहां दिखाई नहीं देता।

ख़ानाबदोशों का पूरा जीवन इस तरह से व्यवस्थित होता है कि वे प्रकृति द्वारा उपलब्ध कराए गए अल्प संसाधनों का अधिकतम उपयोग कर सकें। रात में वे ज़मीन पर चमड़ा बिछाकर सोते हैं और भेड़ की खाल के लबादे को बिस्तर के रूप में इस्तेमाल करते हैं। सुबह उठने से पहले वे धौंकनी से जलते हुए अंगारों की राख हटाते हैं और सबसे पहले चाय बनाते हैं। घर की आग को कभी बुझने नहीं दिया जाता। हर किसान के घर की तरह, हर तंबू में एक वेदी होती है। यह आमतौर पर एक साधारण से संदूक़ की तरह होती है जिस पर एक ताबीज़ या बुद्ध की एक छोटी प्रतिमा रखी होती है। साथ ही दलाई लामा की एक तसवीर भी होती है। वेदी पर छोटा-सा मक्खन का दीपक जलता रहता है और सर्दियों में ठंड और ऑक्सीजन की कमी के कारण लौ लगभग अदृश्य होती है।

ख़ानाबदोशों के जीवन में साल का सबसे बड़ा उत्सव ज्ञानीमा में लगने वाला वार्षिक बाज़ार होता है। यहां वे अपने जानवरों के झुंड लेकर जाते हैं और अनाज के बदले उन्हें बेचकर आते हैं। वहां महिलाओं के लिए घरेलू सामान, एल्युमिनियम के बर्तन और चमकीले आभूषण ख़रीदते हैं।

हमें दुख हुआ कि हम घरेलू जीवन की एक झलक पाने के बाद एक बार फिर से सड़क पर आ गए थे। हम अपने मेज़बानों के आतिथ्य का बदला चुकाने के लिए कुछ करना चाहते थे। हमने उन्हें रंगीन धागे और मिर्च के छोटे-छोटे पैकेट उपहार में दिए। हमारे पास देने को बस इतना ही था।

इसके बाद कुछ समय तक हम हर दिन दस से बीस मील की दूरी तय करते रहे, यह इस बात पर निर्भर करता था कि हमें अपने रास्ते में टेंट मिलते थे या नहीं। कई बार हमें खुले में ही डेरा डालना पड़ता था। उन दिनों याक का गोबर इकट्ठा करने और पानी खोजने में हमारी सारी ताक़त ख़र्च हो जाती थी, और बात करना भी हमें ताकत की बरबादी लगती थी। हमारे हाथ हमेशा ठंड से अकड़ जाते थे, क्योंकि हमारे पास दस्ताने नहीं थे और हम हाथों में मोज़े पहन लेते थे। हम दिन में एक ही बार मांस पकाते थे और सीधे बर्तन से ही उबलती हुई ग्रेवी निकाल लेते थे। यहां कोई भी ऐसा कर सकता था ,क्योंकि तापमान इतना कम रहता था कि जीभ जलने का डर नहीं रहता था। हम केवल रात में खाना बनाते थे और जो कुछ भी बचा रहता था, उसे सुबह चलने से पहले गर्म करके खा लेते थे। हम पूरे दिन बिना रुके चलते रहते थे।

हमने रातों को जो-जो तकलीफ़ें झेलीं, उन पर पूरा एक अध्याय लिख सकता हूं। जब हम अक्सर ठंड और अनगिनत कीड़े-मकोड़ों के कारण एक-दूसरे से सटकर लेटे रहते थे। सो नहीं पाते थे। पाठक कल्पना कर सकते हैं कि हमने क्या-क्या सहा होगा।

13 दिसंबर को हम लैब्रांग ट्रोवा पहुंचे। यह एकमात्र घर से बनी 'बस्ती' थी। जिस परिवार का यह घर था, वे इसका इस्तेमाल सिर्फ़ कैंपिंग के लिए करते थे और अपने तंबू में रहते थे। तंबू उन्होंने पास में ही लगा रखा था। जब हमने उनसे इसका कारण पूछा, तो उन्होंने जवाब दिया कि तंबू में बहुत गर्माहट होती है। उनकी बातचीत से हमें लगा कि हम किसी अधिकारी के घर में ठहरे हैं। पोनपो कहीं दूर था, लेकिन उसका भाई उसकी जगह पूछताछ कर रहा था। उसने हमसे सवाल पूछना शुरू किया, लेकिन जल्द ही वह हमारे तीर्थयात्री होने की कहानी से संतुष्ट हो गया। यहां पहली बार हमने स्वीकार किया कि हम ल्हासा जाना चाहते हैं, क्योंकि इस समय हम काफ़िले

वाले रास्ते से सुरक्षित दूरी पर थे। उस आदमी ने भयभीत होकर अपना सिर हिलाया और हमें यह समझाने की कोशिश की कि ल्हासा जाने का सबसे तेज़ और सबसे अच्छा रास्ता शिगात्से की तरफ़ से है। मेरे पास अपना जवाब तैयार था। हमने कठिन रास्ता चुना था, ताकि हमारी तीर्थयात्रा का अधिक पुण्य प्राप्त हो सके। वह इस स्पष्टीकरण से प्रभावित हुआ और उसने हमें ख़ुशी-ख़ुशी सलाह दी।

उसने बताया कि हमारे पास दो विकल्प हैं। पहला, एक ऐसा रास्ता अपनाना जो बहुत कठिन था। यह हमें निर्जन इलाक़े से होते हुए कई दर्रों और मैदानों से होकर ले जाएगा। दूसरा रास्ता आसान था, लेकिन इसका मतलब था कि हमें 'खम्पाओं' के बीच से होकर गुज़रना होगा। 'खम्पा' नाम रहस्यमय लहजे में बोला गया। यह नाम हम पहले ही कई ख़ानाबदोशों से सुन चुके थे। 'खम्पा' का मतलब तिब्बत के पूर्वी प्रांत का निवासी होना चाहिए, जिसे खाम कहा जाता है। लेकिन इनका उल्लेख डर और चेतावनी के साथ ही किया जाता है। आख़िरकार हमें समझ में आया कि यह शब्द लुटेरे का पर्याय है।

दुर्भाग्यवश, हमने चेतावनी को हल्के में लिया और आसान रास्ता चुन लिया।

हमने पोनपो के परिवार के साथ दो रातें बिताईं। दुर्भाग्य से उनके तंबू में हम मेहमान के रूप में नहीं थे। क्योंकि घमंडी तिब्बतियों ने हम बेचारे भारतीयों को इस तरह के सम्मान के योग्य नहीं समझा। लेकिन पोनपो का भाई बहुत प्रभावशाली व्यक्ति था। वह सुलझे हुए दिमाग़ वाला और बातचीत में संयमित था। समझदारी भरी बातें करता था। वह अपने भाई की पत्नी के साथ रहता था। परिवार संपन्न लग रहा था और वे ज़्यादातर ख़ानाबदोशों के तंबुओं की तुलना में काफ़ी बड़े तंबू में रहते थे। यहां हम अपने खाने के सामान का भंडार फिर से भर सकते थे। अपने पैसों से ख़रीदारी करना कठिन नहीं था।

6

अब तक का सबसे ख़राब रास्ता

लुटेरे खम्पाओं से मुलाक़ात - भूख और ठंड, और एक अप्रत्याशित क्रिसमस उपहार - सुरक्षित व्यवहार - तीर्थयात्रियों के मार्ग पर प्रार्थना-पताकाएं - एक अपराधी का साथ - हम ल्हासा के पास पहुंचते हैं।

हम अपने रास्ते पर चले जा रहे थे, तभी एक आदमी हमारे पास आया। उसके कपड़े हमें अजीब लगे। वह स्थानीय ख़ानाबदोशों से अलग बोली बोल रहा था। उसने उत्सुकता से हमसे पूछा कि हम कहां से आ रहे हैं? और कहां जा रहे हैं? और, हमने उसे अपनी तीर्थ यात्रा वाली कहानी सुना दी। उसने हमें परेशान नहीं किया और अपने रास्ते निकल गया। हम समझ गए कि हमारी मुलाक़ात पहले खम्पा से हो गई है।

कुछ घंटों बाद हमने बहुत दूर दो टट्टू सवारों को देखा। उन्होंने एक जैसे कपड़े पहने हुए थे। धीरे-धीरे हमें बेचैनी महसूस होने लगी और हम आगे बढ़ते चले गए। अंधेरा होने के बड़ी देर बाद हम एक तंबू के पास पहुंचे। हम भाग्यशाली थे कि वहां एक अच्छा ख़ानाबदोश परिवार रहता था। जिसने हमें बड़े प्रेम से आमंत्रित किया और हमें एक विशेष अंगीठी दी।

शाम को हम लुटेरों के बारे में बात करने लगे। ऐसा लगता है कि वे लोगों के लिए रोज़मर्रा की समस्या बन गए थे। हमारा मेज़बान इस इलाक़े में बहुत समय से रह रहा था, इसलिए उन पर तो एक लंबी-चौड़ी कथा लिखी

जा सकती है। उन्होंने हमें बड़े शान से एक मैनलिचर राइफ़ल दिखाई। एक खम्पा को अपनी बड़ी संपत्ति देकर उन्होंने इसे हासिल किया था। आख़िर पांच सौ भेड़ें, कम नहीं होतीं! पड़ोस के लुटेरों के गिरोह ने इस भुगतान को एक तरह का नज़राना मानकर उन्हें छोड़ दिया और तब से उसका परिवार शांति से जीवन यापन कर रहा है।

उसने हमें लुटेरों के बारे में कुछ बातें बताईं। वे तीन या चार तंबुओं में एकजुट होकर रहते थे। ये तंबू उनके लूट के अभियानों के लिए मुख्यालय के रूप में काम करते थे। ये अभियान कुछ इस प्रकार संचालित होते हैं : राइफ़लों और तलवारों जैसे भारी हथियारों से लैस ये लुटेरे ख़ानाबदोशों के तंबू में घुस जाते हैं और शान-शौक़त के साथ मेहमाननवाज़ी करने का दबाव डालते हैं। आतंकित ख़ानाबदोश अपने पास मौजूद हर चीज़ निकाल कर दे देता है। खम्पा अपना पेट और जेब भर लेते हैं और अपने साथ कुछ मवेशी लेकर ग़ायब हो जाते हैं। वे हर दिन किसी न किसी तंबू में यही काम तब तक दोहराते रहते हैं, जब तक कि पूरे इलाक़े को लूट ना लें। फिर वे सदर मुक़ाम बदल देते हैं और कहीं और नये सिरे से लूट-खसोट शुरू करते हैं। ख़ानाबदोशों के पास हथियार नहीं होते। वे अपनी नियति को स्वीकार लेते हैं। सरकार इन सुदूर क्षेत्रों में उनकी रक्षा करने में असमर्थ होती है। हालांकि, अगर कभी किसी तरह से कोई ज़िला अधिकारी किसी झड़प में इन लुटेरों पर हावी हो जाए तो, तो सारी लूट पर उसका अधिकार हो जाता है। लुटेरों को क्रूर दंड दिया जाता है, आम तौर पर उनके हाथ काट दिए जाते हैं। लेकिन इससे खम्पा लोग अराजक व्यवहार करना बंद नहीं करते। कई बार वे अपने शिकार को बड़ी क्रूरता से मौत के घाट उतार देते हैं। फिर ऐसी घटनाओं की कहानियां सुनाई जाती हैं। वे तीर्थयात्रियों और यात्रा पर निकले भिक्षुओं और भिक्षुणियों को भी मार डालते हैं। यह बातचीत हमारे लिए चिंताजनक थी! आख़िर हम अपने मेज़बान को मैनलिचर के बदले दे ही क्या सकते थे! हमारे पास पैसे नहीं थे। यहां तक कि सबसे आदिम दौर का हथियार भी नहीं था। हमारे पास जो टेंट के डंडे थे, उनसे तो भेड़ और कुत्ते भी नहीं डरते थे।

अगली सुबह हमने अपना सफ़र फिर शुरू किया, लेकिन मन आशंकाओं से भरा था। आशंकाएं तब और बलवती हुईं जब हमने एक बंदूकधारी व्यक्ति

को देखा। यह हमारा पीछा कर रहा था। हम सीधे अपने रास्ते पर चलते रहे, और वह व्यक्ति कुछ देर बाद कहीं ग़ायब भी हो गया। शाम को हमें एक के बाद एक कई टेंट मिले।

हमने पहले तंबू में आवाज़ लगाई। ख़ानाबदोशों का एक परिवार बाहर आया। उन्होंने डर के मारे हमें अंदर नहीं आने दिया और दूसरे तंबू की ओर इशारा कर दिया। हमारे पास आगे बढ़ने के अलावा कोई चारा नहीं था। अगले तंबू में हमारा दोस्ताना स्वागत हुआ। यह देखकर हमें बहुत आश्चर्य हुआ। सभी लोग बाहर निकलकर आ गए। उन्होंने हमारे सामान को देखा-परखा और सामान उतारने में हमारी मदद की। ऐसी मदद तो अभी तक किसी ख़ानाबदोश ने नहीं की थी और तभी हमें एहसास हुआ कि वे लोग तो खम्पा थे। हमारी हालत पिंजरे में फंसे चूहों की तरह हो गई। तंबू में दो पुरुष, एक महिला और एक बच्चा था। हम संकट में फंस गए थे, फिर भी हमें उनके साथ अच्छा व्यवहार करना था। इतना था कि हम सावधान थे और उम्मीद थी कि विनम्रता, दूरदर्शिता और कूटनीति हमें इस झंझट से बाहर निकलने में मदद करेगी।

हम अभी आग के पास बैठे ही थे कि तभी पड़ोसी तंबुओं से लोग आने लगे और तंबू भरने लगा। ये लोग अजनबियों से मिलने आए थे। हम अपना सारा सामान अपने पास समेट कर रखने की मशक़्क़त कर रहे थे। सभी लोग हमसे बहुत कुछ जानना चाहते थे। जब उन्होंने सुना कि हम तीर्थयात्री हैं, तो उन्होंने ल्हासा की यात्रा पर हमें अपने साथ एक आदमी ले जाने की सलाह थी। यह आदमी एक अच्छा गाइड था। वह चाहता था कि हम जिस रास्ते पर चल रहे हैं, उससे कुछ दक्षिण की ओर जाने वाली एक सड़क से आगे बढ़ें। उसका मानना था कि इस रास्ते से यात्रा करना बहुत आसान होगा। हमने एक-दूसरे को देखा। वह आदमी नाटा और बलशाली था और अपनी कमर में एक लंबी तलवार कसकर रखता था। हमें वह बहुत भरोसेमंद नहीं लग रहा था। पर, हमने उसका प्रस्ताव स्वीकार कर लिया और उसने जितना वेतन मांगा, वह देने के लिए राज़ी हो गए। इसके अलावा और कुछ किया भी नहीं जा सकता था, क्योंकि अगर हमने उनकी बात नहीं मानी तो वे हमारी जान भी ले सकते थे।

दूसरे टेंटों से आए लोग धीरे-धीरे चले गए और हम सोने के लिए तैयार हो गए। हमारे दो मेज़बानों में से एक ने मुझ पर ज़ोर डाला कि मैं अपने बैग को तकिये की तरह इस्तेमाल कर लूं। मुझे ऐसा करने में बड़ी मुश्क़िल हो रही थी। शायद उसे लगा कि मेरे बैग में पिस्तौल है। अगर वह ऐसा सोच रहा था, तो यह हमारे लिए अच्छी बात थी और मुझे उम्मीद थी कि मेरे व्यवहार से उनका शक और बढ़ जाएगा। आख़िरकार उसने मुझे परेशान करना बंद कर दिया। हम पूरी रात जागते रहे और चौकन्ने रहे। यह बहुत मुश्किल नहीं था, हालांकि हम बहुत थके हुए थे, फिर भी। दरअसल, वह महिला लगातार प्रार्थना कर रही थी। मुझे लगा कि वह अपने पति द्वारा अगले दिन हमारे ख़िलाफ़ किए जाने वाले अपराध के लिए पहले से ही माफ़ी मांग रही थी। दिन उगते साथ हमारी ख़ुशी का ठिकाना नहीं रहा। पहले तो सब कुछ शांतिपूर्ण लग रहा था। मैंने एक पॉकेट मिरर के बदले याक के कुछ भेजे ले लिए। इन्हें पकाकर हमने नाश्ता किया। फिर हम निकलने के लिए तैयार होने लगे। हमारी गतिविधियों को हमारे मेज़बानों ग़ुस्से से देख रहे थे और जब मैंने अपना सामान बाहर निकालकर औफ़्शनाइटर को देने लगा तो ऐसा लगा कि वे लोग मुझ पर हमला कर देंगे। हालाँकि, हमने उन्हें नज़रअंदाज़ किया और सारा सामान अपने याक पर लाद लिया। हमने अपने गाइड को खोजा, लेकिन राहत की बात यह रही कि वह कहीं दिखाई नहीं दिया। खम्पा परिवार ने हमें तत्काल दक्षिणी मार्ग पर जाने की सलाह दी, क्योंकि उस इलाक़े के ख़ानाबदोश ल्हासा के लिए तीर्थयात्रियों का काफ़िला तैयार कर रहे थे। हमने वैसा ही करने का वादा किया और तेज़ी से आगे बढ़ गए।

अभी हम कुछ सौ गज़ दूर ही पहुंचे थे कि मैंने देखा मेरा कुत्ता हमारे साथ नहीं था। वह आमतौर पर बिना बुलाए ही हमारे पीछे भागता हुआ आता था। जब हमने पीछे मुड़कर देखा तो पाया कि तीन आदमी हमारे पीछे आ रहे हैं। वे जल्दी ही हमारे नज़दीक पहुंच गए और हमसे कहने लगे कि वे भी ख़ानाबदोश तीर्थयात्रियों के तंबू की ओर जा रहे हैं। उन्होंने दूर उठते धुएं के गुबार की ओर इशारा किया। यह हमें बहुत संदिग्ध लगा, क्योंकि इसके पहले हमने कभी भी ख़ानाबदोश तंबुओं के ऊपर से इस तरह धुआं उठता नहीं देखा था। जब हमने अपने कुत्ते के बारे में पूछा तो उन्होंने कहा कि वह तो तंबू में ही

रह गया है। हममें से कोई जाकर उसे ले आए। अब हमें उनकी योजना समझ में आ गई थी। हमारी जान दांव पर लगी थी। उन्होंने हमारे कुत्ते को इसलिए पीछे रोक रखा था ताकि औफ़्शनाइटर और मुझे अलग कर सकें। उनमें हम दोनों पर एक साथ हमला करने की हिम्मत नहीं थी। और जहां धुआं उठ रहा था, वहां शायद उनके साथी उनका इंतज़ार कर रहे थे। अगर हम वहां जाते तो वे हमें आसानी से ख़त्म कर सकते थे, क्योंकि हम दो ही थे और वे गिनती में अधिक थे। हमारे ग़ायब होने के बारे में कभी, किसी को कुछ पता नहीं चल पाता। अब हमें बड़ा अफ़सोस हो रहा था कि हमने ख़ानाबदोशों की नेकनीयत चेतावनियों पर ध्यान क्यों नहीं दिया था।

हम जिस दिशा में चल रहे थे, उसी दिशा में बढ़ते रहे और ऐसा जताते रहे मानो हमें उन पर संदेह नहीं है। हम एक-दूसरे से तेज़ी से बात करते हुए चलते रहे। अब दोनों आदमी हमारे आज़ू-बाज़ू थे। जबकि लड़का पीछे चल रहा था। दाएं-बाएं नज़र घुमाकर हमने अंदाज़ लगाया कि अगर लड़ाई हुई तो हम क्या कर सकते हैं। दोनों आदमियों ने चाकू के वार से बचने के लिए भेड़ की खाल से बनी दोहरी चादर वाला लबादा पहन रखा था, जैसा कि लुटेरे पहनते हैं। उनकी बेल्ट में लंबी तलवारें फंसी हुई थीं। उनके चेहरों पर मेमने जैसी मासूमियत थी।

कुछ तो होना ही था। औफ़्शनाइटर ने सोचा कि हमें सबसे पहले अपनी दिशा बदल लेनी चाहिए, ताकि हम जान-बूझकर किसी जाल में ना फंस जाएं। उसके मुंह से निकला और हमने उस पर अमल कर लिया। बात करते-करते ही हम अचानक मुड़ गए।

खम्पा एक पल के लिए रुक गए। वे आश्चर्यचकित थे। लेकिन तुरंत ही फिर से हमारे पास आ गए और हमारा रास्ता रोककर, रूखे लहजे में हमसे पूछा कि हम जा कहां रहे हैं। हमने भी उसी रूखेपन से जवाब दिया, 'कुत्ते को लाने के लिए।' हमारी बातचीत के तरीक़े से उन्हें डर लगा। उन्होंने देखा कि हम किसी भी हद तक जाने के लिए तैयार थे, इसलिए उन्होंने हमें रोका नहीं, जाने दिया और कुछ देर तक हमें घूरने के बाद वे जल्दी से अपना रास्ता पकड़कर आगे बढ़ गए। शायद अपने साथियों को सूचित करने के लिए जा रहे हों।

जब हम टेंट के पास पहुंचे, तो महिला कुत्ते को पट्टे से बांधकर हमारी ओर लाने लगी। दोस्ताना अभिवादन के बाद हम आगे बढ़ गए। लेकिन इस बार हम उसी रास्ते से आगे बढ़े जिससे हम लुटेरों के शिविर में आए थे। अब आगे बढ़ने का सवाल ही नहीं था - हमें अपने क़दम वापस खींचने पड़े। निहत्थे होने के कारण आगे बढ़ने का मतलब था मृत्यु। मजबूरन वापस लौटते हुए हम शाम को उसी अच्छे परिवार के घर पर पहुंचे, जहां हम दो रात पहले रुके थे। हमारी बातें सुनकर उन्हें आश्चर्य नहीं हुआ। उन्होंने हमें बताया कि खाम्पा के शिविर को ग्याक बोंगरा कहा जाता है। इस नाम ने पूरे ग्रामीण इलाक़े में भय पैदा कर दिया था। इस रोमांच के बाद सहृदय लोगों के साथ एक शांतिपूर्ण रात बिताना किसी आशीर्वाद से कम नहीं था।

अगली सुबह हमने अपनी यात्रा की नई योजना बनाई। हमारे पास कठिन रास्ते पर चलने के अलावा कोई विकल्प नहीं था। यह रास्ता निर्जन इलाक़े से होकर जाता था। हमने ख़ानाबदोशों से और मांस ख़रीदा, क्योंकि अब शायद एक हफ़्ते तक किसी इंसान से हमारी मुलाक़ात ना हो। लाब्रांग ट्रोवा वापस जाने से बचने के लिए हमने एक छोटा रास्ता चुना, जिसमें एक श्रमसाध्य और खड़ी चढ़ाई शामिल थी। लेकिन हमने तय किया था कि हम उसी रास्ते पर चलेंगे। खड़ी ढलान पर आधे रास्ते में हम नज़ारा देखने के लिए पीछे मुड़े तो देखा कि दो आदमी दूर से हमारा पीछा कर रहे थे। इसमें कोई शक नहीं कि वे खम्पा थे। वे शायद ख़ानाबदोशों से मिलने गए थे और उन्हें बताया गया था कि हम किस दिशा में जा रहे हैं।

अब क्या करें? हमने तब तो आपस में कुछ नहीं कहा, लेकिन बाद में एक-दूसरे के सामने क़बूल किया कि हमने मन ही मन तय कर लिया था कि इतनी आसानी से तो अपनी जान नहीं गंवाएंगे। हमने पहले अपनी गति बढ़ाने की कोशिश की, लेकिन हम याक से तेज़ नहीं चल सकते थे। वह हमें घोंघे की गति से चलता हुआ लग रहा था। हम पीछे देखते रहे, लेकिन यह तय नहीं कर पाए कि पीछा करने वाले हमारे पास आ रहे हैं, या नहीं। हथियार नहीं होने के कारण हम पूरी तरह असहाय थे। लुटेरों की तलवारों से ख़ुद को बचाने के लिए केवल तंबू के डंडे और पत्थर थे। हमें चतुराई से उनसे

निपटना होगा ... इसलिए हम एक घंटे तक चलते ही रहे, थकान से हांफते रहे, चलते रहे। फिर हमने देखा कि वे दोनों आदमी बैठ गए। हम जल्दी से पहाड़ी की चोटी की ओर बढ़े और ऐसी जगह की तलाशने लगे जो ज़रूरत पड़ने पर लड़ाई का अच्छा मैदान बन सके। दोनों आदमी उठे। ऐसा लग रहा था कि वे आपस में सलाह-मशविरा कर रहे थे और फिर हमने उन्हें मुड़कर वापस जाते देखा। अब कहीं हमारी सांस में सांस आई। हमने अपने याक को जल्दी-जल्दी खदेड़ा ताकि हम जल्द ही पहाड़ के दूसरे छोर पर पहुंचकर लोगों की नज़रों से ओझल हो सकें।

पहाड़ की चोटी पर पहुंचने के बाद हमें समझ में आया कि हमारा पीछा करने वाले वे दो लोग वापस क्यों लौट गए। हमारे सामने अति सुनसान भू-दृश्य था। ऊंचे-ऊंचे बर्फ़ीले पहाड़ ही पहाड़। इस पार से उस पार तक हिमालय की पर्वत श्रंखलाएं थीं। और दांतों की पंक्ति के महीन अंतराल की तरह वह दर्रा था जिसके बारे में हमने अनुमान लगाया था कि वह हमें उस सड़क तक ले जाएगा, जिस पर हम जाना चाहते थे। स्वेन हेडिन द्वारा सबसे पहले मानचित्र पर दिखाया गया यह दर्रा-सेलाला-शिगात्से की ओर जाता है। हमें इस बात को लेकर आश्वस्त नहीं थे कि वास्तव में खम्पा ने हमारा पीछा करना छोड़ दिया है और इसीलिए हम रात होने के बाद भी आगे बढ़ते रहे। सौभाग्य से चांद उजला था और बर्फ़ की चमक के साथ हमें भरपूर रोशनी मिल रही थी। हम सुदूर स्थित पर्वतमालाएं भी देख सकते थे।

मैं उस रात की यात्रा को जीवन भर नहीं भूल सकता। मैंने इससे पहले ऐसा कोई अनुभव नहीं किया था जिसने मेरे तन और मन पर इतना दबाव डाला हो। खम्पा से हम इसलिए बच सके, क्योंकि यह इलाक़ा वीरान था। प्रकृति ने हमारे सामने नई बाधाओं को पार करने की चुनौती पेश की। यह अच्छी बात थी कि मैंने बहुत पहले ही अपना थर्मामीटर फेंक दिया था। यहां वह निश्चित रूप से माइनस 30 डिग्री तापमान दर्ज करता। उसकी क्षमता इतनी ही थी, जबकि तापमान उससे कहीं कम था। स्वेन हेडिन ने वर्ष के इस मौसम में यहां माइनस 40 डिग्री दर्ज किया था।

हम अक्षत बर्फ़ पर घंटों तक चलते रहे, और जैसे-जैसे हम आगे बढ़ते जा रहे थे, हमारे मन हमें दूसरी ही दुनिया की सैर करा रहे थे। मुझे एक गर्माहट भरे, आरामदायक कमरे, गरमागरम स्वादिष्ट भोजन और भाप उगलते गर्म पेय की कल्पना सता रही थी। कितनी अजीब बात थी, आज मुझे ग्राज़ का एक बुफ़े याद आ रहा था, जिसमें मैं अपने छात्र-जीवन में शामिल हुआ था और इसके लज़ीज़ व्यंजनों ने मुझे पागल कर दिया था। औफ़्शनाइटर के दिमाग़ में कुछ और ही चल रहा था। उनका मन लुटेरों से बदला लेने की योजना बना रहा था। औफ़्शनाइटर ने हथियारों के साथ लौटने की क़सम खाई। सभी खम्पाओं को धिक्कार है!

आख़िरकार हमने अपनी यात्रा रोक दी। अपने याक की पीठ से सामान उतारा और बैठ गए। हमने त्सम्पा और कुछ कच्चा मांस निकाला। हम बेहद भूखे थे। लेकिन जैसे ही हमने एक चम्मच सूखा भोजन अपने मुंह में डाला, चम्मच हमारे होंठों से चिपक गया। और जैसे-तैसे निकला। इस दर्दनाक अनुभव से हमारी भूख कम हो गई और हम अपने कंबलों के नीचे सिमटकर लेट गए। चुभने वाली ठंड के बावजूद, थकावट की वजह से गहरी नींद में सो गए।

अगले दिन हम अपने वीर याक के पदचिह्नों को देखते हुए कष्टपूर्वक आगे बढ़ते रहे। हमारे लिए सिर उठाना भी मुश्क़िल था। दोपहर में हमें दूर क्षितिज पर, लेकिन बहुत स्पष्ट रूप से याक के तीन काफ़िले चलते हुए दिखाई दिए। लगा कि कहीं मृगतृष्णा तो नहीं। काफ़िला बहुत धीरे-धीरे आगे बढ़ रहा था और फिर रुक भी गया। लेकिन लोग ग़ायब नहीं हुए। इसलिए यह कोई मृगतृष्णा नहीं थी। इस दृश्य ने हमें नया साहस दिया। हमने अपनी पूरी ताक़त जुटाई, अपने याक को खदेड़ा और तीन घंटे की यात्रा के बाद उस स्थान पर पहुंच गए, जहां काफ़िले ठहरे हुए थे। इसमें लगभग पंद्रह लोग थे, पुरुषों के साथ महिलाएं भी थीं। और जब हम पहुंचे तो उनके तंबू पहले से ही तने हुए थे। वे हमें देखकर चौंक गए, लेकिन उन्होंने बड़ी विनम्रता से हमारा अभिवादन किया और हमें आग की गर्माहट महसूस करने के लिए भीतर ले गए। हमें पता चला कि वे कैलास पर्वत की तीर्थयात्रा और व्यापारिक यात्रा से नम्त्सो झील के किनारे बसे अपने घरों की ओर लौट रहे थे। उन्हें

ज़िला अधिकारियों ने लुटेरों के बारे में चेतावनी दी थी और इसीलिए उन्होंने खम्पाओं से प्रभावित क्षेत्र से बचने के लिए इस कठिन मार्ग को चुना था। वे अपने साथ पचास याक और दो सौ भेड़ें ला रहे थे। उन्होंने बाक़ी मवेशियों के बदले माल ले लिया था। लुटेरों के लिए यह बड़ा इनाम साबित हो सकता था, यही कारण था कि तीनों समूह एक साथ चल रहे थे। और अब उन्होंने हमें भी अपने साथ चलने लिए आमंत्रित किया। खम्पाओं से मुठभेड़ हुई तो हमारा साथ भी उन्हें फ़ायदा पहुंचा सकता था।

वाह, एक बार फिर आग के पास बैठकर गर्म सूप पीना कितना सुखद था। हमें लगा कि हमारे लिए इस मुलाक़ात का इंतज़ाम ईश्वर ने ही किया था। हम अपने बहादुर आर्मिन को धन्यवाद देना भी नहीं भूले, क्योंकि केवल हम ही जानते थे कि हम उसके कितने ऋणी हैं, और हमने काफ़िले के मुखिया से कहा कि हमें अपना सामान उनके एक याक पर लादने दें। हम एक दिन का किराया देने को तैयार थे। और, इस तरह हमारा जानवर थोड़ा आराम पा गया।

हम रोज़-ब-रोज़ इन काफ़िलों के साथ आगे बढ़ते रहे और उनके साथ अपना भी छोटा-सा पर्वतारोही तंबू तान लेते थे। इन इलाक़ों में अक्सर तूफ़ान आते थे और ऐसे में हमें अपना तंबू खड़ा करने में बहुत कठिनाई होती थी। याक के बालों से बने भारी तंबू हवा का प्रतिरोध कर सकते थे, लेकिन हमारी हल्की कैनवास की झोपड़ी ख़राब मौसम में टिक नहीं पाती थी और हमें कभी-कभी खुली हवा में डेरा डालना पड़ता था। हमने क़सम खाई थी कि अगर हम कभी फिर से तिब्बत के अभियान पर निकले तो अपने साथ तीन याक, याकों को हांकने वाला एक जानकार, ख़ानाबदोशों वाला एक तंबू और एक राइफ़ल लेकर ही निकलेंगे!

काफ़िले में शामिल होने की इजाज़त मिलने हम अपने आपको बेहद भाग्यशाली समझ रहे थे। परेशानी बस एक बात की थी कि आगे बढ़ने की हमारी गति धीमी हो गई थी। हम धीरे-धीरे आगे बढ़ रहे थे। ख़ानाबदोश अपना सफ़र सुबह से शुरू करते हैं और तीन या चार मील की दूरी तय करने के बाद रुककर डेरा डाल लेते हैं। अपने जानवरों को चरने के लिए छोड़ देते

हैं। रात होने से पहले वे उन्हें वापस लाकर अपने तंबू के पास बांध देते हैं। यहां वे भेड़ियों से सुरक्षित रहते हैं और आराम से रात बिता सकते हैं।

अब जाकर हमें एहसास हुआ कि हमने अपने बेचारे आर्मिन पर कितना दबाव डाला है! जब हम किरोंग के आसपास के पहाड़ों पर चढ़ते हुए पूरा दिन बिताते थे, तो उसने भी हमें तिब्बतियों की तरह पागल समझा होगा। अब हमें आराम करने के लिए अधिक समय मिल रहा था और हमने इस समय का सदुपयोग अपनी डायरी लिखने में किया। हाल के समय में हमने अपनी डायरी को अनदेखा कर रखा था। हमने इस दौरान काफ़िले वालों से ल्हासा के रास्ते के बारे में व्यवस्थित जानकारी एकत्र करना भी शुरू कर दिया। हमने उनसे अलग-अलग सवाल पूछे और धीरे-धीरे जगह-जगह के नामों का एक निश्चित क्रम बनाया। यह हमारे लिए बहुत ज़रूरी जानकारी थी। क्योंकि इससे हम आगे चलकर ख़ानाबदोशों से एक जगह से दूसरी जगह का रास्ता पूछ सकते थे। इस बात से हम बहुत पहले ही सहमत हो गए थे कि अब हम अपनी ज़िंदगी छोटी-छोटी सैर करते हुए नहीं बिता सकते। हमें जल्दी ही काफ़िले का साथ छोड़ना होगा। हमने क्रिसमस की पूर्व संध्या पर अपने दोस्तों से विदा ली और फिर से अकेले ही चल पड़े। हम तरोताज़ा और आराम महसूस कर रहे थे और पहले दिन चौदह मील से ज़्यादा की दूरी तय कर ली। देर शाम हम एक लंबे-चौड़े मैदान में पहुंचे, जहां अलग-अलग तंबू लगे हुए थे। उनमें रहने वाले लोगों ने सुरक्षा के बड़े इंतज़ाम कर रखे थे। जैसे ही हम उनके पास पहुंचे, दो जंगली दिखने वाले आदमी भारी हथियारों से लैस होकर हमारे पास आए। वे हम पर बुरी तरह चिल्लाए और हमें शैतान के पास जाने को कहा। हम डरे नहीं। हमने अपने हाथ ऊपर करके दिखाया दिया कि हम हथियारबंद नहीं हैं और उन्हें समझाया कि हम तीर्थयात्री हैं। उनको नुक़सान नहीं पहुंचाएंगे। पिछले काफ़िले में हमने भरपूर आराम किया था, लेकिन फिर भी शायद हम दयनीय स्थिति में दिख रहे थे। थोड़ी बातचीत के बाद बड़े टेंट के मालिक ने हमें रात बिताने की अनुमति दे दी। हम आग के पास बैठे और गर्माहट का आनंद लिया। हमें मक्खन वाली चाय और एक दुर्लभ व्यंजन दिया गया। हम दोनों को व्हाइट ब्रेड का एक-एक टुकड़ा दिया गया। यह बासी और पत्थर की तरह कड़ा था, लेकिन तिब्बत के जंगलों में क्रिसमस की

पूर्व संध्या पर यह छोटा-सा उपहार हमारे लिए घर पर पकाए गए क्रिसमस डिनर से कहीं अधिक मायने रखता था।

हमारे मेज़बान ने पहले तो हमारे साथ बहुत बुरा व्यवहार किया। जब हमने उसे बताया कि हम किस रास्ते से ल्हासा पहुंचना चाहते हैं, तो उसने रूखेपन से कहा कि भले ही हम अब तक बचे हुए हैं, लेकिन अगले कुछ दिनों में ज़रूर मारे जाएंगे। यह इलाक़ा खम्पाओं से भरा हुआ था। हथियार ना होने के कारण हम आसानी से उनका शिकार बन सकते हैं। उसने यह बात एक भविष्यवक्ता वाले लहज़े में कही। हम बहुत निराश हुए और उससे सलाह मांगी। उसने हमें शिगात्से जाने वाली सड़क पकड़ने की सलाह दी। यहां हम एक हफ़्ते में पहुंच सकते थे। हमने उसकी बात नहीं मानी। उसने कुछ देर सोचा और फिर हमें इस इलाक़े के ज़िला अधिकारी के पास आवेदन करने की सलाह दी। उसका तंबू कुछ ही मील की दूरी पर था। अगर हम लुटेरों के इलाक़े से ही जाने पर ज़ोर देंगे, तो यह अधिकारी हमें सुरक्षा दे सकता था।

उस शाम हमारे पास चर्चा करने के लिए इतने मुद्दे थे कि हमने अपने घरों में मनाए जाने वाली क्रिसमस के बारे में शायद ही सोचा हो। आख़िरकार हम एक जोख़िम लेने और पोनपो से मिलने के लिए सहमत हुए। हमें उनके तंबू तक पहुंचने में कुछ ही घंटे लगे और हमने इसे एक अच्छा शगुन पाया कि उन्होंने दोस्ताना तरीक़े से अभिवादन किया और हमारे लिए एक तंबू का इंतज़ाम करवाया। फिर उन्होंने अपने सहयोगी को बुलाया और हम चारों ने बातचीत की। इस बार हमने भारतीय तीर्थयात्री होने की अपनी कहानी नहीं बताई। हमने ख़ुद को यूरोपीय बताया और लुटेरों से सुरक्षा की मांग की। स्वाभाविक रूप से हम सरकार की अनुमति से यात्रा कर रहे थे और मैंने उन्हें पुराना यात्रा-परमिट सौंप दिया, जो गारपोन ने हमें पहले गरतोक में दिया था। (इस दस्तावेज़ की अपनी एक कहानी थी। हम तीनों ने तय किया कि इसे किसके पास होना चाहिए और कोप शर्त जीत गया। लेकिन जब वह हमें छोड़कर जाने लगा, तो मुझे एक प्रेरणा मिली और मैंने उससे इसे ख़रीद लिया। और अब समय आ गया था इसके सदुपयोग का।) दोनों अधिकारियों ने मुहर की जांच की और वे दस्तावेज़ की असलियत से प्रभावित हुए। अब वे आश्वस्त थे कि हमें तिब्बत में रहने का अधिकार मिला हुआ है। उन्होंने केवल

यही पूछा कि दल का तीसरा सदस्य कहां है। हमने बताया कि वह बीमार हो गया था और ट्रेडीन के रास्ते भारत वापस चला गया। इससे पोनपो संतुष्ट हो गए और उन्होंने हमें एक अनुरक्षक देने का वादा किया। अलग-अलग चरणों में पुराने लोगों को राहत दी जाएगी और नए लोग आ जाएंगे। ये लोग हमें उत्तरी मुख्य सड़क तक पहुंचाएंगे।

यह हमारे लिए सचमुच क्रिसमस की बधाई थी! और अब हमें उत्सव मनाने का मन हुआ। हमने इस अवसर के लिए ख़ास तौर पर किरोंग में थोड़ा चावल जमा करके रखा था। हमने इसे तैयार किया और दो पोनपो को आमंत्रित किया कि वे हमारे साथ इस भोज को साझा करें। वे अपने साथ कई तरह की अच्छे-अच्छे व्यंजन लेकर आए और हमने साथ मिलकर एक ख़ुशनुमा, दोस्ताना शाम बिताई।

अगले दिन एक ख़ानाबदोश हमारे साथ अगले पड़ाव तक गया और हमें वहां अगले गाइड को 'डिलिवर' कर दिया। यह हमारे साथ रिले रेस जैसा कुछ था जिसमें बैटन हमारे पास था। हमारा गाइड हमें वहां पर दूसरे गाइड को सौंपने के बाद वापस चला गया। अपने अगले गाइड के साथ हमने प्रगति शानदार थी, और हमें एहसास हुआ कि सफर में एक ऐसे साथी का होना कितना उपयोगी है जो वास्तव में रास्ता जानता हो, भले ही वह लुटेरों से आपको सुरक्षा ना दे सके।

हवा और ठंड तो हमारे स्थायी साथी थे। हमें ऐसा लग रहा था मानो पूरी दुनिया माइनस तीस डिग्री तापमान वाली है, जहां बर्फ़ की आंधियां चलती रहती हैं। हमें पास ठंड से बचने के लिए पर्याप्त कपड़े नहीं थे और इसी वजह से बहुत तकलीफ़ हुई। मैं भाग्यशाली था कि मुझे एक तंबू वाले से भेड़ की खाल का एक पुराना लबादा मिल गया। यह मेरे लिए तंग था और इसमें आधी आस्तीन भी नहीं थी, लेकिन यह मुझे मात्र दो रूपये में मिल गया था। हमारे जूते बहुत ख़स्ताहाल हो गए थे और ज़्यादा दिन नहीं चलने वाले थे। और जहां तक दस्ताने की बात है, वो तो हमारे पास थे ही नहीं। औफ़्शनाइटर के हाथ ठंड से अकड़ गए थे और मेरे पैरों में तकलीफ़ थी। हम अपनी तकलीफ़ों को इस तरह से सह रहे थे मानो हम बेजान हों। हमने रोज़ाना जितने मील चलने का कोटा तय किया था, उसको पूरा करने के लिए बहुत ऊर्जा की

ज़रूरत थी। हमें किसी गर्माहट भरे ख़ानाबदोश तंबू में कुछ दिन आराम करके बहुत अच्छा लगता। ख़ानाबदोशों का जीवन भी, चाहे वह कितना भी कठिन और ग़रीबी वाला क्यों ना हो, अक्सर हमें बहुत लुभाता था। लेकिन, हम अपनी रसद ख़त्म होने से पहले ल्हासा पहुंचना चाहते थे, इसलिए हमने कहीं रुककर समय गंवाने का विचार नहीं किया। और फिर? हम अटकलें नहीं लगाते थे।

हमें अक्सर दूर कहीं ख़ुशी-ख़ुशी घोड़े पर सवार होकर जाते हुए लोग दिखते थे। उनके साथ चलने वाले कुछ अलग प्रकार के कुत्तों से हम समझ जाते थे कि वे खम्पा हैं। ये कुत्ते सामान्य तिब्बती कुत्तों की तुलना में कम झबरीले, दुबले-पतले, हवा की तरह तेज़ और बहुत बदसूरत होते हैं। हमने भगवान का शुक्रिया अदा किया कि हमें उन कुत्तों और उनके मालिकों से नज़दीक से मिलने का कोई मौक़ा नहीं मिला।

अपनी यात्रा के इस पड़ाव पर हमें एक जमी हुई झील मिली। बाद में हमने इसे नक़्शे पर खोजा, तो उसमें नहीं दिखाई दी। औफ़्शनाइटर ने इसे तुरंत हमारे नक़्शे में दर्ज कर लिया। स्थानीय निवासी इसे योचाबत्सो कहते हैं, जिसका अर्थ है 'बलिदान का जल।' यह ग्लेशियरों की एक श्रंखला के तल पर स्थित थी। मुख्य सड़क पर आने से पहले हमें आधुनिक यूरोपीय राइफ़लें लिए कुछ हथियारबंद पैदल यात्री मिले। उनका सामना करने का साहस तो हममें था ही नहीं। हालांकि, उन्होंने हमें छेड़ा नहीं। वास्तविकता यह थी कि हम बहुत बेचारे और निराश दिख रहे थे। कभी-कभी लाचारी और बेचारगी के भी फ़ायदे होते हैं।

पांच दिनों की यात्रा के बाद हम प्रसिद्ध तसम रोड पर पहुंचे। हमने हमेशा सोचा था कि यह एक सामान्य राजमार्ग है और इस पर पहुंचने के बाद हमारी सारी परेशानियां समाप्त हो जाएंगी। कल्पना कीजिए कि हमें कितनी निराशा हुई होगी, जब हमें एक भी पगडंडी दिखाई नहीं दी! यह इलाक़ा किसी भी तरह से उससे अलग नहीं था, जहां हम हफ़्तों से भटक रहे थे। यह सच है कि वहां कुछ ख़ाली टेंट थे, जहां लोग अपना डेरा डाल सकते थे, लेकिन वहां किसी व्यवस्थित मार्ग का कोई और संकेत नहीं था।

अंतिम चरण में हमारे साथ कुछ हट्टी-कट्टी स्त्रियां थीं। उन्होंने हमें एक भावुक विदाई दी और हमें तसम रोड पर छोड़ दिया। हम ख़ाली पड़े एक टेंट में ठहरे। आग जलाई और फिर अपनी वर्तमान स्थिति का जायजा लिया। हमें वास्तव में संतुष्ट होने का कुछ कारण मिला। हमारी यात्रा का सबसे कठिन हिस्सा पीछे छूट चुका था और अब हम एक ऐसे रास्ते पर थे, जो सीधे ल्हासा की ओर जाता था। हमें पंद्रह दिन और चलना था। हमें इस बात से ख़ुश होना चाहिए था कि हम अपने लक्ष्य के इतने क़रीब पहुंच चुके थे। लेकिन, वास्तव में इतना कठिन परिश्रम किया था और हम इस हद तक कमज़ोर हो चुके थे कि हम अब आनंद उठाने की स्थिति में नहीं थे। ठंड से पीड़ित होने और पैसे और भोजन की कमी के कारण हम बस चिंतित ही थे। हमें सबसे अधिक अपने जानवरों की चिंता थी। मेरा वफ़ादार कुत्ते की तो हड्डियां निकल आई थीं। हमारे पास इतना कम भोजन था कि अपनी जान बचाना मुश्क़िल था, उसे कैसे भरपेट खिला पाते। उसके पैर इतने कमज़ोर हो चुके थे कि उसके लिए चल पाना कठिन था। वह इतने धीमे-धीमे चलता था कि अक्सर अपने शिविर में उसका घंटों इंतज़ार करना पड़ता था। याक की हालत थोड़ी बेहतर थी। हालांकि उसे भी कई हफ़्तों से खाने के लिए घास नहीं मिली थी और वह बहुत कमज़ोर हो गया था। यह सच है कि योचाबत्सो झील से निकलने के बाद हम बर्फ़ को पीछे छोड़ आए थे, लेकिन आगे घास बहुत कम और सूखी थी और हमारे जानवर के पास चरने के लिए बहुत कम समय था।

चाहे जो हो, हमें अगले दिन आगे तो बढ़ना ही था और हम अब एक ऐसे रास्ते पर थे, जिस पर काफ़िले आते-जाते थे। हमारा मनोबल इस बात से बढ़ गया था कि अब हमें अपने आपको खोजी मार्को पोलो के रूप में नहीं सोचना था।

तसम मार्ग पर गुज़रते हुए हमारा पहला दिन किसी निर्जन इलाक़े में बीते हुए हमारे सबसे बुरे दौर से कुछ अलग नहीं था। हमें रास्ते में कोई नहीं मिला। प्रचंड तूफान, तेज़ बर्फ़बारी और धुंध ने हमारी यात्रा को नरक बना दिया। सौभाग्य से हवा हमारे पीछे थी और हमें धकेल कर आगे ले जा रही थी। अगर यह हमारे चेहरे पर पड़ती, तो हम एक क़दम भी आगे नहीं बढ़

पाते। हम चारों को ख़ुशी तब हुई जब हमने शाम को सड़क किनारे टेंट देखे। मैंने उस रात अपनी डायरी में यह नोट किया :

31 दिसंबर, 1945। तापमान : लगभग माइनस 30 डिग्री। आज तक की हमारी यात्रा का सबसे थका देने वाला दिन। याक पर लदा हुआ सामान बार-बार फिसलकर नीचे गिर रहा था और उसे ठीक करते समय हमारे हाथ लगभग जम गए थे। हम एक बार रास्ता भूल गए और दो मील वापस जाना पड़ा। शाम को न्यात्संग के रूट-स्टेशन पर पहुंचे। आठ टेंट। एक टेंट में रोड ऑफ़िसर और उसका परिवार रहता था। बहुत बढ़िया स्वागत हुआ।

तो, यह तिब्बत में हमारा दूसरा नववर्ष था। इस पूरी यात्रा में हमने जो हासिल किया उसके बारे में सोचकर हम निराश थे। हम अभी भी 'अवैध' यात्री थे, दो थके-हारे, आधे भूखे घुमक्कड़, जो अधिकारियों को चकमा देने के लिए मजबूर थे। अभी भी एक दूरदर्शी लक्ष्य की ओर बढ़ रहे थे जिसे हम पाने में असमर्थ लग रहे थे- निषिद्ध शहर। ऐसी निराशाजनक रात में व्यक्ति भावुक हो जाता है और उसका ध्यान घर और परिवार की ओर मुड़ जाता है। लेकिन ऐसी भावुकता हमें जीवित रहने के उस संघर्ष की कठोर वास्तविकता से विचलित नहीं कर सकती थी जिसके लिए हमें पूरी शारीरिक और आध्यात्मिक शक्ति की आवश्यकता थी। इस समय हमारे लिए गर्माहट भरे तंबू की एक शाम अधिक महत्त्वपूर्ण थी। अपने घरों में सुरक्षित रहते हुए नए साल के उपहार में एक रेसिंग कार मिलना इस समय हमारे लिए कोई मायने नहीं रखता था।

इसलिए हमने सेंट सिल्वेस्टर डे को अपने तरीक़े से मनाया। हम यहां कुछ और समय तक रुकना चाहते थे, ताकि हम खुद को गर्माहट से भर सकें और अपने जानवरों को भी आराम दे सकें। हमारे पुराने ट्रैवल-पेपर ने यहां भी अपना काम किया, और रोड ऑफ़िसर ने दोस्ताना व्यवहार किया। उसने अपने नौकरों को हमारे लिए पानी और ईंधन भेजने के लिए लगा दिया।

यहां हमने जमकर आराम किया और देर तक सोये। दोपहर से कुछ पहले जब हम नाश्ता कर रहे थे, तो टेंट के सामने हलचल मच गई। लोमड़ी

की खाल की टोपी पहने हुए पोनपो का रसोइया अपने मालिक के आने की घोषणा करने और उसके लिए तैयारी करने के लिए आया था। वह रौब गांठते हुए इधर-उधर घूमता रहा।

हमारे लिए एक उच्च अधिकारी का आगमन महत्त्वपूर्ण बात हो सकती थी, लेकिन हम एशिया में इतने लंबे समय से रह रहे थे कि हम जानते थे कि 'उच्च' अधिकारी का दर्जा एक सापेक्ष अवधारणा है। अधिकारी के आने की सूचना से हम उत्साहित नहीं थे। लेकिन सब ठीकठाक रहा। पोनपो जल्द ही नौकरों के झुंड से घिरे घोड़े पर सवार होकर पहुंच गया। वह सरकार की सेवा में लगा हुआ एक व्यापारी था और वर्तमान में ल्हासा में बड़ी मात्रा में चीनी और कपास लाने में लगा हुआ था। हमसे उसने कुछ स्वाभाविक सवाल पूछे। मैंने बड़ी विनम्रता से उसे अपना ट्रैवल-लेटर दिखा दिया। हमेशा की तरह उस पत्र का अच्छा असर हुआ। अब वह सख़्त अधिकारी की तरह व्यवहार नहीं कर रहा था। उसने हमें अपने काफ़िले के साथ सफ़र करने के लिए आमंत्रित किया। उसका यह प्रस्ताव हमें जंच गया, इसलिए हमने आराम छोड़कर और अपना सामान पैक करना शुरू कर दिया, क्योंकि उनका काफ़िला दोपहर में ही आगे बढ़ने वाला था। उनके जानवरों को हांकने वालों में से एक ने आर्मिन दया भाव से देखा, जो वास्तव में कंकाल बन चुका था। फिर उसने एक छोटी सी रक़म लेकर हमारे सामान को अपने काफ़िले में शामिल एक याक पर लादने की पेशकश की। इस तरह हमारा जानवर हमारे साथ आराम से चल सकता था। हमने ख़ुशी से सहमति व्यक्त की। फिर हम जल्दी-जल्दी चल पड़े। हमें पैदल ही काफ़िले के साथ आगे बढ़ना था। पोनपो और उसके नौकर-चाकरों ने यहां अपने घोड़े बदले थे, वे लोग हमारे बाद में निकले। पर जल्दी ही हमारे साथ हो लिए।

हमने आराम के लिए जो दिन तय किया था, उस दिन बारह मील तक पैदल यात्रा की। मेरा कुत्ता बेचारा अब हमारे साथ नहीं चल सकता था, इसलिए मैंने उसे बस्ती में ही छोड़ दिया। उसे सड़क पर मरने के लिए छोड़ देने से बेहतर उसे बस्ती में छोड़ना था। काफ़िले के साथ चलते हुए हम हर दिन लंबी दूरी तय कर लेते थे। हमें पोनपो के संरक्षण का लाभ मिला और हर जगह हमारा स्वागत किया गया। केवल ल्होलाम में ही रोड ऑफ़िसर ने

हमें संदिग्ध नज़रों से देखा। उसने हमें ईंधन भी नहीं दिया और ल्हासा जाने के लिए हमें अपना परमिट दिखाने पर ज़ोर दिया। पर वह हमें मजबूर नहीं कर सका। हालांकि, हमारे सिर पर छत थी और हमें इस बात की ख़ुशी थी, क्योंकि हमारे पहुंचने के तुरंत बाद सभी तरह के संदिग्ध दिखने वाले लोग तंबू के चारों ओर इकट्ठा होने लगे। हमने उन्हें तुरंत पहचान लिया कि वे खम्पा हैं, लेकिन हम इतने थके हुए थे कि हमने उनकी परवाह नहीं की। अपने दल के बाक़ी लोगों को स्थिति से निपटने के लिए छोड़ दिया। कम से कम हमारे पास तो ऐसा कुछ नहीं था जिसे वे लूट के ले जाते। उनमें से कुछ ने हमारे तंबू में घुसने की कोशिश की, लेकिन हमने चिल्लाकर उन्हें धमकाया और वे चले गए।

अगली सुबह हमें अपना याक कहीं दिखाई नहीं दिया। हमने उसे पिछली रात टेंट के पास बांध दिया था। हम सोच रहे थे कि वह आस-पास कहीं चर रहा होगा लेकिन औफ़्शनाइटर और मैं उसे ढूंढ़ नहीं पाए। पिछली रात वहां मौजूद कुछ बदमाश भी ग़ायब थे। साफ़ था कि वे ही हमारे याक को लेकर भागे थे। हमारे याक का खो जाना हमारे लिए यह एक बड़ा नुक़सान था। हम तसम अधिकारी के तंबू में पहुंच गए और अपने गुस्से में मैंने अपने याक की काठी उसके सामने पटकी दी। उससे कहा कि हमारे जानवर के खोने के लिए वही ज़िम्मेदार है। हमें इस नए आर्मिन से बहुत जुड़ाव हो गया था। इस याक ने हमारी बहुत सेवा की थी। लेकिन हमारे पास उसके खोने का शोक मनाने का समय नहीं था। हमें काफ़िले को पकड़ना था, जो कुछ घंटे पहले हमारे सामान के साथ आगे निकल गया था।

हम कुछ दिनों से पहाड़ों की एक विशाल श्रंखला की ओर बढ़ रहे थे। हम जानते थे कि वे न्येनचेन तांगला पर्वत माला है। उनके बीच से होकर जाने का सिर्फ़ एक ही रास्ता था और यह वह दर्रा था, जो सीधे ल्हासा की ओर जाता था। पहाड़ों की ओर जाते हुए हम छोटी पहाड़ियों से गुज़रे। इलाक़ा पूरी तरह से सुनसान था और हमें जंगली गधे भी नहीं दिखे। मौसम में काफ़ी सुधार हुआ था और दृश्यता इतनी अच्छी थी कि छह मील की दूरी पर स्थित हमारा अगला पड़ाव हमारे ठीक सामने दिखाई दे रहा था।

हमारा अगला पड़ाव टोकर नामक स्थान पर था। यहां से हमने पहाड़ों पर चढ़ना शुरू किया, और अगला नियमित पड़ाव पांच दिन दूर था। हम तो यह सोच भी नहीं सकते थे कि तब तक कैसे टिके रहेंगे। अपनी ताक़त बनाए रखने के लिए हम जो कुछ भी कर सकते थे, हमने किया और चलते रहने के लिए बहुत सारा मांस ख़रीद लिया।

दिन अंतहीन लगते थे और रातें और भी लंबी। इस बीच हम एक अविश्वसनीय रूप से ख़ूबसूरत प्राकृतिक छटा के बीच से यात्रा करते हुए दुनिया की सबसे बड़ी झीलों में से एक, नमत्सो या तेंगरी नोर के पास पहुंचे। लेकिन हम इसे शायद ही ठीक से निहार पाए,जबकि हम लंबे समय से इस विशाल अंतर्देशीय सागर को देखने के लिए उत्सुक थे। एक समय जिस नज़ारे का हम बेसब्री से इंतज़ार कर रहे थे, वह हमें हमारी उदासीनता से बाहर नहीं निकाल सका। हवा दुर्लभ होने लगी और लगभग 20,000 फ़ुट की चढ़ाई की संभावना स्तब्ध करने वाली थी। समय-समय पर हम अपने मार्ग से दिखाई देने वाली और भी ऊंची चोटियों को देखकर आश्चर्यचकित हो जाते थे। आख़िरकार हम अपने दर्रे के शिखर क्योरिंग ला पर पहुंच ही गए। हमसे पहले इस दर्रे को केवल एक बार किसी यूरोपीय ने पार किया था। उसका नाम लिटिलडेल था, वह एक अंग्रेज़ था। वह 1895 में इसके पार आया था। मुझे लगता है कि मैं सही कह रहा हूं कि यह दुनिया का सबसे ऊंचा दर्रा है, जिस पर पूरे वर्ष भर जाया जा सकता है।

यहां हमें फिर से वही विशिष्ट पत्थर के ढेर मिले और उन पर चटख रंगों वाली प्रार्थना-पताकाएं लहरा रही थीं। ऐसी पताकाएं मैंने पहले कहीं नहीं देखी थीं। उनके पास पत्थर की मेज़ों की एक पंक्ति थी जिन पर प्रार्थनाएं लिखी हुई थीं। यह हज़ारों तीर्थयात्रियों द्वारा महसूस की गई ख़ुशी की एक अमर अभिव्यक्ति थी। निश्चित ही लंबी और थकाऊ पदयात्रा के बाद उन्होंने जब देखा होगा कि एक दर्रा उनके लिए सबसे पवित्र नगर की ओर जाने वाला रास्ता खोल रहा है, तो उनकी ख़ुशी का ठिकाना नहीं रहा होगा।

यहां भी हमें अपने घरों को लौट रहे तीर्थयात्रियों का एक बड़ा जत्था मिला। ना जाने कितनी बार इस मार्ग पर 'ओम मणि पद्मे हुम्' शब्द गूंजते हैं।

यह प्रार्थना का वह पुराना सूत्र है जिसे सभी बौद्ध उच्चारते हैं और तीर्थयात्री मन ही मन दोहराते रहते हैं और उम्मीद करते हैं कि यह मंत्र उन्हें उस ज़हरीली गैस से बचाएगा जिसे वे ऑक्सीजन की कमी मानते हैं। बेहतर होता कि वे अपना मुंह बंद रखते! समय-समय पर हमने नीचे की ढलानों पर जानवरों के कंकाल देखे। वे इस बात का गवाह थे कि रास्ता बड़ा ख़तरनाक है। साथ चल रहे पशुओं को हांकने वालों ने हमें बताया कि हर सर्दियों में इस पर्वत को पार करते समय बर्फ़ीले तूफ़ानों को ना झेल पाने के कारण कई तीर्थयात्री अपनी जान गंवा बैठते हैं। मौसम अच्छा बना रहा और उसने चार हज़ार फ़ुट की चढ़ाई के दौरान हमारा साथ दिया। इसके लिए हमने ईश्वर को धन्यवाद दिया।

हमारी उतराई का पहला हिस्सा हमें एक ग्लेशियर पर ले गया। बर्फ़ पर अपना रास्ता बनाते हुए बिना डगमगाए चलने की याक की असाधारण क्षमता पर मैं एक बार फिर से हैरत में पड़ गया। जैसे-जैसे हम आगे बढ़ रहे थे, मैं अपने आपको यह सोचने से नहीं रोक पा रहा था कि स्की पर इन चिकनी, बिना दरार वाली सतहों पर फिसलना कितना आसान होगा। मुझे लगता है कि औफ़्शनाइटर और मैं ही एकमात्र ऐसे व्यक्ति थे जिन्होंने कभी ल्हासा के तीर्थयात्रियों के मार्ग पर स्कीइंग के बारे में बात की होगी।

जब हम आगे बढ़ रहे थे, तो एक युवा जोड़ा हमसे मिलने आया। वे बड़ी दूरी से आए थे और हमारी तरह ही ल्हासा जा रहे थे। वे काफ़िले में शामिल होकर ख़ुश थे। हमने उनसे बातचीत की। उनकी कहानी अनोखी थी। गुलाबी गालों और घनी काली चोटी वाली यह सुंदर युवती अपने तीन पतियों के साथ ख़ुश और संतुष्ट थी। वे तीनों भाई ही थे। इनके लिए उसने चांगथांग में एक ख़ानाबदोश तंबू में घर बना रखा था। एक शाम एक युवा अजनबी आया और पनाह मांगी। उस पल से सब कुछ बदल गया। यह 'पहली नजर में प्यार' का मामला रहा होगा। दोनों बिना कुछ कहे एक-दूसरे को समझ गए और अगली सुबह एक साथ निकल पड़े। वे सर्द मैदानों में भागते रहे। अब वे यहां पहुंचकर ख़ुश थे और ल्हासा में एक नया जीवन शुरू करना चाहते थे।

मैं इस युवती को उन कठिन, भारी दिनों में धूप की किरण की तरह याद करता हूं। एक बार जब हम आराम कर रहे थे तो उसने अपने बटुए से

सूखी खुबानियां निकालीं और मुस्कराते हुए हम दोनों को एक-एक दी। यह मामूली उपहार हमारे लिए उतना ही क़ीमती था जितनी कि वह गेहूं की रोटी जो ख़ानाबदोश ने हमें क्रिसमस की रात को दी थी।

हमारी यात्रा के दौरान मुझे एहसास हुआ कि तिब्बती महिलाएं कितनी मज़बूत और सहनशील होती हैं। बहुत ही कम उम्र की यह स्त्री हमारे साथ बड़ी आसानी से चलती रही और किसी पुरुष की तरह ही उसने अपना सामान भी ढोया। उसे अपने भविष्य की चिंता नहीं थी। ल्हासा में वह किसी के घर में नौकरानी की तरह काम करने को तैयार थी और अपनी मज़बूत देहाती कद-काठी के कारण अपनी आजीविका कमाना उसके लिए कठिन नहीं होगा।

हमने लगातार तीन दिनों तक टेंट का आश्रय नहीं लिया, चलते रहे। फिर हमने दूर से आसमान में धुएं का एक बड़ा ग़ुबार उठते देखा। हम आश्चर्यचकित थे कि क्या यह धुआं चिमनी से निकल रहा है या किसी जलते हुए घर से। लेकिन जब हम पास पहुंचे तो देखा कि यह तो गर्म पानी के झरनों से उठती भाप थी। हम एक अद्भुत प्राकृतिक सौंदर्य को निहार रहे थे। ज़मीन से कई झरने फूट रहे थे और भाप के बादल के बीच से पंद्रह फ़ुट ऊंचा एक शानदार झरना फूट पड़ा। हमने इसमें स्नान करने का प्रस्ताव रखा। हमारे साथ चल रहे युवा जोड़े ने मना कर दिया, लेकिन हमने अपने आपको नहीं रोका। ज़मीन से उबलता हुआ पानी निकल रहा था, लेकिन ठंडी हवा के संपर्क में आने से जल्दी ही सहनीय तापमान पर आ गया। जल्दी ही एक जलकुंड हमारे लिए आरामदायक बाथटब में बदल गया। लेकिन, अब जब हम लगभग उबलते हुए पानी में बैठे हुए, हवा का तापमान इतना कम था कि हमारे गीले बाल और दाढ़ी एक पल में जम कर सख़्त हो गए। गर्म झरनों से निकलने वाली जलधाराओं में बहुत सारी मछलियां थीं। हम भूख से व्याकुल होकर सोच रहे थे कि उन्हें कैसे पकड़ा जाए। उन्हें गर्म पानी के झरने में आसानी से उबाला जा सकता था, लेकिन हमें कोई रास्ता नहीं सूझा। लेकिन हम अब बहुत तरोताज़ा हो गए थे और अपने काफ़िले को पकड़ने के लिए तेज़ी से आगे बढ़े।

हमने याकों को हांकने वालों के साथ उनके तंबू में रात बिताई। वहां मुझे जीवन में पहली बार साइटिका का भयंकर दौरा पड़ा। मैं हमेशा इस

दर्दनाक समस्या को बुढ़ापे की बीमारी मानता था और कभी सपने में भी नहीं सोचा था कि मुझे इतनी जल्दी इसका अनुभव हो जाएगा। शायद हर रात ठंडी ज़मीन पर सोने की वजह से मुझे यह बीमारी हुई।

एक सुबह तो मैं उठ ही नहीं पाया। भयंकर दर्द तो हो ही रहा था, पर मुझे यह सोचकर भी डर लग रहा था कि मैं अब आगे नहीं बढ़ पाऊंगा। मैंने अपने दांत भींचे और अपने आपको खड़ा किया और कुछ क़दम बढ़ाए। इस हरक़त से मुझे थोड़ी मदद मिली, लेकिन उसके बाद से हर दिन पदयात्रा शुरु करने के बाद कुछ मील तक मुझे बहुत तकलीफ़ होती रही।

दर्रे को पार करने के बाद चौथे दिन शाम को हम समसर पहुंचे, जहां एक रोड स्टेशन था। आख़िरकार हम एक आबाद जगह पर पहुंच गए, जहां घर बने हुए थे, मठ थे और एक क़िला भी था। यह तिब्बत के सबसे महत्त्वपूर्ण रोड जंक्शनों में से एक है। यहां पांच रास्ते मिलते हैं और यहां काफ़िलों का आवागमन बड़ा जीवंत होता है। सड़क के किनारे बनी सरायों में भीड़ होती है और अदला-बदली के लिए बने अस्तबल में जानवरों का आदान-प्रदान होता है। हमारे पोनपो हमसे दो दिन पहले ही यहां पहुंच चुके थे, लेकिन सरकारी मिशन पर होने के कारण उन्हें अच्छे याक के लिए पांच दिन इंतज़ार करना पड़ा। उन्होंने हमारे लिए एक कमरा, ईंधन और एक नौकर का इंतज़ाम किया। उस समय यातायात बहुत ज़्यादा था और हमें लंबे समय तक प्रतीक्षा करनी पड़ी, क्योंकि हम अकेले आगे नहीं जा सकते थे।

हमने अपने अवकाश का उपयोग आस-पास के गर्म पानी के झरनों की सैर करने के लिए किया। इन्हें हमने बहुत दूर से भाप उगलते हुए देखा था। ये एक अनोखी प्राकृतिक घटना थी। हम एक सामान्य पानी की झील पर पहुंचे, जिसका काला बुदबुदाता पानी एक साफ़ जलधारा बनकर बह रहा था। हमने नहाने का फ़ैसला किया और एक ऐसे स्थान में चले गए जहां पानी सुखद रूप से गर्म था। जैसे-जैसे हम झील की ओर बढ़ते गए, यह और भी गर्म होता गया। औफ़्श्नाइटर ने पहले तो हार मान ली, लेकिन मैं आगे बढ़ता रहा, उम्मीद करता रहा कि पानी की गर्माहट से मेरे साइटिका के दर्द में राहत मिलेगी। मैं गर्म पानी में लोटता रहा। मैं अपने साथ किरोंग से ख़रीदे हुए साबुन का आख़िरी टुकड़ा लाया था। इसे अपने पास किनारे पर रख दिया।

सोचा था कुछ देर गर्म पानी में लोटने के बाद साबुन लगाकर नहाऊंगा। दुर्भाग्य से मैंने यह नहीं देखा कि एक कौआ मुझे दिलचस्पी से देख रहा था। वह अचानक झपट्टा मारकर मेरे ख़ज़ाने को उठा ले गया। मैं तेज़ी से किनारे की ओर कूदा, लेकिन एक पल में फिर से गर्म पानी में आ गया क्योंकि, मेरे दांत ठंड से किटकिटा रहे थे। तिब्बत में कौवे भी वैसी ही चोरी करते हैं, जैसे हमारे यहां मैगपाई करते हैं।

वापसी के दौरान हमने पहली बार तिब्बती रेजिमेंट को देखा। पांच सौ सैनिक युद्धाभ्यास कर रहे थे। इन सैन्य अभ्यासों को लेकर लोग बहुत उत्साहित नहीं रहते, क्योंकि सैनिकों को अपनी इच्छानुसार कुछ भी मांगने का अधिकार होता है। वे अपने ताने हुए तंबू में डेरा डालते हैं। ये बहुत व्यवस्थित तरीक़े से बनाए जाते हैं, और इन्हें किसी आदेश की ज़रूरत नहीं होती, लेकिन स्थानीय लोगों को उन्हें परिवहन और यहाँ तक कि सवारी के लिए घोड़े भी उपलब्ध कराने पड़ते हैं।

जब हम अपने डेरे पर वापस आए तो एक आश्चर्य हमारा इंतज़ार कर रहा था। उन्होंने हमें रूम-मेट के तौर पर एक ऐसा व्यक्ति दिया जिसके पैरों में बेड़ियां पड़ी हुई थीं और वह उसके लिए चल पाना मुश्क़िल था। उसने मुस्कराते हुए हमें बताया कि वह एक हत्यारा और डाकू है और उसे पहले दो सौ कोड़े मारने और फिर जीवन भर बेड़ियां पहनने की सजा दी गई है। उसने यह सब इस तरह बताया मानो यह बिलकुल सामान्य बात हो। पर मेरे तो रोंगटे खड़े हो गए। क्या हमें भी हत्यारों की श्रेणी में रखा गया है? हालांकि, हमें जल्द ही पता चल गया कि तिब्बत में एक अपराधी को हमेशा नीची नज़र से नहीं देखा जाता। हमारे साथ जो आदमी रह रहा था, उसे समाज में कोई असुविधा नहीं थी। वह सबके साथ बातचीत करता था और मांगकर जीवन यापन करता था। और उसका बर्ताव भी बुरा नहीं था।

यह बात सबको पता चल गई थी कि हम यूरोपीय हैं और जिज्ञासु लोग हमेशा हमसे मिलने आते रहते थे। उनमें एक युवा भिक्षु भी था, जो ड्रेपुंग के मठ में कुछ सामान लेकर आ रहा था और उसे अगले दिन वापस लौटना था। जब उसने सुना कि हमारे पास केवल एक ही सामान है और हम अपनी

यात्रा जारी रखने के लिए बहुत उत्सुक हैं, तो उसने हमें अपने क़ाफ़िले का एक ख़ाली याक देने की पेशकश की। उसने हमारे ट्रैवेल परमिट के बारे में कोई सवाल नहीं पूछा। हमें पहले अनुमान लगा चुके थे कि हम राजधानी के जितने क़रीब पहुंचते जाएंगे, हमें उतनी ही कम परेशानी होगी। तर्क यह था कि जो विदेशी पहले ही तिब्बत में इतनी दूर यात्रा कर चुके हैं, उनके पास निश्चित रूप से परमिट होना चाहिए। फिर भी हमने सोचा कि किसी एक जगह पर ज़्यादा देर तक ना रुकना बुद्धिमानी है। लोगों को कम से कम सवाल करने का मौक़ा दिया जाना चाहिए।

हमने भिक्षु के प्रस्ताव को तुरंत स्वीकार कर लिया और अपने पोनपो के प्रति बहुत-बहुत आभार व्यक्त करते हुए विदा ली। हमने आधी रात के बाद घने अंधेरे में यात्रा शुरू की। यांगपाचेन ज़िले को पार करने के बाद हम एक घाटी में पहुंचे, जो ल्हासा के मैदान में उतरती थी।

तो, हम ल्हासा के इतने क़रीब पहुंच गए! इस नाम ने हमें हमेशा रोमांचित किया था। हमारी कष्टदायक पदयात्रा और बर्फ़ीली रातें गुज़ारते हुए भी हमने इस नाम को नहीं छोड़ा और इसने हमें नई ताक़त भी दी। किसी भी सुदूर प्रांत से आए तीर्थयात्री को इस पवित्र शहर के प्रति हमसे अधिक लालसा नहीं हो सकती थी। हम पहले ही स्वेन हेडिन की तुलना में ल्हासा के बहुत क़रीब पहुंच चुके थे। जिस इलाक़े से हम आए थे, वहां से उन्होंने दो बार आगे बढ़ने की कोशिश की थी, लेकिन न्येनचेन तांगला की ढलान के कारण उन्हें हमेशा चांगथांग में ही रुकना पड़ा। हम दो बेचारे घुमक्कड़ों पर स्वाभाविक रूप से लोगों का ध्यान कम आकृष्ट हो रहा था, उनके क़ाफ़िले पर अधिक नज़र रही होगी। और हमें तिब्बती भाषा का ज्ञान था, साथ ही हमने मजबूरी कुछ रणनीतियां भी आज़माई थीं। इसलिए स्थितियां बहुत हद तक हमारे पक्ष में थीं।

सुबह-सुबह हम अगले डेचेन इलाक़े में पहुंच गए। यहां हमें पूरा दिन बिताना था। हमें यह विचार पसंद नहीं आया। वहां दो ज़िला अधिकारी रहते थे और हमें उम्मीद नहीं थी कि वे हमें बिना किसी यात्रा दस्तावेज़ देखे अंदर जाने देंगे।

हमारा मित्र भिक्षु अभी तक नहीं पहुंचा था। घोड़े पर सवार होकर यात्रा करने के कारण वह रात को ठीक से सो पाया था। और इसमें कोई संदेह नहीं कि उसने यात्रा तब शुरू की, जब हम डेचेन पहुंच चुके थे।

हमने सावधानीपूर्वक ठहरने की जगह की तलाश शुरू की और एक शानदार 'ब्रेक' मिल गया। हमारी मुलाक़ात एक युवा सैनिक से हो गई जिसने बहुत ही विनम्रता से हमें अपना कमरा देने की पेशकश की, क्योंकि उसे दोपहर को निकलना था। वह पड़ोस में सैन्य सेवा के बदले में मिलने वाले चंदे के पैसे इकट्ठा कर रहा था। हमने उससे पूछा कि क्या वह हमारा सामान अपने काफ़िले में नहीं ले जा सकता। बेशक, हम इसके लिए भुगतान करेंगे। वह तुरंत सहमत हो गया और कुछ घंटों बाद हम निश्चिंतता से काफ़िले के पीछे-पीछे गांव से बाहर निकलने लगे।

हम कुछ ज़्यादा ही जल्दी निश्चिंत हो गए थे। हम आख़री घरों से गुज़र ही रहे थे कि किसी ने हमें आवाज़ दी और जब हम पीछे मुड़े तो हमारे सामने रेशमी परिधान पहने एक प्रतिष्ठित दिख रहे सज्जन खड़े थे। निश्चित रूप से वह पोनपो थे। उन्होंने विनम्रता से लेकिन अधिकारपूर्ण लहज़े में पूछा कि हम कहां से आए हैं और कहां जा रहे हैं। बुद्धिमानी और होशो-हवास ठिकाने पर रखकर ही उनसे निपटा जा सकता था। झुककर और हाथ जोड़कर हमने कहा कि हम थोड़ी दूर टहलने जा रहे हैं और अपने काग़ज़ात डेरे पर छोड़ आए हैं। लौटते समय हम उनके सान्निध्य का लाभ उठाएंगे। चाल सफल रही, और हम आगे बढ़ गए।

हम झरनों के नज़ारे देखते हुए आगे बढ़ रहे थे। जैसे-जैसे हम आगे बढ़ रहे थे, चरागाह की ज़मीनें हरी होती जा रही थीं। बाग़ानों में पक्षियों की चहचहाहट सुनाई दे रही थी और अब हम अपने भेड़ के चमड़े से बने लबादों में बहुत ज़्यादा गर्मी महसूस कर रहे थे, हालांकि तब जनवरी का मध्य ही था।

ल्हासा हमसे सिर्फ़ तीन दिन की दूरी पर था। पूरा दिन औफ़्शनाइटर और मैं अकेले ही चलते रहे और शाम को ही लेफ़्टिनेंट और उनके छोटे-से काफ़िले से मिले। इस इलाक़े में परिवहन के लिए गधे, घोड़े, गाय और बैल जैसे सभी प्रकार के जानवरों का इस्तेमाल किया जाता था। काफ़िले में सिर्फ़

याक ही दिखाई देते थे, क्योंकि किसानों के पास उनके झुंडों को खिलाने के लिए पर्याप्त चारागाह नहीं थे। हर जगह हमने ग्रामीणों को अपने खेतों की सिंचाई करते देखा। अगर मिट्टी बहुत सूखी हो तो वह वासंती आंधी में उड़ जाती है। लगातार पानी देकर मिट्टी को उपजाऊ बनाने में अक्सर कई पीढ़ियां लग जाती हैं। यहां सर्दियों के बीजों को बचाने के लिए बहुत कम बर्फ़ पड़ती है और किसान एक से ज़्यादा फ़सल नहीं उगा सकते। ऊंचाई का प्राकृतिक रूप से कृषि पर बहुत प्रभाव पड़ता है। 16,000 फ़ीट की ऊंचाई पर सिर्फ़ जौ ही उगता है और किसान आधे ख़ानाबदोश होते हैं। कुछ क्षेत्रों में जौ साठ दिनों में पक जाता है। जिस टीब्लुंग घाटी से हम गुज़र रहे थे वह समुद्र तल से 12,300 फ़ीट ऊपर है और यहां कंद, आलू और सरसों भी उगाई जाती है।

ल्हासा पहुंचने से पहले हमने आख़िरी रात एक किसान के घर में बिताई। यह किरोंग के लकड़ी के शानदार घरों जितना आकर्षक नहीं था। इन इलाक़ों में लकड़ी दुर्लभ है। घरों में छोटी मेज़ों और लकड़ी के पलंगों को छोड़कर कोई फ़र्नीचर नहीं रहता। मिट्टी की ईंटों से बने इन घरों में खिड़कियां नहीं थीं। रोशनी केवल दरवाज़े या छत में बने धुआं निकलने के छेद से ही आती थी।

हमारा मेज़बान एक संपन्न किसान था। जैसा कि सामंती रूप से संगठित देश में आम तौर पर होता है, किसान अपने ज़मींदार के लिए संपत्ति का प्रबंधन करता है, और अपने लिए लाभ कमाने से पहले उसे उसके लिए उतना ही उत्पादन करना पड़ता है। हम जिस घर में ठहरे ते उसमें तीन बेटे थे, जिनमें से दो ज़मींदार के लिए काम करते थे जबकि तीसरा भिक्षु बनने की तैयारी कर रहा था। परिवार के पास गाय, घोड़े, कुछ मुर्गियां और सूअर थे। ये मैंने तिब्बत में पहली बार देखा था। इन्हें भोजन नहीं मिलता, बल्कि ये अपशिष्ट और खेतों में उगने वाली किसी भी चीज़ पर जीवित रहते हैं।

हमने अगले दिन के बारे में सोचते रहे और हमारी रात बड़ी बेचैनी से गुज़री। यह दिन हमारा भविष्य तय करने वाला था। अब बड़ा सवाल खड़ा हुआ कि अगर हम शहर में घुसने में कामयाब हो भी गए, तो क्या हम वहां टिक पाएंगे? हमारे पास पैसे नहीं बचे थे। हम कैसे जी पाएंगे? और हमारी

शक्ल-सूरत का क्या! हम यूरोपीय कम और चांगथांग के लुटेरे अधिक लग रहे थे। दाग़ लगी ऊनी पतलून और फटी हुई कमीज़ों के ऊपर हमने भेड़ के चमड़े के लबादे पहने हुए थे। हमें देखकर कोई भी समझ सकता था कि हम मारे-मारे फिर रहे हैं। औफ़्शनाइटर ने भारतीय सेना के फटे-पुराने जूते पहने हुए थे, और मेरे जूते फट चुके थे। हम दोनों ही जूतों की बजाय नंगे पांव ज़्यादा थे। हमारी शक्ल-सूरत तो निश्चित ही अच्छी नहीं थी। हमारी दाढ़ी शायद हमारी सबसे बड़ी विशेषता थी। सभी मंगोलों की तरह, तिब्बतियों के चेहरे और शरीर पर ना के बराबर बाल होते हैं, जबकि हमारी लंबी, उलझी हुई, घनी दाढ़ी थी। इस कारण से हमें अक्सर कज़ाक समझ लिया जाता था। यह एक मध्य एशियाई जनजाति है जिसके सदस्य युद्ध के दौरान सोवियत रूस से तिब्बत की ओर पलायन कर गए थे। वे अपने परिवारों और झुंडों के साथ पदयात्रा करते थे और हर तरफ़ लूटपाट करते थे। तिब्बती सेना उन्हें भारत में खदेड़ने के लिए कड़ी मशक़्क़त करती थी। कज़ाक अक्सर गोरी त्वचा और नीली आंखों वाले होते हैं और उनकी दाढ़ी सामान्य रूप से बढ़ती है। आश्चर्य नहीं है कि हमें वही समझ लिया गया था और बहुत सारे ख़ानाबदोशों ने हमारा ठंडा स्वागत किया था।

हमारे रंग-रूप को लेकर कुछ भी नहीं किया जा सकता था। ल्हासा पंहुचने से पहले हम खुद को सजा-संवार नहीं सकते थे। अगर हमारे पास पैसे होते तो भी हम कपड़े कहां से ख़रीदते?

नांगत्से (अंतिम गांव का नाम) छोड़ने के बाद से हम ईश्वर के भरोसे थे। लेफ़्टिनेंट अपने घोड़े पर सवार होकर ल्हासा की ओर निकल गया और हमें अपना सामान ढोने के लिए अपने मेज़बान से मोल-भाव करना पड़ा। उसने हमें एक गाय और एक नौकर उधार दिया और उसे भुगतान करने के बाद हमारे पास डेढ़ रुपया और एक सोने का टुकड़ा बचा था। हमने तय किया था कि अगर हमें कोई परिवहन नहीं मिला, तो हम अपना सामान यहीं छोड़ देंगे। हमारी डायरी, नोट्स और नक्शों के अलावा हमारे पास कोई मूल्यवान चीज़ नहीं थी। अब हमें आगे बढ़ने से कुछ भी नहीं रोक सकता था।

7

निषिद्ध शहर

पोटाला पैलेस की सुनहरी छतें-दो घुमक्कड़ भोजन और छत के लिए दर-दर भटकते हुए-भगोड़े बिगड़ैल-दलाई लामा के पारिवारिक घर में मेहमान।

15 जनवरी, 1946 को हम अपनी अंतिम पदयात्रा पर निकले। तोलुंग से हम काइचू की चौड़ी घाटी में पहुंचे। हमने एक मोड़ पर मुड़े और दूर से पोटाला की सुनहरी छतें चमकती हुई दिखाई दीं। यह महल दलाई लामा का शीतकालीन निवास और ल्हासा का सबसे प्रसिद्ध स्थल है। इस एक क्षण ने हमारी बहुत सारी तकलीफ़ों को कम कर दिया। हमारा मन हुआ कि हम भी तीर्थयात्रियों की तरह घुटनों के बल बैठकर इस धरती से अपना माथा टिका लें। किरोंग छोड़ने के बाद से हम छह सौ मील से अधिक की दूरी तय कर चुके थे और इस शानदार शहर का नज़ारा हमेशा हमारे दिल-दिमाग़ में घूमता रहता था। हम सत्तर दिनों तक पैदल चले थे और इतने दिनों में केवल पांच दिन आराम किया। इसका मतलब था कि प्रतिदिन औसतन लगभग दस मील चले। हमारी यात्रा के पैंतालीस दिन चांगथांग को पार करने में बीते थे - ठंड, भूख और जोख़िम। कठिनाई और निरंतर संघर्ष से भरे दिन। अब जब हम सुनहरे शिखरों को देख रहे थे तो सब कुछ भूल चुके थे। बस छह मील और चलना था फिर हम अपने लक्ष्य पर होंगे।

हम पत्थरों के टीलों के पास बैठ गए। इन पत्थरों को तीर्थयात्रियों ने पवित्र शहर के प्रथम दर्शन की निशानी के तौर पर रखा था। इस बीच हमारे सामान को ढोकर लाने वाला वाहक अपनी प्रार्थना करने लगा। फिर हम आगे

बढ़े और जल्दी ही ल्हासा से पहले गांव शिंगडोंगका पहुंचे। चरवाहे ने आगे बढ़ने से रोकना चाहा, लेकिन अब हमें कोई भी बाधा हतोत्साहित नहीं कर सकती थी। हम पोनपो को खोजने गए और उन्हें शांत भाव से बताया कि हम ल्हासा जा रहे एक प्रभावशाली विदेशी व्यक्ति के अग्रिम दल के सदस्य हैं और हमें अपने स्वामी के लिए आवास खोजने के लिए जल्दी से जल्दी शहर पहुंचना है। पोनपो ने हमारी कहानी को सही माना और हमें एक गधा और उसे चलाने के लिए एक आदमी दे दिया। वर्षों बाद भी हमारी यह कहानी ल्हासा में पार्टियों में लोगों को हँसने पर मजबूर करती थी, यहां तक कि मंत्रियों के घरों में भी इसकी चर्चा होती थी। सच तो यह है कि तिब्बती लोग विदेशियों को देश से बाहर रखने की अपनी व्यवस्था पर बहुत गर्व करते हैं। और जिस तरह से हमने बाधाओं को तोड़ा था, वह ना केवल ध्यान देने योग्य थी बल्कि उन्हें यह बात बहुत हास्यास्पद भी लगी। यह सब हमारे लिए फ़ायदेमंद था, क्योंकि तिब्बती लोग हँसी-मज़ाक़ पसंद करने वाले लोग हैं।

सड़क के आख़िरी छह मील के दौरान हम तीर्थयात्रियों और काफ़िलों की भीड़ में शामिल हो गए। बीच-बीच में हम कई तरह के व्यंजनों-मिठाई, सफ़ेद ब्रेड और ना जाने क्या-क्या-के स्टॉल के सामने से गुज़रे। इन सब चीज़ों को देखकर हमारी आंखों में आंसू आ गए। हमारे पास पैसे नहीं थे। हमारा आख़िरी रुपया हमारे सहयोगी का था।

हम जल्द ही शहर के उन सभी स्थानों को देखकर पहचानने लगे, जिनके बारे में हमने अक्सर किताबों में पढ़ा था। यहां चाग्पोरी पहाड़ी भी अवश्य नज़र आएगी जिस पर प्रसिद्ध चिकित्सा विद्यालय है। और यहां हमारे सामने ड्रेपुंग था, जो दुनिया का सबसे बड़ा मठ है। इसमें दस हज़ार भिक्षु रहते हैं और यह अपने आप में एक शहर है। इसमें पत्थरों से बने हुए अनेक घर हैं और मंदिरों के सैकड़ों स्वर्ण शिखर हैं। कुछ नीचे नेचुंग की छतें हैं, जो एक और मठ है। यह सदियों से तिब्बत का सबसे बड़े रहस्य छिपा हुआ है। यहां एक रक्षक देवता उपस्थित हैं, जिनकी भविष्यवाणी तिब्बत के भाग्य की सूचना देती है और सरकार किसी भी महत्त्वपूर्ण निर्णय लेने से पहले इस देवता की सलाह लेती है। हमें अभी पांच मील और चलना था और हर कुछ क़दम की दूरी पर हमें कुछ नया देखने को मिल रहा था। हम नम्रा (विलो) के

वृक्षों से घिरे विस्तृत, सुव्यवस्थित घास के मैदानों से गुज़रे। यहां दलाई लामा अपने घोड़े चराते हैं।

हम क़रीब एक घंटे तक चलते रहे और हमारी सड़क के दोनों ओर एक लंबी पत्थर की दीवार थी और हमें बताया गया कि इसके पीछे राजा-देवता दलाई लामा का ग्रीष्मकालीन महल है। इसके बाद हम शहर के बाहर स्थित ब्रिटिश दूतावास से गुज़रे। यह नम्रा के पेड़ों से आधा छिपा हुआ था। हमारा सहयोगी यह सोचकर उसी ओर मुड़ गया कि शायद यही हमारी मंज़िल है। हमें उसे उधर ना मुड़कर, सीधे आगे चलने के लिए मनाने में थोड़ी परेशानी हुई। वास्तव में एक क्षण के लिए तो हम स्वयं वहां जाने में हिचकिचा रहे थे, लेकिन नज़रबंदी शिविर की यादें अभी भी हमारे दिमाग़ में थीं और हमने सोचा कि आख़िरकार हम तिब्बत में और हमें तिब्बतियों से आतिथ्य की अपेक्षा करनी चाहिए।

किसी ने हमें रोका नहीं और ना ही हमारी परवाह की। हम इसे समझ नहीं पाए, लेकिन फिर हमें एहसास हुआ कि कोई भी, यहां तक कि कोई यूरोपीय भी उनके लिए संदिग्ध नहीं था, क्योंकि कोई भी बिना पास के ल्हासा नहीं आ सकता था।

जैसे-जैसे हम पास पहुंचते गए, पोटाला महल हमारे सामने और भी ऊंचा होता गया। अभी तक हम शहर का वह हिस्सा बिलकुल नहीं देख पाए थे, जो उन पहाड़ियों के पीछे था जिन पर महल और चिकित्सा विद्यालय स्थित थे। फिर हमने तीन चोर्टेन (तिब्बती बौद्ध मंदिर या स्मारक) से सजा एक बड़ा द्वार देखा, जो दो पहाड़ियों के बीच की खाई को पाटता है और शहर का प्रवेश द्वार बनाता है। हम बहुत उत्साहित थे। हम सचमुच भाग्यशाली थे। ल्हासा के बारे में लगभग हर किताब में लिखा है कि इस पवित्र शहर की रखवाली के लिए जहां-तहां संतरी तैनात हैं। हम धड़कते दिलों के साथ आगे बढ़ रहे थे। लेकिन वैसा कुछ भी नहीं था। कोई सैनिक नहीं, कोई नियंत्रण चौकी नहीं, केवल कुछ भिखारी भीख मांगते हुए हाथ बढ़ा रहे थे। हम लोगों के एक समूह में घुल-मिल गए और बिना किसी बाधा के प्रवेश द्वार से शहर में प्रविष्ट हो गए। हमारे सहायक ने हमें बताया कि हमारे बांईं ओर जो घर

दिखाई दे रहे हैं, वे एक तरह से उपनगर हैं और इसीलिए हम एक अनिर्मित क्षेत्र से होते हुए शहर के बीच में पहुंच गए। हम अवाक थे। और आज तक मुझे वे शब्द नहीं मिल पाए हैं, जिनकी मदद से मैं अपनी भावनाओं को व्यक्त कर पाऊं। उस समय हम कितने अभिभूत थे, उसका वर्णन करने के लिए मेरे पास शब्द नहीं। इस बीच हमने ना जाने कितनी कठिनाइयों का सामना किया था, जिनकी वजह से हमारे मन बोझिल थे। हमने कितने-कितने आघातों को सहा था।

हम जल्दी ही फ़िरोज़ी रंग की छत वाले पुल के सामने पहुंच गए और पहली बार ल्हासा के गिरजाघर की मीनारें देखीं। सूरज ढल गया और पूरा परिदृश्य अलौकिक रोशनी से नहा उठा। ठंड से ठिठुरते हुए हमें ठहरने की जगह ढूंढ़नी पड़ी, लेकिन ल्हासा के किसी घर में प्रवेश पाना उतना आसान नहीं था, जितना चांगथांग में एक तंबू में घुसना। हमें शायद तुरंत अधिकारियों को रिपोर्ट कर देना चाहिए था। लेकिन हमें कोशिश करनी थी। पहले घर में हमें एक गूंगा नौकर मिला, जो हमारी बात सुन-समझ नहीं सका। अगले घर में केवल एक नौकरानी थी जो हमें देखते ही मदद के लिए चिल्लाने लगी। फिर उसकी मालकिन आई और उसने हमसे कहीं और जाने की विनती नहीं की। उसने कहा कि अगर वह हमें पनाह देगी तो उसे क्वार्टर से बाहर निकाल दिया जाएगा। हमें विश्वास नहीं था कि सरकार इतनी सख़्त भी हो सकती है, लेकिन हम उसे किसी अप्रिय स्थिति में नहीं डालना चाहते थे और इसलिए आगे बढ़ गए। हम कुछ संकरी गलियों से गुज़रे और शहर के दूसरी तरफ़ पहुंच गए। वहां हम एक ऐसे घर में पहुंचे जो अब तक हमने जितने भी घर देखे थे, उनसे कहीं ज़्यादा बड़ा और सुंदर था। इसके आंगन में अस्तबल थे। हम जल्दी से अंदर चले गए लेकिन नौकरों ने हमें रोक दिया और हमें फटकारते हुए चले जाने को कहा। हम नहीं हटे और गधे से अपना सामान उतार लिया। वैसे ही हमारा सहायक घर जाने की ज़िद पकड़ चुका था। उसने देखा कि सब कुछ ठीक नहीं है। हमने उसे उसके पैसे दिए और वह राहत की सांस लेकर निकल गया।

जब नौकरों ने देखा कि हम यहां रहने के लिए आए हैं, तो वे निराश हो गए। उन्होंने हमसे विनती की और हमें जाने के लिए कहा और बताया कि

जब उनका मालिक वापस आएगा, तो वे बड़ी मुसीबत में पड़ जाएंगे। हमें भी ज़बरदस्ती वहां रहने का विचार जंच नहीं रहा था, लेकिन हम वहां से डटे रहे। शोरगुल से आस-पास के लोगों का ध्यान हमारी ओर आकृष्ट हो रहा था, और यह दृश्य मुझे किरोंग से मेरे प्रस्थान की याद दिला रहा था। हम लोगों के विरोध को अनसुना करते रहे। हम थके हुए थे। भूखे भी थे। अपने-अपने सामान के पास ज़मीन पर बैठे रहे। इस बात की परवाह नहीं थी कि हमारे साथ क्या हो सकता है। हम बस आराम करना चाहते थे। सोना चाहते थे।

भीड़ का हल्ला-गुल्ला अचानक बंद हो गया। उन्होंने हमारे सूजे, छालों वाले पैर देखे थे। वे सीधे-सादे लोग थे, उन्हें हम पर दया आ गई। एक महिला ने हमें मदद करने की पहल की। यह वही थी जिसने हमें आगे जाने के लिए कहा था। अब वह हमारे लिए मक्खन वाली चाय लेकर आई। धीरे-धीरे लोग हमारे लिए हर तरह की चीज़ें लेकर आए- त्सम्पा, रसद और यहां तक कि ईंधन भी। लोग अपने अमानवीय स्वागत का प्रायश्चित करना चाहते थे। हम भूख से व्याकुल थे। भोजन देखते ही उस पर टूट पड़े और कुछ देर के लिए बाक़ी सब कुछ भूल गए।

अचानक हमने सुना कि कोई विशुद्ध अंग्रेज़ी में हमें पुकार रहा है। हमने ऊपर की ओर देखा। बहुत अधिक प्रकाश नहीं था फिर भी हमें समझ में आ गया कि शानदार वेशभूषा वाला वह तिब्बती व्यक्ति अवश्य ही बहुत उच्च कोटि का होगा। हम आश्चर्यचकित थे। हमने प्रसन्न होकर पूछा कि क्या वह उन चार युवा कुलीनों में से एक तो नहीं हैं जिन्हें रग्बी (इंग्लैंड) के प्राइवेट बोर्डिंग स्कूल भेजा गया था। उसने कहा नहीं। लेकिन उसने भारत में कई वर्ष बिताए हैं। हमने उसे बताया कि हम जर्मन हैं और अपनी रामकहानी संक्षेप में उसे सुना दी। हमने विनती की कि वह हमें अपने साथ रहने दे। उसने एक क्षण सोचा और फिर कहा कि वह सिटी मजिस्ट्रेट की स्वीकृति के बिना हमें अपने घर में प्रवेश नहीं दे सकता। लेकिन वह अधिकार के पास जाकर अनुमति मांगेगा।

जब वह चला गया तो दूसरे लोगों ने हमें बताया कि वह एक बड़ा अधिकारी है और बिजली विभाग का प्रभारी है। हमने उसकी बातों पर ज़्यादा

ध्यान नहीं दिया और रात को सोने की तैयारी करने लगे। इस बीच हम आग के पास बैठकर आने-जाने वालों से बातें करते रहे। फिर एक नौकर हमारे पास आया और उसने हमें अपने साथ चलने के लिए कहा और कहा कि 'बिजली के मास्टर' मि. थांगमे ने हमें अपने घर पर आमंत्रित किया है। नौकर ने उन्हें सम्मानपूर्वक 'कु-नगो' कहा, जिसका अर्थ 'महामहिम' होता है। हम उसके साथ चले गए।

थांगमे और उनकी युवा पत्नी ने हमारा बहुत गर्मजोशी से स्वागत किया। उनके पांचों बच्चे हमारे इर्द-गिर्द खड़े होकर हमें हैरत से देख रहे थे। उनके पिता के पास हमारे लिए अच्छी ख़बर थी। मजिस्ट्रेट ने उन्हें हमें एक रात के लिए अपने घर में रखने की अनुमति दे दी थी, लेकिन भविष्य की व्यवस्था कैबिनेट को तय करनी थी। हमें भविष्य की चिंता नहीं थी। अंततः हम ल्हासा में थे और एक कुलीन परिवार के मेहमान थे। हमारे लिए एक अच्छा, आरामदायक कमरा पहले से ही तैयार था जिसमें एक छोटा लोहे का स्टोव था जो हमें पर्याप्त गर्माहट दे सकता था। हमने सात साल पहले स्टोव देखा था! इस स्टोव में ईंधन के लिए हपुषा की लकड़ी का इस्तेमाल किया गया था, जिसकी महक बहुत अच्छी थी। यह वास्तव में एक विलासिता की वस्तु थी, क्योंकि इसे ल्हासा तक आने में हफ़्तों लग जाते हैं। इसे याक की पीठ पर लाद कर लाया जाता है। हम अपने फटे-पुराने कपड़ों में साफ़-सुथरे कालीन से ढंके बिस्तरों पर बैठने की हिम्मत नहीं कर पा रहे थे। वे हमारे लिए शानदार चीनी भोजन लाए, और जब हम खा रहे थे तो वे सभी हमारे चारों ओर खड़े होकर लगातार हमसे बातें कर रहे थे। हम पर क्या बीती होगी! वे इस बात पर यक़ीन ही नहीं कर पा रहे थे कि हमने सर्दियों में चांगथांग को पार करके न्येनचेन तांगला पर्वतमाला पर चढ़ाई की है। तिब्बती भाषा के बारे में हमारा ज्ञान उन्हें हैरान कर रहा था। लेकिन इस सभ्य परिवेश में हम अपने आपको कितना बदसूरत और फटेहाल महसूस कर रहे थे, ये हम ही जानते हैं। हमारी यात्रा के लिए जो सामग्री आवश्यक थी, अब उसके प्रति हमारा आकर्षण अचानक समाप्त हो चुका था और हमें लगा कि इस सामान से छुटकारा पाकर हमें ख़ुशी होगी।

थके-हारे और भ्रमित मन से हम आख़िरकार बिस्तर पर लेट गए, लेकिन हम सो नहीं पाए। हमने बहुत रातें कठोर धरती पर बिताई थीं। हमारे पास सिर्फ़ भेड़ की खाल से बने लबादे और एक फटा हुआ कंबल था। अब हमारे पास नरम बिस्तर और गर्म कमरा था, लेकिन हमारे शरीर इतनी जल्दी इस बदलाव के लिए अभ्यस्त नहीं हो पाए। हमारे विचार लगातार हमारे सिर में घूम रहे थे। हमारे दिमाग़ में वो सारी यातनाएं और परेशानियां घूम रही थीं, जो हमने नज़रबंदी शिविर और वहां से भागने के बाद इक्कीस महीनों तक झेली थीं। तमाम रोमांच और कठिनाइयां हमारी आंखों के सामने घूम रही थीं। हम अपने साथियों और उनके जीवन की निरंतर एकरसता के बारे में भी सोच रहे थे, क्योंकि युद्ध के ख़त्म होने के बाद भी क़ैदियों को रिहाई नहीं मिली थी। लेकिन, क्या अब हम आज़ाद हो गए हैं?

इससे पहले कि हम ठीक से जाग पाते, हमने देखा कि हमारे बिस्तरों के पास एक नौकर मीठी चाय और केक लेकर खड़ा है। फिर नौकर हमारे लिए गर्म पानी लेकर आए और हमने उस्तरों से अपनी लंबी दाढ़ियां उतारीं। दाढ़ी बनाने के बाद हम ज़्यादा सम्मानजनक लग रहे थे, लेकिन हमारे लंबे बाल अभी भी एक समस्या बने हुए थे। हमारे बालों को संवारने के लिए एक मुस्लिम नाई को बुलाया गया। परिणाम अनोखा था, लेकिन प्रशंसा तो बनती ही थी। तिब्बतियों को अपने केशविन्यास से कोई परेशानी नहीं होती। या तो वे चोटी बनाते हैं या उनके सिर मुंडे होते हैं।

थांगमे से हमारी मुलाक़ात दोपहर तक नहीं हो पाई। दोपहर को वह विदेश मंत्री से मिलने के बाद बड़ी राहत महसूस करते हुए घर लौटे। थांगमे ने हमें ख़ुशख़बरी दी और बताया कि हमें अंग्रेज़ों को नहीं सौंपा जाएगा। फ़िलहाल हम ल्हासा में ही रह सकते हैं, लेकिन इस अधिकारी ने हमसे विनम्रतापूर्वक अनुरोध किया गया कि जब तक रीजेंट हमारे भविष्य के बारे में फ़ैसला नहीं कर लेता, तब तक हम घर के अंदर ही रहें। रीजेंट टैगलुंग ट्रा में एकांतवास में था। हमें यह समझाया गया कि यह एक एहतियाती उपाय था। और यह सही भी था, क्योंकि पिछले दिनों कुछ घटनाओं में कट्टरपंथी भिक्षु शामिल थे। सरकार हमें खाना और कपड़े देने के लिए तैयार थी।

हम बहुत ख़ुश थे। हमें तो वैसे भी कुछ दिनों का आराम चाहिए था। हमने पुराने अख़बारों को बड़े उत्साह से खंगाला, लेकिन हमें जो ख़बरें दिखीं वे उत्साहवर्धक नहीं थीं। पूरी दुनिया अभी भी उबल रही थी और हमारा देश मुश्क़िल दौर से गुज़र रहा था।

उसी दिन शहर के मजिस्ट्रेट द्वारा भेजे गए एक अधिकारी ने हमसे मुलाक़ात की। उसके साथ छह पुलिसकर्मी थे, जो गंदे और अविश्वसनीय लग रहे थे। लेकिन अधिकारी बहुत विनम्र था और उसने हमारे सामान की जांच करने की अनुमति मांगी। हम आश्चर्यचकित थे कि वह अपना काम इतनी सटीकता से कर रहा था। उसके पास किरोंग की एक रिपोर्ट थी। उसके आधार पर उसने हमारी यात्रा की तारीख़ें जाचीं। हमने उससे पूछने का साहस किया कि क्या जिन ज़िलों से हम गुज़रे थे, क्या उन सभी अधिकारियों को वास्तव में दंडित किया जाएगा। उसने सोच-समझकर कहा, 'पूरा मामला कैबिनेट के सामने जाएगा और अधिकारियों को दंडित किया जा सकता है।' इस बात से हम परेशान हो गए। हमने उसे बताया कि कैसे हमने ज़िला अधिकारियों को चकमा दिया और कितनी बार हमने उन्हें धोखा दिया। जब उसने हमें बताया कि पिछली शाम उसे ल्हासा पर जर्मन आक्रमण की आशंका थी, तो हम हँसने लगे। ऐसा लगता है कि हमने जिनसे भी बात की थी, वे सभी मजिस्ट्रेट को रिपोर्ट करने के लिए भागे थे। उन्हें लग रहा था कि जर्मन सैनिक शहर में घुसने वाले हैं!

वैसे भी हम पूरे शहर में चर्चा का विषय बने हुए थे। हर कोई हमें देखना चाहता था और अपने कानों से हमारे कारनामों को सुनना चाहता था। और चूंकि हमें बाहर जाने की अनुमति नहीं थी, इसलिए लोग हमसे मिलने चले आते थे। श्रीमती थांगमे का काम बढ़ गया। उन्होंने मेहमानों का बहुत अच्छे ढंग से स्वागत किया। हमें टी-पार्टी समारोह में शामिल किया जाता था। मेहमानों का सम्मान उनको दी जाने वाली टी-सर्विस से आंका जाता है। चाय के प्याले में तीन हिस्से होते हैं: एक स्टैंड, एक चीनी मिट्टी का प्याला और एक ढक्कन। स्टैंड और ढक्कन अक्सर चांदी या सोने के होते हैं।

थांगमे के घर में हर दिन विशिष्ट मेहमान आते थे। वह स्वयं पांचवे दर्जे के कुलीन थे और चूंकि यहाँ शिष्टाचार का बहुत ध्यान रखा जाता है, इसलिए

अब तक उनके घर पर केवल उनकी बराबरी के या उनसे कम दर्जे के लोग ही आते थे। लेकिन अब तो अत्यंत उच्च पदस्थ व्यक्ति भी हमसे मिलना चाहते थे। इन्हीं में एक बहुत प्रमुख व्यक्ति थे प्रसिद्ध एलिनिस्टर त्सारोंग के पुत्र और उनकी पत्नी। हमने उनके पिता के बारे में पहले ही बहुत कुछ पढ़ रखा था। वह साधारण परिस्थितियों में जन्मे थे, पर तेरहवें दलाई लामा के प्रिय बन गए। वे बहुत सम्मानजनक पद पर पहुंचे और अपनी मेहनत और बुद्धिमत्ता से बहुत धन अर्जित किया। चालीस साल पहले दलाई लामा को चीनियों के कारण भारत भागना पड़ा था, और तब त्सारोंग ने अपने गुरु की बड़ी सेवा की थी। वह कई वर्षों तक कैबिनेट मंत्री रहे और लामा के अत्यंत प्रिय थे और उनके पास लगभग एक रीजेंट की शक्तियां थीं। इसके बाद खिनपेला नामक एक नए पसंदीदा ने त्सारोंग को उनके अधिकार के पद से हटा दिया। हालांकि, वह अपने पद और प्रतिष्ठा को बनाए रखने में सक्षम थे। त्सारोंग अब कुलीनता के क्रम में तीसरे स्थान पर थे और बेशुमार धन-संपत्ति के मालिक।

उसका पुत्र छब्बीस साल का था। वह भारत में पला-बढ़ा था और धाराप्रवाह अंग्रेज़ी बोलता था। अपनी महत्ता को समझते हुए उसने अपनी चोटी में सोने का ताबीज़ बांध रखा था। एक मंत्री के बेटे को ऐसा करने का अधिकार था।

जब यह युवा रईस आया, नौकरों को बुलाया गया और उसे चाय परोसी गई। जल्द ही बातचीत चालू हो गई। मंत्री के पुत्र में बहुमुखी प्रतिभा थी। उसकी तकनीकी मामलों में विशेष रुचि थी। उसने हमसे नवीनतम खोजों की जानकारी ली, और उसने हमें बताया कि उसने अपना रेडियो रिसीविंग-सेट तैयार किया है और अपने घर की छत पर पवन-चालित जनरेटर लगाया है।

हम अंग्रेज़ी में तकनीकी चर्चा कर रहे थे, तभी उनकी पत्नी ने हमें हँसते हुए टोका और कहा कि वह हमसे कुछ सवाल पूछना चाहती हैं। उनका नाम यांगचेनला था। वह ल्हासा की सुंदरतम स्त्रियों में से एक थीं। वह बड़ी शालीनता के साथ सज-धज के आई थीं और बहुत ही सुंदर लग रही थीं। ऐसा लगता था कि पाउडर, रूज और लिपस्टिक का किस तरह इस्तेमाल

करना है, बहुत अच्छे से जानती थीं। वह शर्मीली नहीं थीं। मैं ऐसा इसलिए कह रहा हूं, क्योंकि उन्होंने तिब्बती भाषा में हमारी यात्रा के बारे में खुलकर सवाल पूछे। बातचीत के बीच-बीच में हमारी किसी बात पर ठहाके भी लगाती थीं। वह हमारी इस जानकारी से चकित थीं कि हमने अपने समाप्त हो चुके यात्रा परमिट के साथ अधिकारियों को कैसे चकमा दिया था। हम धाराप्रवाह तिब्बती बोल रहे थे, इससे भी वह आश्चर्यचकित लग रही थीं। वह और उनके पति कई बार अपने आपको हँसने से रोक नहीं पा रहे थे।

बाद में हमारे दोस्तों ने हमें बताया कि हम जो बोल रहे थे, वह किसानों द्वारा बोले जाने वाली आम बोलचाल की भाषा थी। यह कुछ-कुछ ऐसी थी जैसे सुदूर अल्पाइन घाटी से आया कोई जंगलवासी विनीज़ (वियेनावासी) के ड्राइंग-रूम में अपनी भाषा बोल रहा हो। मेहमान हमारी बोलचाल से बहुत ख़ुश थे, लेकिन साथ-साथ बड़ी विनम्रता के साथ हमें सुधार भी रहे थे।

जब यह युवा जोड़ा हमसे विदा हुआ, तब तक हम उनसे अच्छी दोस्ती कर चुके थे। वे अपने साथ लिनन, पुलओवर और सिगरेट जैसे कुछ बहुत शानदार उपहार लाए थे और उन्होंने हमसे आग्रह किया कि हमें आगे भी किसी चीज़ की ज़रूरत हो तो हम नि:संकोच मांग सकते हैं। मंत्री के पुत्र ने हमारी मदद करने का वादा किया और बाद में अपने पिता का आमंत्रण भी दिया। उन्होंने कहा था कि अगर सरकार हमें यहां रहने की मंज़ूरी दे तो हम उनके साथ रह सकते हैं। यह सब बहुत ही सांत्वना भरा लगा।

मिलने-जुलने वाले आते ही रहे। हमारे अगले मुलाक़ाती थे तिब्बती सेना के जनरल। वह इर्विन रोमेल (जर्मन सेना के फ़ील्ड मार्शल) के बारे में हर संभव जानकारी पाना चाहते थे। उन्होंने इस जर्मन जनरल के बारे में उत्साहपूर्वक बात की और बताया कि उन्हें अंग्रेज़ी आती है, इसलिए समाचार पत्रों में जो-जो जानकारियां दी गई थीं, सब पढ़ ली हैं। अख़बारों के मामले में ल्हासा बिलकुल भी अलग-थलग नहीं है। दुनिया भर से समाचार पत्र भारत के रास्ते यहां आते थे। शहर में कुछ लोग ऐसे भी थे जो *लाइफ़* (मैग्ज़ीन) पढ़ना पसंद करते थे। भारतीय दैनिक समाचार पत्र अपने नियमित प्रकाशन के एक सप्ताह बाद यहां पहुंचते थे।

मुलाक़ातियों की आवाजाही चलती रही। मिलने आने वालों में उच्च पदस्थ भिक्षु भी थे। ये विनम्रतापूर्वक हमारे लिए उपहार लेकर आए। उनमें से कुछ बाद में मेरे अच्छे मित्र बन गए। फिर चीनी दूतावास का एक प्रतिनिधि भी आया और उसके बाद सिक्किम में ब्रिटिश एजेंसी से संबंधित एक अधिकारी भी।

तिब्बती सेना के कमांडर-इन-चीफ़ जनरल किनसांगत्से के आने से हमें विशेष रूप से गर्व महसूस हुआ। उन्होंने चीन और भारत के बीच मैत्रीपूर्ण मिशन पर रवाना होने से पहले हमसे मिलने पर ज़ोर दिया। वह विदेश मंत्री के छोटे भाई थे और उनके पास बहुत जानकारियां थीं। जब उन्होंने हमें आश्वासन दिया कि तिब्बत में रहने की अनुमति के लिए हमारा अनुरोध निश्चित रूप से स्वीकृत होगा, तो इससे हमारा मन हल्का हो गया।

धीरे-धीरे हम सहज होने लगे। थांगमे और उनकी पत्नी के साथ हमारे संबंध सौहार्दपूर्ण मित्रता में बदल गए। हमारी देखभाल बहुत अच्छी तरह से की और हमारे खान-पान का पूरा ध्यान रखा गया। सभी यह देखकर प्रसन्न थे कि हम बड़े चाव से भरपेट भोजन कर रहे थे। निस्संदेह हम जिन कठिनाइयों और अत्यधिक तनाव से गुज़रे थे उसके कारण हमें कई तरह की छोटी-मोटी शिकायतों का सामना करना पड़ रहा था। औफ़्शनाइटर को बुखार चढ़ गया और मेरे साइटिका के दर्द ने मुझे बहुत परेशान किया। हमारे इलाज के लिए थांगमे ने चीनी दूतावास के डॉक्टर को बुलाया। उन्होंने बर्लिन और बोर्डो से पढ़ाई की थी। उन्होंने हमें स्वीकृत यूरोपीय पद्धति से जांचा और दवाएं भी दीं।

शायद दुनिया का कोई भी दूसरा देश दो बेचारे, ग़रीब भगोड़ों का इस तरह स्वागत ना करे जैसा तिब्बत ने हमारा किया। हमारे कपड़ों का पार्सल देरी के लिए क्षमायाचना के साथ आया, क्योंकि हम औसत तिब्बती लोगों से लंबे थे और हमारे लिए कपड़े तैयार नहीं थे। ये सरकार की ओर से हमें तोहफ़ा था। हमारे सूट और जूते हमारे नाप के हिसाब से बनाए गए थे। हम बच्चों की तरह ख़ुश थे। हम अंततः अपने फटे-पुराने कपड़े फेंक सके। हमारे नए सूट, हालांकि उच्चतम परिधान मानकों के अनुरूप नहीं थे, लेकिन शालीन और साफ़-सुथरे थे और हमारे लिए बहुत पर्याप्त थे।

मेल-मुलाक़ात के दौरान हमें जब थोड़ा समय मिलता, हम अपनी डायरी में नोट्स लिखते थे। और हमने जल्द ही थांगमे दंपति के बच्चों से दोस्ती कर ली थी। वे आमतौर पर हमारे जागने से पहले ही स्कूल चले जाते थे। शाम को वे हमें अपना होमवर्क दिखाते थे, जिसमें मुझे बहुत दिलचस्पी थी। मुझे तिब्बती भाषा लिखने में परेशानी होती थी। औफ़्शनाइटर लंबे समय से इसका अध्ययन कर रहे थे और हमारे भ्रमण के दौरान उन्होंने मुझे थोड़ा लिखना सिखाया भी, लेकिन तिब्बती भाषा को कमोबेश धाराप्रवाह तरीक़े से लिखना सीखने में मुझे कई साल लग गए। अक्षरों को अलग-अलग लिखना बहुत कठिन नहीं है, लेकिन इन्हें व्यवस्थित करके शब्द और वाक्य बनाना आसान नहीं। कई अक्षर प्राचीन भारतीय लिपियों से लिए गए हैं, और तिब्बती लेखन चीनी की तुलना में हिंदी (देवनागरी लिपि) जैसा अधिक दिखता है। बढ़िया, टिकाऊ चर्मपत्र जैसा काग़ज़ और चीनी स्याही का इस्तेमाल किया जाता है। तिब्बत में कई उच्च श्रेणी की मिलें हैं, जहां हपुषा की लकड़ी से काग़ज़ बनाया जाता है। इसके अलावा नेपाल और भूटान से हर साल हज़ारों लोड काग़ज़ आयात किए जाते हैं। मैंने अक्सर काइचु नदी के तट पर काग़ज़ बनाने की प्रक्रिया देखी है। तिब्बती काग़ज़ की मुख्य कमी यह है कि इसकी सतह पर्याप्त चिकनी नहीं होती, जिससे लिखना मुश्क़िल हो जाता है। बच्चों को अभ्यास के लिए आमतौर पर लकड़ी की पटिया दी जाती हैं और पानी वाली स्याही और बांस की कलम का इस्तेमाल किया जाता है। बाद में गीले कपड़े से लिखावट को मिटाया जा सकता है। थांगमे के बच्चों को अक्सर अपने अभ्यास बीसियों बार मिटाना पड़ता था, तब जाकर वे सही लिख पाते थे।

जल्द ही हमारे साथ परिवार के सदस्यों जैसा व्यवहार किया जाने लगा। श्रीमती थांगमे ने हमसे अपनी समस्याओं पर चर्चा की। और जब हमने उनके अच्छे रंग-रूप और अच्छी पसंद की तारीफ़ की तो वे बहुत खुश हुईं। एक बार उन्होंने हमें अपने कमरे में आकर गहने देखने के लिए आमंत्रित किया। उन्होंने इन गहनों को एक बड़े संदूक़ में रखा था जिसमें उनका ख़ज़ाना या तो छोटे गहनों के डिब्बों में या बढ़िया रेशमी आवरणों में रखा हुआ था। उनका संग्रह देखने लायक़ था। उनके पास मूंगे, फ़िरोज़ा और मोतियों का एक

शानदार मुकुट था और कई अंगूठियां और हीरे की बालियां और कुछ छोटे तिब्बती ताबीज-लॉकेट थे जिन्हें मूंगे से बनी चेन से गले में लटकाया जाता था। कई महिलाएं इन लॉकेट को कभी नहीं उतारतीं। उनका मानना है कि यह ताबीज़ उन्हें बुरी नज़र से बचाता है।

गृहस्वामिनी अपने संग्रह की प्रशंसा सुनकर बहुत ख़ुश हुई। उसने हमें बताया कि हर पुरुष को अपने पद के अनुरूप अपनी पत्नी को गहने भेंट करने चाहिए। पद में पदोन्नति का मतलब है आभूषणों में पदोन्नति! लेकिन सिर्फ़ अमीर होना ही काफ़ी नहीं था, क्योंकि अमीरी से महंगे गहने पहनने का अधिकार नहीं मिल जाता। बेशक, पुरुष अपनी पत्नियों के दिखावे के बारे में शिकायत करते हैं, क्योंकि यहां भी पश्चिम की तरह, हर महिला अपनी प्रतिद्वंद्वियों को मात देने की कोशिश करती है। श्रीमती थांगमे के गहनों की क़ीमत कई हज़ार पाउंड रही होगी। उन्होंने हमें बताया कि वह कभी भी अकेले बाहर नहीं निकलतीं, नौकर साथ रहता है। महिलाओं पर चोरों का हमला आम बात थी।

आठ दिन बीत गए। हम पूरी ईमानदारी के साथ घर के अंदर ही रहे। हमें बहुत आश्चर्य हुआ, जब एक दिन नौकर हमारे पास दलाई लामा के माता-पिता का निमंत्रण लेकर आया। हमें तुरंत उनके घर पहुंचने के लिए कहा गया था। चूंकि हम घर से बाहर ना निकलने के अपने वादे से बंधे हुए थे, इसलिए हमने अपने मेज़बान से सलाह ली। वह इस बात से भयभीत था कि कहीं कोई ग़लतफ़हमी तो नहीं हुई है। कहीं ऐसा ना हो कि ऐसा आमंत्रण बाद में भारी पड़ जाए। हालांकि, दलाई लामा या रीजेंट की ओर से आने वाला बुलावा बहुत महत्त्वपूर्ण था। इसके कारण कोई भी हमें हिरासत में लेने या बाद में हमें जवाबदेह ठहराने की हिम्मत नहीं करेगा। वहीं, उनकी बात मानने में हिचकिचाहट करना एक गंभीर अपराध होगा।

हमें उनकी राय जानकर ख़ुशी हुई, लेकिन फिर हमें बुलाए जाने के कारण घबराहट भी होने लगी। क्या यह हमारे भविष्य के लिए एक अच्छा शगुन था? बहरहाल, हमने जल्दी-जल्दी तैयार हुए। हमने पहली बार अपने नए कपड़े और तिब्बती जूते पहने। हम बहुत अच्छे दिख रहे थे। फिर थांगमे

ने हम दोनों को एक-एक सफ़ेद रेशमी स्कार्फ़ दिया और हमें समझाया कि जब भी कोई हमसे मिले तो हमें उन्हें यह अवश्य भेंट करना चाहिए। हम पहले ही किरोंग इस प्रथा को देख चुके थे और हमने वहां देखा था कि इसे अत्यंत साधारण लोग भी ऐसा करते हैं। किसी उच्च पदस्थ व्यक्ति से मिलने या उसे कोई आवेदन देते समय या किसी बड़े उत्सव में स्कार्फ़ भेंट करना चाहिए। ये स्कार्फ़ कई तरह के होते हैं और ये भेंट करने वाले के पद के अनुरूप होना चाहिए।

दलाई लामा के माता-पिता का घर बहुत दूर नहीं था। हम जल्द ही एक बड़े द्वार के सामने खड़े होते हैं। द्वारपाल की निगाहें हमें खोज ही रही थीं। जब हम पास पहुंचे तो वह सम्मानपूर्वक झुका। हमें सब्ज़ियों के खेतों और नम्रा के शानदार वृक्षों से भरे एक बड़े बग़ीचे से होते हुए महल में ले जाया गया। हमें पहली मंज़िल पर ले जाया गया। एक दरवाज़ा खुला और हमने खुद को राजा-देवता (दलाई लामा) की मां के समाने पाया। हमने उनके सामने श्रद्धापूर्वक सिर नवाया। वह नौकरों से घिरे एक बड़े, प्रकाशमान कमरे में एक छोटे-से सिंहासन पर बैठी थीं। वह कुलीन गरिमा की प्रतिमा लग रही थी। तिब्बतियों के मन में 'महान माता' के लिए जो विनम्र विस्मय है, वह हमारे लिए एक निराला अनुभव था, लेकिन हमारे लिए अभी वह एक बहुत पवित्र क्षण था।

'महान माता' हमें देखकर मुस्कराईं और जब हमने थांगमे के निर्देशानुसार उन्हें पूरी श्रद्धा के साथ प्रणाम करते हुए स्कार्फ़ दिए और अपनी बांहें पूरी तरह फैला दीं, तो वह बहुत प्रसन्न हुईं। उन्होंने हमारे तोहफ़े स्वीकार किए और तुरंत नौकरों को सौंप दिए। फिर तिब्बती रीति-रिवाज़ के विपरीत, मुस्कराते हुए उन्होंने हमसे हाथ मिलाया। उसी समय दलाई लामा के पिता भी आए। हमने फिर से झुककर उन्हें भी उचित तौर-तरीक़े से स्कार्फ़ भेंट किए। फिर उन्होंने बहुत ही सहजता से हमसे हाथ मिलाया। कभी-कभी यूरोपीय लोग उनसे मिलने आते रहते थे और मेज़बान और उनकी पत्नी कुछ हद तक यूरोपीय रीति-रिवाज़ों से परिचित थे।

फिर हम सब चाय पीने बैठे। हमने जो चाय पी उसका स्वाद निराला था और वह आम तिब्बती चाय से अलग थी। हमने इसके बारे में पूछा और

बातचीत का सिलसिला चल पड़ा। इस सवाल के जवाब में हमारे मेज़बानों ने हमें अपने पुराने घर की जानकारी दी। जब तक उनके बेटे को दलाई लामा के अवतार के रूप में मान्यता नहीं मिली थी, तब तक वे अमदो में साधारण किसान के रूप में जीवन यापन कर रहे थे। अमदो चीन के चिंगहाई प्रांत में है, लेकिन इसके निवासी लगभग सभी तिब्बती हैं। वे अपनी चाय अपने साथ ल्हासा लाए थे और अब वे इसे तिब्बती लोगों की तरह मक्खन के साथ नहीं बल्कि दूध और नमक डालकर बनाते हैं। वे अपने पुराने घर से कुछ और भी लाए थे, वह थी उनकी अपनी बोली। वे दोनों केंद्रीय प्रांतों की बोली के समान ही बोलते थे, लेकिन बिलकुल वैसी नहीं थी। उनके लिए हमारी बातों का अनुवाद दलाई लामा के चौदह वर्षीय भाई कर रहे थे। उनका भाई बचपन में ही ल्हासा आ गया था और जल्दी ही शुद्ध तिब्बती बोलना सीख गया था। अब वह अमदो बोली केवल अपने माता-पिता के साथ ही बोलता था।

जब हम उनसे बातचीत कर रहे थे तो हमें अपने मेज़बानों को क़रीब से जानने का मौक़ा मिला। सबने हमें बड़ा प्रभावित किया। वे बड़ा सादगी भरा जीवन व्यतीत कर रहे थे और बहुत विनम्र भी थे। उनका आचरण कुलीन था। सुदूर स्थित एक गांव के छोटे-से किसान परिवार का राजधानी में ड्यूकडम तक पहुंचना एक बड़ी उपलब्धि थी। अब वे जिस महल में रहते थे, वे उसके मालिक थे और देश भर में उनके पास बहुत संपत्ति थी। लेकिन ऐसा लग रहा था कि उनके जीवन में अचानक आए इस बदलाव ने उनके आचार-व्यवहार में कोई नकारात्मक असर नहीं डाला था।

हम जिस लड़के से मिले उसका नाम लोबसांग समतेन था। वह बहुत ही ज़िंदादिल और सजग था। वह हमारे बारे में जानने को बहुत उत्सुक था और उसने हमारे अनुभवों के बारे में हमसे कई तरह के सवाल पूछे। उसने हमें बताया कि उसके 'दिव्य' छोटे भाई ने हमारे बारे में सही-सही जानकारी लेने की ज़िम्मेदारी सौंपी थी। हमें यह जानकर बहुत ख़ुशी हुई कि दलाई लामा को हममें दिलचस्पी है और हम उनके बारे में और अधिक जानना चाहते थे। हमें बताया गया कि तिब्बत में दलाई लामा नाम का इस्तेमाल नहीं किया जाता है। यह एक मंगोलियन अभिव्यक्ति है जिसका अर्थ है 'विशाल महासागर।' आम तौर पर दलाई लामा को 'ग्यालपो रिम्पोछे' के नाम से जाना जाता है,

जिसका अर्थ है 'अनमोल राजा।' उनके माता-पिता और भाई उनके बारे में बात करते समय एक और उपाधि का इस्तेमाल करते हैं। वे उन्हें 'कुंडुन' कहते हैं, जिसका सामान्य अर्थ है 'उपस्थिति।'

महान माता-पिता की कुल छह संतानें थीं। दलाई लामा की खोज से बहुत पहले ही सबसे बड़े पुत्र को बुद्ध के अवतार के रूप में मान्यता दे दी गई थी और ताग्त्सेल के मठ में लामा की गरिमा प्रदान की गई थी। उन्हें भी रिम्पोछे कहा जाता था, जो सभी लामाओं के लिए इस्तेमाल किया जाने वाला संबोधन है। दूसरा पुत्र, ग्यालो टोंडुप चीन में स्कूल में था। हमारे परिचित युवा लोबसांग को एक मठवासी जीवन जीने के लिए नियत किया गया था। दलाई लामा ख़ुद अब ग्यारह साल के हो चुके थे। उनके भाइयों के अलावा उनकी दो बहनें थीं। इसके बाद 'महान माता' ने एक और 'अवतार' को जन्म दिया, न्गारी रिम्पोछे। तीन 'अवतारों' की माता के रूप में उन्होंने बौद्ध दुनिया के लिए रिकॉर्ड बनाया।

हमारी यात्रा से इस होशियार स्त्री के साथ सौहार्दपूर्ण संबंध स्थापित हुए, जो तब तक जारी रहे, जब तक कि वह चीन की कम्युनिस्ट सेना के आक्रमण से पहले तिब्बत से निकल नहीं गईं। दूसरे लोग इस 'महान माता' की जो पारलौकिक पूजा करते थे, उसका हमारी दोस्ती से कोई लेना-देना नहीं था। यद्यपि आध्यात्मिक विषयों के प्रति मेरा दृष्टिकोण काफ़ी संदेहपूर्ण है, फिर भी मैं उनके व्यक्तित्व और विश्वास में निहित शक्ति से प्रभावित हुए बिना कैसे रह सकता था।

धीरे-धीरे हमें यह समझ में आते चला गया कि यह निमंत्रण कितना विशिष्ट था। हमें यह नहीं भूलना चाहिए कि उनके परिवार और मठाधीश के पद पर आसीन कुछ निजी सेवकों को छोड़कर, किसी को भी राजा-देवता के बारे में जानने-पूछने का अधिकार नहीं है। फिर भी, दुनिया से अलग-थलग होने के बावजूद उन्होंने हमारे भविष्य की चिंता की। जब हम जाने के लिए उठे तो हमसे पूछा गया कि हमें कुछ चाहिए तो नहीं। हमने अपने मेज़बानों को धन्यवाद दिया, लेकिन बड़ी विनम्रतापूर्वक कुछ भी लेने से मना कर दिया, इसके बावजूद सेवकों की एक क़तार भोजन और त्सम्पा की बोरियां, मक्खन और कुछ सुंदर मुलायम ऊनी कंबल लेकर हमारी ओर आईं। 'महान माता'

ने मुस्कराते हुए कहा, 'कुंडीन की व्यक्तिगत इच्छा है,' और हमारे हाथों में एक सौ-सांग का नोट थमा दिया। यह इतना स्वाभाविक और सहज था कि हमें इसे स्वीकार करने में कोई शर्म नहीं आई।

जी भर कर धन्यवाद देने और अपनी गहरी श्रद्धा व्यक्त करने के बाद, हम कुछ शर्मिंदगी के साथ कमरे से बाहर निकल गए। मित्रता के अंतिम प्रमाण के रूप में लोबसांग ने अपने माता-पिता की ओर से हमारे गले में दुपट्टा डाला, हमने उसे प्रणाम किया। फिर वह हमें बग़ीचे में ले गया और हमें मैदान और अस्तबल दिखाया, जहां हमने कुछ शानदार घोड़े देखे। बातचीत के दौरान उसने यह सुझाव दिया कि मैं उसे पश्चिम के ज्ञान के बारे में कुछ सिखा-पढ़ा सकता हूं। मन ही मन मैं भी यही चाहता था। मैंने अक्सर सोचा था कि मैं कुलीन परिवारों के बच्चों को शिक्षा देकर मैं अपनी आजीविका कमा सकता हूं।

नौकरों के साथ उपहारों से लदे हम थांगमे के घर वापस आए। हम बहुत ख़ुश थे और हमें लगा कि अब हमारी क़िस्मत चमकने वाली है। हमारे मेज़बान बेसब्री से हमारा इंतज़ार कर रहे थे। हम भी उन्हें वह सब कुछ बताना चाहते थे जो हमने अनुभव किया था। अगले मुलाक़ातियों को हमारे इस सम्मान के बारे में विस्तार से बताया गया। हमारा मान-सम्मान तेज़ी से बढ़ रहा था!

अगले दिन, जब दलाई लामा के भाई हमसे मिलने आए तो गृस्वामिनी पहले तो श्रद्धावश छिप गईं और तभी सामने आईं जब पूरा घर उनका स्वागत करने के लिए इकट्ठा हो गया। पच्चीस वर्षीय युवा रिम्पोछे अपने मठ से वास्तव में हमसे ही मिलने के लिए आया था। उसने घर के प्रत्येक सदस्य को आशीर्वाद दिया। हमने अपने जीवन में पहले अवतारी लामा को देखा था। लोग सभी तिब्बती भिक्षुओं को लामा मान लेते हैं। वास्तव में यह नाम-सम्मान केवल 'अवतार' और कुछ उन भिक्षुओं को ही दिया जाता है जो अपने तपस्वी जीवन या उनके द्वारा किए गए चमत्कारों से प्रतिष्ठित होते हैं। सभी लामाओं को आशीर्वाद देने का अधिकार है और उन्हें संत के रूप में सम्मान दिया जाता है।

8

शांत जीवन

हमें इधर-उधर जाने की आज़ादी मिली - ल्हासा में महत्त्वपूर्ण यात्राएं - त्सारोंग का उदार आतिथ्य - तिब्बत में कोई जल्दबाज़ी नहीं है - एक बार फिर निष्कासन की धमकी - नए साल का उत्सव।

ल्हासा में पहुंचने के दस दिन बाद हमें विदेश मंत्रालय से यह संदेश मिला कि हम स्वतंत्र रूप से घूम-फिर सकते हैं। उसी समय हमें भेड़ की खाल से बने शानदार पूरी लंबाई वाले वे लबादे सौंपे गए, जिनके लिए हाल ही में हमारा नाप लिया गया था। हर लबादे के लिए साठ खालों का इस्तेमाल किया गया था। उसी दिन हम अपने नए लबादे पहनकर शहर में घूमने निकले और किसी ने हम पर ध्यान नहीं दिया। हम यहां सब कुछ देखना चाहते थे। भीतरी शहर में सिर्फ़ दुकानें ही दुकानें हैं। दुकानें बेतरतीबी से फैली हुई थीं और दुकानदार सड़क पर अपना सामान लगाकर बैठे थे। आपको कई जनरल स्टोर मिलेंगे जिनमें सुई से लेकर रबर के जूते तक यानी हर तरह का सामान मिलता है। उनके पास ही कपड़ों के थान, परदे और रेशमी कपड़े बेचने वाली अच्छी दुकानें थीं। प्रोविजन स्टोर में स्थानीय उत्पादों के साथ-साथ अमेरिकी कॉर्न बीफ़, ऑस्ट्रेलियाई मक्खन और स्कॉच व्हिस्की भी बिक रही थी। आप जो चाहें वो ख़रीद सकते थे, ना हो तो ऑर्डर किया जा सकता था। यहां तक कि आपको एलिज़ाबेथ आर्डेन परफ़्यूम भी मिल जाएगा। उसकी बड़ी मांग दिख रही थी। पिछले युद्ध के बाद से अमेरिकी ओवरशूज़ की मांग भी बढ़ गई थी। इन्हें याक के मांस और मक्खन के बीच के बीच सजाकर रखा गया

था। आप सिलाई-मशीन, रेडियो सेट और ग्रामोफ़ोन भी ऑर्डर कर सकते हैं और अपनी अगली पार्टी के लिए बिंग क्रॉस्बी के नवीनतम रिकॉर्ड पा सकते हैं। ख़रीदारों की भीड़ हंसती-मुस्कराती है, मोल-भाव करती है और चीख़ती-चिल्लाती भी है। उन्हें मोल-तोल करने में एक विशेष आनंद मिलता है, और शायद यह आनंद वे देर तक उठाना चाहते हैं। यहां आप किसी ख़ानाबदोश को याक के बालों को एक्सचेंज करते हुए देख सकते हैं और उसके ही पास किसी दुकान में समाज की एक प्रतिष्ठित स्त्री को नौकरों के झुंड के साथ रेशम और ब्रोकेड के वस्त्रों पहाड़ की बीच घंटों तक मोल-भाव करते हुए देख सकते हैं। यहां ख़ानाबदोश महिलाएं अपने प्रार्थना-पताकाओं के लिए भारतीय सूती वस्त्रों का चयन करती हुई भी दिखाई दे सकती हैं।

आम तिब्बती लोग आम तौर पर नम्बू पहनते हैं, जो घर में बुने हुए शुद्ध ऊन से बना वस्त्र होता है। जिसे फाड़ा नहीं जा सकता। यह वस्त्र लगभग आठ इंच की चौड़ाई की पट्टियों में बुना जाता है। इन नम्बू के लिए इस्तेमाल की जाने वाली सामग्री की गांठें दुकानों में बिकती हैं। ऊन या तो शुद्ध सफ़ेद होती है या नील और रूबर्ब (एक प्रकार का फल) के मिश्रण के साथ बने बैंगनी रंग की होती है। सफ़ेद नम्बू को गधों को हांकने वालों के अलावा शायद ही कोई पहनता हो, क्योंकि बेरंग वस्त्रों को ग़रीबी की निशानी माना जाता है। चूंकि यहां वस्त्रों को नापने के लिए इंच-टेप का उपयोग नहीं किया जाता है, इसलिए वे कपड़े को ख़रीदने वाले की बांह की लंबाई से मापते हैं। मेरे लंबे हाथों की बदौलत मुझे हमेशा इस रिवाज़ से लाभ मिला है। यानी कुछ अधिक कपड़ा मुझे मिल जाता था।

फिर हमें एक बहुत बड़ी दुकान मिली जिसमें बहुत सारी यूरोपीय फ़ेल्ट-हैट्स रखी हुई थीं। ल्हासा में इन्हें डेरनीयर क्रि (अद्यतन फ़ैशन) कहा जाता है। तिब्बती पोशाक के ऊपर एक स्मार्ट फ़ेल्ट-हैट निश्चित ही अजीब लगता है, लेकिन तिब्बती लोग धूप से बचाव के लिए चौड़ी किनारी वाले यूरोपीय हैट को पसंद करते हैं। साथ ही धूप के चश्मे भी। धूप से झुलसे चेहरों को यहां हिकारत से देखा जाता है। लोग ख़ुद भी धूप से झुलसने से बचना चाहते हैं। तिब्बती पोशाक के साथ देसी तिब्बती टोपियां ज़्यादा अच्छी लगती हैं और सड़क पर इन्हें पहनकर घूमते लोग बड़े आकर्षक लगते हैं। और वास्तव में,

सरकार उस समय यूरोपीय फ़ैशन के प्रवाह को रोकने की कोशिश कर रही थी। व्यक्तिगत स्वतंत्रता में हस्तक्षेप करने के किसी विचार से नहीं, बल्कि पोशाक की सुंदर देसी शैली को बचाए रखने के लिए।

तिब्बती लोग छातों के भी शौक़ीन हैं। ये आपको हर आकार, गुणवत्ता और रंग-बिरंगे मिल जाएंगे। भिक्षु इन्हें बहुत ख़रीदते हैं, क्योंकि बड़े औपचारिक त्योहारों को छोड़कर वे नंगे सिर रहते हैं।

जब हम वापस घर पहुंचे तो हमने पाया कि ब्रिटिश दूतावास के सचिव हमारा इंतज़ार कर रहे थे। वे थांगमे के निजी मित्र थे और उनके आगमन की वजह आधिकारिक मुलाक़ात नहीं थी। उन्होंने कहा कि उन्होंने हमारे बारे में बहुत कुछ सुना है और वह हमारी यात्रा और हमारे अनुभवों के बारे में जानना चाहते हैं। वे खुद गरतोक में ब्रिटिश व्यापार प्रतिनिधि रह चुके थे और उस इलाक़े के बारे में कुछ जानते थे जहां से होते हुए हमने यात्रा की थी। हमने उन्हें एक सही मुलाक़ाती पाया, क्योंकि हम अपने अपने परिवारों को अपने कुशल-क्षेम के समाचार भेजना चाहते थे। हमारे परिजन हमने बिछड़कर चिंतित होंगे। केवल ब्रिटिश प्रतिनिधि ही बाहरी दुनिया से सीधा संपर्क कर सकते थे, क्योंकि तिब्बत विश्व डाक संघ का हिस्सा नहीं है और इसकी डाक व्यवस्था कुछ जटिल है।

आगंतुक ने हमें सलाह दी कि हमें व्यक्तिगत रूप से आवेदन करना चाहिए। और, इसलिए अगले दिन हम दूतावास के लिए निकल पड़े। इसे हमने शहर में प्रवेश करते हुए पहले ही देख लिया था। लाल पोशाक में सजे मुलाज़िम हमें बग़ीचे में ले गए, जहां वायरलेस ऑपरेटर रेजिनाल्ड फ़ॉक्स सुबह की सैर कर रहे थे। फ़ॉक्स कई सालों से ल्हासा में रह रहे थे और उन्होंने एक तिब्बती लड़की से शादी की थी। उनके चार सुंदर बच्चे थे जिनके बाल चमकीले भूरे और बड़ी-बड़ी काली बादाम जैसी आंखें थीं। दो बड़े बच्चे भारत में एक बोर्डिंग स्कूल में थे।

फ़ॉक्स ल्हासा में एकमात्र व्यक्ति थे जिसके पास एक विश्वसनीय मोटर थी और दूतावास में अपने कर्तव्यों के अलावा वह नियमित रूप से शहर में सभी रेडियो बैटरियों को चार्ज करने में व्यस्त रहते थे। वह भारत के साथ

रेडियो टेलिफ़ोन द्वारा संवाद कर सकते थे और ल्हासा में उनकी योग्यता और गुणपत्ता के लिए उनकी बहुत सराहना की जाती थी।

इस बीच मुलाज़िमों ने हमें पहचान लिया और हमें इमारत की पहली मंज़िल पर ले जाया गया। ब्रिटिश सेना के प्रमुख, श्री हॉपकिंसन ने सौहार्दपूर्वक अभिवादन किया और एक बढ़िया अंग्रेज़ी नाश्ते के लिए आमंत्रित किया। ऐसा लग रहा था कि आरामदायक कुर्सियों पर बैठकर टेबल की सजावट, फूलदानों में सजे हुए फूल और असली यूरोपीय सेटिंग में सजी हुई किताबें देखे हमें कितना अरसा हो गया। हमारी आंखें चारों ओर निहार रही थीं। ऐसा लग रहा था जैसे हम अपने घर आ गए हों। हमारे मेज़बान ने हमारे मन की बात भांप ली थी। जब उन्होंने देखा कि हम लगातार उनकी किताबों को देख रहे हैं तो उन्होंने बड़ी विनम्रतापूर्वक हमें अपनी लाइब्रेरी का उपयोग करने की पेशकश की। जल्द ही हम खुलकर बात करने लगे। क्या वह अब भी हमें युद्ध बंदी मानते हैं, इस सवाल को वह चतुराई से टाल गए। अंत में हमने उनसे सीधे पूछा कि क्या हमारे साथी अभी भी कंटीले तारों के पीछे बंद हैं। वह कुछ नहीं बता सके लेकिन वादा किया कि भारत से जानकारी हासिल करके हमें बताएंगे। फिर उन्होंने हमारी स्थिति के बारे में खुलकर बात की और बताया कि उन्हें हमारे भागने और उसके बाद की यात्रा के बारे में विस्तार से बताया गया है, और उन्हें तिब्बती सरकार से पता चला है कि संभावना है कि हम जल्द ही भारत वापस लौट जाएंगे। हमने कहा कि यह संभावना हमें पसंद नहीं आई, इसलिए उन्होंने हमसे पूछा कि क्या हम सिक्किम में काम करने में रुचि रखते हैं। हमने तिब्बत में रहने की अपनी इच्छा को छिपाया नहीं, लेकिन कहा कि अगर यह संभव नहीं हुआ तो हम ख़ुशी-ख़ुशी उनके प्रस्ताव पर विचार करेंगे।

हम जिस प्रश्न पर चर्चा कर रहे थे, वह भले ही बहुत महत्त्वपूर्ण हो, लेकिन उससे हमारी भूख कम नहीं हुई थी और हमने भरपेट क्या उससे अधिक खाया, क्योंकि हमारे मेज़बान ने हमें बड़े आग्रहपूर्वक खिलाया था। हमने खाना खत्म करने के बाद सोचा कि अब समय आ गया है कि हम अपने परिवारों को संदेश भेजने की अनुमति के लिए अपना अनुरोध प्रस्तुत करें। हमारे मेज़बान ने रेड क्रॉस के माध्यम से संदेश भेजने की व्यवस्था करने

का वादा किया। बाद में हमें कभी-कभी लीगेशन के माध्यम से पत्र भेजने की अनुमति दी गई, लेकिन अक्सर हमें जटिल तिब्बती डाक व्यवस्था का उपयोग करना पड़ा। इसमें हमें अपने पत्रों को दोहरे लिफ़ाफ़े में सीमांत क्षेत्रों में भेजना पड़ता था, बाहरी वाले पर तिब्बती मुहर लगी होती थी। सीमा पर हमें एक आदमी को बाहरी लिफ़ाफ़ा हटाने, अंदर वाले पर भारतीय टिकट लगाने और उसे पोस्ट करने के लिए कहना पड़ता था। सौभाग्य से यूरोप तक पत्र पहुंचने में केवल पखवाड़े भर का समय लगता था। तिब्बत में डाक को धावकों द्वारा ले जाया जाता है जो चार मील की रिले पद्धति से काम करते थे। सभी मुख्य सड़कों के किनारे झोपड़ियां हैं जिनमें डाक लेकर आने वाले धावकों के पहुंचने पर उनकी डाक आगे बढ़ाने की व्यवस्था रहती है। डाकिया अपने कार्यालय के प्रतीक के रूप में एक भाला लेकर चलते हैं, जिन पर घंटियां बंधी होती हैं। भाले का इस्तेमाल ज़रूरत पड़ने पर हथियार के रूप में किया जा सकता है और बजती हुई घंटियां रात में जंगली जानवरों को डराने के लिए काम आती हैं। डाक टिकट पांच अलग-अलग मूल्यवर्ग में छपे होते हैं और डाकघरों में बिक्री के लिए उपलब्ध रहते हैं।

ब्रिटिश दूतावास में हमारी भेंट ने हमारे मन को बहुत राहत पहुंचाई। वहां हमारा स्वागत किया गया था और हमें उम्मीद थी कि अब अंग्रेज़ों को एहसास हो गया होगा कि हम नुक़सान नहीं पहुंचाएंगे।

वापस लौटते समय हमें कुछ मुलाज़िमों ने रोका कहा कि उनके अधिकारी चाहते हैं कि हम उनसे मिलें। जब हमने पूछा कि उनके अधिकारी कौन हैं, तो हमें पता चला कि वे सरकारी सेवारत एक उच्च मठवासी अधिकारी हैं। तिब्बत के सभी भिक्षुओं के अधिकार उनके हाथों में हैं।

हमें एक बड़े, आलीशान महल में ले जाया गया। यह ख़ूब साफ़-सुथरा था। उसका रखरखाव अच्छी तरह से किया गया था। सभी चाकर भिक्षु थे। एक बुज़ुर्ग सज्जन ने हमारा स्वागत किया और हमें चाय और केक पेश किए। सामान्य शिष्टाचार के बाद हम बातचीत करने लगे और जल्द ही हमें पता चल गया कि हमारे मेज़बान की हममें दिलचस्पी क्यों थी। उन्होंने स्पष्ट रूप से कहा कि तिब्बत एक पिछड़ा हुआ देश है और हमारे जैसे लोगों का सदुपयोग

किया जा सकता है। दुर्भाग्य से इस मामले में सभी की राय एक जैसी नहीं थी। पर, वह देखेंगे कि वह क्या कर सकते हैं और हमारे बारे में अच्छी राय पेश करेंगे। इस बीच उन्होंने हमसे पूछा कि हम अपने देश में क्या करते थे और हमने किन विषयों की पढ़ाई की है। उन्हें इस बात में विशेष रुचि थी कि औफ़्शनाइटर एक कृषि इंजीनियर थे। तिब्बत में कोई भी इस शाखा का विशेषज्ञ नहीं था और वह जानना चाहते थे कि इस महान देश में इस विषय की क्या गुंजाइश है!

अगले दिन हमने चारों कैबिनेट मंत्रियों से आधिकारिक मुलाक़ात की। ये लोग केवल रीजेंट के प्रति उत्तरदायी हैं और तिब्बत में सर्वोच्च सत्ता का प्रतिनिधित्व करते हैं। उनमें से तीन गणमान्य नागरिक हैं और चौथे मठवासी अधिकारी हैं। वे सभी उच्च परिवारों से हैं और बहुत शानदार तरीक़े से जीवन यापन करते हैं।

हम दुविधा में थे कि हमें मुलाक़ात की शुरुआत किससे करनी चाहिए। हमें मंत्री-भिक्षु से शुरुआत करनी चाहिए थी, लेकिन हमने प्रोटोकॉल को दरक़िनार करते हुए सबसे कम उम्र के मंत्री, सुरखांग से पहले मिलने का फ़ैसला किया। वह बत्तीस साल के थे और अपने सहयोगियों की तुलना में अधिक प्रगतिशील माने जाते थे। हम एक युवा व्यक्ति से सलाह और जानकारी लेना चाहते थे।

उन्होंने हमारा पूरे मन से स्वागत किया और तुरंत हमारे बीच अच्छी बातचीत शुरू हो गई। हमें जानकर आश्चर्य हुआ कि उन्हें बाहरी दुनिया की घटनाओं के बारे में अच्छी जानकारी थी। उन्होंने हमें एक राजसी रात्रिभोज में आमंत्रित किया। जब हम विदा हुए तो हमें लगा कि हम एक-दूसरे को वर्षों से जानते हैं।

अगले जिन मिनिस्टर से हम मिले, वह कबशोपा थे। जो ठिगने, मोटे-तगड़े और कुछ हद तक अहंकारी सज्जन थे। वे हमसे विनम्रता से पेश आए, लेकिन थोड़ी दूरी बनाकर। उन्होंने हमें अपने आरामदायक सिंहासन के सामने रखी हुई दो कुर्सियों पर बिठाया और फिर अपने वाक्चातुर्य से हमें अभिभूत कर दिया। बातचीत के दौरान उन्होंने गला साफ़ खखारा, जिस पर एक नौकर

आगे बढ़कर उनके सामने एक सुनहरा थूकदान रखा। तिब्बत में थूकना एक सामाजिक अपराध नहीं है और हर मेज़ के पास छोटे-छोटे थूकदान रखे जाते हैं, लेकिन हमारे लिए यह देखना एक नई बात थी कि एक नौकर ने थूकने वाले के सामने थूकदान रखा।

इस पहली मुलाक़ात में हमारे लिए यह समझना मुश्क़िल था कि कबशोपा के बारे में क्या धारणा बनाई जाए। उन्होंने अपनी बात रखी और हमने उनकी वाक्पटुता के आगे समर्पण कर दिया। सही समय पर उनकी विनम्रता का विनम्रतापूर्वक जवाब भी दिया। हमने चाय का औपचारिक प्याला आदर्श तरीक़े से पिया। चूंकि उन्हें यह नहीं पता था कि हम तिब्बती भाषा बोलते हैं, इसलिए उनके भतीजे से अनुवाद करने के लिए कहा गया। इस युवक के अंग्रेज़ी ज्ञान की वजह से उसे विदेश मंत्रालय में पद मिला था और बाद में हम अक्सर उसके साथ बातचीत करते रहते थे। वह युवा पीढ़ी का एक विशिष्ट उदाहरण था। उसने भारत में रहकर पढ़ाई की थी और उसके पास तिब्बत को लेकर अनेक सुधार योजनाएं थीं। लेकिन उसने अभी तक रूढ़िवादी भिक्षुओं की उपस्थिति में अपने सिद्धांतों को मुखर ढंग से प्रस्तुत करने का साहस नहीं दिखाया था। एक बार जब हम अकेले थे, तो उसने यह कहा कि औफ़्शनाइटर और मुझे कुछ साल बाद ल्हासा आना चाहिए था, क्योंकि यदि वह और कुछ अन्य युवा कुलीन लोग मंत्री पद पर होते, तो हमारे लिए बहुत काम होता।

लिंगखोर में रहने वाले मंत्री-भिक्षु ने हमारा कम औपचारिक ढंग से स्वागत किया। लिंगखोर, ल्हासा से पांच मील दूरी पर स्थित था। वह अधेड़ उम्र के थे और उनकी एक सुंदर छोटी सफ़ेद दाढ़ी थी, जिस पर उसे बहुत गर्व था। क्योंकि तिब्बत में दाढ़ी कम ही रखी जाती है। सामान्य तौर पर वह बहुत अलग-थलग लग रहे थे, और दूसरे मंत्रियों के विपरीत कोई भी राय व्यक्त करने से बचते थे। उनका नाम रम्पा था और वह कुलीन वर्ग से संबंधित कुछ आधिकारिक भिक्षुओं में से एक थे। जिस तरह से राजनीतिक स्थिति विकसित हो रही थी, उससे वह भीतर ही भीतर चिंतित हो रहे होंगे। उन्हें रूस की नीति पर हमारे विचारों में विशेष रुचि थी। उन्होंने हमें बताया कि पुराने शास्त्रों में यह भविष्यवाणी की गई है कि उत्तर से एक बड़ी शक्ति तिब्बत पर

कब्ज़ा कर लेगी, धर्म को नष्ट कर देगी और पूरी दुनिया पर अधिकार जमा लेगी।

अंत में हमने चार मंत्रियों में सबसे बुज़ुर्ग पुनखांग से मुलाक़ात की। वह एक छोटे क़द के व्यक्ति थे। उनकी नज़र कमज़ोर थी इसलिए बहुत मोटे लेंस वाला चश्मा पहनते थे। तिब्बत में यह एक असामान्य बात थी। चश्मे को 'ग़ैर-तिब्बती' वस्तु कहकर अस्वीकार किया जाता है। किसी भी अधिकारी को चश्मा पहनने की अनुमति नहीं थी और यहां तक कि घर में भी उन्हें पहनने से रोका जाता था। इस मंत्री ने कार्यालय में पहनने के लिए दलाई लामा से विशेष अनुमति प्राप्त की थी। महत्त्वपूर्ण समारोहों में अपनी कमज़ोर दृष्टि के कारण वह बहुत असहाय हो जाते थे। हमारे स्वागत के समय पुनखांग के साथ उनकी पत्नी भी मौजूद थीं। यह सच है कि मंत्री अपनी पत्नी से अधिक बड़े पद पर आसीन थे, लेकिन यह समझना आसान था कि नियंत्रण उनकी पत्नी के हाथों में था। शुरुआती अभिवादन के चुनिंदा शब्दों के बाद पुनखांग ने मुश्क़िल से एक वाक्य बोला होगा, जबकि उनकी पत्नी हम पर सवालों की बौछार कर रही थीं।

बाद में उन्होंने हमें अपने घर का पूजा-स्थल दिखाया। वह दलाई लामा को जन्म देने वाले परिवार के वंशज थे और उन्हें इस बात पर गर्व था। उन्होंने हमें अपने हीरे के चूर्ण से चमक रहे पूजा-स्थल में स्थापित एक पवित्र आकृति दिखाई।

कुछ समय बाद पुनखांग के पुत्रों से भी मेरा परिचय हो गया। उनमें से सबसे बड़ा ग्यांत्से का गवर्नर था और उसका सिक्किम की एक राजकुमारी से विवाह हुआ था। वह मूल रूप से तिब्बती थी। वह अपने पति से ज़्यादा आकर्षक थी। और मैंने अब तक जितनी भी ख़ूबसूरत महिलाएं देखीं, वह उनमें से एक थीं। उनमें एशियाई महिलाओं का अनोखा आकर्षण और सदियों पुरानी पूर्वी संस्कृति की छाप थी। साथ ही, वह होशियार थीं, पढ़ी-लिखी और आधुनिक विचारों वाली थीं। उनकी भारत के सबसे अच्छे स्कूलों से पढ़ाई-लिखाई हुई थी। वह तिब्बत की पहली ऐसी महिला थी जिसने अपने पति के भाइयों से शादी करने से इनकार कर दिया, क्योंकि यह रीति उनके सिद्धांतों के अनुरूप नहीं थी। बातचीत में वह किसी यूरोपीय सभा-सम्मेलनों

में चर्चा करने वाली बुद्धिमामत्तापूर्ण महिला के बराबर थीं। वह राजनीति, संस्कृति और दुनिया में हो रही हर घटना में दिलचस्पी रखती थीं। वह अक्सर महिलाओं के लिए समान अधिकारों की बात करती थीं... लेकिन तिब्बत को उस मुक़ाम तक पहुंचने में अभी लंबा सफ़र तय करना है।

जब हमने पुनखांग को अलविदा कहा तो हमने उनसे तिब्बत में रहने की अनुमति के लिए हमारे अनुरोध का समर्थन करने की विनती की। बेशक उन्होंने हमारी मदद करने के लिए अपनी पूरी शक्ति लगाने का वादा किया, लेकिन हम एशिया में इतने लंबे समय तक रहे थे कि हम जानते थे कि कोई भी, कभी भी किसी बात के लिए साफ़ इनकार नहीं करता।

हम सुनिश्चित करना चाहते थे कि हमारी स्थिति सभी पक्षों में मज़बूत बनी रहे, इसलिए हमने चीनी दूतावास के साथ अच्छे संबंध बनाने की कोशिश की। प्रभारी ने उसी विनम्रता के साथ हमारा स्वागत किया जिसके लिए वे जाने जाते हैं, और जब हमने चीन में प्रवेश करने और वहां व्यवसाय करने की संभावना के बारे में पूछा, तो उन्होंने हमारी बात को अपनी सरकार के समक्ष रखने का वादा किया।

तो, इस तरह से हम हर जगह समर्थन पाने और लोगों को अपनी हानिरहितता का विश्वास दिलाने के लिए जो कुछ भी कर सकते थे, हमने किया। ऐसा अक्सर होता था कि जब हम सैर पर निकलते थे तो अजनबी लोग हमसे मिलते थे और हमसे अजीबोग़रीब सवाल पूछते थे। एक दिन एक चीनी ने हमारी तसवीर खींच ली। ल्हासा में कैमरा एक बहुत ही असामान्य बात थी और इस घटना ने हमें सोचने पर मजबूर कर दिया। हमने पहले ही सुन रखा था कि ल्हासा में कई लोग हैं जो दूसरे देशों को सूचनाएं पहुंचा रहे हैं। शायद हमें भी किसी विदेशी शक्ति का एजेंट समझ लिया जाए। केवल अंग्रेज़ ही जानते थे कि हम कितने निरपराध हैं, क्योंकि वे जानते थे कि हम कहां से आए हैं और वे हमारे बयानों की सच्चाई को परख़ने की स्थिति में थे। दूसरे लोग, जो हमारे बारे में इतनी अच्छी तरह से नहीं जानते थे, वे हमारे बारे में तरह-तरह की बातें सोच सकते थे। वास्तव में, हमारी कोई राजनीतिक महत्त्वाकांक्षा नहीं थी। हमने बस आश्रय और काम मांगा था ताकि जब तक हम यूरोप वापस ना लौट जाएं, तब तक हम काम करते हुए व्यस्त रहें।

इस बीच वसंत ऋतु आ गई थी और मौसम बहुत गर्म था, हालांकि अभी फ़रवरी की शुरुआत ही थी। ल्हासा काहिरा के दक्षिण में स्थित है और ऊंचाई पर सूरज की किरणें प्रखर होती हैं। हम अब बहुत अच्छा महसूस कर रहे थे, लेकिन हम कोई नियमित काम तलाश रहे थे। रोज़ाना निमंत्रण, मुलाक़ातें और घंटों चलने वाली दावतें तो हमारे नसीब में थीं। हमें इधर से उधर भेजा जा रहा था। हम जल्द ही इस निठल्लेपन से ऊब गए। हम किसी तरह का काम चाहते थे और मनोरंजन के लिए खेल खेलना चाहते थे। एक छोटे-से बास्केटबॉल मैदान को छोड़कर ल्हासा में खेलों के लिए कोई प्रावधान नहीं था। बास्केटबॉल खेलने वाले युवा तिब्बती और चीनी तब बहुत ख़ुश हुए जब हमने उनके साथ खेलने की पेशकश की। चौक में गर्म पानी के शावर की भी व्यवस्था थी, लेकिन एक शावर-बाथ की कीमत दस रुपये थी। यह हमारे लिए बहुत अधिक थी।

हमने सुना था कि कुछ साल पहले शहर में एक फ़ुटबॉल मैदान था। ग्यारह टीमें बनाई गईं और कप-टाई मैच आयोजित किए गए। एक दिन मैच के दौरान ओलावृष्टि हुई और बहुत नुक़सान हुआ, जिसके परिणामस्वरूप फ़ुटबॉल पर प्रतिबंध लगा दिया गया। शायद रीजेंट ने इस खेल को अस्वीकार कर दिया था और लोग संभावना व्यक्त करते थे कि इसे चर्च के प्रभाव के लिए ख़तरा माना जाता था। लोगों में इस खेल के प्रति ज़बर्दस्त उत्साह था और सेरा और ड्रेपुंग के कई भिक्षु मैच देखते थे। वैसे भी ओलावृष्टि को इस बात का संकेत माना गया कि भगवान ने इस तुच्छ खेल को अस्वीकार कर दिया है, और इस तरह यहां से फ़ुटबॉल का नमोनिशान मिट गया।

इस कहानी के सिलसिले में हमने अपने दोस्तों से पूछा कि क्या वाक़ई ऐसे लामा हैं जो ओलावृष्टि को रोक सकते हैं या बारिश की बूंदें बरसा सकते हैं। दरअसल, तिब्बत में इस पर पूरा यक़ीन किया जाता है। सभी खेतों में पत्थरों से बने हुए छोटे-छोटे स्तंभ बने हुए हैं जिनमें शंख रखे हुए हैं। जब तूफ़ान आता है, इनमें अगरबत्ती जलाई जाती है। कई गांवों में तो मौसम की भविष्यवाणी करने वाले लोग भी होते हैं। माना जाता है कि ये भिक्षुओं में मौसम को नियंत्रित करने का विशेष कौशल होता है। अपना चमत्कार करने के लिए वे शंख बजाते हैं, जिससे ध्वनि निकलती है। हमारे कई पहाड़ी गांवों

में तूफ़ान आने पर चर्च की घंटियां बजाई जाती हैं और इन शंखों के प्रभाव की तुलना घंटियों के कंपन के प्रभाव से की जा सकती है। लेकिन बेशक तिब्बती लोग किसी भौतिक व्याख्या को नहीं मानते - उनके लिए सब कुछ जादू और मंत्र और देवताओं का खेल है।

हमने तेरहवें दलाई लामा के समय की एक बहुत अच्छी कहानी सुनी। बेशक, उनके दरबार में मौसम की भविष्यवाणी करने वाला एक व्यक्ति था, जो अब तक का सबसे प्रसिद्ध चमत्कार दिखाने वाला व्यक्ति था। उसका ख़ास काम था तूफ़ान में राजा देवता के बग़ीचे की रक्षा करना। एक दिन भारी ओलावृष्टि हुई और सभी फूल झड़ गए और पके हुए फल बर्बाद हो गए। मौसम की भविष्यवाणी करने वाले को जीवित बुद्ध के सामने बुलाया गया। वह अपने सिंहासन पर बैठे हुए थे। भविष्यवाणी करने वाले जादूगर को आदेश दिया गया कि तुरंत अपना चमत्कार दिखाए, अन्यथा उसे बर्ख़ास्त कर दिया जाएगा और दंडित भी किया जाएगा। उस आदमी ने दंडवत प्रणाम किया और एक साधारण सी छलनी मंगवाई। फिर उसने सिंहासन पर बैठे दलाई लामा से पूछा कि यदि छलनी में डाला गया पानी उसमें से ना बहे, तो क्या वह संतुष्ट होंगे। दलाई लामा ने सिर हिलाकर हामी भरी और, चमत्कार हो गया। छलनी में डाला गया पानी उसमें ही रह गया। उस की प्रतिष्ठा बच गई और उसे अपने अच्छे-ख़ासे वेतन वाले पद पर बने रहने की अनुमति मिल गई।

इस दौरान हम लगातार इस बात पर विचार कर रहे थे कि अगर हम ल्हासा में ही रहें तो अपनी जीविका चलाने के लिए क्या किया जा सकता है। फ़िलहाल यहां लोग हमारे साथ बहुत उदारता से पेश आ रहे थे, हमें त्सम्पा, भोजन, मक्खन और चाय के पैकेट दिए गए। एक सुखद आश्चर्य यह था कि कबशोपा के भतीजे ने हमें विदेश मंत्रालय की ओर से 500 रुपये का उपहार दिया। अपने धन्यवाद पत्र में हमने कहा था कि अगर सरकार हमें भोजन और आवास की गारंटी दे तो हम उनके लिए काम करने को तैयार हैं।

पिछले तीन हफ़्तों से हम थांगमे की मेहमाननवाज़ी का लुत्फ़ उठा रहे थे। अब अमीर त्सारोंग ने हमें अपने साथ रहने के लिए आमंत्रित किया और

हमने कृतज्ञतापूर्वक उनका आमंत्रण स्वीकार कर लिया। थांगमे के चार बच्चे थे और उन्हें हमारे कमरे की ज़रूरत थी। थांगमे ने हम बेचारे घुमक्कड़ों को अपने घर में पनाह दी थी और एक सच्चे दोस्त का फ़र्ज़ निभाया था। हम उसकी दयालुता को कभी नहीं भूले। नए साल पर वह हमसे सफ़ेद स्कार्फ़ पाने वाले पहले व्यक्ति थे, और बाद में जब मेरा अपना घर हो गया तो वह मेरी क्रिसमस पार्टियों में नियमित अतिथि होते थे।

त्सारोंग के घर में हमें एक बड़ा कमरा दिया गया, जिसमें यूरोपीय फर्नीचर, एक मेज़, आरामकुर्सी, बिस्तर और बढ़िया कालीन बिछे हुए थे। बग़ल में हमें नहाने के लिए एक छोटा कमरा मिला। यहां हमें एक ऐसा कमरा भी मिला जिसकी हमें अब तक बहुत कमी खल रही थी। यहां थी नित्य-क्रिया से निपटने की व्यवस्था। इस मामले में तिब्बती बहुत ही लापरवाह हैं और किसी भी स्थान को शौचालय के लिए उपयुक्त मान लेते हैं।

त्सारोंग कई रसोइयों का ख़र्च उठा सकते थे। उनका रसोइया कई सालों तक कलकत्ता के सबसे अच्छे होटल में काम कर चुका था और यूरोपीय पाक कला में निपुण था। भुना हुआ मांस वह लाजवाब ढंग से पकाता था और वह एक बेहतरीन पेस्ट्री कुक और कन्फ़ेक्शनर भी था। एक और रसोइए को चीन भेजा गया था और वह चीनी व्यंजनों सीख कर लौटा था। त्सारोंग को अपने मेहमानों को नए-नए व्यंजन खिलाकर चकित करना अच्छा लगता था। हमें यह जानकर आश्चर्य हुआ कि बड़े घरों में रसोइए के तौर पर कभी भी महिलाओं को नहीं रखा जाता। उन्हें केवल रसोई में मदद करने और बाक़ी कामों की मदद के लिए रखा जाता है।

तिब्बती भोजन का समय हमारे जैसा नहीं है। सुबह-सुबह लोग मक्खन वाली चाय पीते हैं और वास्तव में पूरे दिन में कई बार पीते हैं। मैंने लोगों के बारे में सुना है कि वे एक दिन में दो सौ कप तक ये चाय पी जाते हैं। हालांकि मैं इसे अतिशयोक्ति मानता हूं। दिन में दो मुख्य भोजन होते हैं, एक सुबह 10 बजे और दूसरा सूर्यास्त के बाद। इनमें से पहला, जिसमें त्सम्पा की एक डिश और कुछ सलाद शामिल होती है, हम अपने कमरे में ही खाते थे। शाम के भोजन के लिए हमें आम तौर पर मेज़बान के साथ शामिल होने के लिए

आमंत्रित किया जाता था। पूरा परिवार एक बड़ी मेज़ के चारों ओर बैठता था। कई तरह के व्यंजन परोसे जाते थे और यह भोजन बहुत महत्त्वपूर्ण होता था। इसमें घर के सभी लोग इकट्ठा होते थे और दिन भर की घटनाओं पर चर्चा करते थे।

रात के खाने के बाद हम सभी लिविंग रूम में बैठते थे। इस कमरे में कई तरह के कालीन, बक्से और मूर्तियां रखी होने के कारण बड़ा भरा-भरा सा लगता था। यहां हमने सिगरेट और बीयर पी। हमें अपने मेज़बान की नवीनतम ख़रीदारी की प्रशंसा करने का भी अवसर मिला, क्योंकि वह हमेशा कुछ न कुछ ख़रीदते ही रहते थे। उनके पास एक शानदार वायरलेस सेट था, जो दुनिया के सभी स्टेशनों की जानकारी देता था। इसका रिसेप्शन बहुत बढ़िया था, क्योंकि 'दुनिया की छत' पर वायुमंडलीय गड़बड़ी नहीं होती। उनके पास सुनने के लिए नवीनतम रिकॉर्ड्स थे। एक सिने-कैमरा था, तसवीरों को बड़ा करने के लिए एक नए उपकरण था और एक शाम उन्होंने एक बक्से में से ओडोलाइट निकाला! त्सारोंग को इन सभी उपकरणों की पूरी जानकारी थी। मुझे लगता है कि वह शहर में उनके जैसा शौक़ीन व्यक्ति दूसरा नहीं था। उनके घर से बेहतर घर की कल्पना नहीं की जा सकती थी। वह डाक टिकटें एकत्र करते थे और दुनिया के सभी भागों के लोगों के साथ पत्र-व्यवहार करते थे। उनका बेटा अंग्रेज़ी जानता था, इसलिए इस काम में वह उनकी मदद करता था। उनके पास चुनी हुई उम्दा किताबों वाली एक लाइब्रेरी थी। इसमें पश्चिमी पुस्तकों का एक बड़ा संग्रह था। इनमें से कई पुस्तकें उन्हें उपहार में मिली थीं, क्योंकि ल्हासा आने वाला प्रत्येक यूरोपीय उनके घर मेहमान बनकर ठहरता था और उनमें से अधिकतर अपनी यात्रा की स्मृति के रूप में किताबें छोड़ जाते थे।

त्सारोंग एक असाधारण व्यक्ति थे। उन्होंने शहर में लगातार सुधार लाने का प्रयास किया था, और जब भी सरकार को किसी महत्त्वपूर्ण समस्या से निपटना होता, तो उन्हें सलाह देने के लिए बुलाया जाता था। देश के एकमात्र लोहे के पुल को बनाने का श्रेय उन्हें जाता है। इसे उन्होंने भारत में बनवाया था। यह टुकड़ों में बना था। इन टुकड़ों को याक और कुलियों के

माध्यम से तिब्बत लाया गया था। त्सारोंग अपने बलबूते सफल, समृद्ध बनने वाले और अत्याधुनिक विचारों वाले व्यक्ति थे। उनकी योग्यता का पश्चिमी देशों ने भी लोहा माना।

उनके बेटे जॉर्ज ने अपने पिता के पद-चिह्नों पर चलते हुए अपना नाम बनाया। उसने भारतीय स्कूल से पढ़ाई की थी और स्कूल का नाम रोशन किया। पहली मुलाक़ात में ही हम उसके ज्ञान और उसकी विविध प्रकार की रुचियों से प्रभावित हो गए थे। इस समय उस पर फ़ोटोग्राफ़ी का जुनून सवार था और उसने जो तसवीरें ली थीं, वे बहुत शानदार थीं। एक शाम उसने हमें एक रंगीन फ़िल्म दिखाकर चौंका दिया। यह उसने ख़ुद बनाई थी। यह इतनी शानदार और बिना गड़बड़ी वाली थी कि इसे देखकर एकबारगी कोई भी सोच सकता था कि वह प्रथम श्रेणी की फ़िल्म देख रहा है। हालांकि बाद में मोटर और स्पूल में कुछ दिक़्क़तें आंईं, जिन्हें ठीक करने में औफ़्शनाइटर और मैंने मदद की।

त्सारोंग के साथ हमारा भोजन और उनसे तथा ब्रिटिश दूतावास से ली गई पुस्तकें ही हमारी शामों का एकमात्र मनोरंजन था। ल्हासा में कोई सिनेमा या थिएटर नहीं थे और ना ही कोई होटल या पब। सामाजिक जीवन पूरी तरह से निजी घरों तक ही सीमित था।

हम अपने दिन शहर को देखने में बिताते थे, क्योंकि हमें डर था कि कहीं हमें सब कुछ देखने से पहले ही वहां से ना निकलना पड़ जाए। हमारे पास किसी पर भी संदेह करने का कोई ठोस आधार नहीं था, लेकिन हमें लगा कि संकट के समय हम अपने मित्रों पर भरोसा नहीं कर सकते, भले ही वे कितने भी उदार क्यों ना हों। हमने कई बार एक ऐसी कहानी सुनी थी, जो हमें चेतावनी की तरह लगती थी। सरकार ने एक अंग्रेज़ी शिक्षक को ल्हासा में एक यूरोपीय प्रकार का स्कूल खोलने के लिए कहा था और उसे एक लंबा अनुबंध दिया गया था। छह महीने बाद ही उसे अपना सामान समेटकर जाना पड़ा था। प्रगतिविरोधी भिक्षुओं ने उसे काम ही नहीं करने दिया।

हम रोज़ाना किसी न किसी से मिलते-जुलते रहते। बहुत से लोग हमसे मिलने आते थे और इस तरह हमें प्रतिष्ठित तिब्बतियों के घर-परिवार और उनकी

दिनचर्या के बारे में अच्छी जानकारी मिल गई। ल्हासावासियों और अपने शहरों के लोगों की तुलना करने पर हमें समझ में आया कि यहां लोगों के पास भरपूर समय था।

तिब्बत में अभी तक आधुनिक दुनिया की सबसे ख़राब, हमेशा भागते-दौड़ते रहने की बीमारी ने नहीं पकड़ा था। यहां कोई भी व्यक्ति बहुत अधिक काम नहीं करता। अधिकारियों का जीवन आसान है। वे सुबह देर से ऑफ़िस जाते हैं और दोपहर को जल्दी ही अपने घर लौट जाते हैं। अगर किसी अधिकारी घर पर मेहमान हों या ऑफ़िस ना जाने का कोई और कारण हो, तो वह मुलाज़िम भेजकर अपने सहकर्मी से उसका काम निपटाने के लिए कह देता है।

महिलाओं को समान अधिकारों के बारे में कुछ भी नहीं पता और वे जैसी हैं, उसमें ही ख़ुश हैं। वे अपने चेहरे को सजाने-संवारने, मोतियों की मालाओं को पिरोने, परिधानों के लिए नए कपड़े चुनने में वक़्त बिताती हैं और यह सोचने में घंटों लगा देती हैं कि अगली पार्टी में श्रीमती अमुक की चमक को फीका कैसे किया जाए। वे घर के कामकाज को लेकर परेशान नहीं होतीं, सारे काम नौकर-चाकर निपटाते हैं। लेकिन घर की मालकिन हमेशा अपनी कमर में चाबियों का गुच्छा लटकाकर रखती है, ताकि लोगों को पता चले कि वह गृह स्वामिनी है। ल्हासा में छोटी से छोटी चीज़ को ताले में बंद करके रखा जाता है।

यहां माह-जोंग भी है। एक समय में यह खेल दुनिया भर में लोकप्रिय था। लोग इसे इतना पसंद करते थे कि सबकुछ भूलकर दिन-रात इसे खेलते रहते थे। इसमें अक्सर बहुत ज़्यादा दांव लगाए जाते थे और हर कोई खेलता था, यहां तक कि नौकर-चाकर भी। लोग सालों की जमा-पूंजी को घंटों में गंवा बैठते थे। आख़िरकार सरकार को लगा कि इसकी अति हो रही है तो इस खेल पर रोक लगा दी गई। छुपकर खेलने-खिलाने वालों को भारी जुर्माना और कड़ी सज़ा दी गई। और इस तरह से लोगों से इसका पीछा छूटा! लोग कहते हैं कि हर कोई इसे खेलना चाहता था और इसे बंद करने पर उन्हें निराशा हुई थी, हालांकि मैं ऐसा नहीं मानता। माह-जोंग बंद होने के बाद, धीरे-धीरे लोगों को समझ में आने लगा। इस महामारी के दौरान बाक़ी सभी

काम किस तरह से उपेक्षित रह जाते थे। अब शनिवार को, किसी छुट्टी के दिन लोग शतरंज या हलमा खेलने लगे। शब्द-पहेलियों या अन्य मनोरंजक खेलों में ख़ुद को व्यस्त रखने लगे।

16 फ़रवरी को ल्हासा में हमें एक महीना हो गया था। हमारा भाग्य अभी भी अनिश्चित था। हमारे पास कोई काम नहीं था और हम अपने भविष्य को लेकर चिंतित थे। ठीक इसी दिन कबशोपा विदेश मंत्रालय के दूत की तरह गंभीर मुद्रा में हमारे पास आए। उनके हाव-भाव से हमें पता चल गया कि वह हमारी लिए कोई बुरी ख़बर लाए हैं। उन्होंने हमें बताया कि सरकार तिब्बत में हमारा निरंतर निवास स्वीकार नहीं करेगी और हमें तुरंत भारत चले जाना चाहिए। हमारे मन में हमेशा यह आशंका तो थी ही, लेकिन फिर भी वास्तविकता से हम निराश थे। हमने विरोध करना शुरू किया, लेकिन कबशोपा ने अपने कंधे उचकाए और कहा कि हमें उच्चतर स्तर पर बात करनी चाहिए।

इस दुखद समाचार पर हमारी अगली प्रतिक्रिया यह थी कि हम ल्हासा में बैठकर पूर्वी तिब्बत के जितने अधिक से अधिक नक़्शे मिल सकें, उन्हें इकट्ठा करें। शाम को हमने मार्ग की रूपरेखा बनाने और योजना बनाने का काम शुरू किया। हम एक बात पर दृढ़ थे कि अब हम कांटेदार बाड़े के पीछे नहीं जाएंगे! हम भागकर चीन जाना पसंद करेंगे और वहां अपनी क़िस्मत आज़माएंगे। हमारे पास कुछ पैसे थे और हमारे पासा काफ़ी साजो-सामान भी था। खाने-पीने का सामान जमा करना मुश्क़िल नहीं होगा। लेकिन मुझे अपने साइटिका के दर्द के बारे में सोचना था जो ठीक नहीं हो रहा था। औफ़्श्नाइटर ने पहले ही ब्रिटिश दूतावास के डॉक्टर को बुलाकर मुझे दिखाया था। उन्होंने मुझे कुछ पाउडर और इंजेक्शन दिए थे, लेकिन उनसे कोई फ़ायदा नहीं हुआ। क्या मेरी यह बेतुकी परेशानी हमारी योजनाओं पर पानी फेरने वाली थी? मुझे निराशा महसूस हुई।

अगले दिन दलाई लामा के माता-पिता के घर गया। हमें लगा कि उनके हस्तक्षेप से हमें मदद मिलेगी। महान माता और लोबसंग समतेन ने युवा राजा देवता को पूरी कहानी बताने का वादा किया और उन्हें यक़ीन था कि वह हमारे पक्ष में बात रखेंगे। उन्होंने वास्तव में ऐसा किया, और यद्यपि

युवा दलाई लामा के पास अभी तक कोई कार्यकारी शक्ति नहीं थी, फिर भी उनकी सद्भावना निश्चित रूप से हमारे काम आई। इस बीच, औफ़्शनाइटर भी भाग-भागकर एक परिचित से दूसरे परिचित के पास जा रहे थे, ताकि किसी न किसी तरह से हमारा काम बन जाए। और हर तरह की सावधानी बरतने के लिहाज़ से हमने अंग्रेज़ी में एक याचिका तैयार की जिसमें हमने तिब्बत में रहने की अनुमति के पक्ष में अपने सभी तर्क प्रस्तुत किए।

ऐसा लग रहा था कि क़िस्मत हमारे ख़िलाफ़ साज़िश रच रही थी, क्योंकि मेरी साइटिका की परेशानी इतनी बढ़ गई कि मैं हिल भी नहीं सकता था। मुझे बहुत दर्द होने लगा और मुझे बिस्तर पर ही पड़े रहना पड़ा, जबकि औफ़्शनाइटर शहर भर में दम फूलते तक दौड़ते-भागते रहे। ये चिंताजनक दिन थे।

21 फ़रवरी को कुछ सैनिक हमारे दरवाज़े पर आए। उन्होंने हमें अपना सामान पैक करने के लिए कहा, क्योंकि उन्हें हमें भारत ले जाने का आदेश दिया गया था। हमें अगली सुबह जल्दी निकलना था। ऐसा लग रहा था कि अब सब कुछ ख़त्म हो गया है, लेकिन मैं कैसे यात्रा कर सकता था? मेरे लिए तो एक क़दम चल पाना भी कठिन था। मैंने लेफ़्टिनेंट को अपनी हालत दिखाने की कोशिश की। उसने अपनी लाचारी जताई। सभी सैनिकों की तरह उसे भी आदेशों का पालन करना था और वह कोई भी सफ़ाई नहीं सुनना चाहता था। मैंने ख़ुद को संभालते हुए उससे कहा कि वह अपने वरिष्ठ को बता दे कि जब तक मुझे ले जाया नहीं जाता, मैं अपने पैरों पर चलकर ल्हासा नहीं छोड़ सकता। सैनिक लौट गए।

हमने तुरंत सलाह और मदद के लिए त्सारोंग से संपर्क किया, लेकिन उसके पास हमें बताने के लिए कुछ भी नया नहीं था। उन्होंने कहा कि सरकार के आदेश का विरोध नहीं किया जा सकता। अपने कमरे में अकेले पड़े-पड़े मैं अपने साइटिका को कोस रहा था। अगर मैं स्वस्थ होता, तो हमें भागने से कोई नहीं रोक सकता था और हमें उसी रात को भाग गए होते। हमने कांटेदार तारों के पीछे बने आरामदायक क्वार्टर की तुलना में कठिनाई और ख़तरे को प्राथमिकता दी। कल मुझे ले जाना इतना आसान नहीं होगा और मैंने कटुतापूर्वक निष्क्रिय प्रतिरोध का रवैया अपनाने का फ़ैसला किया।

लेकिन अगली सुबह कुछ नहीं हुआ - कोई सैनिक नहीं आया, और कोई ख़बर नहीं आई। हमने उत्सुकता से कबशोपा से मिलना चाहा। वह व्यक्तिगत रूप से आए और शर्मिंदा लग रहे थे। औफ़्शनाइटर ने बताया मेरी बुरी हालत दिखाई और हमारी समस्या पर चर्चा की। उन्होंने बड़ी गंभीरता से पूछा, 'क्या समझौता संभव नहीं होगा?'

इस बीच, हमें संदेह हो गया था कि शायद इस मामले में अंग्रेज़ों का हाथ था और उन्होंने तिब्बत से हमें सौंपने के लिए कहा होगा।

हमने महसूस किया कि तिब्बत एक छोटा देश है और अपने पड़ोसियों के साथ अच्छे संबंध रखना उसके हित में है। दो जर्मन युद्धबंदियों की इतनी छोटी-सी बात के लिए इंग्लैंड के साथ ग़लतफहमी पैदा करने का क्या मतलब था? इसलिए औफ़्शनाइटर ने सुझाव दिया कि उस समय दूतावास में प्रभारी के रूप में काम कर रहे अंग्रेज़ डॉक्टर से मेरी हालत के बारे में प्रमाण-पत्र लेना चाहिए। कबशोपा ने इस सुझाव को इतनी तत्परता से स्वीकार कर लिया कि हमने एक-दूसरे की तरफ़ देखा और हमें यक़ीन हो गया कि हमारा संदेह जायज़ था। डॉक्टर दिन में मुझसे मिलने आए और मुझे बताया कि हमारे प्रस्थान की तारीख़ का फ़ैसला सरकार ने उन पर छोड़ दिया है। उन्होंने मुझे इंजेक्शन दिए, लेकिन कोई फ़ायदा नहीं हुआ। मुझे त्सारोंग से मिले थर्मोजीन ऊन के उपहार से अधिक आराम मिला।

अब मैंने अपनी बीमारी पर क़ाबू पाने का निश्चय किया। मैं दृढ़ था कि इसकी वजह से अब हमारी योजना विफल नहीं होगी। अपनी इच्छा शक्ति का पूरा इस्तेमाल करते हुए मैं हर दिन ज़बर्दस्ती व्यायाम करने लगा। एक लामा ने मुझे सलाह दी थी कि मैं अपने पैरों के तलवों से एक छड़ी को आगे-पीछे घुमाऊं। यह काम मैंने हर दिन घंटों कुर्सी पर बैठकर किया। व्यायाम बहुत दर्दनाक था, लेकिन इससे धीरे-धीरे मेरी हालत में सुधार हुआ और आख़िरकार मैं एक बूढ़े व्यक्ति की तरह बग़ीचे में जाकर वसंत की धूप की गर्माहट लेने में सक्षम हो गया।

. . . . .

अब वसंत ऋतु पूरे शबाब पर थी। मार्च का महीना आ गया था और चार मार्च को नए साल का उत्सव शुरू हुआ। सभी तिब्बती त्योहारों में सबसे बड़ा था यह। और यह तीन सप्ताह तक चलता है। अफ़सोस! मैं इसमें भाग नहीं ले सका। दूर से मैंने ड्रम और ट्रॉम्बोन की आवाज़ सुनी और घर में जिस तरह से उत्साह का माहौल बना हुआ था उससे मुझे समझ में आ रहा था कि यह त्योहार कितना महत्त्वपूर्ण था। त्सारोंग और उसका बेटा हर दिन मुझसे मिलने आते थे और अपने शानदार नए परिधान दिखाते थे। ये रेशम और ब्रोकेड से बने थे। बेशक, औफ़्शनाइटर हर जगह गए और शाम को मुझे सब कुछ बताया।

इस साल 'फ़ायर-हाउंड-ईयर' था। 4 मार्च को (या इसके आस-पास की तारीख़, क्योंकि तिब्बती नव वर्ष भी ईस्टर के समान आगे-पीछे होता है) सिटी मजिस्ट्रेट अपने अधिकार भिक्षुओं को सौंप देते हैं। यह धर्मनिरपेक्ष सत्ता द्वारा धर्म को उसके पद की पुनर्स्थापना का प्रतीक है, जिसका मूल रूप से यह हिस्सा था। यह एक सख़्त और दुर्जेय शासन की शुरुआत है। शुरुआत में पूरे इलाक़े को साफ़-सुथरा किया जाता है और इस मौसम में ल्हासा अपनी सफ़ाई के लिए मशहूर है। इसी समय एक तरह की नागरिक शांति की घोषणा की जाती है। सभी लड़ाई-झगड़े बंद हो जाते हैं। पब-ऑफ़िस बंद हो जाते हैं, लेकिन सड़क किनारे व्यापार करने वालों की सौदेबाज़ी पहले से कहीं ज़्यादा बढ़ जाती है। जुआ सहित सभी अपराधों के लिए कठोर दंड मिलता है। भिक्षु निर्दयी न्यायाधीश होते हैं और वे भयंकर दंड देने के आदी होते हैं, जिससे कभी-कभी पीड़ित की मृत्यु भी हो जाती है। (हालांकि यह भी सच है कि ऐसे मामलों में रीजेंट हस्तक्षेप करता है और ज़िम्मेदार व्यक्तियों से निपटता है।)

ऐसा लग रहा था कि उत्सवों के बीच हमें भुला दिया गया था और हमने भी ध्यान रखा कि लोग हमारी ओर आकर्षित ना हों। सरकार शायद अंग्रेज़ डॉक्टर के इस फ़ैसले से संतुष्ट थी कि मैं अभी यात्रा के लायक़ नहीं हूं। हमें समय मिल रहा था। मेरे लिए सबसे अच्छी बात यह थी कि मैं ठीक हो जाऊं और फिर शायद हम चीन की ओर भाग सकें।

मैं हर दिन बग़ीचे में धूप सेंकता था और बढ़ती गर्मी का आनंद लेता था। इसलिए मैं तब आश्चर्यचकित रह गया, जब एक सुबह जागते साथ मैंने देखा कि वसंत की हरियाली बर्फ़ से ढंकी हुई है। ऐसा बहुत कम होता है कि ल्हासा में इस मौसम में इतनी बर्फ़ गिरती हो। यह जगह एशिया के इतने मध्यम में बसा हुआ है कि वायुमंडलीय अवसाद शायद ही कभी यहां तक पहुंच पाता है। यहां तक कि सर्दियों में भी बर्फ़ ज़्यादा देर तक नहीं टिकती। इस बार यह जल्दी ही पिघल गई। इससे कुछ फ़ायदा हुआ। रेत और धूल कीचड़ में बदल गई। इसने बाद में आने वाले रेतीले तूफ़ान की समस्या को भी कम कर दिया।

ये तूफ़ान हर वसंत में नियमित रूप से आते हैं और लगभग दो महीने तक चलते हैं। वे आम तौर पर दोपहर के समय शहर में धमकते हैं। तूफ़ान को एक विशाल काले बादल के रूप में भयानक तेज़ी से आते हुए देखा जा सकता है। पोटाला पैलेस दिखाई नहीं पड़ता और हर कोई घर की ओर भागने लगता है। सड़कों पर आवाजाही थम जाती है, घरों की खिड़कियां खड़खड़ाने लगती हैं, और खेतों में जानवर चुपचाप खड़े हो जाते हैं और धैर्यपूर्वक तूफ़ान के जाने की प्रतीक्षा करते हैं। गली के अनगिनत कुत्ते किसी कोने में इकट्ठे हो जाते हैं। (वे आम तौर पर इतने शांत नहीं होते। एक दिन औफ़्शनाइटर फटे हुए लबादे के साथ घर लौटे थे। गली के कुत्तों ने उन पर हमला किया था। इन्हीं कुत्तों ने एक मरते हुए घोड़े को पूरी तरह से मारकर खा डाला था। कुत्तों के झुंड को ख़ून का स्वाद मिल गया था।)

धूल भरी आंधी का समय साल का सबसे अप्रिय समय होता है। ल्हासा के घरों में दोहरी खिड़कियां नहीं होतीं इस वजह से कमरों के अंदर भी धूल आ जाती है। वसंत ऋतु के इन तूफ़ानों से मिलने वाली एकमात्र राहत यह होती है कि जाड़ा पूरी तरह से समाप्त हो जाता है। सभी माली जान जाते हैं कि अब उन्हें ठंड से डरने की कोई ज़रूरत नहीं है। इस मौसम में नहरों के किनारे घास के मैदानों में हरियाली की पहली झलक मिलती है। कैथेड्रल के गेट पर लगे वीपिंग विलो खिलने लगते हैं। पतली, लटकती हुए शाखाओं और बारीक पीले फूलों से वसंत ऋतु को एक काव्यात्मक अर्थ मिलता है।

जब मैं फिर से चलने-फिरने में लायक़ हो गया तो मैं कुछ न कुछ करने को उत्सुक था। त्सारोंग ने अपने बग़ीचे में फलों के सैकड़ों पौधे लगाए थे। वे सभी बीज से उगाए गए थे और अब तक उनमें कोई फल नहीं आया था। जॉर्ज (मेरे मेज़बान के बेटे) के साथ मिलकर मैंने उन्हें व्यवस्थित रूप से ग्राफ़्ट करने का काम शुरू किया। इससे घरवालों को हँसने की एक नई वजह मिल गई। तिब्बत में ग्राफ़्टिंग को कोई नहीं जानता और इसके लिए उनकी भाषा में कोई शब्द भी नहीं है। उन्होंने इसे 'विवाह' कहा। उन्हें यह बड़ा मज़ेदार लगा।

तिब्बती लोग एक खुशमिज़ाज और उनमें बाल-सुलभ हँसी-मज़ाक़ के गुण हैं। वे हंसने के प्रत्येक अवसर के प्रति आभार जताते हैं। अगर कोई लड़खड़ा जाए या फिसल जाए तो वे घंटों हँसी-ठट्ठा करते हैं। दूसरों के दुर्भाग्य से ख़ुश होना लगभग सार्वभौमिक है, लेकिन यहां इसमें बुरी नीयत नहीं होती। वे हर चीज़ का और हर किसी का मज़ाक़ उड़ाते हैं। चूंकि उनके पास अख़बार नहीं आते, इसलिए वे गीतों और व्यंग्य के माध्यम से अप्रिय घटनाओं या आपत्तिजनक व्यक्तियों की आलोचना करते हैं। लड़के और लड़कियां शाम को बरखोर (व्यावसायिक परिसर) में नवीनतम गीत गाते-गुनगुनाते हुए टहलते हैं। यहां तक कि बड़े से बड़े व्यक्ति की भी खिंचाई हो सकती है। कभी-कभी सरकार किसी विशेष गीत पर प्रतिबंध लगा देती है, लेकिन इसे गाने के लिए कभी किसी को दंडित नहीं किया जाता। फिर इसे सार्वजनिक रूप से नहीं गाया जाता है, बल्कि निजी तौर पर और भी अधिक सुना जाता है।

बरखोर में सबसे ज़्यादा भीड़ नए साल पर होती है। यह सड़क कैथेड्रल के चारों ओर एक घेरा बनाती है और शहर का ज़्यादातर जीवन इसी पर केंद्रित है। कई बड़े व्यापारिक घराने यहीं हैं और सभी धार्मिक और सैन्य जुलूस यहीं से शुरू होते हैं और यहीं आकर समाप्त होते हैं। शाम के समय, ख़ास तौर पर सार्वजनिक छुट्टियों के दिनों में, धर्मपरायण नागरिक बरखोर में प्रार्थनाएं करने उमड़ पड़ते हैं। ऐसा नहीं है कि बरखोर में सिर्फ़ धर्मपरायणता ही दिखाई देती। आपको सुंदर महिलाएं भी अपनी नई पोशाकों का प्रदर्शन

करती हुई और कुलीन वर्ग के युवाओं के साथ थोड़ी-बहुत छेड़खानी करती हुई भी दिखाई देंगी।

संक्षेप में कहें तो बरखोर व्यापार, मिलनसारिता और मौज-मस्ती का क्रेंद्र है।

पहले तिब्बती महीने की 15 तारीख़ तक मैं इतना बेहतर हो गया था कि मैं भी उत्सव में शामिल हो सकता था। पंद्रहवां दिन महान दिनों में से एक है। एक शानदार जुलूस होता है जिसमें दलाई लामा भाग लेते हैं। त्सारोंग ने हमें वादा किया कि वह अपने घर की खिड़की से बरखोर का नज़ारा देखने की सुविधा उपलब्ध कराएंगे। हमारे भूतल पर थे, क्योंकि किसी को भी उन महानुभावों के सिर से अधिक ऊंचाई पर खड़े रहने की अनुमति नहीं है, जो इस दौरान सड़क से गुज़रते हैं। ल्हासा में कोई भी घर दो मंजिल से अधिक ऊंचा नहीं हो सकता, क्योंकि कैथेड्रल या पोटाला के साथ प्रतिस्पर्धा करना ईशनिंदा माना जाता है। इस नियम का सख़्ती से पालन किया जाता है। कुछ बड़े लोग गर्म मौसम में अपने घरों की सपाट छतों पर लकड़ी की छोटी-छोटी कुटिया बना लेते हैं, इन्हें आसानी से अलग किया जा सकता है। जब दलाई लामा या रीजेंट किसी जुलूस में भाग लेते हैं तो ये रातों-रात ग़ायब हो जाती हैं।

जब सड़कों पर रंग-बिरंगे परिधानों से सजी भीड़ उमड़ रही थी, हम श्रीमती त्सारोंग के साथ अपनी खिड़की पर बैठे थे। हमारी परिचारिका एक मिलनसार वृद्धा थीं, जो हमेशा हमारा ख़याल रखती थीं। हम बहुत ख़ुश थे कि बहुत नए और अजीब से माहौल में वह हमारे साथ थीं। हमारे सामने से गुज़र रहे अनोखे नज़ारों के बारे में उन्होंने बड़े शानदार ढंग से समझाया।

हमने ज़मीन से कभी-कभी तीस या उससे भी ज़्यादा फ़ुट की ऊंचाई तक अजीबोगरीब फ्रेमनुमा चीज़ें उठती देखीं। हमारी परिचारिका ने हमें बताया कि ये मक्खन की आकृतियां हैं। सूर्यास्त के तुरंत बाद भिक्षुओं द्वारा मक्खन से बनाई गई ये कलाकृतियां साथ लाई जाती हैं। मठों में ऐसे विभाग हैं, जहां प्रतिभाशाली भिक्षु विभिन्न रंगों के मक्खन को गूंथकर आकृतियां बनाते हैं। ये भिक्षु सच्चे कलाकार होते हैं। इस कलाकारी के लिए असीम धैर्य की आवश्यकता होती है, इसे अक्सर सोने-चांदी के महीन तारों से

बनाया जाता है। एक ही रात में इन उत्कृष्ट कृतियों को बनाना होता है। इनकी प्रतिस्पर्धा होती है और सरकार सर्वश्रेष्ठ कृति के लिए पुरस्कार देती है। पिछले कई वर्षों से ग्यू का मठ इस प्रतियोगिता को जीतता रहा है। जल्द ही बरखोर की पूरी सड़क मक्खन के रंगीन पिरामिडों के पीछे छिप गई। उनके सामने लोगों की एक अंतहीन भीड़ थी और हम सोच में पड़ गए कि क्या हमें कुछ दिखाई देगा भी या नहीं। अंधेरा होने लगा था जब ल्हासा रेजिमेंट तुरही और ड्रम की आवाज़ के साथ आगे बढ़ी। वे सड़क पर खड़े हो गए और दर्शकों को घरों की ओर पीछे धकेल दिया, जिससे सड़क ख़ाली हो गई।

जल्दी ही रात ढल गई, लेकिन पूरा परिदृश्य रोशनी से जगमगा उठा। मक्खन के हज़ारों दीये टिमटिमा रहे थे और उनके साथ कुछ पेट्रोलियम प्रेशर-लैंप भी थे, जिनकी रोशनी भयावह थी। इस पूरे आयोजन पर और अधिक रोशनी डालने के लिए आसमान पर चांद चमकने लगा था। तिब्बत में महीने चांद के हिसाब से होते हैं, इसलिए 15 तारीख़ को पूर्णिमा थी। सब कुछ तैयार था, मंच तैयार था और अब महान उत्सव शुरू होने को था। भीड़ का कोलाहल शांत हो गया था। वह महान क्षण आ गया था, जिसकी हरेक को प्रतीक्षा थी।

गिरजाघर के कपाट खुले और युवा राजा देवता धीरे-धीरे बाहर निकले। उन्हें सहारा देने के लिए दो मठाधीशों उनके दाएं-बाएं थे। लोगों ने श्रद्धा से सिर नवाया। अनुष्ठान के नियमानुसार उन्हें दंडवत प्रणाम करना चाहिए था, लेकिन आज वहां जगह ही नहीं थी। जैसे ही वह लोगों के निकट पहुंचे, लोगों ने सिर नवाया। ऊपर देखने की हिम्मत किसी ने नहीं की। नपे-तुले क़दमों से दलाई लामा ने बरखोर की परिक्रमा शुरू की। बीच-बीच में वह मक्खन से बनी आकृतियों के सामने भी रुकते और उन्हें निहारते। उनके पीछे सभी उच्च गणमान्य व्यक्तियों और कुलीनों का एक शानदार समूह था। उनके बाद वरीयता के क्रम में अधिकारी थे। जुलूस में हमने अपने मित्र त्सारोंग को पहचान लिया। वह दलाई लामा के ठीक पीछे चल रहे थे।

श्रद्धा से भरी भीड़ चुपचाप खड़ी रही। केवल भिक्षुओं का संगीत ही सुनाई दे रहा था। यह किसी दूसरी दुनिया को देखने जैसा अनुभव था, एक

अजीबोगरीब अवास्तविक घटना। टिमटिमाते दीयों की पीली रोशनी में मक्खन की ढली हुई बड़ी-बड़ी आकृतियां जीवंत हो उठीं। हमें लगा कि हमने हवा में अनूठे फूलों को लहराते हुए देखा और देवताओं के परिधानों की सरसराहट सुनी है। फिर भगवान ने आशीर्वाद देने के लिए अपना हाथ उठाया।

अब जीवित बुद्ध निकट आ रहे थे। वे हमारी खिड़की के बहुत क़रीब से गुज़रे। महिलाएं श्रद्धावश अपनी सांसें रोककर स्थिर हो गई थीं। भीड़ मानो जम गई थी। हम बहुत भावुक हो गए और अपने आपको महिलाओं के पीछे छिपा लिया, मानो ख़ुद को इस शक्ति के जादुई घेरे में आने से बचाना चाहते हों।

हम अपने आप से कहते रहे, 'यह तो बस एक बच्चा है।' लेकिन वह वास्तव में वह हज़ारों लोगों की एकाग्र आस्था का केंद्र, उनकी प्रार्थनाओं, अभिलाषाओं, आशाओं का सार थे। चाहे वह ल्हासा हो या रोम - सभी एक ही इच्छा से एकजुट हैं ईश्वर को पाना और उनकी सेवा करना। मैंने अपनी आंखें बंद कर लीं और शाम के आसमान में उठती हुई प्रार्थनाओं की बुदबुदाहट और संगीत की मीठी धुन को ध्यान से सुना।

जल्द ही दलाई लामा ने बरखोर की परिक्रमा पूरी कर ली और अदृश्य हो गए। सैनिक अपने बैंड की धुन बजाते हुए आगे बढ़ गए।

यहां मौजूद हज़ारों दर्शक मानो किसी सम्मोहन से जागे हों, इस तरह अराजक व्यवहार करने लगे। यही भीड़ अब तक व्यवस्था में बंधी हुई थी। यह परिवर्तन अचानक हुआ। भीड़ शोर मचाने लगी और ऊटपटांग हरक़तें करने लगी। एक क्षण पहले यही लोग रो रहे थे, गिड़गिड़ा रहे थे और प्रार्थना कर रहे थे या फिर परमानंद ध्यान में डूबे हुए थे। और अब उन्मादी भीड़ बन गए थे। भिक्षु-रक्षक सक्रिय हो जाते हैं। ये रक्षक ऊंचे-पूरे विशालकाय थे और उनका गहरा रंग उन्हें और अधिक भयानक बना रहा था। वे अपने चाबुक फटकार कर लोगों को डराते हैं, लेकिन भीड़ उन्मत्त होकर मक्खन की मूर्तियों की ओर बढ़ती है। पिटाई के बावजूद लोग मानते नहीं हैं। उन पर राक्षसी वृत्ति हावी हो गई थी। मैं सोच रहा था कि क्या वे

वास्तव में वही लोग हैं जो अभी एक बच्चे के सामने विनम्रतापूर्वक झुक रहे थे?

अगली सुबह सड़कें ख़ाली थीं। मक्खन की मूर्तियां ले जाई जा चुकी थीं और पिछली रात की श्रद्धा या उल्लास का कोई निशान बाक़ी नहीं था। मूर्तियों को रखने वाले स्टैंड की जगह बाज़ार की दुकानों ने ले ली थी। मक्खन से बनी संतों की चमकीली मूर्तियां पिघल गई थीं और उन्हें अब दीयों के ईंधन के रूप में इस्तेमाल किया जाएगा। या उनसे जादुई दवाइयां बनाई जाएंगी।

9

शरण मिली

हमारी पहली नौकरियां-ल्हासा में पहली बार खेलकूद प्रतियोगिताएं-मिली-जुली आबादी-अंततः हमें रहने की अनुमति मिल ही गई।

बहुत से लोगों ने हमसे मुलाक़ात की। तिब्बती लोग दूर-दूर से नए साल के उत्सव में भाग लेने के लिए ल्हासा आए थे। इनमें वे लोग भी थे जिनसे पदयात्रा के दौरान हमारी भेंट हुई थी। उनके लिए हमें खोज पाना कठिन नहीं था, क्योंकि हम अब बहुत चर्चित थे और बच्चा-बच्चा बता सकता था कि हम कहां रहते हैं। कुछ लोग हमारे लिए सूखे मांस का उपहार लेकर आए। ल्हासा में इसे बहुत सराहा जाता है। इसके अलावा हमें इन लोगों से यह भी पता चला कि जिन अधिकारियों के ज़िलों से हम गुज़रे थे, उन्हें सरकार ने कड़ी फटकार लगाई थी। यह जानकर हमें दुख हुआ कि जिन लोगों ने बड़े दोस्ताना अंदाज़ में हमारा स्वागत किया था उन्हें हमारे कारण इतनी कठिनाई सहनी पड़ी। लेकिन ऐसा लग रहा था कि उन्हें हमसे कोई शिकायत नहीं थी। हम एक पोनपो से मिले, जिसे हमने अपना पुराना यात्रा परमिट दिखाया था और वह केवल मुस्कराकर रह गया था। अब हमसे एकबार फिर से मिलकर वह बहुत ख़ुश हुआ।

इस साल नए साल के जश्न के दौरान बरखोर में एक दुर्घटना हुई। इसकी बड़ी चर्चा हुई।

हर साल तिब्बती लोग पेड़ों के भारी तनों को जोड़-जोड़कर बहुत ऊंचाई पर पताकाएं लहराते हैं। इन तनों को दूर-दूर से लाया जाता है। इन्हें

ल्हासा तक लाना बहुत कठिन काम है। इन्हें बड़े पुराने तरीक़े से लाया जाता है, और जब मैंने पहली इन्हें लाते हुए देखा तो मुझे बहुत ग़ुस्सा आया। इसने मुझे वोल्गा के नाविकों की याद दिला दी। एक तने को लगभग बीस आदमी खींचते हैं। यह तना उनकी कमर के चारों ओर एक रस्सी से बंधा होता है। वे गीत गाते हुए एक दूसरे के साथ क़दम मिलाते हुए आगे बढ़ते हैं। बहुत पसीना बहता है, वे बहुत थकते हैं, हांफते हैं, लेकिन उनका लीडर उन्हें आराम करने का मौक़ा नहीं देता। यह जबरन मज़दूरी आंशिक रूप से करवसूली का विकल्प है। इसे ढोने वालों को सड़क के किनारे बसे गांवों से ले लिया जाता है और जब वे अगली बस्ती में पहुंचते हैं तो उन्हें छोड़ दिया जाता है। कहा जाता है कि जिस नीरस वातावरण में वे अपना बोझ खींचते हैं, उससे उनका ध्यान उनके काम की गंभीरता से हट जाता है। मुझे लगता था कि वे अपनी मेहनत बचाने के लिए कुछ तो बहस करेंगे। लेकिन जिस तरह वे इस कठोर परिश्रम को अपना भाग्य मानकर काम में जुटे रहते थे, उससे मुझे हमेशा ग़ुस्सा आता था। मैं आधुनिक युग में जी रहा था इसलिए, मैं यह नहीं समझ पा रहा था कि तिब्बत के लोग प्रगति का इतना सख़्त विरोध क्यों करते हैं। इस तरह के भारी बोझ को ढोने के लिए निश्चित रूप से कोई बेहतर तरीक़ा होना चाहिए। चीनियों ने हज़ारों साल पहले पहिये का आविष्कार किया और उसका इस्तेमाल किया। लेकिन तिब्बतियों के पास इसका कोई विकल्प नहीं है, जबकि पहियों का बेहतर ढंग से इस्तेमाल करने पर परिवहन और वाणिज्य को बहुत बढ़ावा मिलेगा और पूरे देश में जीवन स्तर में सुधार होगा।

बाद में जब मुझे सिंचाई का काम मिला, तो मुझे ऐसे कई उपकरण मिले, जिनसे मेरा यह विश्वास और मज़बूत हुआ कि तिब्बती लोग कई शताब्दियों पहले से ही पहिये से परिचित थे और उसका इस्तेमाल करते थे। हमें अलमारी जितने बड़ी-बड़ी पत्थर की शिलाएं मिली थीं। इन्हें दूर-दराज की खदानों से मशीनी साधनों के बिना नहीं ले जाया जा सकता था। मेरे कारीगरों को ऐसी शिलाओं को एक जगह से दूसरी जगह ले जाने के लिए उन्हें पहले इसे आठ टुकड़ों में काटना पड़ता था।

मैं धीरे-धीरे इस बात पर आश्वस्त होता गया कि तिब्बत के महान दिन अतीत की बात हो गए हैं। यहां 763 ई. का एक शिला स्तंभ है जो मेरे

विचार की पुष्टि करता है। इसमें यह तथ्य दर्ज है कि उस वर्ष तिब्बती सेनाएं चीनी राजधानी के द्वार तक पहुंची थीं और वहां उन्होंने चीनियों को शांति के लिए शर्तें लगाई थीं। इनमें रेशम की पचास हज़ार गांठों का वार्षिक कर शामिल था।

और फिर यहां पोटाला पैलेस है, जो तिब्बत के शानदार दिनों से ही बना हुआ है। आज कोई भी ऐसी इमारत बनाने के बारे में सोच भी नहीं सकता। मैंने एक बार मेरे साथ काम करने वाले एक पत्थर के कारीगर से पूछा कि ऐसी इमारतें अब क्यों नहीं बनाई जातीं। उसने ग़ुस्से में जवाब दिया कि पोटाला महल को देवताओं ने बनाया है। मनुष्य कभी भी ऐसा काम नहीं कर सकते। इस अद्भुत इमारत पर पुण्यात्माओं और अलौकिक जीवों ने रात-रात में काम किया था। उस कारीगर के इस दृष्टिकोण में मुझे प्रगति और महत्त्वाकांक्षा के प्रति उदासीनता का एक और उदाहरण मिला। यही रवैया वृक्षों के तने खींचने वाले लोगों का भी था।

अपनी कहानी पर वापस आते हैं। जब पेड़ों के तने ल्हासा में पहुंच जाते हैं तो उन्हें याक की खाल की पट्टियों से बांधकर लगभग सत्तर फ़ीट ऊंचा एक मोटा मस्तूल बनाया जाता है। फिर उस पर प्रार्थना लिखी एक बड़ी पताका लगाई जाती है जो खंभे के ऊपर से नीचे तक फैली होती है। इस बार शायद तने शायद बहुत भारी थे और याक की खाल की पट्टियां उनका भार नहीं सह सकीं। क्योंकि पूरा मस्तूल कई भागों में टूटकर गिर गया, जिससे तीन दर्शकों की मौत हो गई और कई अन्य घायल हो गए। पूरे तिब्बत ने इसे एक अपशकुन माना और लोगों ने देश के लिए दुर्भाग्य की भविष्यवाणी की। भूकंप और बाढ़ जैसी आपदाओं की भविष्यवाणी की गई। लोग युद्ध की बात करते थे और उनका इशारा चीन की तरफ़ होता था। हर कोई, यहां तक कि अंग्रेज़ी शिक्षा प्राप्त लोग भी अंधविश्वास का शिकार थे।

फिर भी वे इस दुर्घटना में घायल लोगों को अपने लामाओं के पास नहीं ले गए, बल्कि ब्रिटिश दूतावास में ले गए, जहां तिब्बतियों के लिए कई बिस्तरों वाला एक अस्पताल था। अंग्रेज़ डॉक्टर बहुत व्यस्त रहता था। हर सुबह उसके दरवाज़े के सामने मरीज़ों की क़तार लगी रहती थी, और दोपहर

में वह शहर में अपने मरीज़ों को देखने के लिए जाता था। भिक्षुओं ने अपने क्षेत्र में इस घुसपैठ को चुपचाप सहन किया। वे कुछ कर भी नहीं सकते थे, क्योंकि डॉक्टर की सफलता को नज़रअंदाज़ करना असंभव था।

चिकित्सा के प्रति सरकार की नीति आधुनिक तिब्बत के इतिहास का एक काला अध्याय है। साढ़े तीन लाख की आबादी में ब्रिटिश और चीनी दूतावासों के डॉक्टर ही एकमात्र योग्य चिकित्सक थे। डॉक्टरों को तिब्बत में काम करने के लिए भरपूर अवसर थे, लेकिन सरकार विदेशियों को प्रैक्टिस करने की अनुमति नहीं देती थी। पूरे अधिकार भिक्षुओं के हाथों में थे और ये लोग अंग्रेज़ी डॉक्टरों की मदद लेने पर सरकारी अधिकारियों की भी आलोचना करते थे।

यह हमारे भविष्य के लिए एक उम्मीद भरा संकेत था जब एक उच्च मठवासी अधिकारी ने औफ़्शनाइटर को बुलाया और सिंचाई के लिए नहर बनाने का काम सौंपा। हम ख़ुशी से अवाक रह गए! यह ल्हासा में एक स्थायी निवास की ओर हमारा पहला क़दम था और अंतत: भिक्षुओं ने ही हमें इस रास्ते पर पहुंचाया था।

औफ़्शनाइटर ने बिना देरी किए नाप-जोख करना शुरू कर दिया। मैं उनकी मदद करना चाहता था, क्योंकि उनके पास कोई प्रशिक्षित सहायक नहीं था। उनके साथ मैं भी लिंगखोर स्थित उसके कार्यस्थल पर पहुंच गया। एक अद्भुत दृश्य हमारा इंतज़ार कर रहा था। वहां सैकड़ों, बल्कि हज़ारों भिक्षु लाल टोपी पहने बैठे थे और कुछ ऐसा काम करने में व्यस्त थे जिसे आम तौर पर गोपनीय रखा जाता है। मुझे औफ़्शनाइटर के कार्यस्थल से ईर्ष्या नहीं हुई। हम अपने काम में लगे रहे, हमने इधर-उधर नहीं बल्कि अपने काम पर ध्यान दिया।

औफ़्शनाइटर का अच्छी गति से आगे बढ़ा और दो हफ़्ते में खुदाई शुरू करने का समय आ गया। खुदाई के लिए डेढ़ सौ मज़दूर दिए गए और हमें लगने लगा कि हम महत्त्वपूर्ण ठेकेदार हैं। लेकिन हमें अभी इस देश में काम करने के तौर-तरीक़े सीखने थे।

इस बीच मैंने भी अपने लिए एक नौकरी ढूंढ़ ली थी। मैं अभी भी कमज़ोर था और त्सारोंग के बग़ीचे में काम करना मेरी जैसी हालत वाले आदमी के लिए एकदम उपयुक्त था। लेकिन मैं सोचता रहा कि मैं इसे और अधिक सुंदर बनाने के लिए क्या कर सकता हूं। फिर मुझे एक विचार सूझा। मैं एक फ़व्वारा बनाना चाहता था। मैंने नाप-जोख की। चित्र बनाए और जल्द ही एक सुंदर प्रोजेक्ट तैयार कर लिया। त्सारोंग उत्साही थे। उन्होंने मेरी मदद के लिए कुछ नौकर-चाकर दे दिए। मैं आराम से धूप में बैठकर अपनी टीम से काम करवाता रहता था। जल्द ही भूमिगत पाइप बिछाए गए और एक तालाब खोदा गया। त्सारोंग ने सीमेंटिंग के काम में व्यक्तिगत रूप से मदद की। लोहे के पुल के निर्माण के बाद से वह कंक्रीट के विशेषज्ञ बन गए थे। हमें फ़व्वारे को पानी की आपूर्ति करने के लिए घर की छत पर एक टैंक बनाना पड़ा। टैंक में पानी को चढ़ाना बहुत कठिन काम था, लेकिन मैंने ज़रूरत का फ़ायदा उठाया और अपनी मांसपेशियों को मज़बूत करने के लिए हैंड पंप का इस्तेमाल किया।

आख़िरकार वह महान क्षण आ ही गया और पहली बार मेरे फ़व्वारे से पानी की धार निकली। यह धार घर जितनी ऊंची थी। हम सभी बच्चों की तरह ख़ुश थे। यह तिब्बत का एकमात्र फ़व्वारा था और अब से यह त्सारोंग के बगीचे की पार्टियों का विशेष आकर्षण बन गया।

नए अनुभवों और एक अप्रत्याशित गतिविधि से हम अपनी चिंताओं को लगभग भूल ही गए। एक दिन थांगमे हमारे लिए तिब्बती भाषा में प्रकाशित एक अख़बार लेकर आए और हमें वह लेख दिखाया, जिसमें लिखा गया था कि कैसे हम पहाड़ी बाधाओं को पार करके ल्हासा पहुंचे और कैसे हम अब इस पवित्र, तटस्थ देश की सुरक्षा के लिए याचना कर रहे हैं। सबकुछ सहानुभूतिपूर्ण अंदाज़ में लिखा गया था। हमने सोचा कि इस सहानुभूति से जनमत पर अनुकूल प्रभाव पड़ेगा और उम्मीद है कि लोग हमारी याचिका के लिए समर्थन दे सकते हैं। यह सच है कि यूरोप में इस अख़बार का बहुत कम महत्त्व रहा होगा। यह महीने में एक बार निकलता था और भारत के कलिम्पोंग में प्रकाशित होता था। इसकी प्रसार संख्या पांच सौ से अधिक नहीं

थी, लेकिन ल्हासा में कुछ हलकों में इसे काफ़ी पढ़ा जाता था। दुनिया भर में तिब्बती विद्वानों को इसकी प्रतियां भेजी जाती थीं।

नए साल का जश्न अभी ख़त्म नहीं हुआ था, हालांकि सबसे महत्त्वपूर्ण समारोह संपन्न हो चुका था। अब त्सुग ला खांग के सामने बरखोर पर एथलेटिक मीट शुरू हुई। एक खिलाड़ी होने के नाते मुझे इसमें विशेष रूप से दिलचस्पी थी और हर दिन सुबह-सुबह मैं यहां पहुंच जाता था। हम भाग्यशाली थे कि हमें चीनी दूतावास की दूसरी मंजिल पर एक खिड़की में जगह मिली थी। यहां से हम छिपकर खेल देखते थे। रीजेंट की उपस्थिति में किसी को भी भूतल से ऊपर बैठने की मनाही थी। रीजेंट त्सुग लाग खांग की पहली मंज़िल पर एक मलमल के पर्दे के पीछे सिंहासन पर विराजमान रहते थे। कैबिनेट के पूर्व मंत्री खिड़कियों से देखते थे।

सबसे पहले कुश्ती के मुक़ाबले हुए। मैं यह तय नहीं कर पाया कि पहलवानों के तरीक़े ग्रीको-रोमन थे या कैच-एज़-कैच-कैन शैली के। ज़ाहिर है, उनके अपने नियम थे। यहां पैरों को छोड़कर शरीर का कोई भी हिस्सा ज़मीन को छूने पर हार मानी जाती थी। प्रतियोगिता शुरू होने की प्रारंभिक घोषणा नहीं होती थी। एक फ़ेल्ट मैट बिछाई जाती है और पुरुष भीड़ से निकलकर आते हैं और एक-दूसरे से मुक़ाबला करते हैं। प्रतियोगी केवल एक लंगोटी पहनते हैं और सुबह की ठंडी हवा में कांपते रहते हैं। वे सभी ऊंचे पूरे, हट्टे-कट्टे होते हैं। वे अपने विरोधियों के आस-पास हिंसक हाव-भाव करते हैं और अपने साहस का दिखावा करते हैं। लेकिन उन्हें कुश्ती की कला का कोई ज्ञान नहीं होता है और वे असली पहलवान से आसानी से हार जाएंगे। मुक़ाबले जल्दी ही ख़त्म हो जाते हैं और एक नई जोड़ी मैदान में आ जाती है। जीत के लिए कठिन संघर्ष देखने को नहीं मिलता। विजेताओं को कोई विशेष सम्मान नहीं मिलता, लेकिन जीतने वाले और हारने वाले दोनों को सफ़ेद स्कार्फ़ मिलते हैं। वे पोनपो को प्रणाम करते हैं, जो उन्हें मुस्कान के साथ स्कार्फ़ थमाता है, और रीजेंट के सम्मान में तीन बार दंडवत प्रणाम करते हैं और फिर अपने दोस्तों की भीड़ में शामिल हो जाते हैं।

इसके बाद भारोत्तोलन प्रतियोगिता हुई। भार एक भारी, चिकना पत्थर होता है। इसे उठाकर ध्वजस्तंभ के चारों ओर घुमाना पड़ता है। बहुत कम लोग यह करतब दिखा पाते हैं। जब कोई प्रतियोगी बहुत आत्मविश्वास के साथ पत्थर तक पहुंचता है लेकिन इसे उठा ही नहीं पाता, या जैसे-तैसे उठाने के बाद उसके हाथों से फिसल जाता है और गिरने पर उसके पैर की अंगुलियां कुचलने का ख़तरा खड़ा हो जाता है, तो बहुत हँसी आती है।

तभी अचानक दूर से सरपट दौड़ते घोड़ों की आवाज़ सुनाई देती है। भारोत्तोलन समाप्त हो जाता है। घुड़-दौड़ शुरू हो जाती है। धूल के घने बादलों के बीच घोड़े आते हैं। इन दौड़ों में कोई निर्धारित मार्ग नहीं होता। सवारहीन घोड़े अक्सर भीड़ के बीच से आगे बढ़ते हैं, जिन्हें भिक्षु-सैनिक अपनी लाठियों से भगाने की कोशिश करते हैं। कुछ अन्य आयोजनों की तरह, इन दौड़ों को भी समझ पाना कठिन है। बिना सवार वाले घोड़े शहर से कुछ मील बाहर से एक समूह में दौड़ना शुरू करते हैं और उत्साहित लोगों के बीच से निकलते जाते हैं। केवल तिब्बत में पैदा हुए घोड़ों को ही इस घुड़दौड़ में शामिल होने की अनुमति मिलती है और प्रत्येक घोड़े की पीठ पर एक कपड़ा डाला जाता है जिस पर उसके मालिक का नाम लिखा होता है। अस्तबलों के बीच कड़ी प्रतिस्पर्धा होती है, लेकिन जब दलाई लामा या किसी मंत्री का घोड़ा दौड़ता है, तो यह स्पष्ट होता है कि उसे ही पहले आना है। जब ऐसा लगता है कि कोई बाहरी घोड़ा किसी 'आधिकारिक' घोड़े को हरा सकता है, तो साईस दौड़कर उसे रोकते हैं और उसे पोस्ट तक पहुंचने नहीं देते। इस घुड़दौड़ में ज़बरदस्त उत्साह होता है। भीड़ और मालिकों के नौकर अपने-अपने घोड़ों का उत्साह बढ़ाने के लिए चीख़ते-चिल्लाते हैं, जबकि जानवरों के मालिक कुलीन लोग शालीन दिखने की कोशिश करते हैं। लोग घोड़ों के पीछे-पीछे विनिंग पोस्ट की ओर पागलों की तरह भागते हैं। यह शहर से कुछ दूर पर बना होता है।

घोड़ों के खुरों से उड़ती धूल के बादल छंटने से पहले ही पैदल चलने वालों में से पहला आने वाला व्यक्ति हांफता हुआ आ गया। और इसमें ना जाने कितने लोगों ने हिस्सा लिया था! पैदल दौड़ में कोई भी भाग ले सकता

है, बूढ़ों से लेकर छोटे बच्चों तक। ख़ून से लथपथ, फफोलेदार पैरों, फूलती सांसों के साथ वे आते हुए दिखाई दिए। इन्हें देखकर कोई भी समझ सकता है कि इन्होंने अपने जीवन में कभी इसका प्रशिक्षण नहीं लिया होगा। कई लोग पांच मील की दौड़ पूरी करने से बहुत पहले ही बाहर हो जाते हैं, क्योंकि उनके प्रयासों से हासिल तो कुछ होना नहीं, बस दर्शक हँसी ही उड़ाते हैं। जब अगली प्रतियोगिता शुरू होती है, तब भी आख़िरी धावक लंगड़ाते हुए दौड़ रहे होते हैं। इस बार यह एक घुड़सवारी दौड़ है, जिसमें सवार ऐतिहासिक पोशाक पहने हुए हैं। उनका स्वागत जयघोषों से होता है और वे अपने घोड़ों पर बेतहाशा चाबुक चलाते हैं, ताकि वह अपना पूरा दम-खम दिखाए। भीड़ अपने हाथ हिलाती है और चिल्लाती है, एक घोड़ा उछलता है और उसका सवार उछलकर दर्शकों के बीच गिर जाता है। किसी को कोई फ़र्क़ नहीं पड़ता। यह समारोह का अंतिम आयोजन था और उसके बाद पुरस्कार विजेता आगे आते हैं, जिनमें से प्रत्येक के हाथ में एक लकड़ी का चौकोर टुकड़ा होता है जिससे पता चलता है वह किस क्रम का विजेता है। दोनों स्पर्धाओं में लगभग सौ धावक और इतने ही सवार होते हैं। उन्हें निर्णायकों की तरफ़ से रंगीन या सफ़ेद स्कार्फ़ मिलते हैं, लेकिन दर्शक ताली नहीं बजाते।

समारोह का औपचारिक समापन करने के लिए ल्हासा के बाहर एक विशाल मैदान में घुड़सवारी का टेस्ट आयोजित किया गया। हम भीड़ के साथ जल्दी-जल्दी आगे बढ़े और एक रईस ने हमें अपने तंबू में आमंत्रित किया तो हमें बहुत ख़ुशी हुई। ये त्यौहारी तंबू एक अद्भुत तसवीर पेश कर रहे थे। वे क़तारबद्ध पंक्तियों में तने थे और प्रत्येक को उसके मालिक के पद के अनुरूप सुसज्जित किया गया था। उनमें से कई रेशम और ब्रोकेड से बने थे और भव्य आभूषणों से सजे हुए थे। इसमें पुरुषों और स्त्रियों के समृद्ध परिधानों को भी जोड़ दें और आपको रंगों का एक शानदार मिश्रण दिखाई देगा। चौथे दर्जे और उससे ऊपर के पदों पर कार्यरत सिविल अधिकारी चमकदार पीले रेशमी वस्त्र पहनते हैं तथा उनके सिर पर लोमड़ी के फ़र के किनारे वाली बड़ी प्लेटनुमा टोपियां होती हैं। (ये फ़र हैम्बर्ग से आते हैं! तिब्बतियों को लगता है कि उनकी अपनी लोमड़ी के बाल उतने अच्छे नहीं होते।)

सुंदर परिधानों की प्रतिस्पर्धा सिर्फ़ महिलाओं तक सीमित नहीं होती। पुरुष भी इसमें हिस्सा लेते हैं। एशियाई लोगों में साज-सज्जा के प्रति उनका प्रेम उन्हें दुनिया के कई हिस्सों से जोड़ता है। इस प्रकार हैम्बर्ग से ब्लू फ़ॉक्स, जापान से परिष्कृत मोती, मुंबई के रास्ते फ़ारस से फ़िरोज़ा, इटली से मूंगे और बर्लिन और कोनिग्सबर्ग से एम्बर (तृणमणि) आते हैं। मैंने अक्सर दुनिया भर के अमीर कुलीन लोगों को पत्र लिखकर इस तरह का विलासिता का सामान मंगवाया है। यहां शान-शौकत और सजावट इनकी ज़रूरत है। परिधानों और साज-सज्जा का प्रदर्शन करना ज़रूरी है। आम लोग खुद विलासिता का आनंद नहीं ले पाते, लेकिन अपने से बेहतर लोगों को इसका आनंद लेते हुए देखकर संतुष्ट हो जाते हैं।

बड़े-बड़े त्यौहार वास्तव में शान-शौकत और शक्ति प्रदर्शन का अवसर होते हैं। उच्च पदस्थ व्यक्ति जानते हैं कि शानदार प्रदर्शन करना उनकी ज़िम्मेदारी है। त्यौहार के अंतिम दिन जब चारों कैबिनेट मंत्री अपनी मंहगे शिरोभूषण की जगह अपने सेवकों की लाल किनारी वाली टोपियां पहनते हैं, ताकि कुछ समय के लिए जनता के साथ अपनी समानता दिखा सकें, तो जनता के उत्साह और प्रशंसा की कोई सीमा नहीं होती।

घुड़सवारी की यह स्पर्धा सभी तमाशों में सबसे लोकप्रिय है। यह शायद भूतपूर्व महान सैन्य परेडों की निशानी है। अतीत में सामंती शासकों को निश्चित समय पर अपने सैनिकों की अपने अधिपति के सामने परेड करवानी पड़ती थी और इस तरह युद्ध के लिए अपनी तत्परता दिखानी पड़ती थी। लेकिन परेड का यह महत्त्व बहुत पहले ही ख़त्म हो चुका है। फिर भी इन खेलों की कई विशेषताएं हैं जो मंगोल प्रभाव के युद्ध जैसे दिनों की याद दिलाती हैं, जब घुड़सवारी के अद्भुत कारनामे आम बात थी।

हमने तिब्बती घुड़सवारों के कुछ अविश्वसनीय प्रदर्शन देखे। प्रत्येक कुलीन परिवार इन खेलों के लिए एक निश्चित संख्या में प्रतिभागियों को शामिल करता है और निश्चित रूप से सर्वश्रेष्ठ लोगों को चुनना चाहता है ताकि टीम का अंतिम प्रदर्शन सर्वोत्तम हो। प्रतियोगियों को घुड़सवारी और निशानेबाज़ी में अपना कौशल दिखाना होता है। मैं उनका प्रदर्शन देखकर हैरान रह गया! वे काठी पर सीधे खड़े हो गए और जब उनके घोड़े लक्ष्य के

पास से सरपट भाग रहे थे, तो उन्होंने अपनी बंदूक़ से सटीक निशाना साध लिया। बीस गज़ दूर अगले लक्ष्य तक पहुंचने से पहले ही उन्होंने अपनी बंदूकों की जगह धनुष और बाण ले लिए थे। घुड़सवार तीरंदाज़ निशाना साधते ही ख़ुशी से उछल पड़ा। घुड़सवार तिब्बती को एक हथियार से दूसरे हथियार को बदलते हुए देखना बड़ा रोमांचकारी था।

इन समारोहों में तिब्बती सरकार विदेशियों के प्रति भी अपना विशिष्ट आतिथ्य प्रदर्शित करती है। विदेशी दूतावासों के सम्मान में भव्य टेंट लगाए जाते हैं और यह सुनिश्चित किया जाता है कि उन्हें वह सब उपलब्ध कराया जाए, जो वे चाहते हैं।

मैंने खेल के मैदान में बड़ी संख्या में चीनी लोगों को देखा। हालांकि तिब्बती और चीन एक ही जातीय परिवार से हैं, लेकिन फिर भी उन्हें अलग से पहचाना जा सकता है। तिब्बतियों की आंखें बहुत छोटी-पतली नहीं होतीं। उनके चेहरे सुंदर, सुडौल और गाल लाल-लाल होते हैं। अतीत की समृद्ध चीनी वेशभूषा की जगह यूरोपीय सूट-बूट ने ले ली है। कई चीनी चश्मा पहनते हैं, वे इस मामले में तिब्बतियों से प्रगतिशील हैं। ल्हासा में अधिकतर ऐसे चीनी व्यापारी हैं जो अपने देश के साथ समृद्ध व्यापारिक संबंध बनाए रखते हैं। वे तिब्बत में रहना पसंद करते हैं और कई ल्हासा में स्थायी रूप से बस जाते हैं। इसका एक कारण यह है कि अधिकांश चीनी अफ़ीम के शौक़ीन हैं और तिब्बत में अफ़ीम का नशा करने पर सीधा प्रतिबंध नहीं है। लेकिन अगर कोई तिब्बती, चीनी व्यक्ति की देखादेखी में अफ़ीम का नशा करता हुआ पाया जाता है तो उसे दंडित किया जा सकता है। अफ़ीम सेवन राष्ट्रीय बुराई बनने का ख़तरा नहीं है। इस मामले में अधिकारी बहुत अधिक सतर्क हैं। वे तम्बाकू सेवन-धूम्रपान को बुराई मानते हैं और इस पर बहुत सख़्ती से नियंत्रण रखते हैं। हालांकि ल्हासा में कोई भी सिगरेट ख़रीद सकता है, लेकिन कार्यालयों, सड़कों या सार्वजनिक समारोहों में धूम्रपान करना मना है। जब भिक्षु नए साल के दौरान नियंत्रण अपने हाथों में लेते हैं तो वे सिगरेट की बिक्री पर भी रोक लगा देते हैं।

इसीलिए तिब्बती नस सूंघते हैं। आम लोग और भिक्षु अपनी बनाई हुई नसवार का इस्तेमाल करते हैं। जब दो तिब्बती मिलते हैं, तो सबसे पहले वे

अपनी नसवार की डिब्बी निकालते हैं और एक-दूसरे अपनी-अपनी नसवार देते हैं। नसवार की डिब्बियां भी गर्व की बात होती हैं। याक के सींग से लेकर जेड स्टोन तक हर तरह की चीज़ों से ये बनाई जाती हैं। नसवार का शौक़ीन नशे की ख़ुराक अपने अंगूठे के नाख़ून पर रखता है, उसे सूंघता है और फिर अपने मुंह से इसका गुबार उड़ाता है। छींक आ जाए, ऐसा हो ही नहीं सकता। अगर किसी को डर के मारे छींक आती हो, तो वह व्यक्ति मैं होता हूं। मुझे देखकर साथ में मौजूद लोगों की हँसी रोकने से नहीं रुकती।

ल्हासा में नेपाली भी हैं, जो शानदार कपड़े पहनते हैं। ये शरीर से मज़बूत होते हैं। इनकी समृद्धि दूर से ही परख़ी जा सकती है। एक पुरानी संधि के कारण उन्हें कर से छूट मिली हुई है और वे इतने साधनसंपन्न हैं कि इस छूट का भरपूर लाभ उठा सकते हैं। बरखोर में सबसे बढ़िया व्यापार उन्हीं का है। वे कुशल व्यापारी हैं, अच्छी सौदेबाज़ी करने का गुण है उनमें। अधिकतर व्यापारी अपने परिवारों को अपने साथ नहीं रखते और समय-समय पर उनसे मिलने के लिए जाते हैं। चीनी लोगों के विपरीत, नेपाली लोग तिब्बती महिलाओं से विवाह करने के लिए इच्छुक होते हैं और आदर्श पति साबित होते हैं।

सरकारी समारोहों में नेपाल के प्रतिनिधि शानदार पोशाक में सजे-धजे होते हैं और अक्सर तिब्बतियों से भी आगे निकल जाते हैं। उनके अंगरक्षक गोरखाओं के लाल अंगरखे दूर से ही ध्यान आकर्षित करते हैं। इन गोरखाओं ने ल्हासा में एक ख़ास प्रतिष्ठा अर्जित कर ली है। मछली पकड़ने पर लगे प्रतिबंध का उल्लंघन करने का जोख़िम केवल यही लोग उठाते हैं। जब सरकार को क़ानून के ऐसे उल्लंघनों के बारे में पता चलता है, तो वे नेपाली दूतावास में अपना गंभीर विरोध दर्ज कराते हैं। इससे एक अच्छा-ख़ासा हास्य पैदा हो जाता है। दोषी व्यक्तियों को निश्चित रूप से दंडित किया जाना चाहिए, क्योंकि दूतावास तिब्बती सरकार के साथ अच्छे संबंधों पर बहुत अधिक ध्यान देता है। लेकिन असलियत में सैनिकों से ज़्यादा अक्सर महत्त्वपूर्ण लोग इसमें शामिल होते हैं। वास्तव में कई उच्च-वर्ग के तिब्बतियों को भी मछली मिल जाती है तो वे उसका आनंद लेते हैं। बेचारे अपराधियों

को कड़ी फटकार मिलती है और उन्हें कोड़े मारने की सज़ा दी जाती है, लेकिन यह सज़ा उन्हें चोट पहुंचाने के लिए नहीं होती।

ल्हासा में कोई भी मछली पकड़ने जाने की हिम्मत नहीं करता। पूरे तिब्बत में सिर्फ़ एक ही जगह है जहां मछली पकड़ने की अनुमति है, और वह स्थान है जहां त्सांग पो नदी रेतीले रेगिस्तान से होकर बहती है। यहां ना तो कोई फ़सल उगती है और ना ही जानवरों के लिए कोई चारागाह होता है। दरअसल यहां खाने के लिए मछली के अलावा कुछ भी नहीं मिलता और इसीलिए क़ानून में ढील दी गई है। इस क्षेत्र के लोगों को कसाइयों और लोहारों की तरह नीची नज़र से देखा जाता है।

संख्या के लिहाज़ से ल्हासा की आबादी में मुसलमानों की संख्या काफ़ी है। उनकी अपनी मस्जिद है और उन्हें अपने धर्म का पालन करने की पूरी आज़ादी है। (तिब्बती लोगों की सबसे अच्छी विशेषताओं में से एक है दूसरे धर्मों के प्रति उनकी सहिष्णुता। उनके मठवासी धर्मतंत्र ने कभी काफ़िरों का धर्म परिवर्तन नहीं चाहा।) ज़्यादातर मुसलमान भारत से आकर बसे हैं और तिब्बतियों के साथ घुल-मिल गए हैं। अपने धार्मिक उत्साह के कारण पहले तो उन्होंने मांग की कि उनकी तिब्बती पत्नियों का धर्म परिवर्तन करने दिया जाए, लेकिन यहां तिब्बती सरकार ने हस्तक्षेप किया और यह शर्त रखी कि स्थानीय महिलाएं मुसलमानों से तभी शादी कर सकती हैं जब वे अपने धर्म पर क़ायम रहें।

इस त्यौहार में सभी तरह के लोग शामिल होते हैं। लद्दाखी, भूटानी, मंगोल, सिक्किमी, क़ज़ाक के अलावा सभी पड़ोसी जनजातियों के प्रतिनिधि यहां आते हैं। इनमें कुकू-नोर प्रांत के चीनी मुसलमान हुई-हुई भी शामिल हैं। ये लोग लिंगखोर के बाहर एक विशेष हिस्से में स्थित बूचड़ख़ानों के मालिक हैं। बौद्ध लोग उन्हें इसलिए नापसंद करते हैं क्योंकि वे जानवरों का वध करते हैं, लेकिन उन्हें अपना पूजा स्थल रखने की अनुमति है।

समारोह के अंत में कुलीन और प्रतिष्ठित लोग एक शानदार जुलूस के साथ शहर की ओर वापस आते हैं। आम लोग सड़क के किनारे खड़े होकर अपने

गौण-देवताओं की भव्यता की सराहना करते हैं। वे उत्साह से भर चुके हैं और श्रद्धालु लंबे समय तक इन ज़बरदस्त समारोहों को याद करते रहेंगे। वे याद करेंगे कि राजा देवता स्वयं उनके सामने प्रकट हुए थे। कामकाजी जीवन फिर से शुरू हो गया है। दुकानें खुल गई हैं और पहले की तरह ही सौदेबाज़ी शुरू हो गई है। सड़क के कोनों पर पासा खेलने वाले दिखाई देने लगे हैं और कुत्ते, जो 'लेंटेन' उपवास के दौरान लिंगखोर के बाहरी इलाक़ों में चले गए थे, शहर में वापस आ गए हैं।

हमारा जीवन शांतिपूर्वक चलता रहा। गर्मियां आ गईं। मेरी साइटिका की समस्या ठीक हो गई और हमारे निष्कासन के बारे में किसी ने कुछ नहीं कहा। मैं अंग्रेज़ डॉक्टर से नियमित उपचार ले रहा था, लेकिन अब मैं बग़ीचे में काम कर सकता था। और मेरे पास करने के लिए बहुत कुछ था, क्योंकि जब लोगों को यह पता चला कि मैंने ही त्सारोंग के बग़ीचे में फ़व्वारा लगाया है, तो एक के बाद एक कई गणमान्य लोग आने लगे और मुझसे इसी तरह का काम करने का आग्रह करने लगे।

औफ़्शनाइटर नहर बनाने के काम में बहुत व्यस्त थे। सुबह से शाम तक वह अपने काम में ही लगे रहते थे, क्योंकि काम सिर्फ़ त्यौहारों के दिनों में ही बंद होता था। यह सौभाग्य की बात थी कि उन्हें भिक्षुओं ने काम पर रखा था। क्योंकि भले ही देश के प्रशासन में कुलीन वर्ग की अहम भूमिका होती है, लेकिन भिक्षुओं का एक छोटा समूह का हर मामले में अंतिम फ़ैसला लेता है। इसी वजह से जब एक दिन मुझे त्सेड्रुंग के बग़ीचे में बुलाया गया तो मुझे ज़रा भी संतुष्टि नहीं हुई।

इस संस्था के भिक्षु अधिकारी एक तरह का मठवासी क्रम (संघ) बनाते हैं। अपने समुदाय के प्रति पूरी तरह से वफ़ादार होने के कारण वे धर्मनिरपेक्ष अधिकारियों की तुलना में कहीं ज़्यादा शक्तिशाली बन गए हैं। वे दलाई लामा के समीपी दल का हिस्सा हैं, और उनके सभी निजी सेवक इसी क्रम में शामिल हैं। उनके प्रबंधक, उनके शिक्षक और उनके निजी संरक्षक सभी उच्च पद के त्सेड्रुंग भिक्षु हैं। इसके अलावा दलाई लामा अपने समुदाय के हितों पर चर्चा करने के लिए प्रतिदिन होने वाली बैठकों में भाग लेते हैं।

इस क्रम में शामिल अधिकारियों को कठोर प्रशिक्षण दिया जाता है। उनका स्कूल पोटाला के पूर्वी विंग में स्थित हैं और उनके शिक्षक परंपरा के अनुसार मिड्रोलिंग के प्रसिद्ध मठ से आते हैं। ये तिब्बती सुलेख और व्याकरण में माहिर होते हैं। कोई भी स्कूल में प्रवेश कर सकता है, लेकिन इस व्यवस्था क्रम में शामिल हो पाना बहुत कठिन होता है। कई शताब्दियों से चले आ रहे एक नियम के अनुसार, त्सेड्रुंग व्यवस्था क्रम के सदस्यों की संख्या 175 से अधिक नहीं होनी चाहिए।

जब छात्र अठारह वर्ष की आयु में पहुंच जाता है और अपनी परीक्षाएं उत्तीर्ण कर लेता है, तो वह प्रभावशाली संरक्षण के साथ व्यवस्था क्रम में प्रवेश कर सकता है। यदि वह पर्याप्त रूप से सक्षम है, नीचे से शुरू करके तीसरे क्रम तक पहुंच सकता है। त्सेड्रुंग भिक्षु लाल टोपी के अलावा, अपने पद से जुड़े विशिष्ट परिधान पहनते हैं। त्सेड्रुंग स्कूल के अधिकांश छात्र लोगों से आते हैं और वे वंशानुगत कुलीनों के प्रभाव के लिए एक उपयोगी प्रतिपक्ष प्रदान करते हैं। उनके पास गतिविधि का एक विस्तृत क्षेत्र है, क्योंकि कोई भी सरकारी कार्यालय नहीं है जिसमें प्रत्येक आम आदमी के लिए कम से कम एक मठवासी अधिकारी ना हो। दोहरे नियंत्रण की इस प्रणाली को तानाशाही शक्ति के प्रयोग के ख़िलाफ़ एक बीमा माना जाता है, जो सामंतवाद के स्थायी ख़तरों में से एक है।

मुझे हाई चेम्बरलेन (ब्रिटिश अधिकारी) ने बुलावा भेजा। उन्होंने सुझाव दिया कि मैं त्सेड्रुंग के बग़ीचे को नए ढंग से व्यवस्थित करूं। यह मेरे लिए एक बढ़िया मौक़ा था। मुझे बताया गया कि दलाई लामा के बग़ीचे में भी कुछ बदलाव किए जाने हैं, और अगर मेरा काम संतोषजनक पाया गया तो मुझे वहां काम पर रखा जा सकता है। मैंने बिना देर किए पूरे जोश के साथ काम करना शुरू कर दिया। उन्होंने मेरे अधीन कई लोगों को रखा और हमने जल्द ही काम शुरू कर दिया। अब मेरे पास युवा रईसों को व्यक्तिगत रूप से अंग्रेज़ी और गणित पढ़ाने के लिए समय नहीं था।

मैं अब ल्हासा में हमारी स्थिति को लेकर आश्वस्त होने लगा था, क्योंकि अब हमें प्रभावशाली सुरक्षा प्राप्त थी, लेकिन तभी मुझे एक भयानक झटका

लगा। एक सुबह विदेश मंत्रालय में उच्च अधिकारी श्री किबूब हमसे मिलने आए और वे चार तिब्बतियों में से अंतिम थे, जिन्होंने कई साल पहले रग्बी का प्रशिक्षण पाया था। जब वह हमारे पास आए तो परेशान लग रहे थे। कई बार माफ़ी मांगने और ख़ेद व्यक्त करने के बाद उन्होंने हमें बताया कि अंग्रेज़ी डॉक्टर ने अब प्रमाणित कर दिया है कि मैं यात्रा करने के लिए फ़िट हूं और सरकार चाहती है कि हम तुरंत प्रस्थान करें। पुष्टि में उन्होंने हमें प्रमाण पत्र दिखाया, जिसमें लिखा था कि हालांकि मैं पूरी तरह से ठीक नहीं हुआ हूं, लेकिन अब यात्रा करने से मेरी जान को कोई जोख़िम ना होगा।

यह मेरे और औफ़्शनाइटर के लिए एक चौंका देने वाला और अप्रत्याशित झटका था। हमने ख़ुद को संभाला और बड़ी विनम्रता और शांति से अपना पक्ष रखने की कोशिश की। हमने समझाया कि मेरी बीमारी कभी भी फिर से उभर सकती है। अगर, एक कठिन यात्रा के बीच में मुझे लगे कि मैं एक क़दम भी आगे नहीं बढ़ सकता, तो मैं क्या करूंगा? इसके अलावा भारत में गर्मी का मौसम अभी शुरू ही हुआ था। जो व्यक्ति इतने लंबे समय से तिब्बत की स्वस्थ पहाड़ी हवा में रह रहा हो, उसे वातावरण के इस संक्रमण से भला नुक़सान कैसे ना होगा। और हमें सर्वोच्च अधिकारियों द्वारा जो काम सौंपे गए हैं, उनका क्या होगा? आख़िर इन कामों को पूरा करने के लिए हम बाध्य थे। हमने वादा किया कि सरकार को एक और याचिका प्रस्तुत करेंगे।

इस दिन के बाद से हमें हमारे पास हमारे निष्कासन की कोई ख़बर नहीं आई, हालांकि कुछ समय तक हम हर दिन इस तरह के आदेश की प्रतीक्षा करते रहे।

इस बीच ल्हासा हमें अपना-सा लगने लगा और लोगों को भी हमारी आदत हो गई थी। अब हमारे पास जिज्ञासु लोगों का आना-जाना बंद हो गया था। अब केवल दोस्त ही मिलने के लिए आते थे। ब्रिटिश दूतावास को यक़ीन हो गया था कि हम ख़तरनाक लोग नहीं हैं, क्योंकि भले ही दिल्ली ने हमसे आत्मसमर्पण करने को कहा था, लेकिन इस मुद्दे पर ज़ोर नहीं दिया गया। तिब्बती अधिकारियों ने हमें आश्वस्त किया कि हमें अवांछनीय नहीं माना गया है।

अब हम इतना कमाने लगे थे कि अब हमें त्सारोंग के आतिथ्य पर निर्भर नहीं रहना पड़ता था। काम के दौरान हमने कई दोस्त बनाए और समय बहुत जल्दी बीत गया। हमें बस घर से आने वाली चिट्ठियों का इंतज़ार रहता था। दो साल से अधिक हो गए थे, हमें अपने घर-परिवार के बारे में कोई जानकारी नहीं मिली थी। फिर भी हम ख़ुद को यह सोचकर तसल्ली देते थे कि हमारा जीवन बहुत अच्छा है और हमारे पास संतोष करने के कई कारण हैं। हमारे सिर पर एक अच्छी छत थी और अब हमें जीने के लिए संघर्ष नहीं करना पड़ता था। हमें पश्चिमी सभ्यता के उपकरणों की कमी महसूस नहीं हुई। यूरोप की उथल-पुथल भरी ज़िंदगी से हम बहुत दूर थे। अक्सर जब हम बैठकर रेडियो पर अपने देश से आने वाली ख़बरें सुनते थे तो निराश करने वाली ख़बरों से दुख होता था। स्वदेश लौटने का कोई कारण नहीं दिखता था।

10

ल्हासा में जीवन-1

महान माता का सबसे छोटा पुत्र - नोरबुलिंगका की यात्रा - तिब्बती धर्म - सूखा और गडोंग की भविष्यवाणी - दैनिक जीवन - डॉक्टर, आरोग्यदाता और भविष्यवक्ता।

जब दलाई लामा के माता-पिता के घर पर आयोजित पहली आधिकारिक पार्टी में मैं शामिल हुआ तो मेरे पिछले सभी अनुभव फीके पड़ गए। यह संयोग ही था कि मैं वहां मौजूद था। मैं बग़ीचे में काम कर रहा था। मुझे कुछ नए प्लॉट बनाने थे, तभी महान माता ने मुझे बुलवाया और कहा कि मैं अपना काम छोड़कर उनके मेहमानों के साथ शामिल हो जाऊं। थोड़ी शर्मिंदगी के साथ मैं शानदार भीड़ में शामिल हो गया। क़रीब तीस रईस अपने बेहतरीन परिधानों में वहां इकट्ठे हुए थे और यह एक शानदार नज़ारा था। यह दावत हमारी मेज़बान के सबसे छोटे बेटे के जन्म का जश्न मनाने के लिए दी गई थी। बच्चे का जन्म तीन दिन पहले हुआ था। मैंने सकुचाते हुए बधाई दी और एक सफ़ेद स्कार्फ़ पेश किया। यह मैं किसी से उधार लेकर आया था। महान माता शालीनता से मुस्कराईं। उन्हें कमरे में बेफ़िक्र होकर घूमते और अपने मेहमानों का स्वागत-सत्कार करते देखना अद्भुत था। यहां की महिलाएं प्रसव के उपरांत चमत्कारिक गति से उबर जाती हैं। बच्चे के जन्म को लेकर हो-हल्ला नहीं मचाया जाता। डॉक्टर नहीं बुलाया जाता, महिलाएं एक-दूसरे की मदद करती हैं। हर महिला को गर्व होता है कि उसके बहुत बच्चे हैं और सभी

स्वस्थ हैं। मां हमेशा बच्चों को अपना दूध पिलाती है और कभी-कभी तीन या चार साल तक भी उन्हें दूध पिलाती रहती है।

जब कोई बच्चा किसी कुलीन परिवार में जन्म लेता है, तो शिशु को तुरंत एक विशेष दाई मिल जाती है। वह दिन हो या रात, बच्चे के साथ ही रहती है, उसे अकेला नहीं छोड़ती। बच्चे के जन्म के बाद बड़े उत्सव मनाए जाते हैं, लेकिन हमारे बपतिस्मा समारोह जैसा कुछ नहीं होता, कोई गॉडफ़ादर नहीं आता। शिशु को उसका नाम (या बल्कि एकाधिक नाम, क्योंकि हर बच्चे के कई नाम होते हैं) देने से पहले माता-पिता एक लामा से सलाह लेते हैं। लामा बच्चे के ज्योतिषीय पहलुओं का अध्ययन करने के बाद ही तय करता है कि शिशु को क्या नाम दिया जाए। अगर बाद में बच्चे को कोई गंभीर बीमारी हो जाती है, तो उसे नए नाम दिए जाने की प्रथा है। मेरे एक वयस्क मित्र को पेचिश के दौरे पड़े। उसके बाद उसने अपना नाम बदल लिया था। इस बात से मैं हमेशा उलझन में रहता था।

दलाई लामा के छोटे भाई के जन्म के उत्सव में शानदार दावत दी गई और उसमें हमें भी आमंत्रित किया गया। इस दावत के वरीयता के क्रम में छोटी-छोटी मेज़ों और गद्दों पर आमंत्रितों को बिठाया गया था। लगातार एक के बाद एक दो घंटों तक व्यंजन परोसे गए। मैंने चालीस तक गिनती की थी, लेकिन केवल इतने ही नहीं थे। इस तरह के रात्रिभोज का आनंद लेने के लिए विशेष प्रशिक्षण की आवश्यकता होती है। मुझे याद है कि हमें परोसे गए व्यंजनों में कई प्रकार के भारतीय मसालेदार व्यंजन शामिल थे और अंत में नूडल्स का सूप परोसा गया। पेय पदार्थों में अन्य पदार्थों के अलावा बीयर, व्हिस्की और वाइन दी गई। भोजन समाप्त होते-होते कई मेहमान नशे में चूर हो गए थे, लेकिन तिब्बत में इसे बुरा नहीं माना जाता।

भोज के तुरंत बाद पार्टी समाप्त हो गई। मेज़बान द्वारा उपलब्ध कराए गए घोड़े और मुलाज़िम मेहमानों को घर पहुंचाने के लिए बाहर इंतज़ार कर रहे थे। हमें कई और पार्टियों के निमंत्रण मिलते जा रहे थे। कौन से निमंत्रण गंभीरता से दिए जा रहे थे और कौन से केवल औपचारिकतावश दिए जा रहे थे, हमें इसे समझना था।

औफ़्शनाइटर और मुझे अक्सर इस परिवार में आमंत्रित किया जाता था और जल्द ही मैं लोबसांग समतेन के साथ मित्रता के रिश्ते में बंध गया। इस आकर्षक युवक ने अभी-अभी एक भिक्षु के रूप में अपना करियर शुरू किया था। दलाई लामा के भाई के रूप में उसके लिए शानदार संभावनाएं थीं। आगे चलकर वह अपने भाई और सरकार के बीच मध्यस्थ के रूप में एक बड़ी भूमिका निभाने वाला था। लेकिन एक बड़े पद का बोझ पहले से ही उस पर भारी पड़ने लगा था। वह अपने मन से मित्रों का चुनाव नहीं कर सकता था। वह जो भी करता और जहां भी जाता, उसको लेकर तरह-तरह के निष्कर्ष निकाले जाते। जब वह किसी आधिकारिक अवसर पर किसी उच्च पदाधिकारी को बुलाता, तो कमरे में उसके प्रवेश से एक अजीब-सी ख़ामोशी छा जाती और सभी लोग, यहां तक कि कैबिनेट मंत्री भी, राजा देवता के भाई के प्रति सम्मान दिखाने के लिए अपनी सीटों से खड़े हो जाते। ये बातें किसी भी युवक को विचलित कर सकती थीं, लेकिन लोबसंग समतेन ने कभी भी अपना आपा नहीं खोया, विनम्र बने रहे।

यह नौजवान अक्सर मुझसे अपने छोटे भाई के बारे में बात किया करता था, जो पोटाला में एकाकी जीवन व्यतीत कर रहा था। मैंने पहले ही अनुभव कर लिया था कि जब दलाई लामा की आकृति महल की छत पर टहलती हुई दिखाई देती थी, तो पार्टियों में आए सभी मेहमान छिप जाते थे। लोबसांग ने मुझे इसे बारे में एक मार्मिक बात बताई। युवा देवता के पास कई बेहतरीन दूरबीन और फ़ील्ड-ग्लास थे और शहर में अपने लोगों के जीवनचर्या और कामकाज को देखना उन्हें बहुत अच्छा लगता था। उनके लिए पोटाला एक सुनहरा कारागार था। वह प्रतिदिन कई घंटे महल के अंधेरे कमरों में प्रार्थना करते थे और बहुत समय अध्ययन करने में बिताते थे। उनके पास ख़ाली समय बहुत कम था और बहुत कम सुख-सुविधाएं थीं। जब किसी मौज-मस्ती वाली पार्टी में आए मेहमानों को लगता था कि कोई उन्हें देख रहा है, तो वे जितनी जल्दी हो सके नज़रों से ओझल हो जाते थे। वे अपने उस युवा शासक के दिल को दुखी नहीं करना चाहते थे, जो कभी भी ध्यान बंटाने वाली ऐसी किसी मौज-मस्ती का हिस्सा नहीं बन सकता!

लोबसंग समतेन उनके एकमात्र मित्र और विश्वासपात्र थे और हर समय उनसे मिल सकते थे। वह उनके और बाहरी दुनिया के बीच कड़ी की तरह काम करते थे और बाहरी दुनिया की हलचल से उन्हें अपने भाई को अवगत कराना पड़ता था। लोबसंग से मुझे पता चला कि उन्हें हमारी गतिविधियों में बहुत दिलचस्पी थी और जब मैं बग़ीचे में काम करता था तो वह अक्सर मुझे दूरबीन से देखते थे। उन्होंने मुझे यह भी बताया कि उनके भाई नोरबुलिंगका में अपने ग्रीष्मकालीन निवास में जाने के लिए बहुत उत्सुक थे। अच्छा मौसम आ गया था और पोटाला में वह ख़ुद को बंदी की तरह महसूस कर रहे थे। बाहर निकलकर व्यायाम करना चाहते थे।

अब रेतीले तूफ़ानों का मौसम जा चुका था और आड़ू के पेड़ों पर फूल खिल रहे थे। आस-पास की चोटियों पर बची हुई बर्फ़ गर्म धूप में चमक रही थी। इसकी वजह से वसंत ऋतु एक अनोखा आकर्षण दे रही थी। एक दिन आधिकारिक तौर पर गर्मी के मौसम की शुरुआत की घोषणा कर दी गई और अब गर्मियों के कपड़े पहने जा सकते थे। कोई भी व्यक्ति जब चाहे तब अपने ऊनी वस्त्र उतारकर रख नहीं सकता था। हर साल, शकुनों का विचार करने के बाद एक दिन तय किया जाता था जिस दिन कुलीन और भिक्षु गर्मियों के कपड़े पहनते थे। चाहे मौसम बहुत पहले ही गर्म हो चुका हो, या बर्फ़बारी या तूफ़ान की आशंका हो। इससे कोई फ़र्क़ नहीं पड़ता था। ग़र्मियों के कपड़े तयशुदा तारीख़ से ही पहनने चाहिए। यही बात शरद ऋतु में भी होती है। सर्दियों के कपड़े पहनने के लिए भी आधिकारिक तौर घोषणा होती है। मैं लगातार लोगों से मौसम को लेकर शिकायतें सुनता रहता था कि बदलाव बहुत जल्दी या बहुत देर से हुआ है और लोग सर्दी के मारे अकड़ रहे हैं या जमे जा रहे हैं।

परिधानों के बदलने के साथ ही एक समारोह भी होता है जो कई घंटों तक चलता है। सेवक नए कपड़ों को अपनी पीठ पर बांधकर लाते हैं। भिक्षुओं के लिए वस्त्रों को बदलना अधिक मुश्क़िल नहीं होता। वे बस अपनी फ़र के किनारी वाली टोपियों की जगह प्लेट के आकार वाली पेपर-मैशे टोपी पहन लेते हैं। जब हर कोई अचानक नए परिधानों में दिखाई देता है तो पूरे शहर की सूरत बदल जाती है।

वैसे, लोगों को पोशाक बदलने का एक और अवसर मिलता है। यह तब होता है, जब पूरा आधिकारिक जगत दलाई लामा के साथ समर गार्डन में एक भव्य जुलूस में शामिल होता है। औफ़्शनाइटर और मैं इसे देखने के लिए उत्सुक थे। हमें लगा कि इसमें हमें जीवित बुद्ध के नज़दीक से दर्शन कर सकेंगे।

यह गर्मी का एक शानदार दिन था। पूरा शहर पश्चिमी गेट से होकर दो मील की दूरी पर निकल गया। इस जगह पर पोटाला और नोरबुलिंगका महल अलग-अलग होते हैं। भीड़ इतनी थी कि बिना धक्का-मुक्की के यहां पैदल चल पाना मुश्क़िल था।

शानदार भीड़ की तसवीरें लेने के लिए मेरे पास कैमरा नहीं था और इस बात का मुझे ख़ेद था। बेशक इस नज़ारे के साथ केवल एक रंगीन फ़िल्म ही सही न्याय कर सकती थी। यह सभी के लिए ख़ुशी का दिन था, गर्मियों का पहला दिन, और मैं उस लड़के के बारे में सोच कर ख़ुश हो रहा था जिसकी उदास जेल एक सुंदर बग़ीचे में बदलने जा रही है। उसके जीवन में बहुत कम धूप थी। पोटाला पैलेस बाहर से जितना शानदार और भव्य है, निवास-स्थल के रूप में यह बहुत ही अंधकार भरा और असुविधाजनक है। यह संभव है कि सभी राजा देवताओं को जल्द से जल्द वहां से चले जाने में ख़ुशी हुई हो, क्योंकि नोरबुलिंगका के ग्रीष्मकालीन उद्यान निवास की योजना सातवें दलाई लामा के शासनकाल के समय ही बना ली गई थी, लेकिन यह तेरहवें दलाई लामा के शासनकाल में ही पूरी हो पाई थी।

यह राजा एक महान सुधारक और साथ ही आधुनिक विचारों का व्यक्ति था। उसने अपने लिए तीन गाड़ियां आयात की थीं। इन गाड़ियों को सीमा तक कई टुकड़ों में पहुंचाया गया और कुलियों और याकों की मदद से पहाड़ों के ऊपर से राजधानी में ले जाया गया। यहां एक भारतीय प्रशिक्षित मैकेनिक ने उन्हें फिर से जोड़ा। इस व्यक्ति को तब महामहिम के ड्राइवर के रूप में नियुक्त किया गया था। वह अक्सर मुझसे अपनी उन तीन कारों का दुखी मन से ज़िक्र करता था। ये दो ऑस्टिन और एक डॉज थी। ये अब एक शेड में असुरक्षित ढंग से बेकार खड़ी थीं। थोड़े समय के लिए वे तिब्बत में

सनसनी बन गई थीं और अब वे अपने स्वर्गवासी मालिक का शोक मनाते हुए जंग खा रही थीं। तेरहवें दलाई लामा ने अपनी सर्दियों की जेल से भागने के लिए किस तरह से अपनी कारों का उपयोग किया, इसकी कहानी अभी भी लोगों को हँसाती है। शरद ऋतु में वह धूमधाम और समारोहपूर्वक पोटाला लौटते थे, लेकिन जैसे ही भीड़ रास्ते से हट जाती थी, वह एक कार में बैठकर नोरबुलिंगका वापस चले जाते।

हमें तांबे के सींगों और तुरही की ध्वनि सुनाई दी। जुलूस निकट आ गया। भीड़ का कोलाहल शांत हो गया और एक सन्नाटा छा गया। क्योंकि स्तंभ का शीर्ष दिखाई दे रहा था। सेवा करने वाले भिक्षुओं के एक समूह ने अग्रिम पंक्ति बनाई। वे अपने साथ राजा देवता के व्यक्तिगत सामान को बंडलों में बांधकर ले जा रहे थे। प्रत्येक बंडल को पीले रेशमी कपड़े में लपेटा गया था। पीला रंग सुधारित लामावादी चर्च का रंग है, जिसे येलो चर्च भी कहा जाता है। एक पुरानी किंवदंती में बताया गया है कि इस रंग को क्यों चुना गया था।

तिब्बत में बौद्ध धर्म के महान सुधारक त्सोंग कापा, शाक्य मठ में प्रवेश के दिन, नवप्रवर्तकों की पंक्ति के अंत में खड़े थे। जब उन्हें वस्त्र पहनाने की बारी आई तो लाल टोपियां ख़त्म हो चुकी थीं। वह बिना टोपी के ना रह जाएं, इसलिए किसी ने जो टोपी हाथ में आई, वही उन्हें पहना दी। संयोग से वह टोपी पीली थी। त्सोंग कापा हमेशा इसे ही पहनते रहे और इस तरह पीले रंग को सुधारित चर्च के रंग के रूप में अपना लिया गया। दलाई लामा हमेशा स्वागत समारोहों और उत्सवों में पीले रंग की रेशमी टोपी पहनते थे और उनके द्वारा हर दिन इस्तेमाल की जाने वाली सभी वस्तुएं इसी रंग की होती थीं। पीले रंग का उपयोग एक विशेषाधिकार था और यह केवल उनके पास था।

जल्द ही हमने देखा कि राजा देवता के पसंदीदा पक्षियों के पिंजरों को ले जाया जा रहा है। बीच-बीच में एक तोता तिब्बती भाषा में स्वागत के लिए कुछ शब्द कहता था। श्रद्धालुओं की भीड़ इसे अपने ईश्वर की ओर से एक निजी संदेश मानकर स्वीकार कर रही थी। सेवकों के पीछे-पीछे कुछ दूरी

पर बैनरों के साथ भिक्षु आते हैं। इन बैनरों पर कुछ संदेश के रूप में कुछ पंक्तियां लिखी हुई थीं। इसके बाद पुराने ज़माने के चमकीले परिधान पहने और पुराने ज़माने के वाद्ययंत्र बजाते हुए घुड़सवार संगीतकारों का एक दल आता है। अपने वाद्ययंत्रों से वे कुछ विचित्र ध्वनियां निकाल रहे थे। उनके पीछे त्सेड्रुंग संप्रदाय के भिक्षुओं की एक सेना भी घोड़े पर सवार थी और उन्हें उनके पदक्रम के अनुसार व्यवस्थित किया गया था। उनके पीछे दलाई लामा के पसंदीदा घोड़ों को चलाने वाले लोग थे, जो शानदार ढंग से सजे हुए थे। उनकी लगाम पीली थी और उनकी लगाम और काठी शुद्ध सोने की थीं।

फिर राजा देवता के घराने के वरिष्ठ सदस्यों और उच्च गणमान्य व्यक्तियों का एक समूह आया। इनमें से सभी मठाधीश की हैसियत वाले भिक्षु थे। माता-पिता और भाइयों और बहनों को छोड़कर केवल इन्हीं लोगों के पास दलाई लामा से बात करने का अधिकार है। उनके साथ-साथ हट्टे-कट्टे अंगरक्षक चल रहे थे। इनमें से किसी की भी ऊंचाई छह फ़ुट छह इंच से कम नहीं थी और उनमें से एक तो आठ फ़ुट ऊंचा था। उनका डीलडौल बहुत भयानक था और वे अपने हाथों में लंबे चाबुक लेकर चल रहे थे। इतनी भीड़ में बस उनकी ही आवाज़ सुनाई दे रही थी। वे बुलंद आवाज़ में भीड़ से रास्ता बनाने और अपनी टोपियां उतारने के लिए कह रहे थे। यह स्पष्ट रूप से समारोह का एक हिस्सा ही था, क्योंकि लोग पहले से ही सड़क के किनारे सिर झुकाए और हाथ जोड़े हुए शांति से खड़े थे। उसके बाद सेना के कमांडर-इन-चीफ़ आए। उन्होंने सलामी के समय अपनी तलवार पकड़ी। अन्य गणमान्य व्यक्तियों के रेशमी और ब्रोकेड के कपड़ों की तुलना में उनकी ख़ाकी वर्दी बहुत ही मामूली दिख रही थी। चूंकि उन्हें अपनी पोशाक की सजावट चुनने की आज़ादी थी, इसलिए उनके पद का बैज और अन्य बिल्ले सोने के बने हुए थे। सिर पर एक सन-हेलमेट था।

और अब जीवित बुद्ध की पीली, रेशमी परतों से सजी पालकी आ रही थी। यह सूरज की रोशनी में सोने की तरह चमक रही थी। पालकी को उठाने वाले कहार हरे रेशमी लबादे पहने थे। ये छत्तीस थे। इन्होंने लाल प्लेटनुमा टोपियां पहन रखी थीं। एक भिक्षु पालकी के ऊपर मोर के पंखों से बनी एक विशाल इंद्रधनुषी छतरी पकड़े हुए था। पूरा दृश्य अत्यंत मनोरम था।

हमारे इर्द-गिर्द मौजूद सभी लोगों के सिर श्रद्धा से झुके हुए थे और किसी ने भी अपनी आंखें ऊपर उठाने की हिम्मत नहीं की। सिर्फ़ औफ़्शनाइटर और मैंने ही शायद थोड़ा सा सिर झुकाया होगा। हमें तो दलाई लामा को देखना ही था! और वे उपस्थित हो गए। अपनी पालकी के शीशे के पीछे से मुस्कराते हुए हमें प्रणाम कर रहे थे। उसके सुंदर चेहरे में आकर्षण और गरिमा थी, लेकिन उसकी मुस्कान किसी बच्चे जैसी थी। हमने अनुमान लगाया कि वह भी हमें देखने के लिए उत्सुक थे।

जुलूस अपने चरम पर पहुंच चुका था। अब धर्मनिरपेक्ष अधिकारी आए। चारों कैबिनेट मंत्री राजा के दोनों ओर शानदार घोड़ों पर सवार थे। उनके पीछे एक और शानदार पालकी थी। जिस पर रीजेंट ताग्ता ग्याल्तसाप रिन्पोछे बैठे थे। इन्हें 'टाइगर रॉक' कहा जाता था और इनकी उम्र सत्तर साल थी। उन्होंने बड़ी रुखाई से इधर-उधर देखा। अभिवादन का जवाब मुस्कराहट से नहीं दिया। ऐसा लग रहा था कि उन्होंने लोगों को देखा ही नहीं। वह अपने कर्तव्यों के निर्वहन में सख़्त और कठोर हैं। उनके जितने दोस्त हैं, उतने ही दुश्मन भी हैं। उनके बाद राज्य के तीन स्तंभों के प्रतिनिधि, सेरा, ड्रेबुंग और गंडेन के मठाधीश सवार थे। फिर पदानुक्रम के हिसाब से कुलीन लोग आए, प्रत्येक समूह ने अपनी हैसियत के अनुरूप पोशाक पहन रखी थी।

इस शोर-गुल के बीच मुझे अचानक परिचित धुन सुनाई दी। इसमें कोई संदेह नहीं, यह धुन ब्रिटिश राष्ट्रगान की थी! अंगरक्षकों का दल मार्ग के मध्य में अपना स्थान ले चुका था और रॉयल चेयर शायद उनके पास आ गई होगी। इसलिए, देवता को सम्मान देने के लिए उन्होंने 'गॉड सेव द क्वीन' बजाया। मैंने आमतौर पर इसे बेहतर तरीक़े से बजते सुना है, लेकिन इस धुन ने मुझे हैरान कर दिया। मुझे बाद में पता चला कि बैंडमास्टर ने भारतीय सेना में प्रशिक्षण लिया था। उसने देखा था कि यह धुन सभी समारोहों में प्रमुखता से बजती है, इसलिए वह इसे सीख गया। इसे तिब्बती शब्दों में सेट किया गया था, लेकिन मैंने उन्हें गाते नहीं सुना। ब्रास बैंड ने इस कम प्रचलित धुन में ट्रंपेट्स के कुछ नोट ग़लत बजाए लेकिन, कुल मिलाकर राष्ट्रगान को सम्मानजनक तरीक़े से समाप्त किया। इसके बाद पुलिस बैंड के पाइपर्स ने स्कॉटिश धुनें बजाईं।

तिब्बती संगीत में हार्मनी नहीं होती, लेकिन इसकी धुनें हमारे कानों को भाती हैं। जुलूस समर पैलेस के द्वार के पीछे चला गया और भीड़ तितर-बितर हो गई। ज़्यादातर लोगों ने दिन का बाक़ी समय खुली हवा में मटरगश्ती करते हुए बिताया। ख़ानाबदोश भेड़ की खाल से बने गर्म लबादों में पसीना बहाते हुए अपने तंबू हटाते हैं और चांगथांग में अपने ऊंचे घरों की ओर निकल पड़ते हैं। कोई भी तिब्बती गर्मियों में भारत की तीर्थ यात्रा पर जाने के लिए उत्सुक नहीं होता और कोई भी ख़ानाबदोश गर्म मौसम में स्वेच्छा से ल्हासा नहीं आता है। राजधानी समुद्र तल से केवल 12,000 फ़ुट ऊपर है, और ख़ानाबदोश 15,000 फ़ुट की ऊंचाई पर रहते हैं। उन्हें यहां की गर्मी परेशान करती है।

हमने जो कुछ देखा उससे हम बहुत प्रभावित हुए। हमने जुलूस में सत्ता का जो विभाजन देखा उससे बेहतर उदाहरण कुछ और नहीं हो सकता था। इसमें दलाई लामा और रीजेंट शिखर के रूप में विराजमान थे और विभिन्न श्रेणियों के लोग क्रमानुसार नीचे की ओर थे। भिक्षु सबसे आगे चल रह थे, यह उनके राज्य में उनकी सत्ता और शक्ति का महत्त्वपूर्ण संकेत था।

धर्म राज्य के ताने-बाने का हृदय है। चांगथांग के सुदूर इलाक़ों से तीर्थयात्री साल में एक बार होने वाले धार्मिक आस्था के इस शानदार प्रदर्शन को देखने के लिए बहुत कष्ट सहकर आते हैं। यहां पांच दिनों तक रहकर इस स्मृति को संजोते हैं। तिब्बतियों का दैनिक जीवन धार्मिक विश्वास और आस्था द्वारा संचालित होता है। वे पवित्र मंत्रों को बुदबुदाते रहते हैं। प्रार्थना-चक्र बिना रुके घूमते रहते हैं, घरों की छतों और पर्वतीय दर्रों की चोटियों पर प्रार्थना-पताकाएं लहराती रहती हैं। वर्षा, तूफ़ान, तमाम प्राकृतिक घटनाएं, बर्फ़ से ढंके पहाड़ों की एकाकी चोटियां देवताओं की सार्वभौमिक उपस्थिति की गवाही देती हैं। देवताओं का क्रोध ओलावृष्टि से प्रकट होता है और उनकी दया भूमि के उपजाऊपन और उर्वर क्षमता से प्रदर्शित होती है। लोगों का जीवन ईश्वरीय इच्छा से नियंत्रित होता है, जिसके व्याख्याकार लामा हैं। कोई भी काम शुरू करने से पहले वे शकुन-अपशकुन देखते हैं। देवताओं से निरंतर प्रार्थना करते हैं, उन्हें प्रसन्न करते या धन्यवाद देते हैं। प्रार्थना के दीपक हर जगह जलते रहते हैं, कुलीनों की हवेलियों में और ख़ानाबदोशों के तंबू में

भी। एक ही आस्था उन्हें प्रज्वलित रखती है। तिब्बत में सांसारिक अस्तित्व का कोई महत्त्व नहीं है और मृत्यु का कोई भय नहीं है। मनुष्य जानते हैं कि वे फिर से जन्म लेंगे। अगले जन्म में उच्चतर अस्तित्व की आशा करते हैं, जो इस जन्म में पवित्र आचरण द्वारा अर्जित किया जा सकता है। मठ सबसे बड़ी अदालत है, और मामूली भिक्षुओं का भी लोगों द्वारा सम्मान किया जाता है और उसे कुशो की उपाधि से संबोधित किया जाता है, मानो वह कुलीन वर्ग का सदस्य हो। हर परिवार में कम से कम एक बेटे को मठ के प्रति श्रद्धा के प्रतीक के रूप में और बच्चे को जीवन में एक अच्छी शुरुआत देने के लिए मठ में समर्पित किया जाता है।

इतने वर्षों में मैं कभी किसी ऐसे व्यक्ति से नहीं मिला जिसने बुद्ध की शिक्षा की सत्यता के बारे में ज़रा भी संदेह व्यक्त किया हो। यह सच है कि इनमें कई संप्रदाय हैं, लेकिन वे केवल बाह्य रूप से भिन्न हैं। प्रत्येक के हृदय में धार्मिक भावनाएं हैं और उन्हें कोई भी महसूस कर सकता है। देश में थोड़े समय के बाद कोई भी व्यक्ति बिना सोचे-समझे मक्खी को भी नहीं मार सकता। और मैंने कभी किसी तिब्बती की मौजूदगी में किसी ऐसे कीड़े को नहीं कुचला, जो मुझे परेशान कर रहा हो। इन मामलों में लोगों का रवैया वाकई दिल को छू लेने वाला रहता है। अगर पिकनिक में कोई चींटी किसी के कपड़ों पर रेंगती है, तो उसे धीरे से उठाकर नीचे रख दिया जाता है। अगर कोई मक्खी चाय के कप में गिर जाए तो यह बहुत बड़ी आपदा होती है। मक्खी को हर हाल में डूबने से बचाते हैं, क्योंकि यह किसी की मृत दादी का पुनर्जन्म हो सकता है। सर्दियों में वे मछलियों को बचाने के लिए तालाबों में जमी हुई बर्फ़ तोड़ते हैं, ताकि वे उसमें जम कर मर ना जाएं। और, गर्मियों में वे इन मछलियों को तालाबों के सूखने से पहले बचा लेते हैं। जो जितने अधिक जीवन बचा पाता है, वह उतना ही ख़ुश रहता है।

मेरे दोस्त वांगडिला का एक अनुभव मैं कभी नहीं भूल सकता। हम एक दिन चीनी रेस्तरां में गए। यह यहां का एकमात्र चीनी रेस्तरां था। और वहां एक बतख को भागते हुए देखा। ज़ाहिर तौर पर उसे पकाया जाना था। वांगडिला ने तुरंत अपनी जेब से बड़ी क़ीमत वाला एक नोट निकाला और रेस्तरां के मालिक को देकर उस पक्षी को ख़रीद लिया। फिर उसने अपने

नौकर से इस बतख को अपने घर पहुंचाने के लिए कहा। और उसके बाद कई सालों तक मैं उस भाग्यशाली पक्षी को अपने दोस्त के घर पर टहलते हुए देखता था।

सभी जीवित प्राणियों के प्रति इस दृष्टिकोण का एक उदाहरण, निर्माण कार्यों में लगे लोगों के लिए जारी किया गया एक आदेश था। यह आदेश पूरे देश के लिए उन तीन वर्षों के लिए था जब युवा दलाई लामा ने ध्यान में मग्न थे। यह कहा गया कि निर्माण कार्य के दौरान कीड़े-मकोड़े आसानी से मारे जा सकते हैं, और इसीलिए सामान्य निर्माणकार्य वर्जित था। बाद में, जब मैं मिट्टी की खुदाई के काम का प्रभारी था, तो मैंने अपनी आंखों से देखा कि कैसे फावड़े से मिट्टी निकालते समय मज़दूर ध्यान से देखकर कीड़े-मकोड़ों को दूर हटाते थे।

इस सिद्धांत से यह निष्कर्ष निकलता है कि तिब्बत में मृत्युदंड नहीं है। हत्या को सबसे जघन्य अपराध माना जाता है, लेकिन हत्यारे को केवल कोड़े मारे जाते हैं और उसके पैरों में बेड़ियां डाल दी जाती हैं। यह सच है कि कोड़े मारना वास्तव में मृत्युदंड से कम मानवीय है, क्योंकि यह सज़ा पश्चिमी लोग देते हैं। पीड़ित अक्सर दंड दिए जाने के बाद दर्दनाक मौत मर जाता है, लेकिन धार्मिक सिद्धांत का उल्लंघन नहीं होता है। ज़ंजीरों में बंधे आजीवन कारावास की सज़ा पाने वाले अपराधियों को या तो राज्य की जेल में बंद कर दिया जाता है या उन्हें ज़िला गवर्नर के पास भेज दिया जाता है। गवर्नर उनकी हिरासत के लिए ज़िम्मेदार होता है। इनका भाग्य निश्चित रूप से जेलों में बंद दोषियों से बेहतर होता है जिन्हें केवल बुद्ध के जन्म और परिनिर्वाण के दिन ही जेल से बाहर निकाला जाता है। इस समय वे ज़ंजीरों में बंधे साथी क़ैदियों के साथ लिंगखोर में भिक्षा मांग सकते हैं।

चोरी और कई छोटे-मोटे अपराधों के लिए आरोपी को सार्वजनिक रूप से कोड़े मारे जाते हैं। अपराधी के गले में एक तख़्ती लटका दी जाती है जिस पर उसका अपराध लिखा होता है और उसे कुछ दिनों तक एक ख़ास तरह के खंभे के पास खड़े रहना पड़ता है। यहां दानशील लोग आते हैं और उसे खाने-पीने की सामग्री दे जाते हैं। जब चोर या लुटेरे पकड़े जाते हैं तो आम

तौर पर उन्हें हाथ या पैर काटने की सज़ा दी जाती है। मैं यह देखकर भयभीत हो गया कि किस तरह से घाव को रोगाणुरहित किया जाता है। कटे हुए अंग को उबलते हुए मक्खन में डुबोया जाता है और वहीं रखा जाता है। लेकिन इससे कुकर्मियों को डर नहीं लगता। एक गवर्नर ने मुझे ऐसे अपराधियों के बारे में बताया जो दंड के लिए अपने हाथ को बेशर्मी से आगे बढ़ा देते हैं और कुछ सप्ताह बाद फिर से अपराध की दुनिया में लौट जाते हैं। ल्हासा में अब दंड के ऐसे क्रूर तरीक़े बंद कर दिए गए हैं।

राजनीतिक अपराधों के लिए सज़ा बहुत सख़्त हैं। लोग अभी भी तेंगयेंग के उन भिक्षुओं की चर्चा करते हैं जिन्होंने चालीस साल पहले चीनियों के साथ समझौता करने की कोशिश की थी। उनके मठ को ध्वस्त कर दिया गया और उनके नाम मिटा दिए गए।

तिब्बत में क़ानूनसम्मत न्यायालयों की कोई संगठित व्यवस्था नहीं है। अपराधों की जांच का काम दो या तीन कुलीन व्यक्तियों को सौंपा जाता है, लेकिन दुर्भाग्य से इसमें भ्रष्टाचार बहुत है। वास्तव में बहुत कम कुलीन लोग ईमानदार होते हैं। रिश्वत के रूप में प्राप्त राशि को कई लोग सामंती व्यवस्था के विशेषाधिकारों का हिस्सा मानते हैं। यदि कोई प्रतिवादी मानता है कि उसे अनुचित रूप से दोषी ठहराया गया है, तो उसे दलाई लामा से अपील करने की अनुमति है। यदि वह यहां से निर्दोष साबित होता है, तो उसे क्षमा मिल जाती है और यदि नहीं, तो उसकी सज़ा दोगुनी हो जाती है।

ल्हासा में सिटी मजिस्ट्रेट स्थायी रूप से न्यायाधीश के रूप में कार्य करते हैं। बस, नए साल के बाद के इक्कीस दिनों के लिए सारे अधिकार भिक्षुओं को दे दिए जाते हैं। मजिस्ट्रेट को की मदद के लिए कुछ मूल्यांकनकर्ता होते हैं और वे बहुत व्यस्त रहते हैं, क्योंकि तीर्थयात्रियों के अलावा कई दुष्चरित्र लोग भी राजधानी में आते रहते हैं।

दलाई लामा के अपने ग्रीष्मकालीन निवास में जाने के बाद मौसम गर्म हुआ, लेकिन बहुत ज़्यादा नहीं। इस मौसम में दिन का तापमान कभी भी 85 डिग्री फ़ारेनहाइट से ज़्यादा नहीं होता और रातें ठंडी होती हैं। हवा बहुत शुष्क होती है और बारिश बहुत कम होती है। जल्द ही हर कोई बारिश के लिए प्रार्थना

करने लगता है। ल्हासा के आस-पास कई झरने हैं, लेकिन लगभग हर साल वे सूख जाते हैं। तब लोगों को अपना पानी काइचू नदी से लाना पड़ता है। यह ग्लेशियरों से साफ़ और ठंडी होकर नीचे उतरती है।

जब झरने बहना बंद हो जाते हैं और जौ के खेत सूख कर मुरझा जाते हैं, तो सरकार यह आदेश देती है कि जब तक यह आदेश वापस ना ले लिया जाए, हर नागरिक सड़कों पर पानी डाले। तुरंत पूरा शहर व्यस्त हो जाता है और हर कोई घड़े और बाल्टियां लेकर नदी की ओर दौड़ता है और पानी भरकर शहर वापस ले आता है। कुलीन लोग पानी लाने के लिए अपने नौकरों को भेजते हैं, लेकिन जब वे पानी ले आते हैं, तो वे उसे सड़कों पर और अपने पड़ोसियों पर डालने में हाथ बंटाते हैं। यह एक नियमित जल उत्सव होता है जिसमें सभी ऊंच-नीच का भेदभाव किए बिना हिस्सा लेते हैं। खिड़कियों और छतों से पानी के फ़व्वारे राहगीरों के सिर पर गिरते हैं, और अगर कोई पूरी तरह भीग भी जाए तो बुरा नहीं मानता। बच्चे इसका भरपूर आनंद उठाते हैं। जहां तक मेरी बात है, मैं लंबा और विशिष्ट होने के कारण कुछ अधिक ही भीग जाता था।

जब सड़क पर पानी की लड़ाई चल रही होती है, तिब्बत में वर्षा करने वाले गैडोंग के सबसे प्रसिद्ध भविष्यवक्ता को दलाई लामा के बग़ीचे में बुलाया जाता है। यहां सरकार के सर्वोच्च अधिकारी एकत्रित होते हैं और सबसे बड़े लामा स्वयं समारोह की अध्यक्षता करते हैं। वर्षा कराने वाला भिक्षु, जल्द ही ध्यान लगाकर दूसरी दुनिया में चला जाता है। उसके हाथ-पैर हिलने लगते हैं और वह अजीब तरह की आवाज़ें निकालता है। उस समय मठ के अधिकारियों में से एक इस भविष्यवक्ता से बारिश की गारंटी देने और फ़सल को बचाने की विनती करता है। इस व्यक्ति की हरक़तें और अधिक उन्मादपूर्ण हो जाती हैं। वह ऊंची आवाज़ में बड़बड़ाने लगता है। एक क्लर्क संदेश को लिखता है और इसे कैबिनेट मंत्रियों को सौंपता है। इस बीच भविष्यवक्ता दूसरी दुनिया से वापस आ जाता है, बेहोश होकर ज़मीन पर गिर जाता है और उसे बाहर ले जाया जाता है।

इस प्रदर्शन के बाद ल्हासा में हर कोई उत्सुकता से बारिश का इंतज़ार करता है। और बारिश होती भी है। चाहे कोई चमत्कारों पर विश्वास करे या

तार्किक व्याख्या ढूंढ़े, सच तो यह है कि इस नाटक के मंचन के तुरंत बाद, हमेशा बारिश होती है। तिब्बतियों को इसमें कोई संदेह नहीं रहता कि रक्षक देवता उस समय उस व्यक्ति के शरीर में प्रवेश करते हैं, जब वह समाधिस्थ होता है। देवता लोगों की प्रार्थनाएं सुनते हैं तथा उन्हें अनुग्रहीत करते हैं।

लोगों के इस स्पष्टीकरण से मैं संतुष्ट नहीं हुआ और मैंने एक वैज्ञानिक समाधान खोजने की कोशिश की। मैं विचार करने लगा कि शायद सड़कों पर बहुत ज़्यादा पानी डालने की वजह से वाष्पीकरण हुआ होगा या फिर मानसून की बारिश तिब्बत के ऊंचे इलाक़ों में फैली होगी। ब्रिटिश दूतावास ने एक मौसम विज्ञान केंद्र स्थापित किया था और वैज्ञानिक तरीक़े से वर्षा को मापा था। औसतन हर साल लगभग चौदह इंच वर्षा होती थी और ज़्यादातर इसी मौसम में होती थी। बाद में औफ़्शनाइटर ने काइचु पर एक जल-मापी स्थापित किया और हर साल लगभग उसी दिन नदी के स्तर में पहली वृद्धि दर्ज की। अगर औफ़्शनाइटर ने वरषा करने वाले के तरीकों का पालन किया होता तो वह एक सफल भविष्यवक्ता के रूप में स्थापित हो सकते थे।

पुराने समय में ल्हासा में बारिश बहुत ज़्यादा होती होगी। वहां बड़े-बड़े जंगल हुआ करते थे, जिससे बारिश और ठंडक का मौसम बना रहता था। सदियों से वनों की कटाई ने बहुत नुक़सान किया था। ल्हासा अपने घास के मैदानों और विलो और चिनार के पेड़ों के साथ, क्यिचु की वृक्षविहीन घाटी में एक हरा-भरा मरुद्यान था।

ल्हासा में लोग हमें लगातार आमंत्रित करते रहे और अक्सर परामर्श लेते रहे। इस प्रकार हमें शहर को हर तरह से देखने का मौक़ा मिला। हमारे पास सार्वजनिक प्रशासन और पारिवारिक जीवन, तरह-तरह के दृष्टिकोणों, शिष्टाचार और नैतिकता के मुद्दों का अध्ययन करने के अवसर थे। हर दिन कुछ नया हो रहा था और कई रहस्य खुलते जा रहे थे, लेकिन सभी नहीं। हमारे बारे में एक बात निश्चित रूप से बदल गई थी कि अब हम बाहरी नहीं थे। हम लोगों के जीवन का हिस्सा थे।

स्नान का मौसम आ गया था। बुज़ुर्ग और युवा, छोटे-बड़े सभी नदी किनारे बने हुए बग़ीचों में आने लगे और उथले पानी में तैराकी और पैडलिंग

का आनंद लेने लगे थे। कुछ लोग अपने टेंट लगाकर आरामदायक पिकनिक पार्टियों का आयोजन कर रहे थे। बड़े गर्व के साथ अपने स्वीमिंग सूट्स का प्रदर्शन करती हुई कई नवयुवतियों को भी देख सकते थे। इन्होंने भारत में रहकर पढ़ाई की है। पिकनिक मनाते, पानी में अठखेलियां करते लोग बीच-बीच में तरह-तरह के खेलकूद का आनंद भी लेते थे। और हर शाम को वहां मौजूद लोग ईश्वर का धन्यवाद देते हुए धूप भी जलाते थे।

एक कुशल तैराक होने की वजह से मेरी बहुत तारीफ़ हुई। तिब्बती लोग तैराकी के बारे में ज़्यादा नहीं जानते, क्योंकि पानी बहुत ठंडा होता है इसमें वे तैराकी सीख नहीं सकते। जो लोग तैर सकते हैं, वे बस ख़ुद को पानी के ऊपर रख सकते हैं। लेकिन उनके बीच एक विशेषज्ञ भी था। उसने मुझे तैरने के लिए आमंत्रित किया गया, बेशक इस विचार से कि मैं अपना कौशल दिखाऊं, लेकिन मेरे साइटिका के दर्द की वजह से तैराकी मेरे लिए एक दर्दनाक शगल बन गया था। पानी बहुत ठंडा था। इसका तापमान कभी भी 50 डिग्री फ़ारेनहाइट से ऊपर नहीं। कभी-कभी मैं अपने दोस्तों को ख़ुशी देने के लिए गोता लगाता था, लेकिन अक्सर नहीं जाता था। फिर भी ऐसे कई मौक़े आए, जब मेरी उपस्थिति से लोगों को लाभ हुआ। मैंने तीन लोगों को डूबने से बचाया था। नदी में कुछ जगह पर भंवर थे और ये ख़तरनाक होते हैं।

एक दिन मुझे विदेश मंत्री सुरखांग और उनके परिवार ने आमंत्रित किया था। उन्होंने पानी के किनारे अपना तंबू लगाया हुआ था। मंत्री का इकलौता बेटा जिग्मे (जिसका अर्थ है निडर) भारत से अपने घर आया था। उसके स्कूल की छुट्टियां थीं। उसने स्कूल में ही तैरना सीखा था। मैं धारा के साथ-साथ तैर रहा था, तभी मैंने अचानक चीख़-पुकार सुनी। किनारे खड़े लोग पानी की ओर इशारा कर रहे थे। मैं जल्दी से तैरकर किनारे पर पहुंचा और तंबू की ओर भागा। वहां से मैंने देखा कि जिग्मे एक भंवर में घूम रहा था। मैंने तुरंत पानी में छलांग लगा दी और हालांकि भंवर ने मुझे भी जकड़ लिया था। पर मैं एक अच्छा तैराक था और बेहोश लड़के को पकड़कर किनारे तक लाने में कामयाब रहा। मैं तैराकी का प्रशिक्षक भी रह चुका था, इसलिए मैं उसे होश में लाना जानता था। कुछ ही समय में वह फिर से सांस लेने लगा। ज़ाहिर है उसके पिता बहुत ख़ुश हुए। ख़ुशी के मारे उनकी आंखों से आंसू बह

रहे थे। उन्होंने जिस तरह से मेरे प्रति कृतज्ञता व्यक्त की, उससे मैं अभिभूत था। मैंने एक जीवन बचाया था और लोग इसे एक बड़े पुण्य का काम मान रहे थे।

इस घटना के परिणामस्वरूप सुरखांग परिवार के साथ मेरे संबंध घनिष्ठ हो गए और मुझे एक ऐसे वैवाहिक समारोह में शामिल होने का अवसर मिला जो तिब्बत में भी बिलकुल असामान्य था।

मंत्री अपनी पहली पत्नी से अलग हो गए थे। जिग्मे उनकी दूसरी पत्नी से पैदा हुआ था और वह इस दुनिया में नहीं थी। सुरखांग अब एक अपने से नीचे पद वाले कुलीन व्यक्ति की युवा पत्नी के साथ रह रहे थे। विवाह अनुबंध में जिग्मे को तीसरे पति के रूप में दिखाया गया था, क्योंकि उसके पिता अपनी सारी संपत्ति अपनी विधवा को नहीं देना चाहते थे। इसी तरह की जटिलताएं कई परिवारों में पाई जाती हैं। एक बार मुझे एक ऐसा मामला देखने को मिला जिसमें एक मां अपनी ही बेटी की भाभी थी। तिब्बत में बहुविवाह और बहुपतित्व देखने को मिलता है, लेकिन ज़्यादातर लोग एक ही विवाह करते हैं।

जब किसी पुरुष की कई पत्नियां होती हैं, तो उनके साथ उसका रिश्ता मुस्लिम हरम में प्रचलित रिश्तों से अलग होता है। एक पुरुष के लिए उस घर की कई बेटियों से शादी करना आम बात है, जिसमें कोई बेटा और वारिस नहीं है। यह व्यवस्था परिवार की संपत्ति को बिखरने से रोकती है। हमारे मेज़बान त्सारोंग ने तीन बहनों से शादी की थी और दलाई लामा से इसकी अनुमति ली थी।

इन गठजोड़ों से अक्सर असामान्य रिश्ते बनते हैं फिर भी तिब्बत में विवाह-विच्छेद के मामले हमारे यहां से कम ही हैं। यह काफ़ी हद तक इस वजह से है, क्योंकि ये लोग अपनी भावनाओं को अपने पर हावी नहीं होने देना चाहते। जब कई भाई एक ही पत्नी साझा करते हैं, तो सबसे बड़ा भाई हमेशा घर का मालिक होता है और बाक़ी लोगों को केवल तभी अधिकार मिलते हैं जब वह बाहर होता है या कहीं और मौज-मस्ती करता है। लेकिन किसी का भी नुक़सान नहीं होता। कई पुरुष मठों में ब्रह्मचारी जीवन जीते

हैं। हर गांव में एक मठ होता है। ग़लत तरह से संबंधों से पैदा हुए बच्चों को उत्तराधिकार का कोई अधिकार नहीं होता है, और सारी संपत्ति वैध पत्नी के बच्चों को ही मिलती है। इसलिए यह इतना महत्त्वपूर्ण नहीं है कि भाइयों में से कौन बच्चे का पिता है। बड़ी बात यह है कि संपत्ति परिवार में ही रहती है।

तिब्बत को अधिक जनसंख्या के नुक़सानों के बारे में कुछ भी पता नहीं है। सदियों से यहां की जनसंख्या लगभग एक समान बनी हुई है। बहुपतित्व और मठवाद की प्रथाओं के अलावा शिशु मृत्यु दर भी इस स्थिति में योगदान देती है। मेरा अनुमान है कि तिब्बतियों के बीच जीवन की औसत प्रत्याशा केवल तीस साल है। शिशु मृत्यु-दर बहुत अधिक है और अधिकारियों के पूरे समूह में केवल एक व्यक्ति ही सत्तर साल का है।

मैंने तिब्बत के बारे में कई किताबों में पढ़ा था कि मेज़बान अपने मेहमान के सामने अपनी पत्नी या बेटी को प्रस्तुत करता है। अगर मैंने इस पर भरोसा किया होता, तो मुझे बहुत निराशा होती। बेशक, दुनिया के हर हिस्से में बदचलन लड़कियां पाई जाती हैं, और यहां तक कि ल्हासा में भी कुछ सुंदरियां हैं जो प्यार का पेशा करती हैं।

पुराने समय में विवाह माता-पिता द्वारा तय किए जाते थे, लेकिन आज युवा वर्ग अपना साथी खुद चुनता है। वे बहुत कम उम्र में शादी करते हैं, लड़कियां सोलह साल की उम्र में और लड़के सत्रह या अठारह साल की उम्र में। अभिजात वर्ग केवल अपने वर्ग में ही विवाह कर सकता है और इस नियम का सख़्ती से पालन किया जाता है। अंतःप्रजनन (इनब्रीडिंग)से बचने के लिए सात पीढ़ियों के बाद ही रिश्तेदारों के बीच शादी हो सकती है। दलाई लामा अकेले ही इन नियमों में अपवाद की अनुमति दे सकते हैं। कभी-कभी लोगों के योग्य व्यक्तियों को कुलीन वर्ग में पदोन्नत कर दिया जाता है, जिससे लगभग दो सौ परिवारों के छोटे से कुलीन समूह में थोड़ा नया ख़ून आ जाता है।

तलाक़ शायद ही होते हैं और इस सरकार द्वारा अनुमोदित किया जाना चाहिए। बेवफ़ा पति-पत्नी पर बहुत कठोर दंड लगाया जाता है, उदाहरण के लिए नाक काट दी जाती है। लेकिन, वास्तव में, मैंने कभी ऐसा कोई मामला

नहीं सुना, जहां यह सज़ा दी गई हो। लोगों ने एक बार मुझे बिना नाक वाली एक बूढ़ी महिला दिखाई। इस महिला के बारे में आरोप लगाया गया था कि वह बेवफ़ाई में पकड़ी गई थी। लेकिन यह सिफ़िलिस का मामला भी हो सकता है।

तिब्बत में यौन रोग बहुत आम है। ल्हासा में कई मामले सामने आते हैं, लेकिन उन्हें ज़्यादा महत्त्व नहीं दिया जाता। उन्हें आम तौर पर नज़रअंदाज़ कर दिया जाता है और डॉक्टर को तब बुलाया जाता है, जब बहुत देर हो चुकी होती है। मेडिकल स्कूलों के भिक्षुओं को पारे की प्राचीन उपचार पद्धति मालूम है।

अगर चिकित्सा और स्वच्छता की स्थिति में सुधार हो जाए तो तिब्बत के भविष्य के लिए कितना कुछ किया जा सकता है! देश को सर्जरी के बारे में बिलकुल भी जानकारी नहीं है। औफ़्शनाइटर और मैं अपेंडिसाइटिस के हमले के ख़याल से ही घबरा जाते थे। हर संदिग्ध दर्द हमें डरा देता था। बीसवीं सदी में इस बीमारी से भला कोई कैसे मर सकता है। तिब्बती लोग मानव शरीर पर होने वाले ऑपरेशन के बारे में कुछ नहीं जानते। उन्हें बस फोड़े को चीरा लगाना ही मालूम है। इसी तरह, कारावास में उपकरणों के उपयोग के बारे में भी पता नहीं होता। तिब्बतियों का सर्जरी से एकमात्र संबंध लाशों को चीरने वाले लोगों की गतिविधियों से है। इनसे रिश्तेदारों को अक्सर मौत का कारण पता चल जाता है। या जब चीरफाड़ करने वालों को किसी लाश में कोई दिलचस्प विशेषता मिलती है तो वे मेडिकल के छात्रों को सूचित कर देते हैं।

दुर्भाग्य से सभी मेडिसिन स्कूल प्रगति के विरोधी हैं। बुद्ध और उनके अनुयायियों द्वारा सिखाए गए सिद्धांत सर्वोपरि क़ानून हैं, जिनके साथ छेड़छाड़ नहीं की जा सकती। दो विद्यालय हैं, एक छोटा चाग्पोरी या आइरन मोइमटैन पर स्थित है, और दूसरा शहर के नीचे। प्रत्येक मठ कई बुद्धिमान युवाओं को इन स्कूलों में भेजता है। पाठ्यक्रम दस से पंद्रह साल तक चलता है। विद्वान वृद्ध भिक्षु छात्रों को शिक्षा देते हैं। ये पालथी मारकर अपनी पट्टियों को घुटनों पर रखते हैं। अक्सर दीवारों पर रंगीन चित्र प्रदर्शित किए जाते

हैं। एक शिक्षक जब चित्रों के माध्यम से एक ख़ास पौधे के कारण होने वाले विषाक्तता के लक्षण समझा रहे थे तब मैं भी वहां मौजूद था। विद्यार्थियों को पौधे, लक्षण, उपचार और उनकी प्रतिक्रियाओं के चित्र दिखाए गए थे। ठीक वैसे ही जैसे हमारे स्कूलों में दीवार पर बने चित्र होते हैं।

खगोल विज्ञान, चिकित्सा विज्ञान का एक अभिन्न अंग है। मेडिसिन स्कूल्स में वार्षिक चंद्र कैलेंडर तैयार किया जाता है। सूर्य और चंद्रमा के ग्रहणों को सावधानीपूर्वक दर्ज किया जाता है और मासिक और वार्षिक मौसम पूर्वानुमान तैयार किए जाते हैं।

शरद ऋतु में पूरा स्कूल पहाड़ों पर जड़ी-बूटियों की खोज में निकल जाता है। छात्रों को इस दौरान बहुत व्यस्त रखा जाता है लेकिन वे इस अभियान का भरपूर आनंद लेते हैं। हर दिन वे एक नए स्थान पर डेरा डालते हैं और अपने भ्रमण के अंत में वे अपने भारी-भरकम याक को लेकर ट्रा येरपा जाते हैं। यह तिब्बत के सबसे पवित्र स्थानों में से एक है। इसमें एक तरह का मंदिर है जिसमें जड़ी-बूटियों को छांटकर सुखाया जाता है। सर्दियों में इन छोटे भिक्षुओं में से सबसे कम उम्र के भिक्षुओं को सूखी जड़ी-बूटियों को पीसकर पाउडर बनाना पड़ता है, जिसे स्कूल के प्रभारी मठाधीश सावधानी से लेबल किए गए एयर-टाइट चमड़े के थैलों में रखते हैं। ये स्कूल दवा की दुकानों की तरह भी काम करते हैं। यहां से कोई भी व्यक्ति मुफ़्त में या उपहार के रूप में दवा प्राप्त कर सकता है। तिब्बतियों के पास जड़ी-बूटियों और उनके उपचार गुणों का वास्तव में उन्नत ज्ञान है। मैंने अक्सर उनका सहारा लिया है। उनकी गोलियों से मुझे साइटिका में कोई ख़ास लाभ नहीं हुआ, लेकिन मैंने उनकी जड़ी-बूटियों वाली चाय से कई बार सर्दी और बुख़ार से निज़ात पाई।

ल्हासा के मेडिकल स्कूल का मठाधीश दलाई लामा का निजी चिकित्सक भी होता है। यह एक सम्मानजनक लेकिन ख़तरनाक पद है। जब तेरहवें दलाई लामा का चौवन वर्ष की आयु में निधन हुआ, तो सार्वजनिक तौर पर कई संदेह व्यक्त किए गए और उस समय के मठाधीश भाग्यशाली थे कि उन्हें केवल पद ही खोना पड़ा, जान बच गई। उन्हें कोड़े मारने की सज़ा भी मिल सकती थी।

कस्बों और मठों में चेचक से बचाव का टीका तो लगवाया जा सकता है, लेकिन किसी अन्य प्रकार के टीके नहीं लगाए जाते थे। महामारी फैलने के बाद रोगनिरोधी उपचार के अभाव में कई लोगों की जान चली जाती है। तिब्बतवासियों को जो बात बचाती है, वह है उसका ठंडा मौसम और शुद्ध पहाड़ी हवा। लेकिन जगह-जगह गंदगी और स्वच्छता की दयनीय स्थिति निश्चित रूप से भयावह विपत्तियों को जन्म देती है। हमने मौसम के अनुसार बेहतर सफ़ाई की आवश्यकता का प्रचार किया और ल्हासा के लिए जल निकासी की योजना बनाई। अंधविश्वास यहां बड़ा दुश्मन है। हमने पाया कि लोगों को मेडिसिन स्कूल के भिक्षुओं की सेवाएं लेने की तुलना भिक्षुओं का आशीर्वाद लेने और आस्था-चिकित्सा में अधिक विश्वास था। लामा अक्सर अपने रोगियों को अपना पवित्र थूक लगाते हैं। त्सम्पा, मक्खन और किसी संत पुरुष के मूत्र से एक प्रकार का दलिया बनाया जाता है और बीमारों को दिया जाता है। लकड़ी से बनी विशेष प्रकार की प्रार्थना मोहरों को पवित्र जल में डुबोकर दर्द वाले स्थान पर लगाया जाता है। इससे किसी को नुक़सान नहीं होता। इनके लिए बीमारी के इलाज के लिए दलाई लामा से जुड़ी वस्तुओं से बढ़कर कोई और चीज़ नहीं होती। सभी कुलीन लोग मुझे तेरहवें दलाई लामा की प्रतिमाएं बड़े गर्व से दिखाते थे, जिन्हें ध्यान से छोटे-छोटे रेशमी थैलों में सिलकर रखा गया था। त्सारोंग के पास उनके निजी इस्तेमाल की कई वस्तुएं थीं। मुझे यह देखकर आश्चर्य हुआ कि त्सारोंग और उनका बेटा पढ़े-लिखे होने के बावजूद इतने अंधविश्वासी थे कि वे इन अवशेषों को बहुत महत्त्व देते थे।

बहुत से पुरुष और महिलाएं भविष्यवाणी करके और लोगों की कुंडली बनाकर जीवन यापन करते हैं। ल्हासा की सड़कों की ख़ासियत है बूढ़ी महिलाएं तीर्थयात्रियों के मार्ग के किनारे बैठती हैं और मामूली पैसे लेकर लोगों का भविष्य बताती हैं। वे आपसे आपकी जन्म तिथि पूछती हैं, अपनी माला की मदद से कुछ हिसाब लगाती हैं और आप उनके शब्दों से सांत्वना पाकर अपने रास्ते पर आगे बढ़ जाते हैं। लोगों को सबसे ज्यादा भरोसा लामाओं और अवतारों की भविष्य बताने वाली शक्तियों पर होता है। कोई भी व्यक्ति शकुन-अपशकुन देखे बिना कोई काम नहीं करता। कोई भी

व्यक्ति तीर्थ यात्रा पर जाने या कोई नया पद संभालने के बारे में तब तक नहीं सोचता जब तक यह जान ना ले कि किस तिथि को काम शुरू करना उसके लिए शुभ रहेगा।

कुछ समय पहले ल्हासा में एक बहुत प्रसिद्ध लामा रहते थे, जिनके दौरे और परामर्श महीनों पहले से बुक हो जाते थे। वे अपने शिष्यों के साथ जगह-जगह यात्रा करते थे और लोग उनका आतिथ्य-सत्कार करते थे। उनके प्रशंसक उन्हें इतने सारे उपहार देते थे कि लामा और उनके समूह का गुज़र-बसर बहुत आराम से हो जाता था। उनकी इतनी प्रतिष्ठा थी कि अंग्रेज़ रेडियो ऑपरेटर मि. फ़ॉक्स ने भी लामा को अपने घर पर बुलाया था। वह गठिया के कारण त्रस्त हो चुके थे। लेकिन बेचारे फॉक्स की बारी नहीं आई क्योंकि उनके आने से पहले ही बूढ़े लामा की मृत्यु हो गई।

बूढ़ा लामा मूल रूप से एक साधारण भिक्षु था। बीस साल तक एक बड़े मठ में अध्ययन करने के बाद, उसने अपनी परीक्षाएं शानदार ढंग से उत्तीर्ण कीं और कई वर्षों तक एक आश्रम में रहा। वह उन एकांत कोठरियों में से एक में रहता था जो पूरे देश में जगह-जगह बनी हुई है हैं। यहां भिक्षु अपने ध्यान की अवधि बिताते हैं। उनमें से कई अपने शिष्यों की मदद से स्वयं को चारदीवारी में बंद कर लेते हैं और केवल त्सम्पा और चाय पर रहते हैं। यह भिक्षु आदर्श जीवन के लिए लोगों में चर्चित हो गया। उसने कभी भी मांसाहार नहीं किया, यहां तक कि अंडे से भी परहेज़ किया। उसके बारे में कहा जाता था कि उसे कभी नींद की ज़रूरत नहीं पड़ी और उसने कभी बिस्तर का उपयोग नहीं करता था। इस आख़िरी बात की तो मैं पुष्टि कर सकता हूं, क्योंकि वह एक बार तीन दिनों तक मेरे पास रहा था। उसके बारे में यह भी कहा जाता था कि वह चमत्कार करता था। एक बार उसके हाथ से निकली शक्तिशाली चिंगारी से हाथ में पकड़ी हुई माला जल गई थी। उसने ल्हासा शहर को बुद्ध की एक बड़ी-सी सोने की मूर्ति भेंट की। यह मूर्ति उस भिक्षु ने अपने मरीज़ों और प्रशंसकों से प्राप्त उपहारों और योगदान से बनवाई थी।

तिब्बत में केवल एक ही महिला अवतार थीं। उनका नाम 'थंडरबोल्ट सो' था। मैं अक्सर उन्हें समारोहों के दौरान बरखोर में देखता था। वह तब सोलह साल की एक मामूली सी दिखने वाली छात्रा थीं, जो नन की पोशाक

पहने हुए थीं। वह तिब्बत की सबसे पवित्र महिला मानी जाती थीं और वह जहां भी जातीं, लोग उनसे आशीर्वाद मांगते थे। बाद में वह यमद्रोक झील के किनारे एक मठ की मठाधीश बन गईं।

ल्हासा हमेशा साधु-संतों और लामाओं के बारे में अटकलों और कहानियों से भरा रहता था, और मैं ख़ुशी-ख़ुशी उनके कुछ चमत्कारों को परखता रहता था। लेकिन लोगों की मान्यताओं को ठेस नहीं पहुंचानी चाहिए। तिब्बती लोग अपनी मान्यताओं में ख़ुश थे और उन्होंने कभी भी औफ़्शनाइटर या मुझे धर्मांतरित करने की कोशिश नहीं की। हम भी उनके रीति-रिवाज़ों का अध्ययन करते थे। दर्शकों के रूप में उनके मंदिरों में जाते थे और शिष्टाचार के अनुसार सफ़ेद रेशमी स्कार्फ़ भी भेंट करके संतुष्ट होते थे।

11

ल्हासा में जीवन - II

राज ज्योतिषी - ल्हासा में शरद ऋतु - मेरा क्रिसमस पार्टी - तिब्बत में विदेशी और उनका जीवन।

जिस तरह लोग रोज़मर्रा की ज़िंदगी की परेशानियों से उबरने के लिए सलाह और मदद के लिए लामाओं और ज्योतिषियों की शरण में जाते हैं, उसी तरह सरकार भी ज़रूरी फ़ैसले लेने से पहले राज्य के ज्योतिषी से सलाह लेती है। एक बार मैंने अपने दोस्त वांगडिला से कहा कि वह मुझे आधिकारिक परामर्श के लिए ले जाए। और इसलिए एक सुबह हम नेचुंग मठ के लिए निकल पड़े। उस समय एक उन्नीस वर्षीय भिक्षु ज्योतिषी था।

ज्योतिषी का लालन-पालन साधारण परिस्थितियों में हुआ था, लेकिन एक माध्यम के रूप में उन्होंने अपनी प्रतिभा का इतना अच्छा उपयोग किया कि लोग उनकी ओर आकर्षित होते थे। उनकी तकनीक उनके पूर्ववर्ती (जिन्होंने वर्तमान दलाई लामा की खोज में सहयोग किया था) की तरह इतनी प्रभावशाली नहीं थी, लेकिन उनसे बहुत कुछ अपेक्षित था। मैं अक्सर सोचता हूं कि क्या यह अभूतपूर्व एकाग्रता ही थी जिसकी वजह से वह इतने लोगों की भीड़ में भी तुरंत ध्यानस्थ होने में सक्षम थे। या फिर उन्होंने ड्रग्स या अन्य उपायों का इस्तेमाल किया था। एक ज्योतिषी के रूप में कार्य करने के लिए भिक्षु को अपने शरीर से अपनी आत्मा को निकालने में सक्षम होना चाहिए, ताकि मंदिर के देवता उस पर कब्ज़ा कर सकें और उसके मुंह से स्वयं बोल

सकें। उस क्षण में भगवान उसके अंदर प्रकट होते हैं। यह तिब्बतियों का विश्वास है, और वांगडूला को इसकी सच्चाई पर यक़ीन था।

मठ पांच मील दूर था। हमने मठ तक की यात्रा के दौरान इन मुद्दों पर चर्चा की। मंदिर के द्वार पर उद्विग्न करने वाले संगीत ने हमारा स्वागत किया। अंदर का नज़ारा भयावह था। हवा में धूप का दमघोंटू धुआं भरा हुआ था। युवा भिक्षु को अभी-अभी उसके निजी कक्ष से मनहूस मंदिर में ले जाया गया था। उसने अपनी छाती पर एक धातु का गोल दर्पण धारण किया था। सेवकों ने उसे रेशमी वस्त्र पहनाए और उसके सिंहासन तक ले गए। फिर सभी पीछे हट गए। संगीत की गंभीर आवाज़ के अलावा कुछ और सुनाई नहीं दे रहा था। वह युवा भिक्षु ध्यान केंद्रित करने लगा। मैंने उसे ध्यान से देखा, मैं उसे एकटक देख रहा थे। उसके चेहरे की कोई भी हरकत मुझसे छिपी नहीं थी। ऐसा लग रहा था मानो उसमें से जीवन समाप्त हो रहा हो। अब वह पूरी तरह से निश्चल था, उसका चेहरा एक मुखौटा बन गया था, जो लोगों को घूर रहा था। फिर अचानक, जैसे कि उसे बिजली का झटका लगा हो, उसका शरीर धनुष की तरह ऊपर की ओर मुड़ गया। देखने वाले अचंभित रह गए। भगवान ने उसे अपने वश में कर लिया था। यह माध्यम कांपने लगा, उसका पूरा शरीर कांपने लगा और उसके माथे पर पसीने की बूंदें उभर आईं। चाकर उसके पास गए और उसके सिर पर एक बहुत बड़ा, शानदार मुकुट पहना दिया। यह इतना भारी था कि इसे उठाने के लिए दो आदमियों की ज़रूरत पड़ी। भिक्षु का दुबला-पतला शरीर उसके विशालकाय मुकुट के वज़न से सिंहासन के गद्दों में और भी ज़्यादा धंस गया। कोई आश्चर्य की बात नहीं है कि ये माध्यम कम उम्र में ही मर जाते हैं। इन सत्रों का आध्यात्मिक और शारीरिक तनाव जानलेवा होता होगा।

भिक्षु और भी तेज़ी से कांपने लगा। भारी बोझ से लदा उसका सिर इधर-उधर हिल रहा था, और उसकी आंखें बाहर निकल रही थीं। उसका चेहरा सूजा हुआ था और लाल-लाल धब्बे बन गए थे। उसके भींचे हुए दांतों के बीच से फुफकारने की आवाज़ें निकल रही थीं। अचानक वह उछल पड़ा। चाकर उसकी मदद करने के लिए दौड़े, लेकिन वह उनसे बच निकला

और तुरही की शोक ध्वनि के साथ एक अजीब-सा विदेशी नृत्य करते हुए घूमने लगा। संगीत के अलावा उसके कराहने और दांत पीसने-चीख़ने की आवाज़ें ही मंदिर में सुनाई दे रही थीं। अब उसने अपने चमचमाते सीने पर अंगूठे में पहने हुए बड़े से छल्ले से मारना शुरू किया। इससे एक ऐसी खट-पट हुई जिसने ढोल की धीमी आवाज़ दब गई। फिर वह एक पैर पर घूम गया, विशाल मुकुट के वज़न के साथ सीधा खड़ा था। इसी मुकुट को अभी दो आदमी बड़ी मुश्क़िल से उठा पा रहे थे। सेवकों ने उसके हथेलियों में जौ के दाने भर दिए, जिन्हें उसने दर्शकों की अचंभित भीड़ में फेंक दिया। सभी उसके सामने झुक गए और मुझे डर था कि कहीं मैं घुसपैठिया न समझ लिया जाऊं। यह माध्यम शांत हो गया। सेवकों ने उसे कसकर पकड़ लिया और एक कैबिनेट मंत्री उसके सामने आया और उसके सिर पर दुपट्टा डाल दिया। फिर उसने राज्यपाल की नियुक्ति, एक नए अवतार की खोज, युद्ध और शांति से जुड़े मामलों के बारे में प्रश्न पूछना शुरू किया। इन प्रश्नों को केबिनेट द्वारा सावधानीपूर्वक तैयार किए गया था। ज्योतिषी को इन सभी मुद्दों पर अपनी राय देने के लिए कहा गया। इससे पहले कि माध्यम बड़बड़ाना शुरू कर दे, अक्सर प्रश्न को कई बार दोहराना पड़ता था। मैंने उसके शब्दों को समझने की कोशिश की, पर कुछ समझ में नहीं आया। जब मंत्री विनम्रतापूर्वक उत्तरों को समझने की कोशिश कर रहे थे, तो एक बूढ़े भिक्षु ने उसकी कही बातों को क़लम से लिख दिया। उन्होंने अपने जीवन में सैकड़ों बार ऐसा किया था ,क्योंकि वे दिवंगत ज्योतिषी के सचिव भी थे। मुझे संदेह हो रहा था कि शायद असली ज्योतिषी ही सचिव रहे होंगे। उन्होंने जो उत्तर लिखे वे अस्पष्ट थे, पर एक उपाय सुझा दिया जिसका पालन किया जाना चाहिए और मंत्रिमंडल को ज़िम्मेदारी से मुक्त कर दिया। जब कोई ज्योतिषी बुरी सलाह देता रहता है, तो उसे उसके पद से मुक्त कर दिया जाता है। यह मुझे हमेशा अतार्किक लगता था। क्या ईश्वर ने माध्यम से बात की या नहीं?

जोख़िमों के बावजूद, राज ज्योतिषी के पद की बड़ी मांग रहती है। इसके साथ दलमा का पद जुड़ा रहता है, जो कुलीनता के क्रम में तीसरे पद के अनुरूप होता है, और इसका धारक नेचुंग के मठ का पुरोहित होता है और इसके सभी लाभ उठाता है।

मंत्री द्वारा ज्योतिषी से पूछे गए अंतिम प्रश्न अनुत्तरित रह गए। क्या वह थक गए थे या देवता का मूड ख़राब हो गया था?

मैं मंदिर से बाहर निकल आया और चमकती हुई धूप में खड़ा हो गया। जो कुछ मैंने देखा था, उससे मैं स्तब्ध था। इस अनुभव से मेरी यूरोपीय मानसिकता चकरा गई। इसके बाद मैंने ज्योतिषी के कई परामर्श सत्रों में भाग लिया, लेकिन मैं कभी भी इस पहेली का हल नहीं ढूंढ़ पाया।

मेरे लिए सामान्य जीवन में राज ज्योतिषी से मिलना हमेशा एक अजीब अनुभव होता था। मैं कभी भी उनके साथ एक ही टेबल पर बैठने और उन्हें नूडल सूप को सुड़कते हुए सुनने का आदी नहीं हो पाया। जब हम सड़क पर मिलते तो मैं उनके सम्मान में अपनी टोपी उतार देता, वह भी झुककर मुस्करा देते थे। उनका चेहरा सुदर्शन था। उनका यह चेहरा परमानंद की उस स्थिति में लाल धब्बों वाले, मुंह बनाते चेहरे से बिलकुल भी मेल नहीं खाता था। राज ज्योतिषी एक और अवसर पर बड़ी भूमिका निभाता है, वह है तथाकथित महान जुलूस (ग्रेट प्रोसेशन) जब दलाई लामा को गिरजाघर का दौरा करने के लिए शहर में ले जाया जाता है। इस समारोह को समर गार्डन में जुलूस से अलग बताने के लिए ग्रेट प्रोसेशन कहा जाता है।

इस अवसर पर पूरा ल्हासा सड़कों पर उतर आया है। कहीं भी खड़े होने की जगह नहीं मिल रही थी। खुले मैदान के कोने में एक तंबू तना है और उसके चारों ओर भिक्षु पहरेदार तैनात हैं, जो हमेशा की तरह अपने चाबुक से लोगों को नियंत्रित करने में लगे थे। इस तंबू में एक महान रहस्य छिपा हुआ था। दरअसल, इसमें नेचुंग का दलमा समाधि में जाने की तैयारी कर रहा था। इस बीच राजा देवता अपनी पालकी में अपने छत्तीस वाहकों के साथ धीरे-धीरे आते हैं। उनका काफ़िला तंबू के सामने ठहर जाता है। इसमें देव-प्रेरित भिक्षु लड़खड़ाते क़दमों से बाहर निकलता है। उसका चेहरा सूजा हुआ है, उसके मुंह से फुफकारने की आवाज़ें निकल रही हैं, और उसके सिर का साफा इतना वज़नदार है कि उसके भार से वह गिरा जा रहा था। पालकी ढोने वालों को एक तरफ़ होने का इशारा करते हुए वह क़तार को तोड़ता है और पालकी को अपने कंधों के सहारे पीछे धकेलने का प्रयास करता है। इस बीच दलमा

बेहोश होकर ज़मीन पर गिर जाता है और उसे एक भूसे के ढेर के पास ले जाया जाता है। फिर जुलूस अपने आलीशान रास्ते पर आगे बढ़ता है। मैं इस अनुष्ठान का सही अर्थ नहीं समझ पाया। संभवतः इसका अभिप्राय जीवित बुद्ध की उच्च शक्तियों के प्रति रक्षक देवता की अधीनता को प्रतीकात्मक ढंग से दिखाना था।

ल्हासा में राज ज्योतिषी और बारिश लाने वाले भिक्षु के अलावा कम से कम छह मध्यस्थ हैं, जिनमें एक बूढ़ी महिला भी शामिल है। इसे एक रक्षक देवी का अवतार माना जाता है। वह मामूली सी रक़म लेकर ध्यानस्थ होने के लिए तैयार रहती थी। किसी-किसी दिन वह अपना यह प्रदर्शन दिन में चार-चार बार करती थी!

ऐसे मध्यस्थ भी हैं जो ध्यान की स्थिति में रहते हुए लंबी-लंबी तलवारों को गोल आकार में मोड़ सकते हैं। मेरे कई दोस्त ऐसी तलवारें अपने घर की वेदियों के सामने रखते हैं। मैंने भी ऐसा ही कुछ करने का प्रयास किया पर सफल नहीं हो पाया।

राज ज्योतिषियों से परामर्श लेने की शुरुआत बौद्ध काल से पहले हुई थी, जब देवताओं के समक्ष मानव बलि चढ़ाई जाती थी। मुझे लगता है कि उन शुरुआती दिनों से यह अनुष्ठान लगभग उसी रूप में जारी है। मैं हमेशा इन अलौकिक प्रदर्शनों से बहुत प्रभावित होता था, लेकिन यह सोचकर ख़ुशी हुई कि मेरे अपने फ़ैसले किसी ज्योतिषि के हुक्म के अधीन नहीं थे।

शरद ऋतु आते-आते हम ल्हासा में कई महीने बिता चुके थे और पूरी तरह से वहां के वातावरण में ढल चुके थे। यह साल का सबसे अच्छा मौसम होता है। जिन बग़ीचों में मैंने काम किया था उनमें फूल खिलने लगे थे और पेड़ों में फल लगने लगे थे। बाज़ार शानदार टमाटर और बेरियों से सजे हुए थे और इसी मौसम में कुलीन वर्ग अपनी शानदार पार्टियां देता है। पार्टियों में अपने मेहमानों के लिए तरह-तरह के व्यंजन पेश किए जाते हैं।

घूमने-फिरने का यह सही समय था, लेकिन दुर्भाग्य से कोई भी तिब्बती आनंद लेने के लिए पहाड़ों पर नहीं चढ़ता। विशेष दिनों में भिक्षु किसी पवित्र

पर्वत शिखर पर तीर्थयात्रा पर जाते हैं, और देवताओं को प्रसन्न करने के लिए कुलीन लोग अपने सेवकों को उनके साथ भेजते हैं। वे शिखरों पर धूप जलाते हैं। पहाड़ों के शिखर प्रार्थनाओं से गुंजायमान होते हैं और नई पताकाएं फहराई जाती हैं। कौवे त्सम्पा के प्रसाद को खाने के लिए इधर-उधर उड़ते-फिरते हैं। यह जोड़ना ज़रूरी है कि पहाड़ों में दो- तीन दिन बिताने के बाद हर कोई शहर वापस आकर ख़ुश दिखाई दे रहा है।

औफ़्शनाइटर और मैंने आस-पास की सभी चोटियों पर चढ़ने का फ़ैसला किया। वे आकर्षक थीं और इनकी चढ़ाई करने में कोई तकनीकी कठिनाई नहीं थीं। वहां से दूर-दूर तक सुहावने दृश्य देखे जा सकते थे। यहां से हम दक्षिण दिशा में हिमालय देख सकते थे, और हमारे बहुत नज़दीक न्येनचेन तांगला पर्वतमाला की 23,000 फ़ुट ऊंची चोटी थी, जिस पर हम आठ महीने पहले ल्हासा आते समय चढ़े थे।

शहर से कोई ग्लेशियर दिखाई नहीं देता। यह धारणा कि तिब्बत में हर जगह बर्फ़ ही बर्फ़ मिलती है, सच नहीं है। हम स्कीइंग करना चाहते थे, लेकिन अगर हम घर पर बनी स्की के साथ अपना पुराना प्रयोग दोहरा भी पाते, तो भी दूरी बहुत ज़्यादा थी। हमें घोड़ों, टेंट और नौकरों की ज़रूरत होती। निर्जन क्षेत्रों में किसी भी तरह का खेल खेलना बहुत महंगा सौदा होता है।

इसलिए हमें पर्वतारोहण अभियानों से ही संतुष्ट होना पड़ा। हमारे उपकरण पेशेवर नहीं थे। हमने सेना के जूते पहने थे और अमेरिकी डीलरों द्वारा तिब्बत को बेचे जाने वाले छोटे स्टोर में बिकने वाले वस्त्र ख़रीदे थे। वे हमारे लिए पर्याप्त थे। जिस गति से हमने अपने अभियानों को पूरा कर रहे थे, उससे तिब्बती लोग बड़े आश्चर्यचकित थे। एक बार मुझे अपने दोस्तों के लिए एक पहाड़ की चोटी पर धूप का धुआं करना पड़ा था, ताकि वे अपने घरों की छतों से उसे देख सकें। अन्यथा कोई भी यह विश्वास नहीं करता कि हम वास्तव में वहां पहुंच गए हैं। औफ़्शनाइटर और मैं एक दिन में उतनी दूरी पैदल चलकर तय करते थे जितनी हमारे दोस्तों के नौकर तीन दिन में तय करते थे। पहला तिब्बती जिसके मन में मैं पहाड़ों की सैर के लिए कुछ उत्साह

पैदा करने में कामयाब रहा, वह मेरा दोस्त वांगडिला था। जो बहुत अच्छा साथी बन सकता था। बाद में हमारे दूसरे दोस्त भी हमारे साथ आए और सभी ने इन नज़ारों का भरपूर आनंद लिया।

मेरा पसंदीदा अभियान ल्हासा से कुछ ही दिन की पैदल दूरी पर स्थित एक छोटी पहाड़ी झील था। पहली बार मैं वहां बरसात के मौसम में गया था, जब यह डर था कि पानी बहकर शहर में भर जाएगा। एक प्राचीन किंवदंती के अनुसार यह झील एक भूमिगत नहर द्वारा एक भूमिगत झील से जुड़ी हुई है। इसके बारे में कहा जाता है कि यह गिरजाघर के नीचे मौजूद है। हर साल सरकार आत्माओं को प्रसन्न करने के लिए भिक्षुओं को भेजती थी। वे प्रार्थनाएं करते थे और अपने साथ चढ़ावे लेकर जाते थे। तीर्थयात्री भी वहां जाते थे और पानी में अंगूठियां और सिक्के फेंकते थे। झील के किनारे कुछ पत्थर की झोपड़ियां थीं, जिनमें कोई भी रह सकता था। मैंने देखा कि झील की वजह से शहर की सुरक्षा को ज़रा भी ख़तरा नहीं था। यह एक शांत, रमणीय छोटी-सी जगह थी। जंगली भेड़ों, हिरण और लोमड़ियों के झुंड आराम से इधर-उधर घूमते रहते थे। और नीले आसमान में गिद्ध अपनी उड़ान भरते रहते थे। इन सभी प्राणियों को मनुष्य से कोई ख़तरा नहीं था। पवित्र शहर के आस-पास कोई भी शिकार करने की हिम्मत नहीं कर सकता। झील के चारों ओर की वनस्पतियां किसी भी वनस्पतिशास्त्री की उत्सुकता विषय हो सकती हैं। किनारे पर अद्भुत पीले और नीले फूल वाले पॉपी के पौधे उगते हैं। ये तिब्बत की एक प्रजाति है, जो आपको अन्यत्र केवल केव में ही मिलेगी।

इन अभियानों से मेरी खेल-कूद की इच्छा पूरी नहीं हुई। मैं सोचता रहा कि मैं और क्या कर सकता हूं। और अंत में मेरे मन में टेनिस कोर्ट बनाने का विचार आया। मेरे इस विचार से बहुत से लोगों में दिलचस्पी जागी और ल्हासा टेनिस क्लब के संभावित सदस्यों की एक सूची तैयार की गई। मैंने कुछ धनराशि भी पहले ही एकत्र कर ली थी। सदस्यों की सूची बहुत प्रभावशाली थी और लगभग अंतरराष्ट्रीय गुणवत्ता की थी। इसमें भारतीय, सिक्किमी, नेपाली और बेशक, ल्हासा के कई युवा शामिल थे। फ़ुटबॉल के प्रति सरकार के रवैये को देखते हुए वे पहले तो इसमें शामिल होने से हिचकिचा रहे थे। लेकिन मैं यह कहकर उनके डर को दूर किया कि टेनिस एक ऐसा खेल है

जो दर्शकों को आकर्षित नहीं करता या विवाद का कारण नहीं बनता। चर्च को भी यह एहसास होना चाहिए कि इस खेल से नुक़सान नहीं होता। इसके अलावा, ब्रिटिश दूतावास में पहले से ही एक टेनिस कोर्ट था।

फिर मैंने कामगारों को काम पर लगाया और उन्हें नदी के पास ज़मीन का एक टुकड़ा समतल करने के लिए कहा। कोर्ट के लिए सही तरह की मिट्टी ढूंढ़ना आसान नहीं था, लेकिन एक महीने में यह सब तैयार हो गया। मुझे अपने काम पर बहुत गर्व था। हमने पहले ही भारत से नेट, रैकेट और गेंदें मंगवा ली थीं और हमने ल्हासा टेनिस क्लब की शुरुआत करने के लिए एक छोटी-सी पार्टी का आयोजन किया। बॉल बॉय बनने के लिए बच्चों के बीच कड़ी प्रतिस्पर्धा थी। वे अनाड़ी थे, क्योंकि उन्होंने पहले कभी गेंद को छुआ नहीं था। लेकिन जब हमने ब्रिटिश लीगेशन के सदस्यों को हमारे साथ खेलने के लिए आमंत्रित किया, तो नेपाली मिशन के अंगरक्षक के सैनिक आए और उन्होंने हमारे लिए गेंदें फ़ील्ड कीं। उन्हें अपनी शानदार वर्दी में इधर-उधर दौड़ते देखना बड़ा रोमांचकारी था।

जल्द ही हमारे पास काफ़ी खिलाड़ी जमा हो गए। निस्संदेह सबसे अच्छे खिलाड़ी चीनी दूतावास के सचिव श्री लियू थे। फिर ब्रिटिश प्रतिनिधि रिचर्डसन आए। वह दुबले-पतले स्कॉटिश व्यक्ति थे। अपने पेशेवर काम में बड़े सख़्त। उन्हें बागवानी का बड़ा शौक़ था। उनके घर पर फूल और सब्ज़ियों का शानदार बग़ीचा था। जब कोई उनसे मिलने जाता, तो उसे लगता कि वह परियों की दुनिया में है।

टेनिस खेलने से सामाजिक मेल-जोल के नए अवसर मिलते थे। पार्टियां आयोजित की जाती थीं, कभी हमारे कोर्ट पर तो कभी ब्रिटिश दूतावास में। पार्टी के बाद हम चाय पीते और ब्रिज खेलते थे। मैं इन बैठकों को अपने रविवार के सामाजिक आयोजनों के रूप में मानता था और इनका आनंदपूर्वक इंतज़ार करता था। इसमें शालीनता से कपड़े पहनने पड़ते थे और कुछ पलों के लिए ऐसा लगता था कि हम उसी माहौल में वापस पहुंच गए हैं जहां से हम आए थे। मेरे मित्र वांगडिला ने इस खेल में अपनी योग्यता साबित की। वह एक उत्साही टेनिस खिलाड़ी था और ब्रिज में एक बेहतरीन साथी।

हमारे टेनिस कोर्ट का एक और फ़ायदा था। हम पूरे साल इस पर खेल सकते थे। लेकिन धूल-तूफ़ान के मौसम में हमें सावधान रहना पड़ता था। हमने कोर्ट को तार की जालियों की जगह ऊंचे पर्दों से घेर रखा था। इसलिए जब हम पोटाला पर धूल के बादल उमड़ते देखते थे, तो हमें जल्दी से जल्दी उन्हें नीचे उतारना पड़ता था, ताकि वे तूफ़ान से उड़ ना जाएं।

शरद ऋतु में तिब्बती लोग पतंग उड़ाने का सदियों पुरानी परंपरा का निर्वाह करते हैं। वे बड़े शौक से पतंग उड़ाते हैं। जब बारिश ख़त्म हो जाती है और मौसम साफ़ हो जाता है, तो बाज़ार में हर जगह चमकीली रंग-बिरंगी पतंगें दिखाई देने लगती हैं। पतंगबाज़ी अगस्त महीने के पहले दिन ठीक समय पर शुरू हो जाती है। लेकिन यह हम लोगों की तरह सिर्फ़ बच्चों का खेल नहीं है। पहले दिन एक समारोह होता है। यह बड़ा लोकप्रिय है और आम लोगों की तरह कुलीन लोग भी इसमें शामिल होने के लिए उत्सुक रहते हैं। पहली पतंग पोटाला के ऊपर से उड़ती है और बहुत जल्द ही आसमान पतंगों से भर जाता है। बच्चे और बड़े सभी शतरंज या टेनिस चैंपियन की तरह गहन एकाग्रता के साथ छतों पर खड़े होकर पतंग उड़ाते हैं। पतंगें मांझे से उड़ाई जाती हैं। इसमें एकदूसरे की पतंग काटी जाती है। प्रतिद्वंद्वी की पतंग कटने पर छतों से ख़ुशी के मारे चीख़ें निकलती हैं। कटी हुई पतंग धीरे-धीरे नीचे गिरती है और बच्चे उस पर झपट पड़ते हैं। अब यह उनकी हो जाती है। एक महीने तक यह खेल चलता है। जब जिसको फ़ुरसत मिलती है, पतंग उड़ाता है। फिर मौसम बदलता है और पतंगें अचानक ग़ायब हो जाती हैं।

एक दिन जब मैं बाज़ार में घूम-घूमकर पतंगें देख रहा था तो एक अजीब बात घटी। एक अजनबी मेरे पास आया और मुझे एक घड़ी बेचने की कोशिश करने लगा। यानी, घड़ी के अवशेष। ये पार्ट्स पुराने और जंग खाए हुए थे, डायल नहीं था। उस आदमी ने कहा कि घड़ी टूट चुकी है और अब उसके किसी काम की नहीं। एक यूरोपीय होने के नाते, शायद मैं इसकी मरम्मत करना जानता हूं। मैं अपनी इच्छानुसार कुछ भी भुगतान कर सकता हूं। मैंने घड़ी के टुकड़ों को अपने हाथ में लिया और तुरंत पहचान लिया। यह औफ़्शनाइटर की कलाई घड़ी थी, जिसे उसने तब बेचा था जब हम पश्चिमी तिब्बत में थे। यह वाटरटाइट रोलेक्स घड़ी थी। नंगा पर्वत अभियान के

दौरान वह इसे अपने साथ लेकर चले थे। औफ़्शनाइटर ने भारी मन से इससे किसी को दिया था। मैंने सोचा कि वह इसे वापस लेना चाहेंगे, भले ही यह पुरानी जैसी ना बन सके, फिर भी मुझे इस घड़ी को लेकर उत्सुकता थी। मैंने इसे एक होशियार मुसलमान कारीगर को सुधारने के लिए दे दिया। वह इसे सुधारने को लेकर बहुत उत्साहित था और जल्द ही उसने इस घड़ी को फिर चालू कर दिया। मैंने इसे जन्मदिन के उपहार के रूप में औफ़्शनाइटर को वापस दे दिया। इस घड़ी को देखकर उन्हें कितनी ख़ुशी हुई, शब्दों में बताया नहीं जा सकता।

शरद ऋतु में बड़े-बड़े घोड़ा-बाज़ार लगते हैं। सैकड़ों घोड़ों से भरा कारवां उत्तर-पश्चिमी चीन के सिलिंग से आता है। यहां पर भारी मोल-भाव होता है। इसमें तिब्बती लोग बहुत माहिर हैं। अच्छे पशुओं के लिए ऊंची क़ीमत चुकाई जाती है। कुलीन लोग अपने अस्तबल में बेहतरीन घोड़े रखना पसंद करते हैं और हर साल सवारी के लिए एक नया शुद्ध नस्ल का घोड़ा लेने पर ज़ोर देते हैं। बेशक केवल अमीर लोग ही इतने महंगे घोड़े ख़रीद सकते हैं। आम लोग यदि सवारी करते भी हैं तो इसके लिए तिब्बती टट्टुओं का उपयोग करते हैं। लेकिन कुलीन लोगों से अपेक्षा की जाती है कि वे अच्छे घोड़ों पर पैसा ख़र्च करें। जब वे घुड़सवारी करने निकलते हैं तो अपने साथ घुड़सवार सेवक लेकर निकलते हैं। उदाहरण के लिए, एक कैबिनेट मंत्री के साथ छह वर्दीधारी घुड़सवार होने चाहिए। एक कुलीन व्यक्ति अपनी हैसियत के अनुसार घोड़े रखता है। कुछ के पास तो बीस-बीस घोड़े होते हैं।

मैंने अक्सर महिलाओं को घुड़सवारी करते देखा है। उनकी स्कर्ट इतनी चौड़ी होती है कि वे आसानी से घुड़सवारी कर सकती हैं। वे अक्सर अपने पति के साथ कई सप्ताह तक चलने वाली यात्राओं पर जाती हैं। जैसे कि तीर्थयात्रा पर जाती हैं या किसी नए पदभार को संभालने के लिए जाना। ये धूप से बचने के लिए बड़ी सी टोपी पहनती हैं और अपने चेहरे पर गहरे भूरे रंग के पौधे का रस मलती हैं। अपने मुंह को स्कार्फ़ से ढंक लेती हैं। जब वे इस मेकअप में सड़कों पर चलती हैं, तो सभी महिलाएं एकजैसी दिखती हैं। और ऐसे अवसरों पर दोस्तों को ना पहचान पाने के कारण मैंने कई ग़लतियां की हैं।

इन लंबी घुड़सवारी की यात्राओं के दौरान छोटे बच्चे अपनी नर्सों की गोद में बैठते हैं और बड़े बच्चे एक प्रकार के पालने में बैठते हैं, जिसमें लकड़ी की पट्टियां लगी होती हैं। इनकी वजह से वे गिरते नहीं।

दिसंबर की शुरुआत में हमारा समय बहुत रोमांचक ढंग से बीता। चंद्रग्रहण की भविष्यवाणी की गई थी और शाम से ही लोग छतों पर जमा हो गए थे और उत्सुकता से इस दृश्य का इंतज़ार कर रहे थे। जब पृथ्वी की छाया धीरे-धीरे चांद के चेहरे पर छाने लगी, तो पूरे शहर में एक ख़ास तरह की बुदबुदाहट गूंजने लगी। जल्द ही सभी लोग चंद्रमा के सामने खड़े दुष्ट राक्षस को डराने के लिए ताली बजाकर ज़ोर-ज़ोर से चिल्लाने लगे। जब ग्रहण समाप्त हुआ तो लोग ख़ुशी-ख़ुशी अपने घरों को लौट आए और राक्षस पर विजय का जश्न मनाने के लिए तरह-तरह के खेले।

क्रिसमस नजदीक आ रहा था और मैंने सोचा क्यों ना लोगों को चौंकाया जाए। मैं अपने दोस्तों को क्रिसमस ट्री और उपहारों वाली एक असली क्रिसमस पार्टी देना चाहता था। मुझे लोगों से इतनी सहानुभूति और आतिथ्य मिला था कि मैं बदले में अपने दोस्तों को थोड़ी-सी ख़ुशी देना चाहता था। तैयारियों में मैं बहुत व्यस्त रहा। मेरे मित्र त्रेथोंग ने मुझे कुछ दिनों के लिए अपना घर दे दिया था। उसके दिवंगत पिता मंत्री थे। मैंने प्रशिक्षित नौकरों और रसोइयों को काम पर रखा और अपने मेहमानों के लिए इलेक्ट्रिक टॉर्च, पेन-नाइफ़, टेबल टेनिस सेट और फ़ैमिली गेम्स जैसे छोटे-छोटे उपहार ख़रीदे। मैंने अपने मेज़बान त्सारोंग और उसके परिवार को विशेष उपहार देने के बारे में सोचा। मुख्य आकर्षण क्रिसमस ट्री था। मिसेज़ मैकार्थी त्सारोंग ने मुझे एक सुंदर गमले में लगा एक जूनिपर का पौधा उधार दिया और मैंने उसे मोमबत्तियों, सेबों, मेवों और मिठाइयों से सजाया। यह बिलकुल असली जैसा लग रहा था।

जैसा कि ल्हासा में आमतौर पर होता है, पार्टी सुबह शुरू हुई। मित्र वांगडूला ने मुझे समारोह का संचालन करने में मदद की क्योंकि मुझे अभी भी डर लगता था कि कहीं मैं सामाजिक शिष्टाचार में गड़बड़ी ना कर बैठूं। मेरे मेहमानों को बड़ी जिज्ञासा थी। उन्होंने क्रिसमस ट्री को चारों ओर से देखा।

उसके नीचे रखे पैकेटों को देखा। हर कोई उत्साह और उत्सुकता से भरा हुआ था, जैसे घरों में बच्चे उत्साहित रहते हैं। हमने पूरा दिन खाने-पीने और खेल-कूद में बिताया और जब अंधेरा हो गया तो मैंने अपने मेहमानों को दूसरे कमरे में जाने के लिए कहा। इसके बाद मैंने क्रिसमस-ट्री को रोशन किया और वांगडूला ने अपना फ़र-कोट उल्टा पहन लिया और सांता क्लॉज़ की भूमिका निभाई। हमने 'साइलेंट नाइट' गीत वाला रिकॉर्ड बजाया, दरवाज़ा खुला और मेरे मेहमान पेड़ के चारों ओर इकट्ठा हो गए। वे आश्चर्यचकित थे। मि. लियू ने गाने की ज़िम्मेदारी उठाई और कुछ अतिथि जो अंग्रेज़ी स्कूलों में पढ़े थे, वे भी उस धुन से परिचित थे और उनके साथ गाने में शामिल हो गए। यह एक अद्भुत दृश्य था। एशिया के हृदयस्थल में स्थित विभिन्न जातियों के लोग क्रिसमस ट्री के चारों ओर एकत्रित हुए और अपने घरों में गाया जाने वाला क्रिसमस गीत गा रहे थे। मैं अपनी भावनाओं को बड़े अच्छे ढंग से नियंत्रित करना सीख गया था, लेकिन इस मौक़े पर मेरी आंखों से आंसू बह निकले और मुझे अचानक घर की याद आने लगी।

मेरे मेहमानों की ख़ुशी और उनके क्रिसमस उपहार पाकर उनके द्वारा व्यक्त की जाने वाली ख़ुशी और थोड़ी शराब की मदद से मैं अपने घर की यादों को भुला सका। मेरे दोस्तों ने विदा लेते समय मुझसे बार-बार कहा कि उन्होंने हमारे जर्मन 'न्यू ईयर' का भरपूर आनंद उठाया।

एक साल पहले हमने चांगथांग के सुनसान बंजर इलाक़ों में सफ़ेद ब्रेड के दो टुकड़ों को ही क्रिसमस का बढ़िया उपहार समझा था। आज हम एक ऐसी मेज़ के ईर्द-गिर्द बैठे थे जो अच्छी-अच्छी चीज़ों से सजी हुई थी और हमारे आस-पास दोस्त थे। हमें अपने भाग्य को लेकर शिकायत करने का कोई अधिकार नहीं था।

हमने 1947 के नए साल का जश्न मनाने के लिए कुछ ख़ास नहीं किया। औफ़्शनाइटर ने अपनी नहर का काम पूरा कर लिया था और अब उसे एक और नया काम पूरा करना था। ल्हासा में एक पुराना बिजली संयंत्र था। यह अब बहुत ही उपेक्षित अवस्था में था और इसका कोई उपयोग नहीं हो रहा था। कामकाजी दिनों में टकसाल में मशीनों को चालू रखने के लिए ही

बिजली पर्याप्त रहती थी, लेकिन लेकिन केवल शनिवार को ही निजी घरों की ज़रूरतों के लिए पर्याप्त बिजली उपलब्ध होती थी।

तिब्बत में उसके नोट छपते हैं और सिक्के भी ढाले जाते हैं। सांग मुद्राशास्त्रीय इकाई है। इसे दशमलव रूप से शो और कर्मा में विभाजित और उपविभाजित किया जाता है। काग़ज़ी मुद्रा मजबूत देशी काग़ज़ से बनाई जाती है। यह मुद्रा चमकीली और वाटरमार्क वाली होती है। संख्याओं को बहुत ही कुशलता से हाथ से चित्रित किया जाता है और संख्याओं की नक़ल नहीं की जा सकती। जालसाजी के सभी प्रयास अब तक विफल रहे हैं। बैंक नोट बहुत अच्छे दिखते हैं। सोने, चांदी और तांबे के सिक्कों का भी उपयोग किया जाता है। उन पर तिब्बत के प्रतीक-पहाड़ और शेर अंकित हैं। ये डाक टिकटों पर भी उगते सूरज के बगल में दिखाई देते हैं।

चूंकि टकसाल का काम बिजली पर निर्भर था, इसलिए औफ़्शनाइटर से संपर्क किया गया और पूछा गया कि क्या वह पुराने संयंत्र की मरम्मत कर सकते हैं। वह अधिकारियों को यह समझाने में सफल रहे कि इस मरम्मत से कुछ हासिल नहीं होने वाला। अच्छा होगा कि काइचू नदी की जल-शक्ति का उपयोग किया जाए। मौजूदा संयंत्र मुख्य धारा की एक छोटी सहायक नदी की महीन जलधारा का उपयोग करता था। यह आशंका व्यक्त की गई कि अगर पवित्र नदी के पानी का इस तरह के उद्देश्य के लिए दुरुपयोग किया गया तो देवता ल्हासा को दंडित करेंगे और इसका दोष औफ़्शनाइटर पर जाएगा। औफ़्शनाइटर अधिकारियों को समझाने में सफल रहे। उसे तुरंत सर्वेक्षण शुरू करने का निर्देश दिया गया और हर दिन आने-जाने के लिए लंबी दूरी तय करने से बचने के लिए औफ़्शनाइटर ने शहर के बाहर एक देहाती इलाक़े में बने एक शानदार घर में एक कमरा ले लिया।

अब हम एक-दूसरे से बहुत कम मिलते थे। मेरे अध्यापन कार्य के कारण मैं शहर में ही रहता था और मैं टेनिस भी सिखाता था। मेरे सभी विद्यार्थी, चाहे वे बड़े हों या छोटे, काफ़ी अच्छी प्रगति कर रहे थे। लेकिन दुर्भाग्य से तिब्बतियों में लगन नहीं दिखाई देती। किसी भी नए काम को सीखने या करने का शुरू में तो बड़ा जोश दिखाते हैं और जल्दी ही उनकी रुचि

ख़त्म भी हो जाती थी। इसी वजह से मेरे पुराने विद्यार्थी टिके नहीं रहते थे, पर नए ज़रूर मिल जाते थे। मैं इससे संतुष्ट नहीं था। जिन अच्छे परिवारों के बच्चों को मैं सिखा रहा था वे बेशक बुद्धिमान और जागरूक और समझदार भी थे। भारतीय स्कूलों में बुद्धिमानी के मामले में तिब्बती विद्यार्थियों को यूरोपीय लोगों के बराबर माना जाता है। यह नहीं भूलना चाहिए कि उन्हें अपने शिक्षकों की भाषा सीखनी पड़ती है। इस कमी के बावजूद वे अक्सर कक्षा में अव्वल रहते हैं। दार्जिलिंग के सेंट जोसेफ़ कॉलेज में ल्हासा का एक लड़का था, जो ना केवल स्कूल का सबसे अच्छा विद्यार्थी था, बल्कि सभी खेलों में चैंपियन भी था। अपनी लोगों को पढ़ाने-सिखाने के अलावा मैंने अपनी आय बढ़ाने के कई और तरीक़े खोज लिए थे। ल्हासा में तो आप सड़क पर खड़े होकर भी पैसे कमा सकते हैं। बस थोड़ा-बहुत काम करना पड़ता है। उदाहरण के लिए मैं ताज़ा दूध और मक्खन की डेयरी खोल सकता था या भारत से बर्फ़ बनाने की मशीन मंगवा सकता था। घड़ीसाज़, मोची और मालियों की बहुत मांग थी और अगर कोई अंग्रेज़ी जानता हो तो व्यापारिक घरानों में नौकरी आसानी से मिल जाती थी। लेकिन हमारा इरादा दुकानदार बनने या सिर्फ़ पैसे कमाने का नहीं था। हमें ऐसा काम चाहिए था जिससे हमें संतुष्टि भी मिले। और सबसे बढ़कर हम चाहते थे कि हम सरकार के लिए उपयोगी बनें और इस तरह किसी हद तक उनके आतिथ्य के एहसान का बदला चुका सकें। हमसे हर तरह के विषयों पर सलाह ली जाती थी और हम उनकी मदद करके बहुत ख़ुश होते थे। लेकिन हमें हर काम में निपुण समझा जाता था और कभी-कभी हमसे ऐसे मामलों में भी सलाह मांगी जाती थी, जिनकी हमें बिलकुल भी जानकारी नहीं होती थी। हम शर्मनाक स्थिति में फंस जाते थे।

एक बार हमें एक मंदिर में मूर्तियों पर फिर से सोना चढ़ाने के लिए बुलाया गया था। सौभाग्य से हमें त्सारोंग की अथाह लाइब्रेरी में से एक पुस्तक में सोने के कणों से सोने का रंग तैयार करने का फ़ार्मूला मिल गया। इसके लिए हमें भारत से कई तरह के रसायन मंगवाने पड़े, क्योंकि ल्हासा के स्वर्णकार अपने व्यवसाय संबंधी रहस्यों को जगज़ाहिर नहीं करना चाहते।

तिब्बत में सोने के बहुत से भंडार हैं, लेकिन यहां के लोगों को खनन के आधुनिक तरीक़े नहीं मालूम। प्राचीन काल से ही वे चंगथांग में हिरण के सींगों से मिट्टी खोदते रहे हैं। एक अंग्रेज़ ने एक बार मुझसे कहा था कि तिब्बतियों ने जिस मिट्टी को छाना है, उसे आधुनिक तरीक़ों से उपचारित करना शायद लाभदायक होगा। आज कई प्रांतों को अपने करों का भुगतान सोने की धूल से करना पड़ता है। लेकिन धरती के देवताओं को नाराज़ करने और प्रतिशोध की भावना को भड़कने के डर से जितनी आवश्यक है, उतनी ही खुदाई की जाती है। और इस तरह एक बार फिर प्रगति धीमी पड़ जाती है।

एशिया की कई महान नदियों का उद्गम तिब्बत में है और वे पहाड़ों से सोना लेकर उतरती हैं। लेकिन जब तक नदियां पड़ोसी देशों तक नहीं पहुंच जातीं, तब तक उनका सोना नहीं निकाला जाता। सोने की छनाई तिब्बत के केवल उन्हीं हिस्सों में की जाती है, जहां इससे लाभ होता है। पूर्वी तिब्बत में ऐसी नदियां हैं जिनकी धाराओं से कुंड की आकृतियां बनाई हैं। इन जगहों पर सोने के कण अपने आप जमा हो जाते हैं और बस समय-समय पर इन्हें निकालने के लिए जाना पड़ता है। सरकार के लिए सोने की इस प्राकृतिक छनाई का काम ज़िला गवर्नर की ज़िम्मेदारी होती है।

मुझे हमेशा आश्चर्य होता है कि किसी ने भी इन ख़ज़ानों को निजी लाभ के लिए इस्तेमाल करने के बारे में क्यों नहीं सोचा। जब आप ल्हासा के आस-पास की किसी भी जलधारा में गोता लगाते हुए तैरते हैं, तो आप सूरज की रोशनी में सोने के कण चमकते हुए देख सकते हैं। लेकिन देश के कई अन्य हिस्सों की तरह इस प्राकृतिक संपदा का दोहन नहीं हो पाया है, मुख्यतः इसलिए क्योंकि तिब्बती इस तुलनात्मक रूप से आसान काम को बहुत श्रमसाध्य मानते हैं।

ल्हासा में हमारे दूसरे तिब्बती नववर्ष से ठीक पहले, तीन साल बाद हमें अपने घर से पहला पत्र मिला। चिट्ठियां आने में बहुत समय लग रहा था। लिफ़ाफ़ों में से एक पर रेकजाविक का डाक टिकट था और यह दुनिया भर में घूम कर आया था। कल्पना कीजिए कि हमें यह जानकर कितना आनंद हुआ होगा कि आख़िरकार सुदूर स्थित हमारी मातृभूमि और हम जहां रह रहे

थे उस 'दुनिया की छत' के बीच संचार का एक साधन हमारे लिए उपलब्ध थी। दुर्भाग्य से संचार का यह माध्यम बहुत विकसित नहीं हो पाया था और हम जितने वर्षों तक तिब्बत में रहे, इसमें कोई ख़ास सुधार नहीं हुआ था। यूरोप से मिले समाचार उत्साहजनक नहीं थे। वास्तव में इन समाचारों ने हमारी इस इच्छा को और बलवती किया कि हम जहां हैं, वहीं बने रहें और ल्हासा में अपना एक घर बना लें। हम दोनों में से किसी का भी अपने पुराने घरों से बहुत क़रीबी रिश्ता नहीं था। दुनिया के इस शांतिपूर्ण कोने में बिताए गए समय ने हमारे चरित्र पर एक रचनात्मक प्रभाव डाला था। हम तिब्बतियों की प्रकृति और मानसिकता को समझ गए थे और यहां की भाषा को लेकर हमारी समझ भी बहुत विकसित हो गई थी। हम अब विनम्रतापूर्वक बातचीत के तौर-तरीक़े समझ गए थे।

एक छोटा वायरलेस सेट हमें बाहरी दुनिया से जोड़े रखता था। यह मुझे एक मंत्री ने भेंट किया था। वे मुझसे दुनिया भर के दिलचस्प राजनीतिक समाचार, ख़ास तौर पर मध्य एशिया से जुड़ी ख़बरें जानना चाहते थे। इस छोटे से बॉक्स से बहुत स्पष्ट और बिना किसी अवरोध के संदेश प्राप्त करना एक अद्भुत अहसास था। हमें ख़ुद को याद दिलाना पड़ता था कि ल्हासा में बिजली से चलने वाली ड्रिल रखने वाले दंत चिकित्सक नहीं हैं। यहां ट्रामवे नहीं थे, बिजली से चलने वाले उपकरण रखने वाले हेयरड्रेसर नहीं थे। वास्तव में, वायरलेस उपकरण में बाधा डालने वाली कोई चीज़ नहीं थी।

मैं हर दिन सबसे पहले समाचार सुनता था और अक्सर हताश और निराश हो जाता था। मुझे आश्चर्य होता था कि आख़िर लोग कैसी-कैसी बातों को महत्त्वपूर्ण मानते हैं। यहां याक की चाल ही जीवन की गति को निर्धारित करती है और ऐसा हज़ारों वर्षों से होता आ रहा है। क्या तिब्बत अपने रूपांतरण से अधिक ख़ुश होगा? भारत को जाने वाला एक बढ़िया मोटर मार्ग निस्संदेह लोगों के जीवन स्तर को बहुत ऊपर उठा देगा, लेकिन अस्तित्व की गति को तेज़ करने से लोगों की शांति और आराम छिन सकता है। किसी को भी ऐसे आविष्कार करने के लिए मजबूर नहीं करना चाहिए जो लोगों के विकास के चरण से बहुत आगे हों। यहां एक अच्छी कहावत कही

जाती है- 'कोई भी भूतल से आरंभ किए बिना पोटाला की पांचवीं मंज़िल तक नहीं पहुंच सकता।'

यह एक सवाल है कि क्या तिब्बती संस्कृति और जीवन-शैली आधुनिक तकनीकों के लाभों को संतुलित करने से अधिक कुछ नहीं है। पश्चिम में तिब्बतियों की तरह का शिष्टाचार कहीं है? यहां किसी को भी अपना 'सम्मान' खोने का डर नहीं है, किसी को भी दूसरे को अपमानित करने की इजाज़त नहीं है और आक्रामकता का तो नामो-निशान ही नहीं है। यहां तक कि राजनीतिक दुश्मन भी एक-दूसरे के साथ सम्मान और विनम्रता से पेश आते हैं और सड़क पर मिलने पर एक-दूसरे का गर्मजोशी से अभिवादन करते हैं। उच्च वर्ग की महिलाएं सुसंस्कृत और सुंदर होती हैं। उनके कपड़े उनके सुरुचि को दर्शाते हैं और वे बेहतरीन मेहमाननवाज़ होती हैं। अगर हम दो कुंवारे लोग अपने घर में एक या एक से अधिक महिलाओं को अपने घर की देखभाल के लिए रख लेते तो लोग इसे स्वाभाविक मानते। हमारे दोस्तों ने सुझाव दिया था कि हमें कम से कम एक महिला साथी तो रखनी ही चाहिए। अकेलेपन के क्षणों में मैं अक्सर इस विचार पर मंथन करते रहता था, लेकिन चूंकि मुझे एक नहीं कई लड़कियां आकर्षक लगीं इसलिए मैं किसी एक के साथ बंधने का मन नहीं बना पाया। आध्यात्मिक स्तर पर सहमतियों की गुंजाइश बहुत कम थी। इसके बिना संयुक्त जीवन मुझे संतुष्ट नहीं कर सकता था। मुझे अपने देश की किसी स्त्री को पत्नी बनाने में ख़ुशी होती, लेकिन पहले तो मैं ऐसा नहीं कर सकता था और बाद में राजनीति भी हस्तक्षेप करती।

इसीलिए मैं अकेला ही रहता था और जब बाद में मैं दलाई लामा के साथ घनिष्ठ संपर्क में आया, तो मेरी स्वतंत्रता मेरे लिए बहुत फ़ायदेमंद साबित हुई। अगर मैं शादी-शुदा होता तो भिक्षु शायद हमारी मुलाक़ातों और बैठकों को और भी ज़्यादा नापसंद करते। वे सख़्त ब्रह्मचर्य का पालन करते हैं और महिलाओं से किसी भी तरह का संबंध रखने की मनाही है। दुर्भाग्य से यहां समलैंगिकता बहुत आम है। इसे इस बात का सबूत मानकर भी अनदेखा किया जाता है कि जो भिक्षु इसमें लिप्त होते हैं उनके जीवन में महिलाओं की कोई भूमिका नहीं होती। अक्सर ऐसा भी होता है कि कुछ भिक्षु महिलाओं से

प्यार करने लगते हैं और उनसे शादी करने के लिए संन्यस्त जीवन से मुक्ति मांगते हैं। उनका प्रस्ताव बड़ी सहजता से स्वीकार कर लिया जाता है। यदि कोई भिक्षु कुलीन परिवार से है, तो पवित्र संघ छोड़ने पर उसे मठ में जो पद प्राप्त था, उसके अनुरूप दूसरा पद प्राप्त हो जाता है। अगर वह साधारण परिवार से है तो उसे अपना पद खोना पड़ता है, लेकिन आम तौर पर वह व्यापार करके अपना जीवन यापन कर सकता है। जो भिक्षु संघ छोड़ने की अनुमति मांगे बिना महिलाओं के साथ संबंध रखते हैं, उन्हें कड़ी सज़ा दी जाती है।

अपने स्वैच्छिक अकेलेपन के मेरा समय बहुत जल्दी बीत जाता है। मेरे ख़ाली समय में पढ़ने और लोगों से मिलने-जुलने में बीतता था। औफ़्शनाइटर और मैं साथ-साथ नहीं रह रहे थे फिर भी हम दोनों नियमित रूप से एक-दूसरे से मिलते थे। हमारे लिए आपस में विचार-विमर्श करना ज़रूरी था। हम अपने कार्यकलापों से पूरी तरह संतुष्ट नहीं थे और कभी-कभी सोचते थे कि क्या हम अपने समय का बेहतर उपयोग नहीं कर सकते। इस लगभग अछूते देश में काफ़ी कुछ खोजा जा सकता था। हम अक्सर ल्हासा छोड़कर, जैसा कि हमने पहले कभी किया था, देश भर में ग़रीब तीर्थयात्रियों के रूप जगह-जगह भटकते हुए तिब्बत को जानने के बारे में सोचते थे। किसी यूरोपीय ने पहले कभी ऐसा नहीं किया था। औफ़्शनाइटर हमेशा अद्भुत रहस्यमय अंतर्देशीय समुद्र नामत्सो के किनारे एक साल बिताने और उसके ज्वार-भाटे का अध्ययन करने का सपना देखा करते थे।

तिब्बत में हमारे जीवन में धीरे-धीरे नयापन खत्म होता गया, लेकिन हम अपने आपको भाग्यशाली मानते रहे। सरकारी दफ़्तरों की ओर से अक्सर हमें अनुवाद करने के लिए वे पत्र मिलते थे जो दुनिया भर से यहां आते थे। अलग-अलग तरह के व्यवसायों से जुड़े लोग पत्र लिखते थे। ज़्यादातर पत्र देश में प्रवेश की अनुमति मांगने वाले आवेदन होते थे। बहुत से आवेदक देश को जानने के उद्देश्य से भोजन और आवास के बदले में सरकार के लिए काम करने की पेशकश करते थे। कुछ लोग तपेदिक से पीड़ित थे, जो तिब्बत की पहाड़ी हवाओं का लाभ लेकर स्वास्थ्य सुधारना चाहते थे। स्वास्थ्य

संबंधी आवेदनों का हमेशा उत्तर दिया जाता था और साथ में दलाई लामा का आशीर्वाद और शुभकामनाएं दी जाती थीं और उपहार के तौर पर कुछ रक़म भी भेजी जाती थी। अन्य आवेदनों को कभी कोई उत्तर नहीं भेजा गया और किसी को भी तिब्बत आने की अनुमति नहीं मिली। कारण था तिब्बत को निषिद्ध भूमि के रूप में प्रस्तुत करना।

ल्हासा में अपने पांच साल के मुक़ाम के दौरान मैं सात से अधिक विदेशियों से नहीं मिला।

1947 में, ब्रिटिश दूतावास की संस्तुति पर अमौरी डे रिएनकोर्ट नामक एक फ्रांसीसी पत्रकार को आधिकारिक तौर पर आमंत्रित किया गया था। वह ल्हासा में तीन सप्ताह तक रहे। एक साल बाद प्रसिद्ध तिब्बती विद्वान प्रोफ़ेसर टुची रोम से आए। यह तिब्बत की उनकी सातवीं यात्रा थी, लेकिन ल्हासा की पहली। उन्हें तिब्बत के इतिहास और सभ्यता का सबसे बड़ा विशेषज्ञ माना जाता था और उन्होंने कई तिब्बती पुस्तकों का अनुवाद करने के साथ-साथ कई मूल रचनाएं भी प्रकाशित की थीं। चीनी, नेपाली, भारतीय और तिब्बती उनके इतिहास के ज्ञान से चकित होते थे। मैं अक्सर पार्टियों में उनसे मिलता था और एक बार एक बड़ी सभा में उन्होंने पृथ्वी के आकार के बारे में एक बहस में मेरे विरुद्ध तिब्बतियों का पक्ष लेकर मुझे विचित्र स्थिति में डाल दिया। तिब्बत में पारंपरिक मान्यता है कि पृथ्वी एक चपटी चकती की तरह है। पार्टी में इस पर बहस हो रही थी और मैं पृथ्वी के गोलाकार होने के सिद्धांत के पक्ष में खड़ा था। मेरे तर्कों से तिब्बती आश्वस्त लग रहे थे और मैंने प्रोफ़ेसर टुची से मेरा समर्थन करने की अपील की। उनके संदेहास्पद रवैये से मुझे बहुत आश्चर्य हुआ। उन्होंने कहा कि सभी वैज्ञानिकों को अपने सिद्धांतों को लगातार संशोधित करते रहना चाहिए और एक दिन तिब्बती सिद्धांत भी सही साबित हो सकता है! सभी लोग हँस पड़े क्योंकि उन्हें यह पता था कि मैं भूगोल पढ़ाता हूं। प्रोफ़ेसर टुची ल्हासा में आठ दिन रहे और फिर तिब्बत के सबसे प्रसिद्ध मठ सम्ये की यात्रा पर निकल गए। जिसके बाद वह देश छोड़कर चले गए और अपने साथ वैज्ञानिक नमूने और पोटाला प्रेस की कई मूल्यवान पुस्तकें भी ले गए।

ल्हासा आने वाले एक अन्य दिलचस्प आगंतुक लोवेल थॉमस और उनके बेटे थे। ये अमेरिकी लोग 1949 में आए थे। वे भी एक सप्ताह तक रहे और उनके सम्मान में आयोजित कई स्वागत समारोहों में शामिल हुए। उन्होंने दलाई लामा से मुलाक़ात की। उन दोनों के पास सिने-कैमरे थे और उन्होंने कुछ शानदार तसवीरें खींचीं। पुत्र ने पत्रकारिता से जुड़ी एक शानदार बेस्ट-सेलर लिखी। पिता अमेरिका में एक रेडियो कमेंटेटर थे। उन्होंने अपने भविष्य की वार्ताओं की रिकॉर्डिंग की। मुझे उनके शानदार फ़ोटोग्राफ़िक उपकरण और ख़ास तौर पर उनके पास फ़िल्मों की प्रचुरता से बहुत ईर्ष्या होती थी। लगभग उसी समय मैंने वांगडूला के साथ मिलकर एक लाइका कैमरा ख़रीदा था, लेकिन हमारे पास हमेशा फ़िल्मों की कमी का रहती थी। इन अमेरिकियों ने मुझे दो रंगीन फ़िल्में भेंट कीं, जो मेरी पहली और एकमात्र फ़िल्म थी।

इस समय राजनीतिक स्थिति के कारण दोनों अमेरिकियों को तिब्बत आने की अनुमति देने मिल गई थी। चीन का धमकाने वाला पारंपरिक रवैया बरकरार था। हर चीनी सरकार, चाहे वह शाही हो, राष्ट्रीय हो या साम्यवादी, हमेशा तिब्बत को एक चीनी प्रांत के रूप में मानने का दावा करती थी। यह दिखावा तिब्बतियों की इच्छाओं के बिल्कुल विपरीत था। वे अपनी स्वतंत्रता से प्यार करते थे और इसका आनंद लेने के हक़दार थे। परिणामस्वरूप सरकार ने दोनों अमेरिकियों को प्रवेश देने का फ़ैसला किया। इन दोनों ने तिब्बती स्वतंत्रता के पक्ष में एक विश्वव्यापी प्रचार अभियान चलाने का बीड़ा उठाया।

सरकार के इन चार मेहमानों के अलावा एक अंग्रेज़ इंजीनियर और एक मैकेनिक भी पेशेवर मिशन पर तिब्बत आए थे। इंजीनियर जनरल इलेक्ट्रिक कंपनी में काम करता था और उसका काम बिजली के काम के लिए नई मशीनें लगाना था। उसने औफ़्शनाइटर द्वारा किए गए काम की बहुत प्रशंसा की। मैकेनिक नेडबेलोफ़ एक श्वेत रूसी था जो क्रांति के बाद से एशिया में भटक रहा था। वह अंततः देहरादून में हमारे नज़रबंदी शिविर में आया था और 1947 में उसे रूस वापस भेजा जाना था। अपनी जान बचाने के लिए वह तिब्बत की ओर भागा था लेकिन सीमा पर उसे फिर से गिरफ़्तार

कर लिया गया। अंत में यह तय किया गया कि उसे सिक्किम में ही रहने दिया जाए, क्योंकि वह एक कुशल मैकेनिक था। वहां से उसे पुराने बिजली संयंत्र की मशीनों की मरम्मत के लिए ल्हासा बुलाया गया, लेकिन उसके आने के कुछ महीने बाद ही चीन की लाल सेनाओं ने तिब्बत पर हमला कर दिया और उसे एक बार फिर भागना पड़ा। मुझे लगता है कि वह अंततः ऑस्ट्रेलिया पहुंच गया। वह जीवन भर भागता ही रहा। वह एक साहसी व्यक्ति था और ख़तरे और कठिनाई से परेशान नहीं होता था, वह इसका आदी हो चुका था।

भारत की स्वतंत्रता की घोषणा के बाद ल्हासा में ब्रिटिश कर्मचारियों की जगह भारतीयों ने ले ली, लेकिन मिस्टर रिचर्डसन सितंबर 1950 तक बने रहे, क्योंकि भारतीयों के पास उनके पद के लिए कोई प्रशिक्षित उम्मीदवार नहीं था। रेजिनाल्ड फ़ॉक्स को तिब्बती सरकार ने अपने रेडियो ऑपरेटर के रूप में नियुक्त किया। उन्हें सभी महत्त्वपूर्ण रणनीतिक केंद्रों पर वायरलेस स्टेशन लगाने का निर्देश दिया गया था, क्योंकि चीन की सेनाओं द्वारा अचानक आक्रमण का ख़तरा हर दिन बढ़ रहा था। पूर्वी तिब्बत के केंद्र बिंदु चामडो के लिए एक भरोसेमंद व्यक्ति की ज़रूरत थी और फ़ॉक्स, रॉबर्ट फ़ोर्ड नामक एक युवा अंग्रेज़ को लेकर आए। मै उससे थोड़ा-बहुत परिचित था। वह नृत्य का शौक़ीन था और उसने ल्हासा में सांबा की शुरुआत की। तिब्बती पार्टियों में ख़ूब नृत्य होता था। राष्ट्रीय नृत्य बड़े लोकप्रिय थे, लेकिन फ़ॉक्स-ट्रॉट भी पसंद किया जाता था। हालांकि बुज़ुर्ग इसे नापसंद करते थे। उन्हें लगता था कि डांस पार्टनर्स का इतना नज़दीक आना ठीक नहीं है।

फ़ोर्ड एक बड़े काफ़िले के साथ चामडो के लिए रवाना हो गया और जल्द ही कोई भी उसके साथ वायरलेस टेलिफ़ोन पर बात कर सकता था। ऐसा प्रतीत होता है कि दुनिया भर के रेडियो शौक़ीनों ने सुदूर बनी हुई इस चौकी में इस यूरोपीय से बात करने की होड़ लगी हुई थी और फ़ोर्ड और फ़ॉक्स को ढेर सारे पत्र और उपहार मिले। दुर्भाग्य से फ़ोर्डने इन मित्रतापूर्ण वार्तालापों के जो नोट्स बनाए, वे बाद में उसके लिए नुक़सानदेह साबित हुए। चीनी आक्रमणकारियों से बचने के लिए भागते समय उसे पकड़ लिया गया। उसके ख़िलाफ़ बेबुनियाद आरोप लगाए गए। उस पर अन्य बातों के अलावा

एक लामा को ज़हर देने का आरोप भी लगाया गया और उसकी नोटबुक में दर्ज़ बातों को जासूसी बताया गया। यह संवेदनशील और पूरी तरह से निर्दोष युवक अभी भी चीनियों का क़ैदी है, जबकि पेकिंग में ब्रिटिश राजदूत ने उसे रिहा करवाने के लिए बहुत प्रयास किए।

तिब्बत में अपने प्रवास के दौरान मैं एक और श्वेत व्यक्ति से मिला- अमेरिकी बेसाक। बाद में मैं बताऊंगा कि उसके साथ क्या हुआ।

12

कोशिश तख़्तापलट की

दलाई लामा का दर्शन-सेरा के भिक्षुओं का षड्यंत्र-बुद्ध की स्मृति में धार्मिक उत्सव...

जब ल्हासा में मेरा दूसरा तिब्बती नव वर्ष आया तो मैंने शुरू से ही इस पर्व के सभी समारोहों में भाग लिया। हज़ारों लोग शहर में उमड़ पड़े और ल्हासा एक बहुत बड़े पड़ाव की तरह लग रहा था। इस वर्ष उन्होंने 'फ़ायर-पिग ईयर' की शुरुआत का जश्न मनाया। समारोहों की भव्यता पिछले वर्ष से कुछ कम नहीं थी और निश्चित रूप से मुझे उन कार्यक्रमों में विशेष रुचि थी जिनसे मैं अपनी बीमारी के कारण पिछले वर्ष चूक गया था। जिस प्रदर्शन को मैं बहुत अच्छी तरह याद करता हूं, वह ऐतिहासिक वेशभूषा में एक हज़ार सैनिकों का जुलूस था। यह प्रथा एक ऐतिहासिक घटना की याद दिलाती है। बहुत पहले ल्हासा पर मार्च कर रही एक मुस्लिम सेना न्येनचेन तांगला पर्वतमाला की तलहटी में भारी बर्फ़ीले तूफ़ानों से घिरकर पूरी तरह बर्फ़ से ढंक गई थी। क्षेत्र के पोनपो ने विजयी भाव से जमे हुए सैनिकों के हथियार और कवच ल्हासा लेकर आए। अब उन्हें हर साल बाहर निकाला जाता है और एक हज़ार सैनिक इनका प्रदर्शन करते हैं। पुराने ध्वज उठाकर घुमाए जा रहे हैं, हेलमेट पर उर्दू में लिखी इबारतें धूप की किरणों को प्रतिबिंबित कर रही थीं। संकरी गलियों में पुराने बंदूक़ों की आवाज़ें सुनाई दे रही थीं। कुल मिलाकर इस पुराने ज़माने के शहर में मध्ययुगीन वैभव का एक दुर्लभ प्रदर्शन हो रहा

था। परेड इतनी शानदार ढंग से आयोजित की गई थी कि यह एक सटीक ऐतिहासिक पुनर्प्रदर्शन के बजाय वास्तविकता का आभास दे रही थी। दो जनरलों के नेतृत्व में सैनिकों ने शहर के किनारे एक खुले स्थान पर बरखोर में मार्च किया। वहां एक विशाल अग्नि प्रज्ज्वलित की गई थी और हज़ारों लोग उनका इंतज़ार कर रहे थे। इस अग्नि में मक्खन और अनाज की अनगिनत आहुतियों से भीषण लपटें उठ रही थीं। भीड़ मंत्रमुग्ध होकर प्रदर्शन देख रही थी, जबकि भिक्षुओं ने मौत के सिर और बुरी आत्माओं के प्रतीकों को अग्नि स्वाहा किया। तोपों ने पर्वत चोटियों की ओर सलामी दी। चरम क्षण वह था जब ज्योतिष भिक्षु लड़खड़ाता हुआ अग्नि की ओर बढ़ा और कुछ देर तक जंगली नृत्य करने के बाद धराशायी हो गया। निष्क्रिय होकर तमाशा देख रहे लोगों को सजग करने का क्षण था। वे आनंद से चीख़ने लगे और तरह-तरह के हाव-भाव करने लगे।

1939 में तिब्बत में आए एकमात्र जर्मन अभियान के सदस्य इस उत्सव में उपस्थित थे। वे मुश्किल से अपनी जान बचा पाए थे, क्योंकि उन्होंने ज्योतिषी को फ़िल्माने का दुस्साहस किया था और भीड़ ने तुरंत ही उन पर पत्थर फेंकना शुरू कर दिया था। उन्हें बगीचे की दीवारों और छतों पर चढ़कर घटनास्थल से भागना पड़ा था। भीड़ ने यह सब ना तो किसी राजनीतिक भावना से प्रेरित होकर किया था और ना ही उनके मन में किसी तरह की विदेशी द्वेष भावना थी। यह हमला लोगों की कट्टर धार्मिक निष्ठा से प्रेरित था। बाद में, जब मैं दलाई लामा के लिए फ़िल्में शूट कर रहा था, तो मुझे बहुत सावधान रहना पड़ा। लगभग हमेशा ही रोमांचक दृश्य प्रस्तुत होते थे और मुझे बहुत ख़ुशी हुई, जब मैं अपने हिसाब से कुछ शॉट लेने में सफल रहा।

इस नए साल के उत्सव के दौरान एक उच्च पदस्थ अधिकारी ने हमें सूचित किया कि हम महामहिम की स्वागत सूची में शामिल थे। हालांकि हमने युवा देवता को कई बार देखा था और जुलूसों के दौरान उनकी मुस्कराहट से हम सम्मानित हुए थे, पर अब हम पोटाला पैलेस में उनके सामने उपस्थित रहने की संभावना से बहुत उत्साहित थे। मुझे लगा कि यह निमंत्रण हमारे लिए बहुत महत्त्व रखता होगा और वास्तव में यह उस मार्ग का प्रस्थान-बिंदु बन गया जो मुझे युवा राजा देवता के साथ घनिष्ठता की ओर ले गया।

अंधेरे गलियारे, जिनकी दीवारें रक्षक देवताओं की अजीबोगरीब पेंटिंग से सजी हुई थीं, भूतल की इमारतों से होते हुए हमें एक आंगन तक ले गए। वहां से कई मंज़िल ऊंची खड़ी सीढ़ियां सपाट छत तक ले जाती थीं। आगंतुक को इन सीढ़ियों पर बड़ी सावधानी से और चुपचाप चढ़ना पड़ता था। ऊपर, पहले से ही बड़ी भीड़ इकट्ठी थी, क्योंकि हर किसी को नए साल पर महान व्यक्ति का आशीर्वाद प्राप्त करने का अधिकार है।

छत पर सोने की परत चढ़ी हुई छतों वाली कई छोटी-छोटी इमारतें थीं। ये दलाई लामा के कक्ष थे। भिक्षुओं के नेतृत्व में विश्वासियों की एक लंबी घुमावदार क़तार धीरे-धीरे एक दरवाज़े की ओर बढ़ रही थी। हम दोनों भिक्षुओं के ठीक पीछे आए। जब हम दर्शकों के हॉल में पहुंचे तो हमने जीवित बुद्ध को देखने के लिए अपनी गर्दनें ऊपर उठाईं, दरअसल भीड़ बहुत ज़्यादा थी और लोगों के सिर ही सिर दिखाई दे रहे थे। और वह भी, क्षण भर के लिए अपनी गरिमा को भूल गए। जिन दो अजनबियों के बारे में उन्होंने बहुत कुछ सुन रखा था, उनकी एक झलक पाने के लिए उन्होंने भी उत्सुकता से ऊपर देखा।

बुद्ध की मुद्रा में, थोड़ा आगे की ओर झुके हुए, दलाई लामा महंगे ज़री के कपड़े से ढंके सिंहासन पर बैठे थे। वह घंटों बैठकर अपने भक्तों को आते-जाते देखते थे। और जब भक्त उनके सामने से गुज़रते तो वह उन्हें आशीर्वाद देते थे। सिंहासन के नीचे पैसों की थैलियां, रेशमी कपड़े और सैकड़ों सफ़ेद स्कार्फ़ रखे हुए थे। हम जानते थे कि हमें अपने स्कार्फ़ सीधे दलाई लामा को नहीं सौंपने हैं, एक मठाधीश हमसे ले लेगा। जब हमने खुद को दलाई लामा के सामने सिर झुकाए खड़े पाया तो मैं ऊपर देखने के प्रलोभन को टाल ना सका। दलाई लामा के आकर्षक चेहरे पर एक उत्सुक, मासूम मुस्कान चमक उठी और आशीर्वाद में उनका उठा हुआ हाथ एक पल के लिए मेरे सिर पर रख दिया गया। सब कुछ क्षण भर में हो गया। एक-दो पल में हम थोड़े निचले सिंहासन के सामने पहुंच गए, जिस पर रीजेंट बैठे थे। उन्होंने भी आशीर्वाद में अपना हाथ हमारे ऊपर रखा और फिर एक मठाधीश ने हमारे गले में लाल स्कार्फ़ डाले और हमें गद्दियों पर बैठने के लिए कहा गया। चावल और चाय

परोसी गई और परंपरा का पालन करते हुए हमने देवताओं को चढ़ावे के रूप में अनाज के कुछ दाने ज़मीन पर बिखेरे।

चुपचाप, एक कोने में बैठकर हम अद्भुत दृश्य को देख सकते थे। युवा राजा देवता का आशीर्वाद लेने के लिए लोगों की भीड़ उमड़ पड़ी। वे सिर झुकाकर और जीभ बाहर निकालकर गुज़र रहे थे। किसी ने भी ऊपर देखने की हिम्मत नहीं की। इन सब पर हाथ रखने की जगह रेशमी झाड़ू से हल्का स्पर्श किया गया। कोई भी आगंतुक ख़ाली हाथ नहीं आया था। कुछ लोग केवल सूती स्कार्फ़ लेकर आए, लेकिन कुछ तीर्थयात्री अपने साथ बहुत सारे उपहार लादकर लाए थे। हर चढ़ावे को कोषाध्यक्ष तुरंत पंजीकृत कर रहे थे। सामग्री यदि उपयोग करने योग्य दिखती थी तो उसे पोटाला के घरेलू भंडार के लिए दे दिया जाता था। असंख्य रेशमी स्कार्फ़ बाद में बेचे जाते हैं या एथलेटिक प्रतियोगिताओं में पुरस्कार विजेताओं को दिए जाते हैं। धन-चढ़ावा दलाई लामा की निजी संपत्ति के रूप में रहता है। यह सामग्री पोटाला के सोने और चांदी के ख़ज़ाने में रखी जाती है, जिनमें सदियों से अपार धन-संपत्ति जमा है।

उपहारों से भी अधिक महत्त्वपूर्ण इन सभी लोगों के चेहरों पर झलकने वाला भक्ति भाव है। कई लोगों के लिए यह उनके जीवन का सबसे बड़ा क्षण है। वे अक्सर सैकड़ों मील की तीर्थयात्रा करके यहां आते हैं। धूल-धूसरित होते हैं और कभी-कभी घुटनों के बल भी चलकर आते हैं। कुछ लोगों ने तो राजा देवता का आशीर्वाद प्राप्त करने के लिए महीनों और वर्षों तक ठंड और भूख सही है। मुझे ऐसा लगा कि ऐसे भक्तिभाव के लिए रेशमी झाड़ू का स्पर्श एक छोटा-सा इनाम था, लेकिन जब एक भिक्षु ने प्रत्येक तीर्थयात्री के गले में एक चमकीला दुपट्टा डाला, तो उनके चेहरे पर जो परमानंद की अभिव्यक्ति हुई, उसे आसानी से देखा और महसूस किया जा सकता था। वे इन दुपट्टों को जीवन भर लॉकेट में संजोकर रखते हैं या पर्स में रखते हैं। वे मानते हैं कि आशीर्वाद में मिला यह दुपट्टा उन्हें बुराइयों से बचाएगा। दुपट्टे की गुणवत्ता प्राप्तकर्ता की हैसियत के अनुरूप होती है, लेकिन उनमें से प्रत्येक में रहस्यमयी तिहरी गांठ लगी होती है। ये गांठदार दुपट्टे भिक्षुओं द्वारा तैयार

किए जाते हैं, लेकिन मंत्रियों और सबसे उच्च पदस्थ मठाधीशों के लिए दलाई लामा ख़ुद गांठ बांधते हैं। धूपबत्ती और घी के दीयों की सुगंध से भरे इस भीड़ भरे कमरे का वातावरण कुछ देर बाद दमघोंटू हो गया। और जब समारोह समाप्त हुआ तो हमें बहुत ख़ुशी हुई।

जैसे ही अंतिम तीर्थयात्री कमरे से बाहर निकले, दलाई लामा उठे और अपने सेवकों की मदद से अपने निजी कक्ष में चले गए। हम सिर झुकाए चुपचाप खड़े रहे। जब हम जा रहे थे, तो एक भिक्षु आया और हम दोनों एक नया सौ-सांग का नोट दिया, जिसमें लिखा था 'ग्यालपो रिम्पोचे की सोर रे' (यह शासक की ओर से एक अनमोल उपहार है।)

हम इस भावाभिव्यक्ति से बहुत आश्चर्यचकित हुए, ख़ासकर तब जब हमें पता चला कि अब तक किसी को भी इस रूप में उपहार नहीं मिला था। यह ल्हासा की ख़ासियत थी कि शहर में हर कोई हमारे सम्मान के बारे में जानता था। हमें किसी को बताने की ज़रूरत ही नहीं पड़ती थी। हमने इन नोटों को कई वर्षों तक ताबीज़ के रूप में संभालकर रखा और जब हम अंततः तिब्बत से वापस लौटे तो हमने यह स्वीकार किया कि इन नोटों ने हमें निराश नहीं किया।

दर्शकों के निकल जाने के बाद हमने तीर्थयात्रियों के साथ पोटाला के कई पवित्र स्थलों को देखा। पोटाला दुनिया की सबसे भव्य इमारतों में से एक है, जिसका वर्तमान स्वरूप लगभग तीन सौ साल पहले पांचवें दलाई लामा द्वारा बनाया गया था। पहले इस स्थान पर तिब्बत के राजाओं का एक किला था, जिसे मंगोलों ने अपने एक आक्रमण के दौरान नष्ट कर दिया था। बड़े-बड़े पत्थरों को मज़दूरों द्वारा वहां लाया जाता था। कुशल राजमिस्त्री इसे काटते थे। किसी भी तकनीकी उपकरण की सहायता के बिना इन पत्थरों को इमारत की शक्ल में ढाला गया था। जब पांचवें दलाई लामा की अचानक मृत्यु हो गई, तो यह ख़तरा था कि यह काम कभी पूरा नहीं हो पाएगा। रीजेंट ने महामहिम की मृत्यु की ख़बर को रोक दिया। उन्हें यह भरोसा नहीं था कि इस दुखद समाचार के बाद इस कठिन काम को लोग पूरा करेंगे। उन्हें लोगों की वफ़ादारी पर संदेह था। पहले यह घोषणा की गई कि वह गंभीर रूप से बीमार

हैं और फिर यह बताया गया कि उन्होंने ध्यानस्थ होने के लिए अपने आपको दुनिया से दूर कर लिया है। यह धोखा दस साल तक जारी रहा, जब तक कि महल बनकर तैयार नहीं हो गया। आज जब कोई इस अनोखी इमारत को देखता है, तो हम उस धोखे को जायज मानकर माफ़ कर सकते हैं। आख़िर इस धोखे ने ही इस इमारत को संभव बनाया।

हमने पोटाला की छत पर उस शासक की समाधि देखी, जिन्होंने इस इमारत का निर्माण करवाया था। पांचवें दलाई लामा के अवशेष अन्य देवता राजाओं के मंदिरों के पास एक मंदिर में रखे हुए हैं।

इनमें से सात समाधियां ऐसी हैं जिनके सामने भिक्षु बैठते हैं और ढोल-नगाड़ों की मधुर ध्वनि के साथ प्रार्थना करते हैं। अगर कोई स्तूप तक पहुंचना चाहता है तो उसे खड़ी सीढ़ियां चढ़नी पड़ती हैं। यह एक ख़तरनाक काम है। बहुत कम रोशनी है, और सीढ़ियां गंदगी और फिसलन भरी हैं। सबसे बड़ा स्तूप तेरहवें दलाई लामा का है, जो महल की बहुत गहराई में बना है। इसकी दीवारों को सोने से मढ़ने के लिए एक टन से ज़्यादा सोने का इस्तेमाल किया गया था।

कई मंदिरों को देखने के बाद हम पोटाला के पश्चिमी भाग में पहुंचे, जहां 250 भिक्षु रहते हैं। इस भाग को नामग्येलात्संग कहा जाता है। यह संकरा है और यूरोपीय लोगों की नज़रों में आकर्षक नहीं है, लेकिन इसकी छोटी खिड़कियों से दिखने वाला बाहरी दृश्य इसके भीतर की उदासी और असुविधा की भरपाई कर देता है। मैं देखकर हैरान था कि इस ऊंचाई से ल्हासा अपनी घनी बसाहट और सपाट छतों के साथ कितना आकर्षक है। हम इतनी ऊंचाई पर थे कि संकरी गलियों की गंदगी हमें दिखाई नहीं दी।

अगले वर्षों में मुझे पोटाला में रहने के कई अवसर मिले। मैं वहां रहने वाले मित्रों का मेहमान बनकर जाता था। मेरा अनुमान है कि इस धार्मिक किले में जीवन मध्ययुगीन महल जैसा है। शायद ही कोई वस्तु आज के समय की हो। शाम को कोषाध्यक्ष की निगरानी में सभी द्वार बंद कर दिए जाते हैं, जिसके बाद पहरेदार पूरे महल में यह देखने के लिए जाते हैं कि सब कुछ ठीक-ठाक

है या नहीं। गलियारों में गूंजती उनकी पुकार इस उमसभरे सन्नाटे में एकमात्र ध्वनि होती है। रातें लंबी और शांत होती हैं। हर कोई जल्दी सो जाता है। शहर में देर रात तक कोई पार्टी या मनोरंजन नहीं होता। पवित्र आत्माओं के मंदिरों से नश्वरता का एक गहन और गंभीर वातावरण बनता है, जिससे पूरा महल एक विशाल समाधि जैसा लगता है। युवा शासक अपने ग्रीष्मकालीन बग़ीचे में जाते हुए क्यों प्रसन्न रहता है, मैं अच्छी तरह समझ सकता हूं। माता-पिता या हमउम्र साथियों के बिना एक अकेला बच्चा पोटाला में एक नीरस जीवन व्यतीत करता है। इस युवक का मनोरंजन केवल तभी होता है जब उसका अपना भाई लोबसांग समतेन कभी कभार उससे मिलने आता है। बड़े भाई अपने माता-पिता की ओर से शुभकामनाएं लेकर आते थे और उन्हें शहर की सारी ख़बरें सुनाते थे।

दलाई लामा के पास एक हाथी है, जो देश का एकमात्र हाथी है, जिसे नेपाल के महाराजा द्वारा उन्हें भेंट किया गया था। नेपाल में राजा देवता के कई धार्मिक अनुयायी हैं। कई नेपाली तिब्बत के मठों में आते हैं और अपना जीवन धर्म को समर्पित कर देते हैं। वे मठों में अलग-अलग समुदाय बनाते हैं और बहुत योग्य शिष्य माने जाते हैं। वास्तव में महाराजा ने दलाई लामा को उनके सम्मान के प्रतीक के रूप में दो हाथी दिए थे, लेकिन उनमें से एक हिमालय की यात्रा के दौरान जीवित नहीं बचा। हालांकि ल्हासा तक सात सौ मील की सड़क को साफ़ करवाया गया था। इन जानवरों के लिए सभी पड़ावों पर विशेष अस्तबल तैयार किए गए थे, इस सुविधा से दोनों तो नहीं लेकिन एक हाथी सुरक्षित रूप से ल्हासा पहुंच गया। किसी ने पहले कभी इतना विशाल जानवर नहीं देखा था। वे उसे 'लांगचेन रिम्पोछे' कहते थे। पोटाला के उत्तरी छोर पर हाथी के रहने की व्यवस्था की गई थी और वे अक्सर क़ीमती ज़रीदार वस्त्रों से सजकर जुलूसों में हिस्सा लेते थे। घुड़सवार अपने घोड़ों को इस हाथी से दूर रखते थे, क्योंकि उनके घोड़े इस विशालकाय जानवर के आदी नहीं थे।

नए साल के जश्न के दौरान दलाई लामा के पिता का निधन हो गया। उन्हें बचाने के लिए हर संभव प्रयास किया गया था। भिक्षुओं और वैद्यों ने हर तरह के उपाय आज़माए थे। उन्होंने एक गुड़िया भी तैयार की थी जिसमें उन्होंने

मरीज़ की बीमारी को भरने का उपाय किया और फिर उसे नदी के किनारे बड़ी धूमधाम से जला दिया। लेकिन कोई फ़ायदा नहीं हुआ। मेरे हिसाब से बेहतर होता कि वे किसी अंग्रेज़ डॉक्टर को बुलाते। लेकिन बेशक दलाई लामा के परिवार को हमेशा रूढ़िवादिता का आदर्श प्रस्तुत करना चाहिए और संकट के समय पारंपरिक व्यवहार से विचलित नहीं होना चाहिए।

उनकी मृतदेह को परंपरा के अनुसार शहर के बाहर एक पवित्र स्थान पर ले जाया गया। वहां उसके टुकड़े-टुकड़े करके पक्षियों के लिए डाल दिया गया। तिब्बती लोग मृतात्मा के लिए शोक नहीं मनाते। बिछड़ने का दुख पुनर्जन्म की संभावना से कम हो जाता है और बौद्धों को मृत्यु का भय नहीं होता। उनचास दिनों तक मक्खन के दीये जलाए जाते हैं, जिसके बाद मृतक के घर में प्रार्थना की जाती है। और इस तरह से इस जीवन का अंत हो जाता है। कुछ समय बाद विधवाएं या विधुर दूसरा विवाह कर सकते हैं और जीवन एक बार फिर अपनी गति पकड़ लेता है।

1947 में ल्हासा में एक छोटा-सा गृह युद्ध हुआ था। पूर्व रीजेंट रिटिंग रिम्पोछे, जिन्होंने स्वेच्छा से अपने पद से इस्तीफ़ा दे दिया था, एक बार फिर सत्ता में वापसी के लिए उत्सुक थे। आम लोगों और अधिकारियों के बीच रिटिंग के कई समर्थक थे। इन लोगों ने उनके उत्तराधिकारी के विरुद्ध द्वेष की भावनाएं जगाईं। वे रिटिंग को फिर से सत्ता में देखना चाहते थे। उन्होंने कार्रवाई करने का फ़ैसला किया। तख़्तापलट को बम जैसे आधुनिक उपाय से अंजाम दिया जाना था। यह बम एक उच्च मठवासी अधिकारी के घर में एक अज्ञात प्रशंसक द्वारा उपहार के रूप में दिया गया था। लेकिन इससे पहले कि पार्सल रीजेंट तक पहुंचता, उसकी भीतरी मशीन में विस्फोट हो गया। सौभाग्य से कोई भी नहीं मारा गया। इस विफल उपद्रव के माध्यम से ही साज़िश का खुलासा हुआ। ऊर्जा और उत्साह से भरे हुए टैगट्रा रिम्पोछे ने त्वरित निर्णय लेकर काम किया। एक मंत्री के नेतृत्व में एक छोटी सेना ने रिटिंग के मठ पर चढ़ाई की और पूर्व रीजेंट को गिरफ़्तार कर लिया। सेरा के मठ के भिक्षुओं ने इस कार्रवाई के ख़िलाफ़ विद्रोह कर दिया और शहर में दहशत फैल गई। व्यापारियों ने अपनी दुकानों पर नाकेबंदी कर दी और

अपना सामान सुरक्षित निकाल लिया। नेपाली लोग अपने क़ीमती सामान को लेकर अपने दूतावास में शरण लेने लगे। कुलीनों ने अपने घरों के दरवाज़े बंद कर लिए और अपने नौकरों को हथियारबंद कर दिया। पूरा शहर अलर्ट की स्थिति में था।

औफ़्शनाइटर ने सेना के जवानों को रिटिंग की ओर मार्च करते हुए देखा था और अपने देहात के घर से शहर में भागते हुए आए। जहां उन्होंने और मैंने ज़ारोंग की हवेली की रक्षा की योजना बनाई थी। लोग राजनीतिक संकट से कम भयभीत थे, उन्हें अधिक डर इस बात का था कि सेरा के भिक्षु, जिनकी तादाद हज़ारों में थी, वे ल्हासा पर टूट पड़ेंगे और लूटपाट मचाएंगे। कुछ ऐसे भी लोग थे जिन्हें सेना पर विश्वास नहीं था। हालांकि सेना कुछ हद तक आधुनिक हथियारों से लैस थी। ल्हासा के इतिहास में सैन्य क्रांतियां कोई नई घटना नहीं थीं।

एक क़ैदी के रूप में रिटिंग के आगमन का बड़े उत्साह के साथ इंतज़ार किया गया था, लेकिन इस बीच उन्हें गुप्त रूप से पोटाला पहुंचा दिया गया था। जिन भिक्षुओं ने उन्हें मुक्त करने की योजना बनाई थी, इस कार्रवाई से उन्हें चमका दिया गया, लेकिन वास्तव में, जिस क्षण उनके नेता को गिरफ़्तार किया गया था, उसी क्षण उनके अभियान विफल हो गया था। वे बड़े कट्टर थे और उन्होंने आत्मसमर्पण करने से इनकार कर दिया और जल्द ही भीषण गोलीबारी शुरू हो गई। अंतत: सैनिक भिक्षुओं पर हावी हो गए और राजधानी में शांति बहाल हो गई। हफ़्तों तक अधिकारी दोषियों की सज़ा तय करते रहे और अनेक लोगों को सज़ा दी गई।

जबकि गोलियां की आवाज़ अभी शहर में पूरी तरह से थमी नहीं थी कि विद्रोही पूर्व-रीजेंट की मौत की ख़बर शहर में जंगल की आग की तरह फैल गई। जिस तरह से उनकी मौत हुई उसको लेकर अफ़वाहों और अटकलों का दौर शुरू हो गया। कई लोगों ने सोचा कि वह राजनीतिक हत्या का शिकार बन गए, लेकिन अधिकतर लोगों का मानना था कि ज़िद और अतिमहत्त्वाकांक्षा उनकी मौत का कारण थी। शहर में अचानक उनके द्वारा किए गए चमत्कारों की अविश्वसनीय कहानियों की चर्चा होने लगी। लोगों का

माननना था कि उनके पास अलौकिक शक्तियां थीं। बताया जाता है कि एक बार एक तीर्थयात्री मिट्टी के बर्तन में खाना पका रहा था और अचानक खाना उबलकर बाहर गिरने लगा तो इस रीजेंट ने अपने हाथों से गरम बर्तन चूल्हे से उतार दिया था।

सरकार ने अफ़वाहों की पुष्टि या खंडन करने से इनकार कर दिया। शायद बहुत कम लोगों को पता था कि वास्तव में क्या हुआ था। दिवंगत रीजेंट ने अपने कार्यकाल के दौरान कई दुश्मन बनाए थे। एक बार उन्होंने विद्रोह की साजिश रच रहे एक मंत्री की आंखें फोड़ दी थीं। अब उन्हें इस अपराध की सज़ा मिल चुकी थी। जैसा कि राजनीतिक उथल-पुथल के दौरान आम तौर पर होता है, दूसरों के अपराध की सज़ा अक्सर निर्दोष लोगों को भुगतनी पड़ती है। रेटिंग के चहेतों को उनके पदों से हटा दिया गया। उनकी पार्टी के एक प्रमुख व्यक्ति ने तो आत्महत्या कर ली। तिब्बत में अपने पूरे प्रवास के दौरान मैंने आत्महत्या का यही एकमात्र मामला सुना।

दोषियों के लिए जेल में पर्याप्त जगह नहीं थी, इसलिए कुलीनों को उन्हें रखने और हिरासत में रखने की ज़िम्मेदारी लेनी पड़ी। नतीजतन, लगभग हर घर में बेड़ियों से जकड़ा हुआ एक अपराधी मिल जाता था। जब तक दलाई लामा ने आधिकारिक रूप से शासक की शक्तियां ग्रहण नहीं कीं, तब तक राजनीतिक और क़ानून के सामान्य अपराधियों को माफ़ी नहीं दी गई थी। सेरा के अधिकतर भिक्षु चीन भाग गए थे। आम तौर पर ऐसा होता था कि जब तिब्बत में विद्रोह होता था तो चीनियों की भी इसमें भूमिका होती थी। विद्रोहियों की सारी संपत्ति सरकार द्वारा ज़ब्त कर ली गई और सार्वजनिक नीलामी में बेच दी गई। रिम्पोछे के घरों और तंबुओं को ध्वस्त कर दिया गया और उनके सुंदर फलों के पेड़ों को दूसरे बग़ीचों में लगा दिया गया। सैनिकों ने मठ को पूरी तरह से तहस-नहस कर दिया और उसके बाद कई हफ़्तों तक बाज़ारों में सोने के प्याले, ज़री के शानदार वस्त्र और दूसरी क़ीमती चीज़ें मिलती रहीं। रिटिंग की संपत्ति की बिक्री से राजकोष को लाखों रुपये मिले। उनके पास मौजूद सामानों में अंग्रेज़ी ऊनी सामानों की सैकड़ों गांठें और रेशम

और ज़री के आठ सौ परिधान शामिल थे। इससे पता चलता है कि तिब्बत में कोई कितना अमीर बन सकता है। रिटिंग एक ऐसे व्यक्ति थे जिनकी कोई पृष्ठभूमि नहीं थी। उनका करियर तब शुरू हुआ, जब एक बच्चे के रूप में उन्हें अवतार के रूप में पहचाना गया था।

13

सरकार की ओर से ज़िम्मेदारी मिली

शानदार बग़ीचे में काम करना-मेरे अपने घर में-विश्व राजनीति का तिब्बत पर भी प्रभाव-दलाई लामा का मठों का दौरा-तिब्बत की कृषि संबंधी समस्याएं-हमने स्केटिंग शुरू की।

तिब्बती वर्ष के चौथे महीने में बुद्ध के जन्म और परिनिर्वाण की स्मृति में आयोजित धार्मिक समारोहों ने विद्रोह की बुरी स्मृति को धुंधला कर दिया। शरद ऋतु में हमें सरकार द्वारा शहर की एक नई योजना तैयार करने के लिए आमंत्रित किया गया था। औफ़्शनाइटर ने अपने काम को रोक दिया और हमने मिलकर सर्वेक्षण करना शुरू कर दिया। शहर के लिए अब तक कोई उचित योजना बनाई गई थी। पिछली शताब्दी में भारत से गुप्तचर एजेंट अपने साथ कुछ स्केचमैप लेकर गए थे, लेकिन वे याददाश्त के आधार पर बनाए गए थे और बिलकुल ग़लत थे। अब हमें त्सारोंग के थियोडोलाइट का उपयोग करना आ गया था और हमने नाप-जोख करने के लिए इस पवित्र शहर के सभी हिस्सों का दौरा-मुआयना किया। हम केवल सुबह-सुबह काम कर सकते थे, क्योंकि जैसे ही सड़कों पर आवाजाही शुरू होती, उत्सुक लोगों की भीड़ हमें घेर लेती थी। हमें सरकार द्वारा दो पुलिसकर्मी दिए गए थे, क्योंकि हम अकेले लोगों को रोक नहीं सकते थे। लेकिन फिर भी हमें काम करने में मुश्क़िल तो हुई। राहगीरों को औफ़्शनाइटर के सर्वे ग्लास से देखना

मज़ेदार लगता था। बेशक वे ग़लत छोर से देखते थे। और इस तरह हमारे काम में बड़ी बाधा पड़ी। सुबह की कड़कड़ाती ठंड में गंदी गलियों से गुज़रना कोई मज़ेदार काम नहीं था और हमें अपने सर्वेक्षण के लिए सामग्री इकट्ठा करने के लिए पूरी सर्दियों में काम करना था। हमें छतों पर चढ़ना पड़ा, ताकि अलग-अलग ब्लॉकों में घरों को चिह्नित कर सकें और मुझे तिब्बती लिपि में 1,000 से ज़्यादा अलग-अलग घर के मालिकों के नाम इकट्ठा करने पड़े। जब दलाई लामा और सभी महत्त्वपूर्ण सरकारी अधिकारियों के लिए प्रतियां तैयार हो गईं, तो एक नया मनोरंजक खेल शुरू हुआ। लोगों ने नक़्शा पढ़ना सीखा और उस पर अपने घरों को देख-देखकर ख़ुश हुए।

इस समय सरकार के मन में एक आधुनिक जल निकासी और बिजली व्यवस्था स्थापित करने का विचार था। और इसकी ज़िम्मेदारी वे औफ़्शनाइटर और मुझे देना चाहते थे। हम दोनों ने इन विषयों की तकनीक का अध्ययन नहीं किया था, लेकिन मेरे साथी को गणित का बहुत अच्छा ज्ञान था। उन्होंने एग्रीकल्चर इंजीनियरिंग की पढ़ाई करते समय गणित भी पढ़ना पड़ा था। और, ज़ाहिर है, जब हमें कोई समस्या आती तो हम संबंधित पाठ्य-पुस्तकों का सहारा लेते थे। औफ़्शनाइटर को पहले से ही मासिक वेतन दिया जा रहा था, और मुझे 1948 में एक वेतनभोगी अधिकारी के रूप में नियुक्ति मिली। मैंने अपनी नियुक्ति का पत्र आज भी संभाल कर रखा है और मुझे अभी भी इस पर गर्व है।

दलाई लामा से मुलाक़ात के कुछ महीने बाद मुझे आधी रात को नोरबुलिंगका पैलेस में बुलाया गया और बताया गया कि नदी का बढ़ता पानी समर पैलेस के भीतर आने का ख़तरा है। मानसून की बारिश ने धीरे-धीरे बहने वाली जलधारा को अकल्पनीय गति से एक तेज़ रफ़्तार नदी में बदल दिया। कई जगहों पर तो इसका पाट एक मील से भी ज़्यादा चौड़ा हो गया था। जब मैं मौक़े पर पहुंचा तो मैंने पाया कि पुराना तटबंध टूटने की कगार पर था। मूसलाधार बारिश और बॉडीगार्ड की लालटेन की हल्की रोशनी में मेरे निर्देशों के अनुसार एक नया बांध बनाने का काम शुरू कर दिया गया। हम पुराने बांध को इतना मज़बूत करने में कामयाब रहे कि फ़िलहाल तो नदी का

पानी उसे नष्ट नहीं सकता था। और अगले दिन मैंने बाज़ार में मिलने वाले जूट के बोरे ख़रीदे और उन्हें मिट्टी और घास से भर दिया। पांच सौ सैनिकों और मज़दूरों ने बहुत ज़्यादा दबाव में काम किया और हम पुराने बांध के टूटने से पहले नई सुरक्षा व्यवस्था बनाने में सफल रहे।

उसी समय गडोंग से मौसम की भविष्यवाणी करने वाले को बुलाया गया और अगले कुछ दिनों तक वह महल के मैदान में एक घर में मेरा पड़ोसी बनकर रहा। हम दोनों का मिशन एक ही था-बाढ़ को नियंत्रित करना। यह सौभाग्य की बात थी कि हमें केवल भविष्यवक्ता पर निर्भर नहीं रहना पड़ा और हमारे पास काम करने के लिए हज़ारों हाथों की एक वैकल्पिक शक्ति थी। जैसे ही बांध पर मिट्टी डालने का काम अंतिम चरण में था, भविष्यवक्ता डगमगाते हुए किनारे पर आया और नृत्य करना शुरू कर दिया। उसी दिन बारिश रुक गई, बाढ़ कम हो गई और हम दोनों को दलाई लामा से प्रशंसा मिली।

बाद में मुझसे पूछा गया कि क्या मैं हर साल समर पैलेस को ख़तरे में डालने वाली बाढ़ को रोकने के लिए कोई स्थायी उपाय कर सकता हूं। मैंने ख़ुशी-ख़ुशी सहमति दे दी, क्योंकि मुझे विश्वास था कि औफ़्शनाइटर की मदद से मैं बाढ़ के पानी को नियंत्रित करने का कोई उपाय ढूंढ़ ही लूंगा। मुझे पता था कि तिब्बती हमेशा अपने बांधों में लंबवत दीवारों बनाते थे और यही कारण है कि इनमें आसानी से दरारें पड़ जाती थीं।

हमने 1948 के वसंत में काम शुरू किया था और इसे मानसून से पहले पूरा करना था। मुझे 500 सैनिकों और 1,000 कुलियों की एक टुकड़ी दी गई थी। तिब्बत में किसी भी ठेकेदार के पास इतने सारे लोग कभी नहीं थे। मैंने एक और नवाचार पर ज़ोर दिया और सरकार को आश्वस्त किया कि अगर श्रमिकों से बेगार नहीं करवाया जाएगा तो काम बहुत जल्दी पूरा हो जाएगा। इसलिए हर श्रमिक को उसका दैनिक वेतन मिलने लगा और लोग पूरे मन से काम करते थे। बेशक तिब्बती श्रमिकों की उत्पादकता की तुलना यूरोपीय लोगों से नहीं की जा सकती। तिब्बतियों की शारीरिक क्षमता हमारे मज़दूरों की तुलना में बहुत कम थी। उनकी धीमी गति को देखकर मैं अधीर

हुआ और जब कुदाल पकड़कर उन्हें खुदाई करना सिखाया तो वे आश्चर्य से मेरी ओर देखने लगे। काम में कई बार रुकावटें आईं, काम रुकता भी था। अगर किसी को कुदाल पर कीड़ा मिल जाता तो शोर मच जाता। मिट्टी को एक तरफ़ फेंक दिया जाता और उस जीव को सुरक्षित जगह पर रख दिया जाता।

मैं समझता हूं लोगों की कम उत्पादकता का कारण उनका अपर्याप्त आहार होना चाहिए। ग़रीब आदमी आम तौर पर त्सम्पा, मक्खन वाली चाय और थोड़ी-सी मूली और मिर्ची से ही अपना पेट भर लेता है। पूरे दिन वे चाय बनाने में लगे रहते, हर किसी को उसका हिस्सा मिलता था और दोपहर में सूप परोसा जाता था।

मेरे सैनिकों और कुलियों के अलावा मेरे पास चालीस याक की खाल से बनी नावों का बेड़ा था। नाविकों को भी चर्मकारों की तरह दोयम दर्जे का नागरिक समझा जाता है। क्योंकि वे याक की खालों से बनी नावों को खेते थे। उनके साथ कैसा व्यवहार किया जाता है, इसका एक उदाहरण मुझे याद है। सम्ये मठ की ओर जाते समय एक दलाई लामा ने उस दर्रे को पार किया था, जिससे होकर नाविक हमेशा नदी की ओर जाते थे। राजा देवता के गुज़रने से दर्रा पवित्र हो गया और तब से किसी नाविक को इसका इस्तेमाल करने की अनुमति नहीं थी। अपनी नावों को अपनी पीठ पर लादकर उन्हें बहुत ऊंचे और अधिक कठिनाई भरे दर्रे से गुज़रना पड़ता था। इससे उनके समय और ऊर्जा की बरबादी होती थी। नावों का वज़न 200 पाउंड से अधिक होता है और दर्रे हमेशा 16,000 फ़ुट से अधिक ऊंचे होते हैं। इससे अंदाज़ लगाया जा सकता है कि तिब्बत में लोगों के दैनिक जीवन पर धर्म का कितना अधिक प्रभाव है। मुझे हमेशा यह देखकर दुख होता था कि लोग अपनी नावों को पीठ पर लादकर नदी के किनारे-किनारे चलते हैं। वे धीमे और नपे-तुले क़दमों से नदी के किनारे-किनारे चलते थे। वे कभी धारा के विपरीत नाव नहीं चला सकते थे। हर नाविक के पीछे एक भेड़ होती थी जिसकी पीठ पर सामान लदा होता था। भेड़ें भी कुत्ते की तरह ही प्रशिक्षित थीं। उन्हें किसी अगुआई की ज़रूरत नहीं पड़ती थी और जब उसका मालिक दोबारा पानी में उतरता तो वह खुद ही नाव में कूद जाती थी।

बांध के निर्माण में काम आने वाली चालीस नावों को ऊपर की खदान से ग्रेनाइट लाना पड़ता था। नावों के लिए यह कोई आसान काम नहीं था। पत्थरों को टूटने से बचाने के लिए उनके नावों के किनारों को मज़बूत करना पड़ता था। नाविक तंदुरुस्त बदन वाले थे और उनका वेतन अन्य कामगारों की तुलना में अधिक था। मैंने देखा कि वे अन्य 'दोयम दर्जे के नागरिकों' की तरह विनम्र नहीं थे। उन्होंने अपना खुद का एक संघ बनाया था और उससे जुड़े होने पर गर्व महसूस करते थे।

एक सुखद संयोग बना और ट्रेडिन के पोनपो को मेरा एक सहयोगी बनना पड़ा। उनका काम था हर शाम वेतन बांटना। हमने एक-दूसरे के साथ पहले बहुत अच्छा समय बिताया था और हमने अच्छी यादें संजोयी थीं। हम अक्सर ट्रेडिन में बिताए हुए वक्त को याद करते थे। मेरे लिए वह बुरा समय था! पर आज मैं उस दौर पर हँस सकता हूं। जब हम पहली बार मिले थे तो वह बीस मुलाज़िमों के साथ निरीक्षण करने निकला था और हमारे साथ बड़ी शिष्टता और विनम्रता से पेश आया था। किसने सोचा था कि किसी दिन हम साथ-साथ काम करेंगे और मैं कमोबेश उसका मुखिया बन जाऊंगा? हम चार साल पहले मिले थे, मुझे यह सोचकर बेहद आश्चर्य होता था। इन चार सालों में मैं आधा तिब्बती बन गया हूं! मैंने अक्सर खुद को ठेठ तिब्बती हाव-भाव करते हुए पाया है। इन हाव-भावों को मैं दिन में सौ बार देखता था और अनजाने में ही उनकी नक़ल करने लगता था। चूंकि मेरा काम पवित्र बग़ीचे की देखभाल करना था, इसलिए मेरे मुखिया सर्वोच्च पद के भिक्षु थे। सरकार भी मेरी गतिविधियों में बहुत रुचि लेती थी। कई मौक़ों पर पूरा मंत्रिमंडल अपने सचिवों और मुलाज़िमों के साथ काम देखने आया और हमारी सफलता पर हम दोनों को बधाई दी। साथ ही हमें सम्मान के तौर पर उपहार में स्कार्फ़ और रक़म भी दी। इन मौक़ों पर कामगारों को भी पैसे बांटे गए और उन्हें आधी छुट्टी दे दी गई।

मेरे बांध वास्तव में जून में ही तैयार हो गए थे, ठीक समय पर, क्योंकि पहली बाढ़ का पानी जल्द ही नीचे आ गया था। उस साल नदी का जलस्तर बहुत अधिक था, लेकिन बांधों ने अपना काम किया। जिस ज़मीन पर पहले

बाढ़ आती थी, वहां हमने विलो के पेड़ लगाए, जिनकी ताज़ी हरी पत्तियां समर गार्डन की ख़ूबसूरती को और बढ़ा देती थीं।

जब मैं शानदार शाही बगीचे की सुरक्षा के लिए तटबंध बनाने के काम में जुटा हुआ था, तो मुझे अक्सर उच्च मठवासी अधिकारियों द्वारा भोजन और रात को ठहरने के लिए आमंत्रित किया जाता था। मैं निश्चित रूप से पहला यूरोपीय था जिसे पोटाला और समर गार्डन निवास में रहने की अनुमति दी गई थी। इस प्रकार मुझे विस्तृत मैदानों, फलों के शानदार वृक्षों और शंकुधारी वृक्षों को देखने और सराहने के कई मौक़े मिले। पेड़-पौधों की इन विभिन्न प्रजातियों को तिब्बत के सभी हिस्सों से लाया गया था। कई माली फूलों और पेड़ों की देखभाल करते थे और रास्तों को व्यवस्थित रखते थे। बाग़ एक ऊंची दीवार से घिरा हुआ है, लेकिन तिब्बती पोशाक पहने हुए आगंतुकों को यहां आने की मनाही नहीं है। दो सिपाही गेट पर आने वालों की जांच करते हैं और देखते हैं कि कोई भी यूरोपवासी टोपी या जूते पहनकर पार्क में ना घुस जाए। उन्होंने मुझे इस नियम से छूट दी थी। लेकिन गार्डन पार्टियों में मुझे फ़र-फ़िनिश्ड टोपी पहननी ही पड़ती थी। गार्ड चौथे दर्जे और उससे ऊपर के कुलीनों को हथियारों की सलामी देते थे। मुझे सलामी भी दी जाती है।

पार्क के बीच में दलाई लामा का निजी उद्यान है, जो एक ऊंची पीली दीवार से घिरा हुआ है। इसमें दो द्वार हैं, जिन पर सैनिकों का कड़ा पहरा है। यहां से दलाई लामा के अलावा केवल उनके संरक्षक के रूप में नियुक्त मठाधीश ही गुज़र सकते हैं। यहां तक कि कैबिनेट मंत्रियों को भी प्रवेश नहीं दिया जाता। शानदार वृक्षों की पत्तियों के बीच से मंदिरों की सुनहरी छतों की झलक मिलती है, लेकिन मोरों की चीख़ ही एकमात्र ऐसी आवाज़ है जो बाहरी दुनिया तक पहुंच पाती है। कोई नहीं जानता कि इस आंतरिक अभयारण्य में क्या होता है। कई तीर्थयात्री इस दीवार को देखने आते हैं और इसके चारों ओर दक्षिणावर्त दिशा में जाने वाले मार्ग का चक्कर लगाते हैं। दीवार में थोड़ी-थोड़ी दूरी पर कुत्तों के लिए आवास बनाए गए हैं, इनमें रहने वाले जंगली, लंबे बालों वाले जानवर किसी के भी पास आने पर भौंकते हैं। याक के बालों से बने चाबुक कुत्तों को हमला करने से रोकती हैं, लेकिन उनकी कर्कश गुर्राहट

इस शांतिपूर्ण दुनिया में एक बेमेल स्वर की तरह लगती है। बाद में, जब मुझे पीली दीवार के द्वार से गुप्त उद्यान में प्रवेश करने का सौभाग्य मिला, तो मैंने इन उग्र जानवरों से काफ़ी हद तक दोस्ती कर ली।

हर साल भीतर वाले बग़ीचे के बाहर पत्थरों से बने एक बड़े से मंच पर नाट्य प्रदर्शन होते हैं। सूर्योदय से सूर्यास्त तक सात दिनों तक चलने वाले नाटकों को देखने के लिए लोगों की भारी भीड़ आती है। नाटक पुरुष अभिनेताओं के समूहों द्वारा किए जाते हैं और लगभग पूरी तरह से धार्मिक चरित्र के होते हैं। अभिनेता पेशेवर नहीं होते हैं। वे लोगों के बीच से ही आते हैं और सभी प्रकार के व्यवसायों से जुड़े होते हैं। जब नाटक-सप्ताह समाप्त हो जाता है तो वे निजी जीवन में वापस चले जाते हैं। वही नाटक साल-दर-साल खेले जाते हैं। संवादों का सस्वर गायन किया जाता है और ड्रम और बांसुरी का एक ऑर्केस्ट्रा नृत्य के लिए लय निर्धारित करता है। केवल हास्य के लिए संवाद बोले जाते हैं। सुंदर और मूल्यवान पोशाकें सरकार की ओर से दी जाती हैं और उन्हें समर पैलेस में रखा जाता है।

अभिनेताओं के सात समूहों में से एक, ग्युमालुंगमा अपनी पैरोडी के लिए प्रसिद्ध है। यह एकमात्र समूह था जिसकी मैं वास्तव में सराहना करता था। उनकी स्पष्टवादिता पर कोई भी आश्चर्यचकित हुए बिना नहीं रह सकता था। यह लोगों के हास्यबोध और बुद्धिमानी का प्रमाण है कि वे अपनी कमज़ोरियों और यहां तक कि अपने धार्मिक संस्थानों का भी मज़ाक़ उड़ा सकते हैं। वे नृत्य और समाधि के साथ ज्योतिषियों पर भी व्यंग्य कर लेते हैं, जिस पर दर्शकों की ख़ूब तालियां पड़ती हैं। पुरुष नन के वेश में दिखाई देते हैं और भिक्षा मांगने वाली महिलाओं की बड़ी हास्यास्पद शैली में नक़ल करते हैं। जब भिक्षु और नन मंच पर एक साथ छेड़खानी करना शुरू करते हैं, तो हँसी रोक पाना मुश्क़िल होता है और दर्शकों में बैठे सख़्त मिज़ाज वाले मठाधीशों के भी हँसते-हँसते आंसू निकल आते हैं।

दलाई लामा पीली दीवार के पीछे बग़ीचे में बने एक मंडप की पहली मंज़िल पर एक खिड़की पर लगे एक जालीदार पर्दे के पीछे से इन प्रदर्शनों को देखते हैं। अधिकारी मंच के दोनों ओर टेंट में बैठते हैं। दोपहर के समय

दलाई लामा की रसोई में आम लोगों के लिए भोजन तैयार होता है। भोजन के लिए दर्शक अपने शासक की खिड़की के सामने से गुज़रते हैं।

जब नाटक-सप्ताह ख़त्म हो जाता है, तो अभिनेताओं को कुलीन लोगों के घरों और मठों में इन नाटकों के प्रस्तुतिकरण के लिए लिए आमंत्रित किया जाता है। इस तरह से नाट्य सत्र एक महीने तक चलता रहता है। प्रदर्शनों के दौरान व्यवस्था बनाए रखने के लिए पुलिस को अक्सर हस्तक्षेप करना पड़ता है।

इस वर्ष मेरी व्यक्तिगत परिस्थितियों में बहुत सुधार हुआ था। मैं आत्मनिर्भर था और मैं समझता कि अब मैं एक अपना घर पाने का हक़दार था। अपना घर होने से मैं और अधिक आज़ादी से जीवन यापन कर पाऊंगा। मैं त्सारोंग का आजीवन ऋणी रहूंगा, जिसने हमें अपने घर में पनाह दी और ल्हासा में पैर जमाने में हमारी मदद की थी। चूंकि मैं पैसे कमा रहा था, इसलिए मैं उन्हें किराया दे रहा था। हाल ही में मुझे ऐसे कई दोस्तों से ऐसे प्रस्ताव मिले जिसमें वे अपने बग़ीचे और नौकर-चाकरों सहित घर किराये पर देना चाहते थे। ये लोग अस्थायी रूप से इधर-उधर स्थानांतरित हो गए थे।

मैंने आख़िरकार विदेश मंत्री स्टरखांग के एक घर को किराये पर लेने का फ़ैसला किया। तिब्बतियों के अनुसार, यह शहर की सबसे आधुनिक इमारतों में से एक थी। इसकी दीवारें बहुत ऊंची-ऊंची थीं और सामने का हिस्से में छोटे-छोटे कांच लगे हुए थ। लेकिन मेरी ज़रूरतों के हिसाब से कमरे बहुत ज़्यादा थे। इस समस्या से आसानी से निपटा जा सकता था। जिनकी मुझे ज़रूरत नहीं थी, मैंने उन कमरों को बंद कर दिया और बाक़ी कमरों को इस्तेमाल करने लगा। मैंने अपने बेडरूम के लिए उस कमरे को चुना, जहां सुबह की सबसे ज़्यादा धूप आती थी। मेरे बिस्तर के पास मेरा वायरलेस रखा हुआ था और दीवारों पर मैंने अल्पाइन कैलेंडर लगाया। यह शायद स्विस घड़ियों की एक खेप के साथ ल्हासा पहुंच गया था। अलमारियां और संदूक़ चमकीले रंगों वाले और नक्काशीदार थे। बिलकुल वैसे ही जैसे कि हमारे किसानों के घरों में होते हैं। फ़र्श पत्थरों के थे और मेरा नौकर उन्हें कांच की तरह चमकाकर रखता था। वह उन पर मोमबत्ती की चिकनाई लगाता था और फिर ऊनी जूते

पहनकर कमरों फिसलता था। काम का काम, मौज की मौज। हर कमरे में रंगीन कालीन बिछे हुए थे। ल्हासा में छतें खंबों पर टिकी हुई हैं, इसलिए घरों में कालीन आम तौर पर छोटे होते हैं। ल्हासा कालीन बुनकर बहुत मशहूर हैं और वे रईसों के घरों में जाकर मौक़े पर ही मनचाहा कालीन बुन देते हैं। वे अपना ताना-बाना लेकर आते हैं, ज़मीन पर बैठकर ऊन से शानदार डिज़ाइन में बुनते हैं। उनकी अँगुलियां ड्रैगन, मोर, फूल जैसी अलग-अलग डिज़ाइन बनाती हैं। ये कालीन पीढ़ियों तक चलते हैं। ऊन बहुत टिकाऊ होती है और इसे भूटान की छाल, हरे अखरोट के छिलके और सब्ज़ियों के रस से रंगा जाता है। इनसे बुने हुए कालीन सदियों तक अपना रंग नहीं बदलते।

मैंने अपने लिविंग रूम के लिए एक राइटिंग-टेबल और एक बड़ा ड्राइंग-बोर्ड बनवाया था। स्थानीय उम्रदराज़ बढ़ई पुराने फ़र्नीचर के टुकड़ों से नई चीज़ें बनाने में बड़े माहिर होते हैं, लेकिन जब कुछ नया बनाने की बात आती है तो उनकी कौशल कम पड़ जाता है। बड़े अफ़सोस की बात है कि सभी तरह के शिल्प-कौशल और व्यवसायों में रचनात्मक क्षमता की उपेक्षा की जाती है, और ना तो स्कूलों में और ना ही निजी उद्यमों में नए प्रयोगों को प्रोत्साहित किया जाता है।

मेरे लिविंग रूम में एक पूजा-स्थल था। मेरे नौकर इसकी विशेष भक्तिभाव से देखभाल करते थे। हर दिन देवताओं के लिए ताज़े पानी से सात कटोरे भरे जाते थे। रात-दिन घी के दीये जलते रहते थे। मुझे हमेशा चोरों का डर बना रहता था, क्योंकि मूर्तियों पर शुद्ध सोने और फ़िरोज़ा से सजे मुकुट चढ़े थे। सौभाग्य से मेरे नौकर बहुत भरोसेमंद थे और मेरे मुक़ाम के दौरान एक भी चीज़ गुमी नहीं।

अन्य लोगों की तरह, मेरी छत पर पर भी हर कोने में प्रार्थना ध्वज लगाने के लिए एक-एक पेड़ था। इन्हीं में से एक पेड़ पर मैंने अपने वायरलेस का एरियल लगा दिया था। हर घर में धूपबत्ती जलाने के लिए मिट्टी का बर्तन और अन्य सौभाग्यदायक चीज़ें होती हैं और मैं इस बात का विशेष ध्यान रखता था कि सब कुछ अच्छी तरह से, सम्मानजक ढंग से रखा जाए और किसी भी राष्ट्रीय रीति-रिवाज का उल्लंघन या उपेक्षा ना हो।

मेरा घर जल्द ही एक असली घर बन गया। काम के बाद या लोगों से मिलने-जुलने के बाद वापस यहां मेरे लिए हमेशा एक बड़ी ख़ुशी की बात थी। मेरा नौकर न्यिमा गर्म पानी और चाय के साथ मेरा इंतज़ार कर रहा होता और सब कुछ साफ़-सुथरा, शांतिपूर्ण और आरामदायक होता। मुझे अपनी निजता बनाए रखने में थोड़ी परेशानी होती थी, क्योंकि तिब्बत में नौकरों की आदत होती है कि वे पुकारे जाने पर तुरंत हाज़िर हो जाते हैं और बिना सूचना के कमरे के भीतर आकर चाय परोसने लगते हैं। न्यिमा मेरा बड़ा सम्मान करता था, लेकिन वह मुझसे बहुत ज़्यादा जुड़ा हुआ था और जब भी मैं रात को बाहर जाता, तो वह मेरे मेज़बान के घर के गेट पर मेरा इंतज़ार करता रहता, भले ही मैंने उसे सोने के लिए कह दिया हो। उसे डर था कि घर लौटते समय कोई मुझ पर हमला कर सकता है, और इसीलिए वह हमेशा एक रिवॉल्वर और तलवार लेकर आता था और अपने मालिक के लिए अपनी जान जोख़िम में डालने के लिए तैयार रहता था। मैं उसके इस समर्पण पर नाराज़गी नहीं जता सकता था।

उनकी पत्नी और बच्चे घर में रहते थे। तिब्बती अपने बच्चों के प्रति कितना प्रेम करते हैं, इस परिवार ने इसका उदाहरण पेश किया। अगर न्यिमा का कोई बच्चा बीमार पड़ता तो वह उसके लिए अपने घर पर अच्छे से अच्छे लामा को बुलाने में कोई कसर नहीं छोड़ता था। अपने नौकरों को स्वस्थ रखने के लिए मैं अपनी ओर से जो कुछ भी कर सकता था, मैंने किया। क्योंकि मुझे अपने आस-पास प्रसन्न चेहरे देखना अच्छा लगता था। मैं उन्हें टीकाकरण और उपचार के लिए भारतीय विदेश मिशन में भेज सकता था। लेकिन मुझे हमेशा उनके पीछे पड़ना पड़ता था, क्योंकि तिब्बती आम तौर पर वयस्कों की बीमारी पर ध्यान नहीं देते हैं।

मेरे निजी नौकर के अलावा, जिसे पांच पाउंड मासिक वेतन मिलता था, सरकार ने मुझे एक संदेशवाहक और एक रखवाला भी दिया था। चूंकि मैं नोरबुंगका में काम कर रहा था, इसलिए मुझे जब भी ज़रूरत होती थी, मैं शाही अस्तबल से एक घोड़ा मंगवा सकता था। सही मायने में मुझे हर दिन एक अलग घोड़े की सवारी करनी होती थी, क्योंकि अस्तबल के मालिक को इस बात का ध्यान रखना होता था कि कोई भी घोड़ा ज़्यादा काम ना करे।

अगर उनमें से कोई भी घोड़ा बीमार पड़ जाए तो उसे अपना पद गंवाना पड़ सकता था। मुझे इस बदलाव से परेशानी होती थी। घोड़े हमेशा नोरबुंगका के ख़ूबसूरत चरागाहों में घास चरते रहते थे, और जब वे शहर की संकरी गलियों और भीड़भाड़ में आते, तो वे बिदक जाते थे। आख़िरकार मुझे पूरे एक हफ़्ते तक एक ही घोड़े की सवारी करने और सिर्फ़ तीन घोड़े बदलने की इजाज़त मिल गई। इसकी वजह यह थी कि मैं और मेरे घोड़े एक-दूसरे के आदी हो सकें। मेरे घोड़ों पर शाही लगाम थी और जब मैं उन पर सवार होता था, तो सैद्धांतिक रूप से मुझे पोटाला तक या उसके चारों ओर घूमने का अधिकार था। ऐसा करना मंत्रियों के लिए भी वर्जित था।

मैंने मिस्टर रिचर्डसन के अनुभव का लाभ लिया और सुबह-शाम बाग़वानी करने लगा। और मेरी मेहनत जल्द ही रंग लाई। पहले साल मैं टमाटर, फूलगोभी, सलादपत्ती और पत्तागोभी उगाने में कामयाब रहा। इतनी गुणवत्तापूर्ण सब्ज़ी-तरकारी उगा पाना एक अनोखा अनुभव था। लेकिन ऐसा कर पाना वास्तव में बहुत आसान था। बस इस बात का ध्यान रखना ज़रूरी था कि जड़ों को पर्याप्त नमी मिलती रहे। शुष्क हवा और तेज़ धूप ने फिर एक ऐसा सुखद गर्म वातावरण बनाया जिसमें सब कुछ शानदार ढंग से पनपा। पौधों को पानी देना इतना आसान नहीं था, क्योंकि यहां प्रेशर पाइप नहीं होते और बग़ीचे में छिड़काव करने के लिए पाइप का उपयोग नहीं कर सकते। आपको इस तरह से क्यारियां बनानी पड़ती हैं कि उनमें से पानी लगातार बह सके। बग़ीचे में मदद करने के लिए मेरे पास दो सहायिकाएं थीं। उन्होंने सारी निराई-गुड़ाई की और सारी खरपतवार नष्ट हो गई। इससे बहुत फ़ायदा हुआ। इस मिट्टी में फल-फूल तेज़ी से बढ़ते हैं, और मेहनत का फल बहुत अच्छा मिलता है। सत्तर वर्ग गज़ के एक बग़ीचे से मैंने 2 क्विंटल से ज़्यादा टमाटर लिए। इनमें से कुछ टमाटरों का वज़न तो 200 ग्राम तक था। दूसरी सब्ज़ियां भी शानदार ढंग से फलीं।

इसी समय के आस-पास हमें विश्व राजनीति का प्रभाव शांतिपूर्ण शहर ल्हासा में भी महसूस होने लगा। चीन में गृह युद्ध ने और भी अधिक बेचैनी पैदा कर दी थी और यह डर था कि ल्हासा में रहने वाले चीनी निवासियों के बीच

परेशानी खड़ी हो सकती है। यह दिखाने के लिए कि तिब्बत खुद को चीनी राजनीति से अलग मानता है, सरकार ने एक दिन चीनी मंत्री को पदच्युत करने का फ़ैसला किया। इस फ़ैसले से क़रीब सौ लोग प्रभावित हुए, जिसके ख़िलाफ़ कोई अपील नहीं की जा सकी।

तिब्बती अधिकारियों ने अपने ख़ास शासन-कौशल का परिचय दिया। जब चीनी रेडियो ऑपरेटर टेनिस खेल रहा था, उन्होंने उस समय का चयन किया ताकि उसके घर जाकर उसके ट्रांसमिटिंग सेट को अपने कब्ज़े में ले सकें। जब उसे अपने प्रमुख के निष्कासन के आदेश के बारे में पता चला, तो वह चीनी सरकार से संवाद नहीं कर सका। शहर में डाक और टेलीग्राफ़ कार्यालय एक पखवाड़े के लिए बंद कर दिए गए और दुनिया को लगा कि तिब्बत में फिर से गृह-युद्ध छिड़ गया है।

निष्कासित चीनी राजनयिकों के साथ बहुत ही शिष्टाचार से पेश आया गया और उनके लिए विदाई समारोह आयोजित किया गया। उन्हें अपनी तिब्बती मुद्रा को अनुकूल दर पर रुपये में बदलने की अनुमति दी गई और उन्हें भारतीय सीमा तक नि:शुल्क परिवहन की सुविधा दी गई। उन्हें ठीक-ठीक समझ में नहीं आया कि आख़िर हुआ क्या था, लेकिन सभी को यहां जाने का दुख था। उनमें से अधिकांश चीन या फॉर्मोसा(ताइवान) लौट गए। कुछ सीधे पीकिंग चले गए, जहां माओ त्से-तुंग पहले ही अपनी सरकार स्थापित कर चुके थे।

इस प्रकार चीन और तिब्बत के बीच सदियों पुराना झगड़ा फिर से शुरू हो गया। कम्युनिस्ट चीन ने मंत्री और उनके कर्मचारियों के निष्कासन को अपमान समझा, जबकि तिब्बत ने ऐसा करके तटस्थता का संकेत दिया था। ल्हासा को यह महसूस होने लगा था कि चीन, तिब्बत की स्वतंत्रता और तिब्बती धर्म के लिए एक गंभीर ख़तरा बन जाएगा। लोगों ने ज्योतिषी की भविष्यवाणी का हवाला दिया और विभिन्न प्राकृतिक घटनाओं की ओर इशारा किया जो उनके डर की पुष्टि करते प्रतीत हुए। 1948 के महान धूमकेतु की घटना को ख़तरे का संकेत माना जा रहा था। मुझे भी चिंता हो रही थी, लेकिन मेरी चिंता एक गंभीर आकलन पर आधारित थी। मुझे एशिया का भविष्य अंधकारमय लग रहा था।

लगभग इसी समय सरकार ने चार उच्च अधिकारियों को विश्व भ्रमण पर भेजने का फ़ैसला किया। इस मिशन के सदस्यों को उनकी संस्कृति और प्रगतिशील विचारों के आधार पर चुना गया था, क्योंकि दुनिया को यह दिखाना था कि तिब्बत एक सभ्य देश है।

इस मिशन के लीडर वित्त-सचिव शेकाब्पा थे। अन्य सदस्यों में चांगख्यिम्पा नामक एक भिक्षु, एक धनी व्यापारी पंगदत्संग और विदेश मंत्री के पुत्र जनरल सुरखांग शामिल थे। पंगदत्संग और जनरल सुरखांग बहुत अच्छी अंग्रेज़ी बोलते थे और उन्हें पश्चिमी रहन-सहन और रीति-रिवाज़ों की कुछ जानकारी भी थी। सरकार ने उनके लिए बेहतरीन गुणवत्ता वाले यूरोपीय सूट, ओवरकोट और बाक़ी साजो-सामान उपलब्ध कराए। इसके अलावा वे अपने साथ शानदार रेशमी वस्त्र भी ले गए थे जिन्हें आधिकारिक स्वागत के दौरान पहना जाता था, क्योंकि उन्हें एक राष्ट्रीय प्रतिनिधिमंडल के रूप में यात्रा करनी थी। वे पहले भारत गए और वहां से हवाई जहाज से चीन गए। कुछ समय तक उस देश में रहने के बाद वे हवाई जहाज से फ़िलीपींस और हवाई होते हुए सैन फ्रांसिस्को पहुंचे। अमेरिका में वे कई जगहों पर रुके और कई कारख़ानों का दौरा किया, ख़ास कर उनका जो तिब्बती कच्चे माल को इस्तेमाल करते थे।

यूरोप में भी उनका कार्यक्रम कुछ ऐसा ही था। उन्होंने क़रीब दो वर्षों तक यात्रा की और उनकी ओर से आने वाले हर पत्र से ल्हासा में उत्साह का माहौल बन जाता था। जब वे लौटे तब तक इस देश को तिब्बती ऊन के नए ख़रीदार मिल चुके थे और वे अपने साथ कृषि मशीनरी, करघे, कालीन बनाने वाली मशीनों की बहुत सारी संभावनाएं लेकर लेकर आए थे। उनके सामान में एक टूटी हुई जीप भी थी जिसे तेरहवें दलाई लामा के ड्राइवर ने दुरुस्त कर दिया। इसे एक बार चलाया गया और फिर लोगों की नज़रों से ओझल कर दिया गया। इसके बाद कई कुलीनों के मन में कार ख़रीदने की इच्छा जागी होगी, लेकिन शायद अभी समय नहीं आया था। अमेरिका में इस मिशन ने सोने की सिल्लियां ख़रीदीं, जिन्हें कड़ी सुरक्षा में ल्हासा लाया गया। जब चारों प्रतिनिधि अपनी विश्व यात्रा का आनंद ले रहे थे, तब एशिया में राजनीतिक

स्थिति बहुत बदल चुकी थी। भारत को स्वतंत्रता मिल चुकी थी, कम्युनिस्टों ने पूरे चीन पर कब्ज़ा कर लिया था लेकिन इन घटनाओं का ल्हासा में कोई ख़ास असर नहीं पड़ा, जहां दलाई लामा की मठों की पारंपरिक यात्रा को विश्व राजनीति से ज़्यादा महत्त्वपूर्ण माना जाता था।

प्रत्येक युवा दलाई लामा को आधिकारिक रूप से वयस्क होने से पहले ड्रेबुंग और सेरा के मठों का दौरा करना पड़ता है। यहां वह धार्मिक चर्चा में भाग लेकर परिपक्वता का प्रमाण देते हैं। इस यात्रा की तैयारियां महीनों से चर्चा का मुख्य विषय थीं। स्वाभाविक रूप से, महामहिम के साथ कुलीन लोग भी थे और ड्रेबुंग के भिक्षुओं ने उनके और उनके अनुचरों के रहने के लिए एक विशेष महल का निर्माण किया था।

एक दिन जुलूस पारंपरिक भव्यता के साथ मठ की ओर निकला। यह दूरी पांच मील की थी। यहां ड्रेबुंग के चार प्रमुख मठाधीशों ने एक शानदार दल के साथ दिव्य अतिथि का स्वागत किया और उन्हें अपने महल में ले गए। उसी दिन मैं भी ड्रेबुंग गया, क्योंकि जिन भिक्षुओं से मेरी मित्रता थी, उनमें से कुछ ने मुझे उत्सव के दौरान वहां मौजूद रहने के लिए आमंत्रित किया था। मैं हमेशा से मठ के जीवन को अंदर से जानना चाहता था। अब तक, किसी भी अन्य तीर्थयात्री की तरह, मैंने मंदिरों और बग़ीचों पर केवल क्षणिक नज़र डाली थी। मेरे मित्र मुझे पत्थरों से बने एक जैसे मानकों वाले घरों में से एक में ले गए। यहां मेरे रहने की व्यवस्था की गई थी। पेमा नामक एक भिक्षु जो जल्द ही अपनी अंतिम परीक्षा देने वाला था और जिसके पहले से ही कई शिष्य थे, उसने मेरा मार्गदर्शक बनकर मुझे इसकी रूपरेखा और संगठन के बारे में समझाया। इस व्यवस्था की और हमारे किसी भी धार्मिक संस्थान के बीच कोई तुलना नहीं की जा सकती। ऐसा लगा मानो इन मठों की दीवारों के पीछे घड़ी की सुइयां एक हज़ार साल पीछे चली गई हैं। यहां ऐसा कुछ भी नहीं है जो यह दर्शाए कि आप बीसवीं सदी में रह रहे हैं। इमारतों की मोटी भूरी दीवारें सदियों पुरानी लग रही थीं और बासी मक्खन और अस्वच्छ हुए भिक्षुओं की तीखी गंध पत्थर की नक्काशी में गहराई तक समाई प्रतीत हो रही थी।

हर घर में पचास -साठ लोग रह रहे थे और घर को छोटी-छोटी कोठरियों में बांट दिया गया था। हर मंज़िल पर रसोई और भरपूर खाना था। औसत भिक्षु को कोई और सांसारिक संतुष्टि नहीं मिलती, लेकिन ज़्यादा बुद्धिमान भिक्षु अपने अध्ययन के बदले में उच्च पदों पर पहुंच सकते हैं। इनके पास अपने घी के दीये और एक प्रतीक या शायद एक ताबीज़ के अलावा कोई निजी संपत्ति नहीं होती। आराम के लिए एक साधारण-सा बिस्तर ही मिलता है। आज्ञाकारिता आवश्यक नियम है। छात्र मठ में बच्चों के रूप में प्रवेश करते हैं और तुरंत लाल टोपी पहन लेते हैं, जिसे उन्हें अपने जीवन के बाक़ी समय तक पहनना होता है। शुरुआती वर्षों में उन्हें अपने शिक्षकों की सेवा करनी होती है। बुद्धिमान भिक्षु पढ़ना-लिखना सीखते हैं और परीक्षाओं में शामिल होते हैं। केवल कुछ ही एक कक्षा से दूसरी कक्षा में उत्तीर्ण होने में सफल होते हैं। ज़्यादातर नौकर वर्ग में ही रह जाते हैं। कुछ ही लोग होते हैं जो तीस-चालीस साल तक बुद्ध की शिक्षाओं का अध्ययन करने के बाद अंतिम परीक्षा पास करने में सक्षम होते हैं। फिर वे मठ में सर्वोच्च पदों पर नियुक्ति के योग्य होते हैं। मठ धार्मिक शिक्षा के लिए सर्वोच्च विद्यालय होते हैं और सभी विशुद्ध धार्मिक संस्थानों के कर्मचारियों को इन मठों के स्नातकों में से चुना जाता है। सरकार के मठवासी अधिकारी त्सेड्रुंग स्कूल में अपनी शिक्षा प्राप्त करते हैं।

मठवासी विद्यालयों की अंतिम परीक्षाएं वर्ष में एक बार सार्वजनिक रूप से कैथेड्रल में आयोजित की जाती हैं। पूरे तिब्बत से केवल बाइस उम्मीदवारों को परीक्षा में प्रवेश दिया जाता है। दलाई लामा के अपने शिक्षकों के तत्वावधान में आयोजित एक कठिन मौखिक परीक्षा के बाद, पांच सर्वश्रेष्ठ उम्मीदवारों को उच्चतम मठवासी ग्रेड में पदोन्नत किया जाता है। जो छात्र पहले उत्तीर्ण होता है, वह एक संन्यासी बन सकता है और धार्मिक अभ्यासों में समर्पित हो सकता है, या वह एक दिन रीजेंट बनने की संभावना के साथ सार्वजनिक जीवन में प्रवेश कर सकता है। ऐसा शायद ही कभी होता है, क्योंकि वह उच्च पद आम तौर पर अवतारों के लिए आरक्षित होता है, लेकिन ऐसे भी उदाहरण सामने आए हैं जिनमें लोगों से बीच का कोई व्यक्ति, जो ना तो कोई कुलीन था और ना ही कोई जीवित बुद्ध - इस महान पद पर नियुक्त

किया गया। पिछली बार ऐसा 1910 में हुआ था, जब तेरहवें दलाई लामा ने आक्रमणकारी चीनी से बचने के लिए भारत पलायन किया और उनका प्रतिनिधित्व करने के लिए एक प्रतिनिधि नियुक्त किया जाना था।

ड्रेबुंग के दस हज़ार भिक्षुओं को कई समूहों में विभाजित किया गया है, जिनमें से प्रत्येक का अपना मंदिर और उद्यान है। यहां वे सुबह के समय सामूहिक धार्मिक अभ्यास करते हैं, जिसके बाद उन्हें मक्खन वाली चाय और सूप मिलता है। दोपहर में अध्ययन के लिए अपने घरों में लौटते हैं। हालांकि, उनके पास टहलने और खेल खेलने के लिए पर्याप्त ख़ाली समय होता है। उन्हें अपने लिए कोई भोजन को पकाने की भी अनुमति है। समूहों को उनके मूल स्थानों के अनुसार यथासंभव व्यवस्थित किया जाता है। कुछ घरों में आपको केवल मंगोलियन या नेपाली या शिगात्से जैसे किसी विशेष शहर के छात्र मिलेंगे।

मठ के भीतर, बेशक, किसी भी जीवित प्राणी को नहीं मारा जा सकता है, लेकिन ठंडी जलवायु के कारण कुछ मात्रा में मांसाहार भी आवश्यक होता है, इसलिए समाज की ओर से याक का सूखा मांस भेजा जाता है। और, ताज़ा मांस अक्सर पड़ोसी गांवों से मिल जाता है।

निःशुल्क भोजन और आवास के अलावा भिक्षुओं को सरकारी अनुदान और तीर्थयात्रियों के उपहारों से प्राप्त धनराशि से जेब-ख़र्च निकल जाता है। हालांकि, जब किसी भिक्षु के पास असाधारण उपहार होते हैं, तो वह आम तौर पर कुलीनों या धनी व्यापारियों के बीच कोई संरक्षक तलाश लेता है। तिब्बत का मठ बहुत समृद्ध है, अधिकांश भूमि का मालिक वही है। विशाल सम्पदाओं का राजस्व मठों को मिलता है। प्रत्येक मठ का अपना व्यवहारी होता है। जो ज़रूरत का सामान ख़रीदता है। मठों और उनके निवासियों के रखरखाव पर बहुत बड़ी रक़म ख़र्च की जाती है। मैंने एक बार एक भिक्षु को खातों के लेन-देन का व्यवहार देखने में मदद की थी तो मुझे पता चला कि वर्ष के प्रथम माह में, जिसमें सभी भिक्षु ल्हासा में रहते हैं, सरकार उन्हें तीन टन चाय और पचास टन मक्खन उपलब्ध कराती है, इसके अतिरिक्त जेबख़र्च के लिए लगभग 40,000 पौंड से अधिक देती है।

लाल टोपी वाले सभी भाई सज्जन और विद्वान नहीं होते हैं। उनमें कई सख़्त और असभ्य भी होते हैं, जिन्हें अनुशासित करने के लिए चाबुक पर्याप्त नहीं होता। सबसे बुरे लोग डोब-डोब या भिक्षु सैनिकों के अनधिकृत संगठन से जुड़े होते हैं। वे लाल बाजूबंद पहनते हैं और अपने चेहरे पर कालिख मल लेते हैं। अपनी बेल्ट में वे एक बड़ी-सी चाबी लटकाते हैं जिसका उपयोग वे सोंटा या मिसाइल के रूप में कर सकते हैं और उनकी जेब में अक्सर तेज़ धार वाला चाकू होता है। उनमें से कई जाने-माने गुंडे भी हैं। वे बड़ी ढिठाई से चलते हैं और वे हमला करने में तेज़ होते हैं। समझदार लोग उनसे दूर रहते हैं। चीनी कम्युनिस्टों के ख़िलाफ़ युद्ध में उन्होंने एक बटालियन बनाई थी जिसके दुस्साहस की बड़ी चर्चा हुई थी। शांति के समय में भी वे अपनी अतिरिक्त ऊर्जा का उपयोग करते रहते हैं, क्योंकि विभिन्न मठों के डोब-डोब हमेशा एक-दूसरे से लड़ते-भिड़ते रहते हैं। यहां यह लिखना उचित होगा कि उनके आपसी मतभेद हमेशा हिंसा से नहीं सुलझते। उनकी कुछ उग्रता प्रतिद्वंद्वी मठों के बीच होने वाली खेल प्रतियोगिताओं में भी ख़र्च होती है। ड्रेबुंग आमतौर पर विजेता होता है, क्योंकि उसके पास अपने प्रतिद्वंद्वियों की तुलना में अधिक अच्छे खिलाड़ी हैं। एक पूर्व खेल प्रशिक्षक के रूप में मैं अक्सर ड्रेबुंग जाता था और भिक्षु हमेशा मुझे पाकर ख़ुश होते थे। यह तिब्बत में एकमात्र स्थान था जहां मुझे एथलेटिक फ़िगर और ट्रेंड मसल वाले पुरुष मिले।

ड्रेबुंग, सेरा और गैंडेन के उत्कृष्ट मठ राज्य के तीन स्तंभ हैं और ये तिब्बत के राजनीतिक जीवन में निर्णायक भूमिका निभाते हैं। उनके मठाधीश, आठ सरकारी अधिकारियों के साथ मिलकर राष्ट्रीय सभा की अध्यक्षता करते हैं। इन धार्मिक नेताओं की सहमति के बिना कोई भी निर्णय नहीं लिया जाता है। उनके हस्तक्षेप ने कई प्रगतिशील विचारों को साकार होने से रोका भी है। एक समय में वे औफ़्शनाइटर और मुझे अपनी राह का कांटा समझते थे, लेकिन जब उन्होंने देखा कि हमारी कोई राजनीतिक महत्त्वाकांक्षा नहीं है और हमने अपने आपको देश के रीति-रिवाज़ों के अनुकूल ढाल लिया है और हम ऐसे काम करते हैं जिनसे उन्हें भी लाभ होता है, तो उन्होंने हमारा विरोध करना बंद कर दिया।

प्रत्येक लामा, और तिब्बत में ऐसे एक हज़ार से अधिक लामा हैं, को मठ में शिक्षा प्राप्त करनी पड़ती। ये अवतार तीर्थयात्रियों के लिए आकर्षण का केंद्र बने रहते हैं। हजारों की संख्या में आने वाले तीर्थयात्री उनसे मिलने और उनका आशीर्वाद प्राप्त करने आते हैं।

दलाई लामा की ड्रेबुंग यात्रा के दौरान भी ये अवतार सभी समारोहों में शामिल हुए और आगे की सीटों पर बैठे। लगा जैसे देवताओं की एक नियमित सभा हो रही हो! इस बीच, हर दिन मठ के छायादार बग़ीचों में शासक और किसी एक मठाधीश से धार्मिक चर्चा होती थी। यह लामावाद के धार्मिक जीवन में सबसे अंतरंग गतिविधियों में से एक है, और मुझे ज़रा भी उम्मीद नहीं थी कि मैं कभी इसमें शामिल हो पाऊंगा।

बहरहाल, एक दिन जब मैं लोबसांग के साथ नाश्ता कर रहा था, उन्होंने मुझसे पूछा कि क्या मैं उसके साथ चलना चाहूंगा। मैं उनके इस अप्रत्याशित व्यवहार का ऋणी हूं कि मुझे एक ऐसे घटनाचक्र का साक्षी बनने का सौभाग्य मिला, जिसे किसी अन्य धर्म के व्यक्ति ने निश्चित रूप से कभी नहीं देखा होगा। चूंकि मैं दलाई लामा के भाई के साथ था, इसलिए किसी ने मुझे एकांत बाग में प्रवेश करने से नहीं रोका। एक अजीब दृश्य सामने आया। वृक्षों के एक झुरमुट के बीच बड़ी संख्या में लाल टोपी पहने भिक्षु बैठे थे। शायद उनकी संख्या दो हज़ार थी। वे बजरी पर बैठे थे, जबकि एक ऊंचे स्थान से दलाई लामा उन्हें उपदेश दे रहे थे। पहली बार मैंने उनकी बालसुलभ आवाज़ साफ़-साफ़ सुनी। उन्होंने बिना किसी हिचकिचाहट के और एक वयस्क व्यक्ति जैसे भरपूर आत्मविश्वास के साथ अपनी बात कही। यह उनका पहला सार्वजनिक प्रदर्शन था। चौदह वर्षीय बालक कई वर्षों से अध्ययन कर रहा था और अब उसके ज्ञान की परीक्षा अत्यंत महत्त्वपूर्ण श्रोताओं के समक्ष हो रही थी। इस प्रथम उपस्थिति के परिणाम निर्णायक साबित हो सकते थे। यह सच है कि इस बालक को कभी भी अपने निर्धारित करियर को त्यागने की अनुमति नहीं दी जाएगी, लेकिन उस दिन उसका प्रदर्शन यह दिखाएगा कि उसे भिक्षुओं का साधन बनना था या उनका शासक। उसके सभी पूर्ववर्ती पांचवें और तेरहवें दलाई लामा जितने योग्य नहीं थे। उनमें से कई अपने पूरे जीवन में उन लोगों

के हाथों की कठपुतली बने रहे जिन्होंने उन्हें प्रशिक्षित किया था, और देश का भाग्य रीजेंट्स द्वारा नियंत्रित किया गया था। लोग इस लड़के की बुद्धिमत्ता को चमत्कारी मानते थे। ऐसा कहा जाता था कि उसे किसी पुस्तक को पढ़ते ही वह उसे कंठस्थ हो जाती थी। और यह सभी को ज्ञात था कि यह बालक लंबे समय से अपने देश में होने वाली हर घटना में रुचि लेता था और राष्ट्रीय सभा के निर्णयों की आलोचना या प्रशंसा करता था।

अब जब वाद-विवाद की बारी आई, तो मैंने देखा कि उनकी योग्यता और क्षमताओं का अतिशयोक्तिपूर्ण ढंग से बखान नहीं किया गया था। दलाई लामा बजरी पर नीचे बैठे थे, ताकि उनके जन्म की श्रेष्ठता पर ज़ोर ना दिया जाए, जबकि जिस मठाधीश के मठ में चर्चा हो रही थी, वह उनके सामने खड़े थे और पारंपरिक हाव-भाव के साथ उनसे प्रश्न पूछ रहे थे। दलाई लामा ने उनसे पूछे गए सभी प्रश्नों का, यहां तक कि 'छेड़ने' वाले सवालों का भी तत्परता और पूरे हास्य-बोध के साथ जवाब दिया और एक पल के लिए भी उनके चेहरे के भाव विकृत नहीं हुए। थोड़ी देर बाद प्रतिद्वंद्वियों ने अपनी जगह बदल ली और दलाई लामा ने अपने सामने बैठे हुए मठाधीश से प्रश्न पूछे। कोई भी समझ सकता था कि यह युवा बुद्ध को उनकी बुद्धिमत्ता प्रदर्शित करने के लिए तैयार नहीं किया गया था। यह बुद्धि प्रदर्शन की वास्तविक प्रतियोगिता थी जिसमें मठाधीश भी कठिनाई में पड़ गए थे।

वाद-विवाद जब समाप्त हुआ, युवा राजा देवता एक बार फिर अपने स्वर्ण सिंहासन पर बैठ गए और उनकी मां ने, जो वहां मौजूद एकमात्र स्त्री थीं, उन्हें स्वर्ण कप में चाय दी। उन्होंने मेरी तरफ़ एक दोस्ताना नज़र डाली जैसे कि वह अपने प्रदर्शन के लिए मेरी स्वीकृति मांग रहे हों। जहां तक मेरी बात है, मैंने जो कुछ देखा और सुना, उससे बहुत प्रभावित हुआ और एक साधारण परिवार से आए इस युवक की सूझ-बूझ की सच्ची प्रशंसा की। उन्होंने अपने तर्कों से मुझे पुनर्जन्म में विश्वास करने के लिए लगभग राज़ी कर लिया।

धार्मिक वाद-विवाद के अंत में सभी ने सामूहिक प्रार्थना की। यह प्रार्थना बड़ी देर तक चली। उसके बाद दलाई लामा अपने मठाधीशों के साथ

महल में लौट आए। मुझे हमेशा दलाई लामा की थकी हुई चाल सोचने पर विवश करती थी। अब मुझे पता चला कि यह अनुष्ठान का हिस्सा है और ये सभी अलग-अलग गतिविधियां निर्धारित हैं। इसे बुद्ध की चाल की नक़ल माना जाता है और साथ ही इसे दलाई लामा की गरिमा को बढ़ाने के लिए भी बनाया गया है।

मैं इस अनोखे समारोह की कुछ तसवीरें लेना चाहता था, लेकिन अच्छा ही हुआ कि मेरे पास मेरा कैमरा नहीं था। मैं अपने को सौभाग्यशाली मानता हूं। क्योंकि, अगले दिन जब मेरे मित्र वांगडूला ने (इस बारे में मुझे कुछ भी पता नहीं था) दलाई लामा की तसवीर लेने की कोशिश की तो बहुत हंगामा हुआ। उन्होंने एक तसवीर ली ही थी कि एक भिक्षु ने नाराज़ी व्यक्त की और भला-बुरा कहा। वांगडूला को रीजेंट के सचिव के सामने खड़ा किया गया और उनसे बड़ी पूछताछ की गई। मेरे मित्र के अपराध की सज़ा के रूप में उन्हें अपमानित किया गया और चेतावनी दी गई कि वह भाग्यशाली हैं कि उन्हें उनके पद से हटाया नहीं जा रहा है। इसके अलावा उसका कैमरा ज़ब्त कर लिया गया। वह पांचवे दर्जे के एक कुलीन व्यक्ति थे और एक पूर्व रीजेंट के भतीजे थे, इसके बावजूद इतना कठोर व्यवहार किया गया। कुछ समय तक भिक्षुओं के बीच इसी घटना की चर्चा चलती रही, लेकिन वांगडूला ने इस प्रकरण को बड़ी शांति से लिया, कोई तीव्र प्रतिक्रिया नहीं थी। उन्हें आधिकारिक जीवन के उतार-चढ़ाव के बारे में सब पता था।

दलाई लामा के कार्यक्रम का अगला हिस्सा माउंट ग्याम्बे उत्से के शिखर पर चढ़ाई करना था, जो 17,000 फ़ीट से अधिक ऊंचा शिखर है और ड्रेबुंग मठ से भी ऊंचा है।

एक सुबह घुड़सवारों का बड़ा काफ़िला निकल पड़ा। इसमें कम से कम एक हज़ार आदमी और कई सौ घोड़े थे। पहला लक्ष्य पहाड़ के आधे रास्ते पर एक पड़ाव बनाना था। दलाई लामा के घोड़े को दो मुख्य रखवाले हांक रहे थे। रास्ते में कई विश्राम स्थल तैयार किए गए थे। इनमें से प्रत्येक पर कालीन बिछाए गए थे, सिंहासन रखे गए थे। शाम के समय तक काफ़िला आधे रास्ते

पर पहुंच गया। सुरक्षित पहुंचने के लिए धन्यवाद के रूप में धूप जलाई गई और प्रार्थना की गई। इस स्थान पर तंबू लगाए गए थे, और यहां दल के सदस्यों ने रात बिताई। अगले दिन की यात्रा के लिए याक तैयार किए गए थे और भोर से पहले दलाई लामा और उनके उच्च गणमान्य व्यक्ति शिखर पर पहुंचने के लिए निकल पड़े। ड्रेबुंग के भिक्षुओं ने इस तीर्थयात्रा के लिए पहले से ही एक तरह का रास्ता तैयार कर लिया था। जब दल शीर्ष पर पहुंचा, तो प्रार्थनाएं की गईं और देवताओं को प्रसाद चढ़ाया गया।

नीचे घाटी में लोगों की भीड़ जुटी थी। सब उस पल का इंतज़ार कर रहे थे, जब धूप का धुआं शिखर से उठेगा। वे जानते थे कि उनके शासक वहां अपने लोगों के कल्याण के लिए प्रार्थना कर रहे हैं। मैं ख़ुद एक दिन पहले ही शिखर पर पहुंच गया था और अब दूरी बनाकर, छिपकर समारोह देख रहा था। अन्य दर्शकों में कौवों और अन्य प्रकार के पक्षियों के झुंड थे। ये त्सम्पा और मक्खन की ख़ुशबू पहचान सकते थे। वे अवशेषों पर झपट्टा मारने के लिए, कांव-कांव करते हुए प्रतीक्षा कर रहे थे। दलाई लामा के साथ आए अधिकतर लोग पहली बार पहाड़ की चोटी पर पहुंचे थे। समूह के युवा सदस्यों को यह अनुभव बहुत अच्छा लगा और उन्होंने एक-दूसरे से इस सुंदर नज़ारे को तरह-तरह से साझा किया। इसके विपरीत वृद्ध भिक्षुओं और अधिकारियों की आस-पास की सुंदरता को देखने में रुचि नहीं थी। इनमें से ज़्यादातर हृष्ट-पुष्ट और मोटे थे। वे थककर बैठ गए थे और उनके सेवक उनकी सेवा कर रहे थे।

उसी दिन दल ने मठ में वापस आने की यात्रा की। कुछ दिनों बाद दलाई लामा ने सेरा के मठ का दौरा किया और इसी तरह की सार्वजनिक वाद-विवाद में भाग लिया। भिक्षुओं के हालिया विद्रोह के मद्देनज़र उनके सलाहकारों को सेरा की यात्रा के संबंध में कुछ संदेह था। लेकिन इस मठ ने उनका जिस उत्साह से स्वागत किया वह इस बात का सबूत था कि वह सभी तरह के विवादों और आपसी झगड़ों से ऊपर थे।

इस बीच मेरा जीवन निर्बाध गति से चलता रहा। मैं सरकार की सेवा में था। मैं समाचार पत्रों से समाचार और लेखों का अनुवाद करता था और कभी-

कभी छोटे बांध और सिंचाई के लिए नहरें बनाता था। मैं नियमित रूप से शहर के बाहर चल रहे औफ़्शनाइटर के नहर निर्माण कार्य को देखने के लिए जाता था। इस खुदाई के दौरान उन्होंने कुछ बहुत ही रोचक खोज की थी। कामगारों को खुदाई के दौरान मिट्टी के बर्तनों के टुकड़े मिले थे, जिन्हें औफ़्शनाइटर ने सावधानीपूर्वक एकत्र किया था और सभी टुकड़ों को एक-एक करके सावधानीपूर्वक जोड़ना शुरू किया था। इस मरम्मत से उन्हें एक बहुत ही सुंदर फूलदान और सुराही मिली। ये आज के समय के फूलदानों और सुराही से बिल्कुल अलग आकार के थे। इसके बाद उन्होंने कामगारों को इस खोज के लिए इनाम दिया और उन्हें आदेश दिया की आगे की खुदाई अत्यंत सावधानी से की जाए और अगर उन्हें कोई दिलचस्प चीज़ मिले तो तुरंत उन्हें बुलाया जाए। हर हफ़्ते कुछ न कुछ खोज होती थी। क़ब्रें खुलती थीं, जिनमें पूरी तरह से संरक्षित कंकाल मिलते थे और उनके पास कटोरे और उप-रत्न रखे हुए मिलते थे। मेरे साथी ने अपना ख़ाली समय बिताने के लिए एक नया काम ढूंढ़ लिया था। उन्होंने अपने इस संग्रह को सहेजने में बहुत मेहनत की। यह हज़ारों साल पुराना था। उन्हें इस संग्रह पर बहुत गर्व था और ऐसा होना भी चाहिए था, क्योंकि वह पहले व्यक्ति थे जिनके हाथ तिब्बती सभ्यता के प्रमाण लगे थे। जिन लामाओं से उन्होंने सलाह ली उनमें से कोई भी उनकी खोजों के बारे में जानकारी नहीं दे सका। पुरानी इतिहास की किताबों में उस युग का कोई उल्लेख नहीं था जिसमें तिब्बती अपने मृतकों को दफ़नाते थे और उनकी क़ब्रों में उपहार रखते थे।

औफ़्शनाइटर अपनी खोजों को भारत के पुरातत्व संग्रहालय में रखना चाहते थे और जब चीनी कम्युनिस्टों ने तिब्बत पर आक्रमण किया तो हम उन संग्रहीत वस्तुओं को सावधानीपूर्वक पैक करके अपने साथ ले गए।

कुछ समय बाद ही मुझे ल्हासा से बाहर निकलने और देश के एक नए हिस्से के बारे में कुछ जानने का अप्रत्याशित अवसर मिला। कुछ दोस्तों ने मुझे अपनी जागीरें देखने के लिए आमंत्रित किया। वे मुझसे सलाह लेना चाहते थे कि उनमें किस तरह से सुधार किया जा सकता है। उन्होंने मुझे सरकार से छुट्टी दिलावाई और मैंने एक के बाद एक कई जागीरों का दौरा किया। यहां

के हालात मध्ययुगीन थे। किसान अभी भी लोहे के फाल वाले लकड़ी के हल का इस्तेमाल करते थे। इन्हें जो द्वारा खींचा जाता था। (जो, बैल और याक के बीच का एक संकर है और काफ़ी भार ढो सकता है। यह याक की तरह दिखता है और गायों की तरह दूध देता है जिसमें वसा की मात्रा अधिक होती है। यह दूध महंगा होता है।)

तिब्बतियों ने अपने खेतों में पानी देने की समस्या पर ध्यान नहीं दिया था। वसंत ऋतु में आम तौर पर खेत सूखने लगते हैं, लेकिन कोई भी बर्फ़ीले झरनों और नदियों से ज़मीन पर पानी लाने के बारे में नहीं सोचता।

ज़मींदारों की जागीरें अक्सर बहुत बड़ी-बड़ी होती हैं। कभी-कभी तो एक जागीर को इधर से उधर तक देखने में पूरा दिन लग जाता है। हर जागीर में कई दास होते हैं। उन्हें अपने लाभ के लिए खेती करने हेतु कुछ खेत दिए जाते हैं, लेकिन उन्हें अपने ज़मींदार के लिए निश्चित समय तय काम करना ही पड़ता है। जागीर के प्रबंधक अक्सर ज़मींदार के भरोसेमंद सेवक होते हैं। ये इन दासों पर छोटे राजाओं की तरह हुक़्म चलाते हैं। उनका अपना मालिक ल्हासा में रहता है, जहां वह सरकार के लिए काम करता है और उसके पास अपनी संपत्ति की चिंता करने के लिए समय नहीं होता है। इन अधिकारियों को उनकी सार्वजनिक सेवाओं के लिए अक्सर पुरस्कार के तौर पर ज़मीन दी जाती है, और ऐसे कई बड़े अधिकारी हैं जिन्हें उनके करियर में बीस से ज़्यादा बड़े खेत दिए गए हैं। जिस अधिकारी को पद से हटा दिया जाता है ,उसे जागीरों से भी बेदख़ल कर दिया जाता है और उसकी संपत्ति सरकार के हाथों में चली जाती हैं। फिर भी ऐसे कई परिवार हैं जो सदियों से अपने महलों में रह रहे हैं। उनके पूर्वजों ने अक्सर घाटियों पर बनी चट्टानी पहाड़ियों पर किले बना लिए थे। महलों में संरक्षित प्राचीन हथियार उनके पूर्व स्वामियों की युद्धप्रियता की गवाही देते हैं। इन्हें मंगोलों के हमलों के ख़िलाफ़ खुद को बचाने के लिए हमेशा तैयार रहना पड़ता था।

मैं कई हफ़्तों तक दौरे करता रहा और ल्हासा में जीवन के बाद अनजान इलाक़ों में घूमना एक अच्छा बदलाव था। मैं हमेशा घोड़े की सवारी नहीं करता था। कभी-कभी विशाल ब्रह्मपुत्र नदी में याक की खाल से बनी

नाव में तैरता था और आकर्षक मठों को देखने के लिए रुकता भी था और उनकी तसवीरें खींचता था।

जब मैं ल्हासा लौटा तो सर्दी का मौसम आ चुका था। काइचु की छोटी सहायक नदी पहले ही जम चुकी थी और इसने हमें कुछ नया सोचने पर मजबूर कर दिया। दलाई लामा के भाई और उनके दोस्तों के साथ हमने एक छोटा-सा स्केटिंग क्लब बनाया। तिब्बत में पहले भी ब्रिटिश दूतावास के कुछ कर्मचारी स्केटिंग का अभ्यास करते थे। उन्हें देखकर तिब्बतवासियों को बहुत आश्चर्य होता था। यहां से जाते समय उन्होंने अपने स्केट्स अपने नौकरों को दे दिए थे। हमने ये ख़रीद लिए। हमारी शुरुआत बड़ी मज़ेदार थी और हमेशा बहुत से दर्शक हमें देखकर हँसते थे और सोचते थे कि अब कौन कि अगला कौन होगा जो सिर के बल गिरेगा या फिर बर्फ़ को तोड़कर आगे निकल जाएगा। स्केटिंग सीखने की ज़िद पकड़ चुके बच्चों के माता-पिता अपने बच्चों के उत्साह से भयभीत थे।

खेल-कूद से दूर रहने वाले पुराने ज़माने के कुलीन परिवार यह कल्पना भी नहीं कर सकते थे कि कोई कोई अपने जूतों के तलवों पर चाकू बांधकर बर्फ़ पर फिसलना चाहता है।

14

मुसीबत के लिए तैयार होता तिब्बत

जीवित बुद्ध के लिए फ़ोटोग्राफ़र-तिब्बती आतिथ्य-सेना का पुनर्गठन और धर्म पालन की उत्कटता, प्रिंटिंग प्रेस और किताबें-मैं दलाई लामा के लिए एक सिनेमा-हॉल का निर्माण करवाता हूं

दलाई लामा ने अपने भाई से हमारे नए खेल के बारे में सुना, लेकिन दुर्भाग्य से हमारी स्केटिंग रिंग पोटाला की छत से दिखाई नहीं देती थी। वह हमें बर्फ़ पर स्केटिंग करते हुए देखना चाहते थे, लेकिन यह असंभव था। इसलिए उन्होंने मुझे अपना सिने कैमरा भिजवाया और स्केटिंग रिंग और उस पर स्केटिंग करते हुए खिलाड़ियों की फ़िल्में बनाने के निर्देश भी दिए। चूंकि मैंने पहले कभी फ़िल्म-पिक्चर नहीं ली थी इसलिए, काम पर जाने से पहले नियमावली और निर्देशों का सावधानीपूर्वक अध्ययन किया। फिर मैंने पिक्चर तैयार की और फ़िल्म को डेवलप करने के लिए विदेश मंत्रालय के मार्फ़त भारत भेजा गया। दो महीनों में यह फ़िल्म दलाई लामा के हाथों में थी। पिक्चर का रिज़ल्ट बहुत अच्छा था। इस फ़िल्म के माध्यम से मैंने तिब्बत के युवा शासक के साथ अपना पहला व्यक्तिगत संपर्क बनाया। और, आगे चलकर वह मेरे क़रीबी मित्र बन गए।

इसके तुरंत बाद लोबसंग ने मुझे बताया कि उनके भाई चाहते हैं कि मैं उनके लिए अलग -अलग समारोहों और त्योहार के दृश्यों का फ़िल्मांकन

करूं। मैं यह देखकर चकित था कि इन तसवीरों में उनकी कितनी अधिक रुचि थी। वह हमेशा मुझे सटीक निर्देश भेजते थे। कभी-कभी लिखित रूप में और कभी-कभी मौखिक रूप से लोबसंग समतेन के माध्यम से। उन्होंने मुझे सलाह दी कि कुछ पोजीशन में लाइट का अनुकूल इस्तेमाल किस तरह से किया जा सकता है, या वह यह सूचना भिजवाते थे कि अमुक समारोह ठीक समय पर शुरू होने जा रहा है। मैं भी उन्हें संदेश भेज सकता था कि जुलूस के दौरान वह अपनी नज़रें मेरे कैमरे की तरफ़ रखें।

स्वाभाविक रूप से मैं इन समारोहों के दौरान कोशिश करता था कि लोगों को साफ़-साफ़ नज़र ना आऊं। उन्होंने भी इसे ज़रूरी समझा और उन्हें पृष्ठभूमि में रखने के लिए कहा, और बताया कि अगर मैं ऐसा नहीं कर पाऊं तो तसवीर ना खीचूं। ज़ाहिर है कि मैं लोगों की निगाहों से बच तो नहीं सकता था, लेकिन जैसे ही लोगों को पता चल गया कि मैं परम पूज्य के निर्देशों के तहत फ़िल्म बना रहा था और फ़ोटो खींच रहा था, तो मेरे काम में कोई रुकावट नहीं आती थी। वास्तव में खूंख़ार डोब-डोब के सदस्यों ने अक्सर मेरे लिए भीड़ में से रास्ता बनाया ताकि मेरे लिए विज़न बनाना आसान हो। और जब मैंने उन्हें मेरे लिए पोज़ देने के लिए कहता, तो वे बड़ी सज्जनता से मेरी बात मान लेते थे। इस तरह मैं बड़ी संख्या में धार्मिक समारोहों की तसवीरें खींच पाता था। सिने-कैमरा के अलावा मैं हमेशा अपने साथ अपना लेइका कैमरा भी रखता था और मैंने अपने लिए भी कई एक से बढ़कर एक तसवीरें खींचीं।

मैंने गिरजाघर की कुछ ख़ूबसूरत तसवीरें लीं। इसे त्सुक ला खांग कहा जाता है। यह सातवीं शताब्दी में बनाया गया था और इसमें बुद्ध की मूर्ति रखी गई है। यह मूर्ति तिब्बत की सबसे क़ीमती मूर्ति है। यह मंदिर प्रसिद्ध राजा श्रींगत्सन गम्पो के शासनकाल से अस्तित्व में है। उनकी दो पत्नियां राजकुमारियां थीं और दोनों बुद्ध दर्शन को मानने वाली थीं। उनमें से एक नेपाल से आईं थीं और ल्हासा के दूसरे सबसे बड़े मंदिर, रामोचे की स्थापना की। जबकि दूसरी पत्नी एक चीनी थीं और अपने साथ सोने की मूर्ति लेकर आंईं। प्राचीन धर्म का पालन करने वाले राजा ने अपनी पत्नियों के कारण बौद्ध धर्म स्वीकार कर लिया। और यह राज्य धर्म बन गया। फिर उन्होंने गिरजाघर

में सोने की मूर्ति रखवाई। इस इमारत में भी पोटाला के समान दोष हैं। बाहरी रूप से यह भव्य और आकर्षक है, लेकिन अंदर बहुत अंधेरा है। यहां ख़ज़ाना रखा हुआ है और यहां रोज़ाना भोग भी लगाया जाता है। जिस मंत्री को नियुक्त किया जाता है उसे संतों की मूर्तियों के लिए रेशमी कढ़ाई वाले नए परिधान और ठोस सोने का मक्खन रखने का बर्तन ख़रीदना पड़ता है। दीयों में लगातार ढेर सारा मक्खन जलाया जाता है। जिस वजह से गर्मियों और सर्दियों में यह बदबूदार धुएं से भरा होता है। भोग का लाभ पाने वाले एकमात्र प्राणी चूहे होते हैं। हज़ारों की संख्या में चूहे भारी रेशमी पर्दों पर चढ़ते-उतरते हैं और कटोरों में रखा हुआ मक्खन और त्सम्पा खाते हैं। मंदिर में अंधेरा रहता है, बाहर से प्रकाश की एक किरण भी नहीं आती है और केवल मक्खन के दीये अपनी टिमटिमाती रोशनी बिखेरते हैं। परम पवित्र स्थान का प्रवेश द्वार आम तौर पर एक भारी लोहे के पर्दे से बंद किया जाता है, जिसे केवल निर्धारित समय पर ही उठाया जाता है।

एक अंधेरे, संकरे रास्ते में मुझे छत से लटकी एक घंटी मिली। जब मैंने उस पर 'वी प्रेज़ दी, गॉड' लिखा देखा तो मुझे अपनी आंखों पर यक़ीन ही नहीं हुआ। यह संभवतः उस चैपल का आख़िरी अवशेष था जिसे कैथोलिक मिशनरियों ने कई शताब्दियों पहले ल्हासा में बनवाया था। उनके लिए तिब्बत में रहना संभव नहीं था और उन्हें वहां से जाना पड़ा था। हो सकता है कि उनके कैथेड्रल में इस घंटी का संरक्षण तिब्बतियों के सभी धर्मों के प्रति गहरे सम्मान के कारण हो। मुझे जेसुइट्स और कैपुचिन्स के चैपल के बारे में और अधिक जानकारी हासिल होती तो अच्छा लगता, लेकिन इमारत का कोई निशान नहीं बचा है।

शाम को गिरजाघर में भक्तों की भीड़ जुट जाती है। पर्दा उठ जाता है और बुद्ध की वेदी के सामने लंबी क़तार लग जाती है। प्रत्येक भक्त सिर झुकाकर मूर्ति को छूता है और प्रसाद चढ़ाता है। एक भिक्षु केसर वाला पवित्र जल भक्त के हाथ में डालता है। इसका कुछ हिस्सा वह पीता है और बाक़ी अपने सिर पर छिड़कता है। कई भिक्षु अपने पूरे पांच साल गिरजाघर में बिताते हैं। उनको यहां रखे ख़ज़ाने की निगरानी करने और दीयों में मक्खन भरने की ज़िम्मेदारी सौंपी जाती है।

एक बार गिरजाघर में बिजली की रोशनी करने की कोशिश की गई थी, लेकिन शॉर्ट सर्किट के कारण गड़बड़ी हो गई और इस काम से जुड़े सभी लोगों को हटा दिया गया। इसके बाद कृत्रिम प्रकाश के बारे में कोई बात नहीं हुई।

गिरजाघर के सामने फ़्लैगस्टोन वाली एक छत है। इसे दर्पण की तरह चमकाकर रखा जाता है और एक हज़ार वर्ष से अधिक समय से भक्त यहां प्रार्थना करने आ रहे हैं। जिस तरह से यहां के पत्थर घिस गए हैं और भक्तों के चेहरों पर जितनी गहरी आस्था झलकती है, उससे समझ में आ जाता है कि ल्हासा में ईसाई मिशन कभी सफल क्यों नहीं हो सका। कैथोलिकों को धर्मांतरित करने के लिए रोम की यात्रा पर गए ड्रेबुंग के एक लामा को अपने मिशन की निरर्थकता का एहसास तब होता था, जब वह पवित्र सीढ़ियों पर असंख्य तीर्थयात्रियों को घुटनों के बल चढ़ते हुए देखते और फिर वेटिकन से हार मानकर लौट जाते। ईसाई धर्म और बौद्ध धर्म में बहुत समानता है। वे दोनों ही इस संसार में विनम्र बने रहने का उपदेश देते हैं। लेकिन आज की स्थिति में एक अंतर है। तिब्बत में लोगों को सुबह से रात तक 'सभ्यता' का हवाला नहीं दिया जाता। यहां व्यक्ति के पास धर्म में खुद को व्यस्त रखने और अपनी आत्मा को अपना कहने का समय होता है। यहां धर्म ही व्यक्ति के जीवन में सबसे अधिक महत्त्वपूर्ण होता है, जैसा कि पुराने दिनों में पश्चिम में होता था।

भिखारी गिरजाघर के दरवाज़े के पास आकर बैठ जाते हैं। वे अच्छी तरह जानते हैं कि मनुष्य ईश्वर के दरबार में दानशील और विनम्र बन जाता है। तिब्बत में, अधिकांश अन्य स्थानों की तरह भिखारियों की समस्या है। जब मैं बांध बना रहा था तो सरकार ने हट्टे-कट्टे भिखारियों को काम पर लगाने का निश्चय किया। उन्होंने ल्हासा के हज़ार भिखारियों को इकट्ठा किया और उनमें से सात सौ लोगों को चुना जो काम के लिए उपयुक्त थे। उन्हें काम पर रखा गया और उन्हें भोजन और उनके काम के लिए भुगतान दिया गया। अगले दिन उनमें से केवल आधे ही आए और कुछ दिनों बाद वे भी ग़ायब हो गए। लोग काम की कमी या मजबूरीवश भिखारी नहीं बनते, ना ही ज़्यादातर मामलों में शारीरिक कमी होती है। यह विशुद्ध आलस्य है। तिब्बत में भीख मांगकर अच्छी आजीविका कमाई जा सकती है और कोई भी भिखारी को

अपने दरवाज़े से नहीं भगाता। दो घंटे 'काम' करके किसी भिखारी को प्रत्येक घर से थोड़ा-सा त्सम्पा और एक पैसा तक मिल जाता है। इतना उसके लिए पूरा दिन चलाने के लिए पर्याप्त होता है। फिर वह किसी दीवार से सटकर आराम से बैठ जाता है या फिर घोर शांति से सो जाता है। कई भिखारियों को भयंकर बीमारियां होती हैं और ये लोग सहानुभूति के पात्र होते हैं, लेकिन वे अपनी विकृतियों का फ़ायदा उठाकर राहगीरों से पैसा वसूलते हैं।

तिब्बती जीवन की सबसे आकर्षक विशेषताओं में से एक है अपने दोस्तों से मिलने जाना और उन्हें दूर तक विदा करने जाना। जब कोई व्यक्ति कहीं जाता है, तो उसके दोस्त अक्सर शहर से कई मील दूर उसके रास्ते पर एक तंबू लगाते हैं और भोजन के साथ वहां उसका इंतज़ार करते हैं। दोस्त को सफ़ेद स्कार्फ़ और शुभकामनाएं दिए बिना विदा नहीं किया जाता। जब वह वापस आता है तो भी यही रस्म निभाई जाती है। कभी-कभी ऐसा होता है कि घर लौटते समय उसका कई जगहों पर स्वागत किया जाता है। सुबह के समय शायद उसे सबसे पहले पोटाला दिखाई देता है, लेकिन शहर में प्रवेश करते समय उसके स्वागत करने वाले दोस्त उसे एक के बाद एक तंबुओं में रोकते हैं और वह शाम होने से पहले ही ल्हासा पहुंच ही नहीं पाता। उसके दोस्त और उनके नौकर उसके मामूली काफ़िले को शानदार रूप दे देते हैं। इस स्वागत-सत्कार के कारण वह इस ख़ुशी के साथ घर लौटता है कि उसे किसी ने भुलाया नहीं है।

जब विदेशी आते हैं तो विदेश मंत्रालय का एक प्रतिनिधि उनसे मिलता है, जो मंत्री की ओर से उनका अभिवादन करता है और उनके रहने और मनोरंजन का प्रबंध करता है। नए राजदूतों का सैन्य सम्मान के साथ स्वागत किया जाता है और कैबिनेट के एक प्रतिनिधि द्वारा रेशमी स्कार्फ़ भेंट किया जाता है। ल्हासा में मेहमानों के लिए एक विशेष क्वार्टर है, जहां उन्हें और उनके नौकरों और उनके साथ लाए गए जानवरों को ठहराया जाता है, और उन्हें उपहार भी दिए जाते हैं। यह कहना सही होगा कि दुनिया के किसी भी देश में अतिथियों का इतना स्वागत-सत्कार नहीं होता, जितना यहां किया जाता है।

युद्ध के दौरान भारत से चीन जाते हुए हवाई जहाज़ अक्सर अपना रास्ता भटक जाते थे। यह संभवतः दुनिया का सबसे कठिन हवाई मार्ग है, क्योंकि हिमालय से गुज़रने पर पायलट की बुद्धि और अनुभव की सबसे बड़ी परीक्षा होती है। एक बार अपनी दिशा से भटकने के बाद सही रास्ते पर आना बहुत मुश्क़िल होता है, क्योंकि तिब्बत में पर्याप्त नक़्शे नहीं हैं।

एक रात पवित्र शहर में मोटरों की गड़गड़ाहट सुनाई दी और आम लोगों में खलबली मच गई। दो दिन बाद साम्ये से ख़बर आई कि पांच अमेरिकी पैराशूट से वहां उतरे हैं। सरकार ने उन्हें भारत वापस जाते समय ल्हासा आने के लिए आमंत्रित किया। शहर से बाहर किसी जगह तंबुओं में उनका स्वागत किया गया और मक्खन वाली चाय और स्कार्फ़ से उनका हार्दिक स्वागत किया गया, जिससे वे बहुत आश्चर्यचकित हुए होंगे। हमें ल्हासा में बताया गया कि वे पूरी तरह से भटक थे और उनके विमान के पंख न्येनचेन तांगला की बर्फ़ीली ढलानों से टकरा गए थे। इसके बाद वे वापस लौट लगे, लेकिन यह देखकर कि उनके पास भारत पहुंचने के लिए बहुत कम ईंधन है, उन्होंने अपने विमान को नष्ट करने और कूदने का फ़ैसला किया। वे सुरक्षित रूप से नीचे आ गए बस उनके टखने में मोच आई और एक हाथ टूट गया था। ल्हासा में थोड़े समय रुकने के बाद, सरकार ने उन्हें घोड़ों पर सवार करके भारतीय सीमा पर पहुंचाया और तिब्बत में यात्रा के दौरान उन्हें यथासंभव आराम दिया गया।

युद्ध के दौरान तिब्बत में उतरने वाले अन्य अमेरिकी विमानों के चालक दल इतने भाग्यशाली नहीं थे। पूर्वी तिब्बत में दो दुर्घटनाग्रस्त विमानों के अवशेष पाए गए थे। चालक दल के सभी सदस्य मारे गए थे। एक और विमान हिमालय के दक्षिण में एक ऐसे प्रांत में दुर्घटनाग्रस्त हुआ होगा जिसके निवासी बर्बर जंगली लोग हैं। ये लोग बौद्ध नहीं हैं, बल्कि निर्वस्त्र रहने वाले जंगली लोग हैं जो ज़हर बुझे तीरों का उपयोग करते हैं। जब उन्हें नमक और मनकों की ज़रूरत होती है तो जंगलों से बाहर निकलते हैं, खाल और कस्तूरी के बदले ये सामग्री ले जाते हैं। ऐसे ही एक अवसर पर उन्होंने कुछ ऐसी वस्तुएं भेंट कीं, जो केवल एक अमेरिकी हवाई जहाज से ही आ सकती थीं।

इस दुर्घटना के बारे में किसी को भी अधिक जानकारी नहीं थी। मैं दुर्घटना स्थल की खोज में हांगकांग जाना चाहता था, लेकिन वह यहां से बहुत दूर था।

तिब्बत की राजनीतिक स्थिति धीरे-धीरे बिगड़ती जा रही थी। चीनियों ने पहले ही पीकिंग में घोषणा कर दी थी कि वे तिब्बत को 'आज़ाद' करने जा रहे हैं। यहां तक कि ल्हासा में भी लोगों को इस ख़तरे की गंभीरता के बारे में कोई संशय नहीं था। चीन में रेड्स ने हमेशा वही किया जो कहा।

तिब्बती सरकार ने एक कैबिनेट मंत्री की देख-रेख में सेना को पुनर्गठित करने का काम तेज़ कर दिया। तिब्बत के पास एक स्थायी सेना थी, जिसमें प्रत्येक ज़िला अपने निवासियों की संख्या के अनुपात में अपना हिस्सा देता था। अनिवार्य सैन्य सेवा की यह अवधारणा हमारी अवधारणा से इस तरह अलग है कि हमारा देश केवल सैन्य संख्याओं में रुचि रखता है, व्यक्तियों में नहीं। सेना में भर्ती होने के लिए बुलाए गए व्यक्ति को सेना में स्थानापन्न सैनिक मिल सकता है। अक्सर ये स्थानापन्न सैनिक जीवन भर सेना में ही रहते हैं।

सैन्य प्रशिक्षक भारत में सेवा दे चुके हैं और आधुनिक हथियारों को प्रयोग करना जानते हैं। अब तक सेना के आदेश तिब्बती, हिंदी और अंग्रेज़ी भाषा में दिए जाते थे। नए रक्षा मंत्री का पहला निर्णय यह था कि सभी आदेश तिब्बती भाषा में ही दिए जाने चाहिए। 'गॉड सेव द क्वीन' की जगह एक नया राष्ट्रगान तैयार किया गया। यह धुन अब तक महत्त्वपूर्ण सैन्य परेडों में बजाई जाती थी। इस गीत में तिब्बत की स्वतंत्रता का महिमामंडन और उसके महान शासक दलाई लामा को आदरांजलि शामिल थी।

ल्हासा के आस-पास की समतल चरागाह भूमि को सैनिकों के लिए प्रशिक्षण केंद्रों में बदल दिया गया। नई रेजिमेंट बनाई गईं और नैशनल असेंबली ने और एक हज़ार लोगों को तैयार करने के लिए अमीर वर्ग को बुलाने का फ़ैसला किया। यह उन पर छोड़ दिया गया कि वे व्यक्तिगत रूप से भर्ती हों या विकल्प खोजकर दें। भिक्षुओं के अधिकारियों और नागरिक अधिकारियों को प्रशिक्षण दिया गया। देशभक्ति का उत्साह चरम पर था।

पहले के शांतिपूर्ण दिनों में लोगों को सेना की बहुत परवाह नहीं थी। ज़िला समुदायों को अपनी टुकड़ियों को भोजन और अतिरिक्त वेतन देना पड़ता था। अब अधिकारियों ने स्थायी संगठन के महत्त्व को पहचाना और अधिकारियों और सैनिकों के लिए वेतन निर्धारित किया।

शुरू में नई सेना की ज़रूरतों को पूरा करना आसान नहीं था। परिवहन व्यवस्था का बोझ बढ़ गया। ज़रूरी अनाज अक्सर दूर-दूर के गोदामों से लाना पड़ता था। जिन-जिन इलाक़ों में फ़सलें बहुत ज़्यादा होती थीं, वहां-वहां गोदाम बनाए गए थे। ये बहुत बड़े, बिना खिड़कियों वाले और पत्थरों से बने होते हैं। हवा के आवागमन के लिए दीवारों में छेद किए जाते हैं। यहां हवा की शुष्क होने के कारण अनाज दशकों तक सुरक्षित रखा जा सकता है। लेकिन अब गोदाम जल्दी-जल्दी ख़ाली होने लगे, क्योंकि अगर युद्ध हुआ तो सीमा के आस-पास ही खाद्य सामग्री रखनी होगी। बावजूद, देश में खाद्य पदार्थों की कमी का ख़तरा नहीं था। अगर तिब्बत के चारों ओर दीवार खड़ी कर दी जाए, तो कोई भी व्यक्ति ठंड या भुखमरी से पीड़ित नहीं होगा, क्योंकि तीस लाख की जनसंख्या की ज़रूरतें पूरी करने के लिए हर चीज़ किसी न किसी रूप में देश में ही मौजूद थी। सैन्य रसोई में भरपूर भोजन मिलता था और सैनिकों को जो वेतन मिलता था उससे वे सिगरेट और चांग(बीयर) ख़रीद पाते थे। सैनिक संतुष्ट थे।

तिब्बती सेना में अधिकारियों और उसके मातहत सैनिकों के बीच अंतर पहचानना आसान है। जितना ऊंचा पद होता है, अधिकारी उतने ही अधिक स्वर्ण पदक पहनते हैं। ऐसा लगता है कि उनकी वर्दी को लेकर कोई निश्चित नियम नहीं था। मैंने एक बार एक जनरल को देखा था, जिसके सोने के तमगों के अलावा कुछ चमचमाती हुई चीज़ें भी लगी हुई थीं। उस अधिकारी ने शायद विदेशी चित्रों को देखकर अपनी वर्दी को सजाया था, क्योंकि वे तिब्बती सैन्य पदक नहीं थे। मानपत्रों और पदकों के बजाय तिब्बती सैनिक को ठोस पुरस्कार मिलते हैं। जीत के बाद उसे लूट का माल हथियाने का अधिकार होता है और इसीलिए लूटपाट करना सामान्य नियम है। हालांकि, ज़ब्त किए हथियार उसे सौंपना पड़ता है। इस प्रणाली की उपयोगिता डाकुओं के विरुद्ध होने वाली लड़ाई में अच्छे से समझी जा सकता है। स्थानीय पोनपो

जब लुटेरों से निपटने में असमर्थ होते हैं, तब उन्हें सरकार से सहायता मांगने का अधिकार है। और फिर उनकी मदद के लिए छोटी सैन्य टुकड़ियां भेजी जाती हैं। ये कमांडो डाकुओं से बहुत निर्दयता से लड़ते हैं। सैनिकों की नज़र लूट पर होती है और वे ख़तरे को नज़रअंदाज़ कर देते हैं। युद्ध में लूटे गए माल पर सैनिकों के अधिकार के कारण बहुत परेशानी खड़ी होती है। एक मामले में, जिससे मैं व्यक्तिगत रूप से जुड़ा था, इसकी वजह से कई जानें चली गईं।

जब चीनी कम्युनिस्टों ने तुर्केस्तान पर कब्ज़ा कर लिया, तो अमेरिकी वाणिज्यदूत मैकियरन, बेसाक नामक एक युवा अमेरिकी छात्र और तीन श्वेत रूसियों के साथ तिब्बत भाग गए। पहले उन्होंने भारत में स्थित अमेरिकी दूतावास से अनुरोध किया कि वह तिब्बती सरकार से उन्हें यात्रा सुविधाएं दिलवाए। ल्हासा से सभी दिशाओं में संदेशवाहक भेजे गए ताकि सीमा चौकियों और गश्ती दल को निर्देश दिया जा सके कि पलायन कर रहे लोगों को कोई मुश्किल ना हो। दल ने एक छोटा सा काफ़िला बनाकर कुएन लुन पहाड़ों की यात्रा की। उनके ऊंटों ने यात्रा में अच्छा साथ निभाया और उन्होंने जंगली गधों को मारकर ताज़ा मांस प्राप्त किया। दुर्भाग्य से सरकारी संदेशवाहक उस स्थान पर विलंब से पहुंचा जहां से दल को सीमा पार करनी थी। चौकी के सैनिकों ने एक दर्जन भारी-भरकम ऊंटों को देखकर, बिना चुनौती दिए काफ़िले पर गोलियां चला दीं, जिससे अमेरिकी वाणिज्यदूत और दो रूसी मौक़े पर ही मारे गए। तीसरा रूसी घायल हो गया और केवल बेसाक ही बच पाया। उसे बंदी बना लिया गया और घायल व्यक्ति के साथ निकटतम ज़िला गवर्नर के पास लाया गया। रास्ते में दोनों व्यक्तियों को सैनिकों द्वारा अपमानित किया गया और धमकाया भी गया। सैनिकों ने लूट का माल आपस में बांट लिया था और फ़ील्डग्लास और कैमरे जैसी मूल्यवान वस्तुएं पाकर बहुत ख़ुश हुए थे। अगले पोनपो पहुंचने से पहले सरकारी दूत अनुरक्षक के साथ आया और आदेश दिया कि अमेरिकियों और उनके दल को सरकारी मेहमान की तरह माना जाए। इससे उनका व्यवहार बदल गया। सैनिक विनम्र हो गए, लेकिन नुक़सान की भरपाई नहीं की जा सकी। गवर्नर ने ल्हासा को एक रिपोर्ट भेजी और समाचार से भयभीत अधिकारियों ने हर संभव तरीक़े से अपना खेद व्यक्त करने की पूरी कोशिश की। बेसाक और

उसके घायल साथी से मिलने के लिए एक भारतीय प्रशिक्षित अर्दली को उपहारों के साथ भेजा गया। उन्हें ल्हासा आने के लिए आमंत्रित किया गया और उन सैनिकों के ख़िलाफ़ अभियोजन पक्ष के लिए गवाही देने के लिए कहा गया जिन्हें पहले ही गिरफ़्तार कर लिया गया था। एक उच्च अधिकारी जो थोड़ी-बहुत अंग्रेज़ी बोलता था, आने वाले यात्रियों से मिलने के लिए निकला। मैंने भी उसके साथ हो लिया। मैंने सोचा कि शायद युवा अमेरिकी एक श्वेत व्यक्ति से बात करने में सहजता महसूस करे। मुझे यह भी उम्मीद थी कि मैं उसे यह विश्वास दिला पाऊंगा कि इस घटना के लिए सरकार को दोषी नहीं ठहराया जा सकता। सरकार को इस घटना पर गहरा अफ़सोस है। हम उस युवक से बरसते पानी में मिले। वह हॉप-पोल जितना लंबा था और तिब्बती टट्टू उसके सामने बौना दिख रहा था। उसे कैसा महसूस हो रहा होगा, मैं इसकी कल्पना कर सकता था। एक छोटा-सा कारवां दुश्मनों से जान बचाते हुए महीनों से सड़कों पर भटक रहा था। और जिस देश में उन्होंने शरण मांगी थी, उसके ही लोगों के साथ उनकी पहली मुलाक़ात में उसके दल के तीन लोग मारे गए।

ल्हासा में एक बग़ीचे में उनके रहने का इंतज़ाम किया गया था। वहां एक तंबू लगाया गया था जिसमें उनके लिए नए वस्त्र और जूते रखे गए थे। उनकी देखभाल के लिए एक रसोइया और एक मुलाजिक दिया गया था। सौभाग्य से रूसी नागरिक वसीलीफ़ गंभीर रूप से घायल नहीं हुआ था और वह जल्द ही बैसाखी के सहारे बग़ीचे में टहलने लगा। ये दोनों मेहमान ल्हासा में एक महीने तक रहे। इस दौरान मैंने बेसाक से दोस्ती कर ली। भले ही पहले वह इस देश को बुरा मान रहा था, लेकिन अब उसके मन में कोई बैर नहीं था। उसने केवल इतना ही कहा कि ज़िला गवर्नर के पास जाते समय उसके साथ बुरा व्यवहार करने वाले सैनिकों को सज़ा मिलनी चाहिए। उसे उन लोगों को सज़ा देते समय उपस्थित रहने का अनुरोध किया गया था, ताकि यह उसे यह ना लगे कि उसके साथ धोखा हुआ है। जब उसने कोड़ों की मार देखी, तो उसने कहा कि सज़ा कम कर देनी चाहिए। उसने दृश्य की तसवीरें लीं, जो बाद में तिब्बती सरकार के सही रवैये के प्रमाण के रूप में *लाइफ़* में छपीं। मृतकों को अंतिम सम्मान देने के लिए पश्चिमी रीति-रिवाजों के अनुसार पूरा

इंतज़ाम किया गया था। इसलिए आज चांगथांग में उनकी क़ब्रों पर लकड़ी के तीन क्रॉस खड़े हैं। बेसाक का दलाई लामा ने स्वागत किया और उसके बाद वे सिक्किम के लिए रवाना हो गए, जहां साथी देशवासियों ने उनका स्वागत किया।

मुश्क़िल समय में अपनी जान बचाने के लिए कई भगोड़े तिब्बत आए, लेकिन इस दल जितना बदक़िस्मत कोई नहीं था। चांगथांग से होकर आने वाला ऊंटों का एक और कारवां एक मंगोल राजकुमार का था। वह अपने साथ अपनी दो पत्नियां लाया था, एक पोलिश और दूसरी मंगोल। इतनी लंबी दूरी तय करके यहां आने वाली इन दोनों महिलाओं की मैं प्रशंसा करते नहीं थक रहा था। मैं आश्चर्यचकित था उन दो सुंदर बच्चों देखकर जिन्होंने अपने माता-पिता की तरह ही इस सड़क यात्रा की कठिनाइयों को सहा था।

यह स्पष्ट था कि इन कठिन दौर में सरकार ना केवल रक्षा के भौतिक साधनों को, बल्कि लोगों की आध्यात्मिक शक्तियों को भी जुटाना चाहती थी। देश में सबसे शक्तिशाली तत्व धर्म का आह्वान करना पड़ा। इसके लिए नए अध्यादेश लाए गए और नए अधिकारी नियुक्त किए गए। अधिकारियों को धार्मिक अभियान आयोजित करने के लिए बहुत सारा पैसा और खुली छूट दी गई। तिब्बत के सभी भिक्षुओं को सार्वजनिक सेवाओं में भाग लेने का आदेश दिया गया, जिसमें तिब्बती बाइबिल कांग्युर का पाठ किया जाना था। हर जगह नई प्रार्थना-पताकाएं और प्रार्थना-चक्र स्थापित किए गए। पुरानी संदूक़ों में रखे गए दुर्लभ और प्रभावशाली ताबीज़ निकाले गए। चढ़ावे को दोगुना कर दिया गया और सभी पहाड़ों पर धूप का धुआं किया गया। हवाएं प्रार्थना-चक्रों को घुमाते हुए, स्वर्ग के सभी कोनों में रक्षक देवताओं तक प्रार्थनाएं पहुंचाती रहीं। लोग इस दृढ़-विश्वास के साथ धार्मिक कर्मकांड कर रहे थे कि धर्म की शक्ति उनकी स्वतंत्रता की रक्षा के लिए पर्याप्त है। इस बीच रेडियो पीकिंग पहले से ही तिब्बती भाषा में संदेश भेज रहा था कि तिब्बत जल्द ही आज़ाद हो जाएगा।

धार्मिक उत्सवों में पहले से कहीं ज़्यादा लोग उमड़ पड़े। 1950 के शुरुआती दिनों में मैंने जो धूमधाम और भव्यता देखी थी, ये धार्मिक उत्साह

उससे कहीं अधिक था। ऐसा लग रहा था मानो तिब्बत की पूरी आबादी ल्हासा की संकरी गलियों में इकट्ठी हो गई हो। लेकिन मैं यह सोच-सोच कर भी चिंतित हो रहा था कि उनकी यह मार्मिक आस्था कभी स्वर्णजड़ित देवताओं को हिला नहीं पाएगी। अगर बाहर से कोई मदद नहीं मिली, तो जल्द ही तिब्बत की शांति भंग हो जाएगी।

दलाई लामा ने मुझे एक बार फिर से त्यौहारों की तसवीरें लेने का काम सौंपा था, इसलिए मैं हर दृश्य को एक सुविधाजनक स्थान से देख पा रहा था। 'महान' नववर्ष उत्सव के चार सप्ताह बाद एक 'छोटा' प्रार्थना उत्सव होता है जो केवल दस दिनों तक चलता है, लेकिन इसकी भव्यता शायद 'महान' उत्सव से भी अधिक होती है। इस समय वसंत की हरियाली दिखने लगती है और शहर का स्वरूप अविस्मरणीय रूप से सुंदर हो जाता है। यह उत्सव शो के निवासियों के लिए वर्ष का मुख्य आकर्षण होता है। शो के निवास ऊपर पोटाला से एक विशाल बैनर लटकाया जाता है। यह बैनर निश्चित रूप से दुनिया का सबसे बड़ा होता है। इसे नियत स्थान पर ले जाने और खोलने-लगाने के लिए पचास भिक्षुओं की ज़रूरत होती है। यह महीन, शानदार रेशम से बना होता इस पर चमक-दमक के साथ देवताओं की आकृतियों सजाई जाती हैं। जब इसे पोटाला से प्रदर्शित किया जाता है, तो एक उल्लासपूर्ण जुलूस त्सुग लाग खांग से शो के मठ तक जाता है और वहां शानदार समारोहों के बाद समाप्त हो जाता है। इसके बाद एक दिलचस्प अनुष्ठान होता है। भिक्षुओं के समूह ढोल की आवाज़ के साथ गोल-गोल घूमते हुए आदिम नृत्य करते हैं। वे मुखौटे पहनते हैं और हड्डियों से बने दुर्लभ, नक्काशीदार आभूषणों से सजे होते हैं। लोग इन विचित्र आकृतियों को देखकर मंत्रमुग्ध हो जाते हैं। कभी-कभी भीड़ फुसफुसाने लगती है। किसी को लगता है कि उसने तीन सौ फ़ुट ऊंची पोटाला की छत पर खड़े दलाई लामा को देखा है, जो वहां से दूरबीन लगाकर इस समारोह को देख रहे हैं।

पोटाला की तलहटी में स्थित शो में राजकीय मुद्रणालय है। एक ऊंची, अंधेरी इमारत। यहां से कभी आवाज़ बाहरी दुनिया में नहीं आती। मशीनों की खटर-पटर नहीं होती और सिर्फ़ भिक्षुओं की आवाज़ें ही गूंजती हैं। लकड़ी

के ब्लॉक लंबी-ऊंची अलमारियों पर रखे हुए हैं। इनका उपयोग केवल तब किया जाता है जब कोई नई किताब छपती है। एक नई पुस्तक तैयार करने में बहुत मेहनत करनी होती है। भिक्षुओं को सबसे पहले हाथ से छोटे लकड़ी के बोर्ड काटने होते हैं, क्योंकि यहां आरी नहीं हैं, और फिर बर्चवुड बोर्ड पर एक-एक करके घुमावदार अक्षर उकेरने होते हैं। जब वे तैयार हो जाते हैं तो उन्हें सावधानी से क्रम में रखा जाता है। प्रिंटर की स्याही के बजाय वे कालिख़ के मिश्रण का उपयोग करते हैं, जिसे भिक्षु याक के गोबर को जलाकर बनाते हैं। यहां काम करने वाले अधिकतर लोग इस काम को करते समय सिर से पैर तक काले हो जाते हैं। अंत में अलग-अलग प्लेटों को हस्तनिर्मित तिब्बती काग़ज़ पर मुद्रित किया जाता है। पुस्तकों की जिल्द-साज़ी नहीं होती। पुस्तक दोनों तरफ़ छपी हुई होती है और दो नक्काशीदार लकड़ी के आवरणों में बंधी हुई होती है। इसके पृष्ठ ढीले होते हैं। कोई भी व्यक्ति या तो प्रिंटिंग प्रेस से पुस्तकें मंगवा सकता है या बरखोर में किसी पुस्तक विक्रेता से ख़रीद सकता है। घर पर उन्हें आम तौर पर रेशमी आवरण में रखा जाता है और सावधानी से उनकी देखभाल की जाती है। चूंकि उनका विषय हमेशा धार्मिक होता है, इसलिए उन्हें बहुत सम्मान दिया जाता है और आम तौर पर घर के पूजा स्थल पर रखा जाता है। हर उच्च श्रेणी के घर में पूरी बाइबिल और साथ ही व्याख्या के दो सौ खंड मिलते हैं। लोगों के मन में इन पुस्तकों के प्रति बड़ी श्रद्धा होती है। दूसरी ओर वे उन पुस्तकों को कमतर आंकते हैं जिनमें हमारी रुचि होती है। मुझे एक बार तिब्बती भाषा में लिखी गई एक महत्त्वपूर्ण पुस्तक बहुत अनुपयुक्त स्थान पर मिली। शुरुआती पन्ने ग़ायब थे। मैंने इस पुस्तक को पाकर बहुत प्रसन्न था। इसी पुस्तक की दूसरी प्रति से मैंने इन ग़ायब पन्नों की सामग्री को हाथ से लिख लिया।

तिब्बती पुस्तकों की क़ीमत इस्तेमाल किए गए काग़ज़ की गुणवत्ता पर निर्भर करती है। कांग्युर और उसकी व्याख्याओं की क़ीमत एक अच्छे घर या एक दर्जन याक जितनी होती है। शिगात्से के पड़ोस में नार्थांग में एक और बहुत बड़ी प्रिंटिंग प्रेस है और लगभग हर मठ में स्थानीय संतों और उनके लामाओं के इतिहास पर पुस्तकें छापने के लिए यंत्र लगे हुए हैं।

तिब्बत की पूरी संस्कृति धर्म से प्रेरित है, जैसा कि हमारे देशों में शुरुआती दिनों में हुआ करती थी। वास्तुकला और मूर्तिकला, कविता और चित्रकला की उत्कृष्ट कृतियां आस्था का महिमामंडन करती हैं। ये चर्च की शक्ति और प्रतिष्ठा को उजागर करती हैं। धर्म और विज्ञान के बीच अभी तक कोई संघर्ष नहीं है और परिणामस्वरूप अधिकांश पुस्तकों की सामग्री धार्मिक क़ानून, दार्शनिक ज्ञान और अनुभव से हासिल बुद्धिमत्ता का मिश्रण है।

कविताएं और गीत मुख्यतः पांडुलिपि में हैं, जो अलग-अलग, खुले पृष्ठों पर लिखे गए हैं। इन्हें जिल्द में बांधा नहीं गया है। छठे दलाई लामा की कविताएं इस नियम का अपवाद हैं। उनकी कविताओं को एक खंड के रूप में मुद्रित किया जाता है। मैंने बाज़ार से इसकी एक प्रति ख़रीदी और कई बार उन्हें पढ़ा है। ये कविताएं कवि की प्रेम की तड़प को सही ढंग से व्यक्त करती हैं। मैं इस एकांत क़ैदी की कविताओं की सराहना करने वाला अकेला व्यक्ति नहीं था, कई तिब्बती अपने मृत शासक की कविताओं से प्यार करते हैं। वह दलाई लामाओं की परंपरा में एक मौलिक व्यक्ति थे। वह स्त्रियों से प्रेम करते थे और उनसे मिलने के लिए वेश बदलकर शहर में चले जाते थे। उनके लोगों ने उनकी काव्यात्मक आत्मा की आवश्यकताओं को पूरा करने की उनकी इच्छा पर कोई आपत्ति नहीं जताई।

कुशल भिक्षुओं ने पांडुलिपियों की बहुत सारी प्रतिलिपियां बनाई हैं। ये मूल प्रतियों से भी ज़्यादा महंगी हैं। इन पुस्तकों की विषय-वस्तु आम तौर पर सरल और अक्सर किस्से-कहानियों पर आधारित होती है। अनेक लोकप्रिय पुस्तकों में प्रसिद्ध तिब्बती हास्य लेखक अगु थोंपा द्वारा लिखे गए किस्से-कहानियों का संग्रह भी शामिल है। उन्होंने अपने समय के राजनीतिक और धार्मिक जीवन पर हास्य-विनोद के अंदाज़ में टिप्पणी की थी और यह आज भी बेहद लोकप्रिय है। हर पार्टी में कोई न कोई व्यक्ति मेहमानों का मनोरंजन करने के लिए उनकी कोई न कोई कहानी सुनाता है। तिब्बतियों ने अगु थोंपा की रचनाओं को एक क्लासिक के रूप में सराहा है और जब मैं ल्हासा में था तो शहर के एक प्रमुख हास्य कलाकार ने उनके नाम का ज़िक्र किया था।

हर साल शरद ऋतु में ल्हासा के सभी निजी घरों और मंदिरों (यहां तक कि पोटाला भी) की साफ़-सफ़ाई की जाती है, रंगाई-पुताई होती है। पोटाला

की ऊंची-ऊंची दीवारों को रंगना एक ख़तरनाक काम है और हर साल उन्हीं अनुभवी कामगारों को काम पर रखा जाता है। ये लोग याक के बालों से बनी रस्सियों पर लटकते हैं और छोटे-छोटे मिट्टी के बर्तनों में रंग भरकर दीवारों को रंगते हैं। आप उन्हें महल के दीवारों पर ख़तरनाक स्थिति में बैठकर काम करते हुए देख सकते हैं। कई जगहें ऐसी होती हैं जिनकी धूल-मिट्टी बारिश के पानी से आसानी से नहीं निकल पाती, वहां चूने की मोटी परत जम जाती है। ल्हासा के ऊपर पोटाला की चमकदार दीवारों को निहारना एक अद्भुत अनुभव होता है।

मुझे बहुत ख़ुशी हुई जब दलाई लामा ने मुझे इस काम को दिखाती हुई एक फ़िल्म बनाने का निर्देश दिया। इससे मुझे दुनिया का एक अनोखा काम रिकॉर्ड करने का मौक़ा मिला। मैं, सुबह-सुबह शो गांव से सफ़ेदी की बाल्टी लेकर आती महिलाओं के झुंड के बीच पत्थर की ऊंची सीढ़ियां चढ़ जाता था। दीवारों को नया रंग देने के लिए सौ कुली चौदह दिनों तक काम करते हैं। इसलिए मुझे शॉट्स के लिए पर्याप्त समय मिल गया और प्रभावी तसवीरें खींचने के लिए हर संभव दिशा से प्रयोग करने का मौक़ा मिला। मुझे स्वर्ग और पृथ्वी के बीच रस्सियों पर झूलते कामगारों को फ़िल्माने में विशेष आनंद आया। अपने काम करने के लिए मुझे महल के किसी भी कमरे में जाने की अनुमति थी। उनमें से कई कमरों में घुप अंधेरा था। उनकी खिड़कियां सदियों से रखे हुए लकड़ी के ढेर के कारण बंद हो गई थीं। इनके बीच से मुझे अपना रास्ता बनाने में बड़ा संघर्ष करना पड़ा। मेरा प्रयास सार्थक था। मुझे बुद्ध की पुरानी मूर्तियां मिलीं जिनके सामने अब दीपक नहीं जलता था। धूल की मोटी परतों के नीचे कई शानदार पेंटिंग्स दबी हुई थीं। मेरे गाइड ने महल के तहख़ाने में मुझे इस अनूठी इमारत की एक और उल्लेखनीय विशेषता दिखाई। छत को सहारा देने वाले खंभों के नीचे कीलें ठोंकी गई थीं। समय के साथ कमज़ोर पड़ती ऊंची इमारत का कुछ हिस्सा ढह गया था, लेकिन ल्हासा के कुशल कारीगर इसे उसका मूल रूप देने में कामयाब रहे। आधुनिक तकनीक से अनजान इन लोगों का यह एक शानदार प्रदर्शन था। मैं पोटाला की पेंटिंग की एक अच्छी फ़िल्म बनाने में सफल रहा और फ़िल्म को डेवलप करने के लिए भारत भेजा गया।

लोबसांग समतेन ने एक दिन मुझे यह पूछकर चौंका दिया कि क्या मैं फ़िल्म दिखाने के लिए एक कमरा बनवा सकता हूं। उनके भाई चाहते थे कि मैं इस काम को करूं। ल्हासा में जीवन ने मुझे सिखाया था कि किसी को 'नहीं' नहीं कहना चाहिए। भले ही उससे कोई ऐसा काम करने के लिए ही क्यों ना कहा जाए, जिसे करना उसे आता ना हो। औफ़्शनाइटर और मैं 'सभी कामों में माहिर' माने जाते थे और हमने पहले ही बहुत-सी मुश्क़िल समस्याओं को सुलझा दिया था। जब मैंने यह समझ लिया कि दलाई लामा के प्रोजेक्टर को कितनी मात्रा में करंट की ज़रूरत होगी और प्रोजेक्टर को स्क्रीन से कितनी दूरी पर रखना होगा, तब मैंने मान लिया कि मैं अब इस काम को करने के लिए तैयार हूं। इसके बाद दलाई लामा के मठाधीश संरक्षकों ने मुझे आधिकारिक तौर पर इसे पूरा करने का काम सौंपा। उस समय से नोरबुलिंगका के इनर गार्डन के दरवाज़े हमेशा मेरे लिए खुले रहने लगे। मैंने 1949-50 की सर्दियों में काम शुरू किया। अब तक युवा राजा पोटाला लौट चुके थे। सभी इमारतों को देखने के बाद मैंने बग़ीचे की दीवार के भीतरी हिस्से से सटे एक ख़ाली घर को चुना। मैंने सोचा कि इसे मैं सिनेमा-थिएटर में बदल सकता हूं। ल्हासा के सबसे अच्छे राजमिस्त्री और अंगरक्षक के सैनिकों को मेरी सेवा में रखा गया था। मुझे महिलाओं को काम पर रखने की अनुमति नहीं थी। उनकी उपस्थिति से पवित्र स्थान अपवित्र हो जाता। मैंने छत को सहारा देने के लिए लोहे की छोटी-छोटी पट्टियों को पेंचों में कसकर गर्डर्स बनाए, ताकि पारंपरिक खंभों की ज़रूरत ना पड़े। थिएटर साठ फ़ीट लंबा था और मुझे प्रोजेक्टर के लिए एक स्टेज बनाना था। इसे कमरे के अंदर और इमारत के बाहर दोनों तरफ़ से देखा जा सकता था। थिएटर से कुछ दूरी पर मैंने मोटर और जनरेटर के लिए एक पावर-हाउस बनाया। मैंने यह दलाई लामा की इच्छानुसार किया। वह नहीं चाहते थे कि मोटर की आवाज़ थिएटर में सुनाई दे, क्योंकि वह बुज़ुर्ग रीजेंट को नाराज़ नहीं करना चाहते थे (नोरबुलिंगका में सिनेमा की स्थापना करना वैसे ही बड़ा क्रांतिकारी क़दम था)। मैंने एग्जॉस्ट पाइप के लिए एक विशेष कमरा बनाया, जिसके कारण शोर बहुत कम हो गया। चूंकि पुरानी पेट्रोल मोटर पूरी तरह से विश्वसनीय नहीं थी, इसलिए मैंने प्रस्ताव रखा कि ज़रूरत पड़ने पर जनरेटर को चलाने के लिए जीप का इंजन

उपलब्ध कराया जाना चाहिए। दलाई लामा ने सुझाव को मंजूरी दे दी, और चूंकि उनकी इच्छा ही क़ानून थी, इसलिए जीप को इस उद्देश्य के लिए तैयार किया गया। शुरुआत में हमें कुछ परेशानी हुई, क्योंकि बग़ीचे का गेट जीप के लिए बहुत संकरा था। हालांकि, युवा शासक ने परंपरा की परवाह किए बिना प्रवेश द्वार को चौड़ा करने का आदेश दिया। पुराने गेट की जगह एक नया गेट बनाया गया और ऑपरेशन के सभी निशान जल्द से जल्द मिटा दिए गए, ताकि विकास का विरोध करने वाले लोगों को कुछ भी दिखाई ना दे। इस नौजवान शासक की सबसे अच्छी बात यह थी कि वह अपने आस-पास के लोगों की सहानुभूति खोए बिना ही अपने विचारों को क्रियान्वित करने में सक्षम था।

तो, जीप को अपना छोटा-सा घर मिल गया और जब पुरानी मोटर हड़ताल पर चली जाती थी तो अक्सर यह बचाव के लिए आती थी। तेरहवें दलाई लामा के ड्राइवर ने वायरिंग करने में मेरी मदद की और जल्द ही पूरी मशीन घड़ी की सुई की तरह चलने लगी। मैंने बग़ीचे से हमारे निर्माण कार्यों के सभी निशान मिटाने के लिए बहुत मेहनत की और कामगारों द्वारा रौंदी गई क्यारियों की जगह फूलों की नई क्यारियां और पगडंडियां बनाई गईं। और, ज़ाहिर है, मैंने बग़ीचे को अच्छी तरह से देखने के इस अनूठे अवसर का पूरा लाभ उठाया। दिमाग़ के कोने में कहीं यह धुंधला विचार था कि भविष्य में मुझे यहां अतिथि के रूप में आने का अवसर मिलता रहे।

जब वसंत ऋतु आई तो नोरबुलिंगका में अनुपम दृश्य था। आड़ू और नाशपाती के फूल पूरी तरह खिले हुए थे। मोर गर्व से मैदान में घूम रहे थे और सैकड़ों गमलों में लगे दुर्लभ पौधे धूप का आनंद उठा रहे थे। पार्क के एक कोने में एक छोटा-सा चिड़ियाघर था, लेकिन अधिकांश पिंजरे ख़ाली थे। केवल कुछ जंगली बिल्लियां और बनबिलाव बचे थे। पहले यहां चीते और भालू थे, लेकिन अपनी संकरी मांदें उन्हें रास नहीं आईं और वे मर गए। दलाई लामा को उपहार में कई जंगली जानवर मिले थे, विशेष रूप से घायल जानवर, जिन्हें इस शानदार बग़ीचे में सुरक्षित पनाह मिली।

मंदिरों के अलावा पेड़ों के नीचे कई छोटे-छोटे घर भी बने हुए थे। हर एक का इस्तेमाल किसी खास उद्देश्य के लिए किया जाता था। किसी में

ध्यान किया जाता था, किसी को पढ़ने और अध्ययन के लिए इस्तेमाल किया जाता था। कुछ घर भिक्षुओं के बैठक-स्थल थे। सबसे बड़ी इमारत कई मंज़िल ऊंची थी। यह बग़ीचे के बीचों-बीच खड़ी थी और आधा मंदिर और आधा दलाई लामा का निवास थी। मेरी पसंद के हिसाब से खिड़कियां बहुत छोटी थीं और मुझे इस साधारण घर के लिए 'महल' शब्द का प्रयोग करना बहुत चापलूसी भरा लगा। यह निश्चित रूप से पोटाला की तुलना में अधिक आकर्षक स्थान था। पोटाला तो महल कम, जेल की तरह अधिक लगता था, लेकिन यहां काफ़ी अंधेरा था। बग़ीचा भी बहुत अच्छा नहीं था। पेड़ों की देखभाल नहीं हो रही थी। घना जंगल बन गया था। यहां साफ़-सफ़ाई नहीं होती थी। माली शिकायत करते थे कि बड़े पेड़ों की छाया में फूल और फल नहीं उगते। मुझे बहुत ख़ुशी होती अगर वे मुझे इस अंदरूनी बग़ीचे को साफ़ करने और फिर से व्यवस्थित करने की अनुमति देते। वैसे तो यहां कई माली थे। लेकिन किसी की समझ बहुत अच्छी नहीं थी। मैं उच्च अधिकारी को यह समझाने में सफल रहा कि कुछ पेड़ों को काटा जाना चाहिए और मुझे उन्हें काटने के काम की निगरानी करने के लिए कहा गया। माली को इस तरह के काम की बहुत कम समझ थी। वे मुख्य रूप से गमले में फूल उगाने में व्यस्त थे। गमलों को पूरे दिन खुले में छोड़ दिया जाता था और रात में ढंक कर रख दिया जाता था।

इस बग़ीचे की दीवार में बना एक दरवाज़ा सीधे अस्तबल की ओर खुलता था। यहां दलाई लामा के पसंदीदा घोड़े और एक गदहा रखा जाता। यह उन्हें भेंट में मिला था। इन जानवरों की बड़ी देखभाल होती थी। ये बड़ी आराम की ज़िंदगी जी रहे थे। वे मोटे और आराम-पसंद हो गए थे, क्योंकि उनके मालिक ने कभी उन पर सवारी नहीं की थी, उन्हें कभी दौड़ाया भी नहीं गया था।

दलाई लामा के शिक्षक और निजी सेवक नोरबुलिंगका पार्क में पीली दीवार के बाहर बैठे थे। वे और उनके पांच सौ सैनिक अंगरक्षक आरामदायक और बेहद साफ़-सुथरे मकानों में रहते थे। तेरहवें दलाई लामा ने अपने सैनिकों की भलाई के लिए व्यक्तिगत रुचि ली थी। उन्होंने उन्हें यूरोपीय कट की वर्दी दिलवाई थी और अपने एक मंडप से उन्हें अभ्यास करते देखा करते थे। मैं

यह देखकर चकित था कि इन सैनिकों के बाल अन्य तिब्बतियों के विपरीत पश्चिमी शैली में कटे हुए थे। तेरहवें दलाई लामा संभवतः भारत में अपने प्रवास के दौरान ब्रिटिश और भारतीय सैनिकों की शक्ल-सूरत से काफ़ी प्रभावित हुए थे और उन्होंने अपने अंगरक्षक को उन्हीं के जैसा बनाया था। अधिकारी छोटे-छोटे अच्छे बंगलों में रहते थे। अधिकारियों और सैनिकों का काम आसान था। उनका मुख्य काम पहरा देना और औपचारिक जुलूसों में मार्च करना था।

दलाई लामा के ग्रीष्मकालीन निवास में लौटने से बहुत पहले ही मैंने अपना भवन तैयार कर लिया था। मैं विचार कर रहा था कि क्या वह इस थिएटर से ख़ुश होंगे। मैं लोबसांग समतेन से इस बारे में उनकी राय जान सकता था। क्योंकि वह तो निश्चित रूप से पहले प्रदर्शन में मौजूद रहेंगे ही। दलाई लामा संभवतः भारतीय दूतावास के फ़िल्म-मैन को उपकरण चलाने के लिए बुलाएंगे। दूतावास अक्सर अपनी पार्टियों में भारतीय और अंग्रेज़ी फ़िल्में दिखाता था और यह देखकर ख़ुशी होती थी कि तिब्बती लोग इन प्रदर्शनों और विशेष रूप से विदेशों के दृश्यों को दिखाने वाली फ़िल्मों को बालसुलभ उत्साह के साथ देखते थे। सवाल यह था कि युवा शासक मेरी तैयार की गई फ़िल्मों पर कैसी प्रतिक्रिया देंगे।

मैं स्वाभाविक रूप से पोटाला से नोरबुलिंगका तक जुलूस देखने के लिए अपने सिने-कैमरे के साथ मौजूद था। मुझे समारोह को फ़िल्माने के लिए उपयुक्त स्थान खोजने में हमेशा की तरह कठिनाई हुई। लेकिन मेरे अटेंडेंट ने मेरा काम आसान कर दिया। वह बहुत हट्टा-कट्टा और ऊंचा-पूरा व्यक्ति था। उसने मेरे कैमरे संभाल लिए और भीड़ ने हमें अंदर जाने का रास्ता दे दिया। वह ना केवल भयावह दिख रहा था, बल्कि वास्तव में बहुत ही बहादुर व्यक्ति था। उसका एक किस्सा बताता हूं।

कभी-कभी ऐसा होता है कि तेंदुए भटककर ल्हासा के बग़ीचों में आ जाते हैं। उन्हें मारा नहीं जाता, इसलिए लोग उन्हें जाल में फंसाने या किसी भी तरह के उपकरण से पकड़ने की कोशिश करते हैं। एक दिन एक तेंदुआ इस बग़ीचे में घुस गया। चारों तरफ़ से परेशान होकर और पैर में गोली लगने से

घायल होने के बाद उसे एक कोने में ले जाया गया। उसके पास जो भी जा रहा था, उस पर गुर्रा रहा था। उसकी लार बह रही थी। मेरे अटेंडेंट ने अचानक उसे अपने ख़ाली हाथों से पकड़ लिया और तब तक पकड़े रखा जब तक कि अन्य सैनिक एक बोरी लेकर नहीं आ गए। उन्होंने उसे जबरन उसमें डाल दिया। उस व्यक्ति के पंजे बुरी तरह से जख़्मी हो गए थे। इस तेंदुए को दलाई लामा के चिड़ियाघर में रखा गया, वहां वह जल्द ही मर गया।

जब दलाई लामा की पालकी मेरे पास से गुज़री और उन्होंने मुझे फ़िल्म बनाते हुए देखा तो मुस्कराए। मेरा निजी विचार था कि वह अपने छोटे-से सिनेमा के लिए ख़ुद को बधाई दे रहे थे, लेकिन मुझे यक़ीन है कि किसी और ने मेरी तरह नहीं सोचा होगा। हालांकि एक एकाकी चौदह वर्षीय नौजवान के लिए इससे अधिक स्वाभाविक क्या हो सकता है? फिर मेरे अटेंडेंट के विनम्र और उल्लासित चेहरे को देखकर मुझे याद आया कि मेरे अलावा बाक़ी सभी के लिए वह एक एकाकी लड़का नहीं, बल्कि एक भगवान था।

15

दलाई लामा का शिक्षक

कुंडीन के साथ आमने -सामने-दलाई लामा का दोस्त और शिक्षक-तिब्बत को लाल चीन की धमकी-भूकंप और अन्य अपशकुन

नॉरबुलिंगका में दृश्यों को फ़िल्माने के बाद मैं धीरे-धीरे घर की ओर बढ़ रहा था। मैंने ल्हासा जने के लिए एक छोटा रास्ता पकड़ा था। तभी मुझे एक उत्साहित बॉडीगार्ड सैनिक ने रोककर बताया कि मेरी तलाश हो रही थी और मुझे एक बार फिर समर गार्डन की ओर जाना होगा। मेरे दिमाग़ में पहला विचार तो यही आया कि शायद सिनेमा उपकरण ख़राब हो गया होगा। क्योंकि मैं तो कल्पना भी नहीं कर सकता था कि युवा शासक, जो अभी नाबालिग ही हैं, सभी परंपराओं को किनारे करते हुए मुझे मिलने के लिए बुलाएंगे। मैं तुरंत पीछे मुड़ा और जल्द ही नोरबुलिंगका में वापस पहुंच गया, जहां सारा वातावरण शांत और स्थिर हो चुका था। पीले दरवाज़े पर दो भिक्षु मेरा इंतज़ार कर रहे थे। जैसे ही उन्होंने मुझे देखा कि उन्होंने मुझे जल्दी-जल्दी क़दम बढ़ाने का संकेत दिया और जब मैं उनके पास पहुंचा तो उन्होंने मुझे अंदर वाले बग़ीचे में पहुंचाया। वहां लोबसंग समतेन मेरी प्रतीक्षा कर रहे थे। उन्होंने मुझसे फुसफुसाकर कुछ कहा और मेरे हाथ में एक सफ़ेद स्कार्फ़ थमा दिया। इसके बारे में मुझे कोई संदेह नहीं था। मुझे उनके भाई से मिलना था।

मैं तुरंत सिनेमा की ओर बढ़ा, लेकिन जैसे ही दरवाज़ा खोलकर अंदर जाने लगा, अपने सामने जीवित बुद्ध को खड़ा पाया। मैं आश्चर्यचकित था, लेकिन तुरंत बड़ी विनम्रता से झुका और उन्हें भेंटस्वरूप स्कार्फ़ दिया। उन्होंने इसे लेकर अपने बांए हाथ में पकड़ा और बड़े उत्साह से दायां हाथ आशीर्वाद के लिए उठा दिया। ये हाथ उठाकर औपचारिक आशीर्वाद देने की क्रिया से अधिक उस नौजवान की भावनाओं की तीव्र अभिव्यक्ति अधिक लग रही थी, जिसे अंततः बाहर निकलने का रास्ता मिल गया था। थिएटर में तीन मठाधीश सिर झुकाकर प्रतीक्षा की मुद्रा में खड़े थे। ये थे पवित्रता के संरक्षक। मैं उन सभी को अच्छी तरह से जानता था। उन्होंने मेरे अभिवादन का जिस बेरुख़ी से जवाब दिया, उसे मैंने अच्छी तरह से महसूस किया। निश्चित रूप से अपने कार्यक्षेत्र में वे मुझे घुसपैठ करने की इजाज़त नहीं देते, लेकिन उन्होंने दलाई लामा की इच्छा का विरोध करने की खुले तौर पर हिम्मत नहीं दिखाई।

युवा शासक का रवैया बहुत सौहार्दपूर्ण था। उसके चेहरे पर मुस्कान थी और उसने एक के बाद एक कई सवाल पूछे। वह मुझे ऐसा व्यक्ति लगा जो वर्षों से एकांत में अलग-अलग समस्याओं पर विचार कर रहा था और अब जब उसके पास बात करने के लिए कोई था, तो वह एक ही बार में उन सभी सवालों के जवाब जान लेना चाहता था। इस युवा शासक ने मुझे जवाब सोचने का समय भी नहीं दिया, बल्कि मुझे प्रोजेक्टर पर जाने और उस फ़िल्म को चलाने का दबाव डाला जिसे वह लंबे समय से देखना चाहता था। यह जापान के आत्मसमर्पण की एक डॉक्यूमेंट्री फ़िल्म थी। वह मेरे साथ उपकरण के पास आ गए और मठाधीशों को दर्शकदीर्घा में बैठने के लिए थिएटर में भेज दिया।

उस नौजवान को ऐसा लगा कि मैं प्रोजेक्टर चलाने के मामले में अनाड़ी हूं, क्योंकि उसने अधीरता से मुझे एक तरफ़ धकेल दिया और फ़िल्म को पकड़कर मुझे दिखाया। लगा कि वह मुझसे कहीं अधिक अनुभवी ऑपरेटर है। उन्होंने मुझे बताया कि वह पूरी सर्दी इस प्रोजेक्टर को चलाने का तरीक़ा सीखने में व्यस्त थे। उन्होंने प्रोजेक्टर के पुर्ज़े-पुर्ज़े अलग करके उन्हें दोबारा जोड़कर दिखाया। मैंने तब पहली बार देखा कि वह चीज़ों को हल्के में लेने के

बजाय उनकी तह तक जाना पसंद करते थे। और इसीलिए, बाद में कई अच्छे पिताओं की तरह जो अपने बेटे का सम्मान अर्जित करना चाहते हैं, मैं अक्सर शाम को अपनी जानकारियों को दोहराने, नई जानकारियां हासिल करने के लिए अध्ययन करता था। मैंने हर सवाल को गंभीरता और वैज्ञानिक रूप से समझने की पूरी कोशिश की, क्योंकि मैं यह अच्छी तरह जानता था कि मेरे जवाब पश्चिमी दुनिया के बारे में उसके ज्ञान का आधार बनेंगे।

तकनीकी चीज़ों की समझ को लेकर उनकी प्रतिभा ने मुझे हमारी पहली मुलाक़ात में ही चकित कर दिया था। चौदह साल के एक लड़के के लिए प्रोजेक्टर को अलग-अलग करना और फिर बिना किसी मदद के उसे फिर से जोड़ देना एक शानदार प्रदर्शन था। इसलिए भी क्योंकि, वह अंग्रेज़ी प्रॉस्पेक्टस नहीं पढ़ सकता था। अब जबकि फ़िल्म अच्छी तरह से चल रही थी, वह व्यवस्थाओं से बहुत ख़ुश थे पर मेरे काम की खुलकर तारीफ़ नहीं कर सकते थे। हम प्रोजेक्टिंग-रूम में साथ बैठे और दीवार में बने छेदों से पिक्चर को देखा। उन्होंने जो कुछ देखा और सुना, उसमें उन्हें बहुत आनंद आया। वह अक्सर उत्साहित होकर मेरे हाथों को पकड़ लेते थे। वह जीवन में पहली बार किसी गोरे आदमी के साथ अकेले बैठे थे, लेकिन वह किसी भी तरह से शर्मिंदा नहीं थे, ना ही शरमा रहे थे। जब वह अगली फ़िल्म लगाने लगे तो मेरे हाथों में माइक्रोफ़ोन थमा दिया और ज़ोर देकर कहा कि मैं उसमें कुछ बोलूं। उसी समय उन्होंने छेद से झांककर थिएटर में देखा, वहां उनके शिक्षक कालीन पर बैठे थे। मैं देख सकता था कि वह लाउडस्पीकर से अचानक आवाज़ आने पर योग्य मठाधीशों के आश्चर्यचकित चेहरों को देखने के लिए कितने उत्सुक थे। मैं उसे निराश नहीं करना चाहता था इसलिए मैंने कल्पित दर्शकों को अपनी सीटों पर बैठे रहने के लिए कहा, क्योंकि हम तिब्बत के सनसनीखेज़ दृश्यों वाली अगली फ़िल्म पेश करने वाले थे। जब उन्होंने मेरी उल्लसित, बेक़द्री भरी आवाज़ सुनी तो भिक्षुओं के हैरान और परेशान चेहरों को देखकर वह ज़ोर से हँसे। दिव्य शासक की उपस्थिति में अब तक ऐसी हल्की-फुल्की, अनौपचारिक भाषा का इस्तेमाल कभी नहीं किया गया था। शासक की प्रफुल्लित आंखें बता रही थी कि वह इस स्थिति का कितना आनंद ले रहे थे।

उन्होंने मुझे ल्हासा में बनाई गई फ़िल्म को चलाने के लिए कहा। वे स्विच पर ध्यान दे रहे थे। परिणाम देखने के लिए मैं भी उनके जैसा ही उत्सुक था, क्योंकि यह मेरी पहली फ़ुललेंथ फ़िल्म थी। जानकार लोगों को इसमें खामियां दिख सकती थीं, लेकिन हमें यह काफ़ी संतोषजनक लगी। इसमें 'छोटे' नववर्ष उत्सव के दौरान खींची गई तसवीरें थीं। चमकती स्क्रीन पर जब मठाधीश ने अपने आपको देखा तो वे भी मर्यादा भूल गए। इस समारोह के दौरान सो रहे एक मंत्री की तसवीर जब स्क्रीन पर दिखाई दी तो हँसी फूट पड़ी। उनकी हँसी में कोई दुर्भावना नहीं थी, क्योंकि हर मठाधीश कभी-कभी लगातार चलने वाले उत्सवों के दौरान जागते रहना पड़ता था और इस दौरान उन्हें नींद आना स्वाभाविक था। फिर भी उच्च वर्ग को पता चल गया होगा कि दलाई लामा ने अपने मंत्री की कमज़ोरी देख ली है, क्योंकि बाद में जब भी मैं अपने कैमरे के साथ दिखाई दिया, तो सभी ठीक से बैठकर पोज़ देने लगे थे।

बाक़ी लोगों से अधिक दलाई लामा ने इन तसवीरों का आनंद लिया। उनकी सामान्य धीमी चाल तेज़ और जीवंत हो गई। उन्होंने हर तसवीर पर उत्साहपूर्वक टिप्पणी की। थोड़ी देर बाद मैंने उनसे उस फ़िल्म को चलाने कहा जो उन्होंने ख़ुद बनाई थी। उन्होंने बहुत विनम्रता से कहा कि इन फ़िल्मों को देखने के बाद वह अब अपने नौसिखिया प्रयासों को नहीं दिखाना चाहेंगे। लेकिन मैं यह देखने के लिए उत्सुक था कि उन्होंने फ़िल्मांकन के लिए कौन से विषय चुने हैं और मैंने उन्हें अपने रोल स्क्रीन पर दिखाने के लिए राज़ी कर लिया। बेशक, उनके पास विषयों का बहुत बड़ा विकल्प नहीं था। उन्होंने ल्हासा की घाटी का एक व्यापक लैंडस्केप बनाया था। इस फ़िल्म को उन्होंने बहुत तेज़ी से आगे बढ़ा दिया। फिर गांव से गुज़रते हुए घुड़सवार कुलीनों और काफ़िलों की कुछ कम रोशनी वाली तसवीरें आंईं। उनके रसोइए का नज़दीक से लिया गया चित्र दिखाता है कि उन्हें फ़िल्म पोर्ट्रेट लेना पसंद था। उन्होंने मुझे जो फ़िल्म दिखाई थी, वह बिलकुल उनका पहला प्रयास था और बिना किसी निर्देश या मदद के बनाया गया था। जब यह ख़त्म हो गया तो उन्होंने मुझे माइक्रोफ़ोन पर यह घोषणा करने के लिए कहा कि प्रदर्शन समाप्त हो गया है। फिर उन्होंने थिएटर में जाने वाला दरवाज़ा खोला, मठाधीशों से कहा

कि अब वे जा सकते हैं और हाथ हिलाकर उन्हें विदा कर दिया। मैं समझ गया कि वह दूसरे के निर्देशों पर चलने वाली कठपुतली नहीं थे। बल्कि एक दृढ़ इच्छाशक्ति वाला व्यक्ति था, जो दूसरों को निर्देश दे सकता था।

जब हम अकेले थे तो हमने फ़िल्में हटा दीं और मशीनों पर पीले कवर चढ़ा दिए। फिर हम थिएटर में एक शानदार कालीन पर बैठ गए, जहां खुली खिड़कियों से सूरज की रोशनी आ रही थी। यह सौभाग्य की बात थी कि मुझे बहुत पहले से ही पालथी मारकर बैठने की आदत थी, क्योंकि दलाई लामा के घर के फ़र्नीचर में कुर्सियां और कुशन नहीं हैं। शुरू में तो मैं उनके द्वारा दिए गए बैठने के निमंत्रण को अस्वीकार करना चाहता था। मैं जानता था कि मंत्रियों को भी उनकी उपस्थिति में नहीं बैठना चाहिए, लेकिन उन्होंने मेरी आस्तीन पकड़कर नीचे बिठा दिया, जिससे मेरी शंका दूर हो गई।

उन्होंने मुझे बताया कि वे इस मीटिंग की योजना लंबे समय से बना रहे थे, क्योंकि उन्हें बाहरी दुनिया से परिचित होने का कोई और तरीक़ा नहीं सूझ रहा था। उन्हें जानते थे कि रीजेंट आपत्ति जताएंगे, लेकिन वे दृढ़ थे और विरोध की स्थिति में उन्होंने जवाब देने का मन बना लिया था। वे विशुद्ध धार्मिक विषयों से आगे भी अपने ज्ञान को बढ़ाने के लिए दृढ़ संकल्प थे और उन्हें लगा कि मैं ही एकमात्र व्यक्ति हूं जो इसमें उनकी मदद कर सकता है। उन्हें नहीं पता था कि मैं एक योग्य शिक्षक भी हूं और अगर उन्हें यह पता होता तो शायद वह इतने प्रभावित ना होते। उन्होंने मेरी उम्र पूछी और यह जानकर आश्चर्यचकित हुए कि मैं केवल सैंतीस वर्ष का था। कई तिब्बतियों की तरह उन्हें भी लगा कि मेरे 'पीले' बाल मेरी बड़ी उम्र की निशानी हैं। उन्होंने बालसुलभ जिज्ञासा के साथ मेरे चेहरे की विशेषताओं पर ग़ौर किया और मेरी लंबी नाक को लेकर मुझे चिढ़ाया भी। हालांकि मेरी नाक सामान्य आकार की थी, लेकिन अक्सर छोटी नाक वाले मंगोलों का ध्यान खींचती थी। अंत में उन्होंने देखा कि मेरे हाथों के पीछे बाल उग रहे थे और एक बड़ी मुस्कान के साथ बोले, 'हाइनरिक,आप बंदर की तरह बालदार हैं।' मेरे पास उत्तर तैयार था, क्योंकि मुझे वह किंवदंती मालूम थी कि तिब्बती लोग मानते हैं कि उनकी उत्पत्ति देवता चेनरेज़ी और एक महिला राक्षसी के मिलन से हुई है। अपनी राक्षसी प्रेमिका के साथ संबंध बनाने से पहले चेनरेज़ी ने एक बंदर

का रूप धारण कर लिया था और चूंकि दलाई लामा इस देवता के अवतारों में से एक हैं, इसलिए मुझे लगा कि मेरी तुलना एक बंदर से करके उन्होंने वास्तव में मेरी चापलूसी की थी। इस तरह की टिप्पणियों से हम खुलकर बातचीत करने लगे और हमारे बीच झिझक नहीं रही। अब मुझे उनके व्यक्तित्व का आकर्षण नज़दीक से महसूस हुआ, जिसका मैंने अपनी पहले की क्षणिक मुलाक़ातों में केवल अनुमान ही लगाया था। उनका रंग औसत तिब्बती की तुलना में बहुत साफ़ था। उनकी आंखें, जो अधिकांश यूरोपीय लोगों की आंखों से ज़्यादा छोटी नहीं थीं, अभिव्यक्ति, आकर्षण और जीवंतता से भरी थीं। उनके गाल उत्साह से चमक रहे थे। उनके कान उनके सिर से थोड़े बाहर निकले हुए थे। यह बुद्ध की एक विशेषता थी और, जैसा कि मैंने बाद में जाना, यह उन संकेतों में से एक था जिसके द्वारा इन्हें बचपन में एक अवतार के रूप में पहचाना गया था। उसके बाल सामान्य से अधिक लंबे थे। संभवतः वह पोटाला की ठंड से बचने के लिए बाल लंबे रखते थे। वह अपनी उम्र के हिसाब से कुछ अधिक लंबे थे और अपने माता-पिता के क़द के क़रीब लग रहे थे। उनके माता-पिता दोनों का ही व्यक्तित्व आकर्षक था। दुर्भाग्य से, अध्ययन के लिए लंबे समय तक झुककर बैठने के कारण उन्हें संतुलन बनाने में परेशानी होती थी। उसके हाथ बहुत सुंदर और कुलीनता को दर्शाने वाले ते। हाथों की अंगुलियां लंबी-लंबी थीं जो आम तौर पर शांति मुद्रा में रहती थीं। मैंने देखा कि जब मैं अपनी किसी बात पर ज़ोर देने के लिए कोई इशारा करता तो वह अक्सर आश्चर्य से मेरे हाथों की ओर देखते थे। इस तरह के हाव-भाव तिब्बतियों के लिए पूरी तरह से नई बात है। वह हमेशा भिक्षु वाले लाल वस्त्र पहनते थे। इसे एक बार बुद्ध ने निर्धारित किया था और उनकी वेशभूषा किसी भी तरह से मठ के अधिकारियों से अलग नहीं थी।

समय भाग रहा था। ऐसा लगा जैसे कोई बांध टूट गया हो। उन्होंने बहुत सारे प्रश्नों की झड़ी लगा दी। मैं यह देखकर हैरान था कि उनके पास पुस्तकों और अख़बारों से अर्जित कितना अधिक ज्ञान था। उनके पास दूसरे विश्व युद्ध के बारे में लिखी गई सात खंडों में एक अंग्रेज़ी पुस्तक थी, जिसका उन्होंने तिब्बती में अनुवाद करवाया था। वह विभिन्न प्रकार के हवाई जहाजों, कारों और टैंकों के बारे में जानते थे। चर्चिल, आइजनहावर और मोलोटोव

जैसे व्यक्तियों के बारे में उन्हें मालूम था, लेकिन चूंकि उनके पास उनके सवालों के जवाब देने वाला कोई नहीं था, इसलिए वह समझ नहीं पाते थे कि ये व्यक्ति और घटनाएं एक-दूसरे से कैसे जुड़ी हुई हैं। अब वह ख़ुश थे, क्योंकि उन्हें एक ऐसा व्यक्ति मिल गया था जिनके सामने वे ऐसे सवाल रख सकते थे, जिन्हें लेकर उनके मन में सालों से दुविधा थी।

दोपहर के लगभग तीन बजे होंगे, जब सोपोन खेंपो यह कहने के लिए आए कि भोजन का समय हो गया है। यह वह मठाधीश थे जिनका कर्तव्य था दलाई लामा के शारीरिक स्वास्थ्य का ध्यान रखना। जब उन्होंने अपना संदेश दिया, तो मैं तुरंत उठ खड़ा हुआ और विदा लेने के लिए तैयार हो गया, लेकिन राजा देवता ने मुझे फिर से नीचे खींचकर बिठा लिया और मठाधीश से कहा कि वह बाद में आएं। फिर उन्होंने बहुत विनम्रता से एक अभ्यास पुस्तिका निकाली जिसके कवर पर कई तरह के चित्र थे और मुझे अपना काम दिखाया। मुझे आश्चर्य हुआ कि वह लैटिन वर्णमाला के कैपिटल अक्षर लिख रहे थे। कितनी बहुमुखी प्रतिभा और कितने प्रयास! कठोर धार्मिक अध्ययन, जटिल यांत्रिक उपकरणों में फेर-बदल, और अब आधुनिक भाषाएं! उन्होंने ज़ोर देकर कहा कि मैं तुरंत उन्हें अंग्रेज़ी सिखाना शुरू कर दूं, उच्चारण को सुंदर तिब्बती अक्षरों में लिखूं। एक और घंटा बीता होगा, जब सोपोन खेंपो फिर से आए और इस बार ज़ोर देकर कहा कि वह भोजन करें। उसके हाथ में केक, सफ़ेद ब्रेड और भेड़ के दूध से बने पनीर की एक प्लेट थी। यह खाना मेरे सामने रख दिया गया। जब मैंने लेने से मना करना चाहा तो खाने को एक सफ़ेद कपड़े में लपेटकर दे दिया गया, ताकि मैं उसे अपने घर ले जा सकूं।

लेकिन दलाई लामा अभी भी बातचीत को समाप्त नहीं करना चाहते थे। उन्होंने खाना परोसने वाले से थोड़ी देर और प्रतीक्षा करने की विनती की। मठाधीश सहमत हो गए और उन्हें प्यार भरी नज़र से देखते हुए हमसे विदा हो गए। मुझे लगा कि यह मठाधीश इस लड़के से उतना ही प्यार करते थे और उतने ही समर्पित थे, जैसे कि वह उसके पिता हों। इस सफ़ेद बालों वाले बुज़ुर्ग ने तेरहवें दलाई लामा की भी इसी हैसियत से सेवा की थी और अब भी सेवा में बने हुए थे। यह उनकी विश्वसनीयता और निष्ठा के लिए एक बड़ी आदरांजलि थी, क्योंकि तिब्बत में जब स्वामी बदलते हैं, तो नौकर भी बदल

जाते हैं। दलाई लामा ने सुझाव दिया कि मैं गर्मियों में नोरबुंगका में रहने वाले उनके परिवार से मिलूं। उन्होंने मुझसे कहा कि जब तक वह मुझे ना बुलाएं, मैं उनके घर पर ही प्रतीक्षा करूं। जब मैं उनके पास से उठा तो उन्होंने गर्मजोशी से मेरा हाथ मिलाया। यह उनकी एक नई भाव-भंगिमा थी।

ख़ाली पड़े हुए बग़ीचे से गुज़रते हुए और गेट को धकेलते हुए मुझे एहसास ही नहीं हुआ कि मैंने तिब्बत के राजा देवता के साथ पांच घंटे बिताए हैं। एक माली ने मेरे पीछे गेट बंद कर दिया और गार्ड ने थोड़ा आश्चर्य जताते हुए मुझे सलाम किया। मेरे आने के बाद कई गार्ड बदले जा चुके थे। मैं धीरे-धीरे ल्हासा की ओर लौट रहा था और अगर मैं अपने साथ खाने का सामान ना ले जा रहा होता, तो मुझे लगता कि यह सब एक सपना था। अगर मैंने अपने दोस्तों को बताया होता कि मैंने दलाई लामा के साथ अकेले में कई घंटे बातचीत की है, तो भला कौन मेरी बात का विश्वास करता?

बताने की ज़रूरत नहीं कि मुझे जो नई ज़िम्मेदारियां मिली थीं, उनसे मैं बहुत ख़ुश था। इस होशियार लड़के को-जो फ़्रांस, स्पेन और जर्मनी जैसे बड़े देश का शासक था-पश्चिमी दुनिया के ज्ञान-विज्ञान की शिक्षा देना एक सार्थक काम था।

उसी शाम मैंने कुछ रिव्यू देखे जिनमें जेट विमानों के निर्माण के बारे में विवरण था। इनके बारे में मेरे युवा छात्र ने उस दिन मुझसे सवाल पूछे थे और इनके जवाब मेरे पास तब नहीं थे। मैंने अपने छात्र से वादा किया था कि अगली मुलाक़ात में मैं इस बारे में जानकारी दूंगा। मैं अपनी पाठ्य सामग्री तैयार करने में जुट गया था, क्योंकि मैं इस उत्साही छात्र के लिए एक शिक्षा प्रणाली बनाना चाहता था।

उनकी अतृप्त जिज्ञासा के कारण मुझे अपनी कमज़ोरियों का पता चला। उन्होंने ऐसे-ऐसे सवाल पूछे, जिनसे मेरे सामने नए-नए क्षेत्रों के द्वार खुल गए। इनमें से कई सवालों का जवाब मैं अपनी समझ के अनुसार ही दे सकता था। उदाहरण के लिए, परमाणु बम पर चर्चा करने के लिए मुझे उन्हें बम के तत्वों के बारे में बताना पड़ा। इससे धातुओं पर चर्चा शुरू हुई, जिसके

लिए तिब्बती में कोई सामान्य शब्द नहीं है, इसलिए मुझे धातुओं के विभिन्न प्रकारों के बारे में विस्तार से बताना पड़ा। एक ऐसा विषय जिसने, निश्चित रूप से, सवालों की झड़ी लगा दी।

ल्हासा में मेरे जीवन का अब एक नया अध्याय शुरू हो गया था। मेरे अस्तित्व का एक लक्ष्य निर्धारित हो गया था। मैं अब असंतुष्ट नहीं था। अधूरापन महसूस नहीं करता था। मैंने अपने पिछले ज़िम्मेदारियों को नहीं छोड़ा था। मैं अब भी मंत्रालय के लिए समाचार एकत्र करता था। मैं अब भी नक़्शे बनाता था। लेकिन अब दिन बहुत छोटे हो गए थे और मैं अक्सर देर रात तक काम करता था। मेरे पास मौज-मस्ती और शौक़ पूरे करने के लिए बहुत कम समय था, क्योंकि जब दलाई लामा मुझे बुलाते थे, तो मुझे ख़ाली रहना पड़ता था। सुबह पार्टियों में जाना बंद कर दिया था। लेकिन यह कोई त्याग नहीं था। मैं इस बात से ख़ुश था कि मेरे जीवन में एक लक्ष्य था। मैंने अपने छात्र के साथ जो घंटे बिताए, वे मेरे लिए उतने ही शिक्षाप्रद थे जितने उसके लिए। उसने मुझे तिब्बत के इतिहास और बुद्ध की शिक्षाओं के बारे में बहुत कुछ सिखाया, वह इन विषयों का असली विशेषज्ञ था। हम अक्सर धार्मिक विषयों पर घंटों बहस करते थे और मेरे छात्र को पूरा विश्वास था कि वह मुझे बौद्ध धर्म में परिवर्तित करने में सफल हो जाएगा। उसने मुझे बताया कि वह प्राचीन रहस्यों का ज्ञान रखने वाली पुस्तकों का अध्ययन कर रहा था, जिनके द्वारा शरीर और आत्मा को अलग किया जा सकता है। तिब्बत का इतिहास ऐसे महापुरुषों की कहानियों से भरा पड़ा है जिनकी आत्माएं उनके भौतिक शरीर से सैकड़ों मील दूर जाकर कार्य करती थीं। दलाई लामा को पूरा विश्वास था कि अपनी आस्था के बल पर और निर्धारित अनुष्ठानों को करके वे साम्ये जैसे बहुत दूर स्थित स्थानों पर भी काम कर सकते हैं। जब उन्होंने पर्याप्त प्रगति कर ली, तो उन्होंने कहा कि वे मुझे वहां भेजेंगे और ल्हासा से मेरा मार्गदर्शन करेंगे। मुझे याद है कि मैंने उनसे हँसते हुए कहा था, 'ठीक है, कुंडीन, जब आप ऐसा कर सकेंगे, तो मैं भी बौद्ध बन जाऊंगा।'

दुर्भाग्य से हम इस प्रयोग को करने में कभी सफल नहीं हो पाए। हमारी दोस्ती की शुरुआत राजनीतिक बादलों में खो गई। पीकिंग रेडियो की आवाज़ और भी अहंकारी होती गई और चियांग काई-शेक अपनी सरकार के साथ

पहले ही फ़ार्मोसा वापस चले गए थे। ल्हासा में राष्ट्रीय असेंबली ने एक के बाद एक बैठकें कीं, नई सेनाएं बनाई गईं, शो गांव में परेड और सैन्य अभ्यास किए गए और दलाई लामा ने स्वयं सेना के नए ध्वजों को प्रतिष्ठित किया।

अंग्रेज़ी रेडियो विशेषज्ञ फ़ॉक्स के पास बहुत काम था, क्योंकि प्रत्येक सैन्य इकाई के पास कम से कम एक प्रसारण सेट होना आवश्यक था।

सभी महत्त्वपूर्ण राजनीतिक निर्णय लेने वाली तिब्बती राष्ट्रीय सभा पचास धर्मनिरपेक्ष और मठवासी अधिकारियों से बनी है। सभा की अध्यक्षता ड्रेबुंग, सेरा और गंडेन के चार मठाधीश करते हैं, जिनमें से प्रत्येक के साथ एक भिक्षु और एक वित्त सचिव जुड़ा होता है। राष्ट्रीय सभा के अन्य सदस्य, चाहे वे धर्मनिरपेक्ष हों या धार्मिक, अलग-अलग सरकारी कार्यालयों से संबंधित होते हैं, लेकिन चारों कैबिनेट मंत्रियों में से कोई भी इसका सदस्य नहीं होता है। प्रथा यह है कि मंत्रिमंडल को एक निकटवर्ती कक्ष में बैठक करनी चाहिए और सभा के सभी निर्णयों को बिना वीटो के देखना चाहिए। सभी प्रश्नों में अंतिम निर्णय दलाई लामा का होता है या, यदि वह अभी भी नाबालिग हैं, तो उनका स्थान रीजेंट लेते हैं। बेशक कोई भी ऐसे उच्च अधिकारी की ओर से आने वाले प्रस्ताव पर चर्चा करने की भी हिम्मत नहीं करेगा।

कुछ साल पहले तक तथाकथित महान राष्ट्रीय सभा हर साल बुलाई जाती थी। यह निकाय अधिकारियों के साथ-साथ दर्जी, राजमिस्त्री, बढ़ई जैसे शिल्पकारों के संघों के प्रतिनिधियों से बना था। लगभग पांच सौ लोगों की ये वार्षिक बैठकें तुरंत बंद कर दी गईं। क़ानून का पालन करने के अलावा इनका वास्तव में कोई महत्त्व नहीं था। वास्तव में रीजेंट की शक्ति सर्वोच्च थी।

इस कठिन दौर में अक्सर राज्य के ज्योतिषी से सलाह ली जाती थी। उनकी भविष्यवाणियां नकारात्मक होती थीं और उनसे लोगों का मनोबल नहीं बढ़ता था। वह कहते थे, 'उत्तर और पूर्व के एक शक्तिशाली दुश्मन से हमारी पवित्र भूमि को ख़तरा है।' या 'हमारा धर्म ख़तरे में है।' सभी परामर्श गुप्त रूप से होते थे, लेकिन भविष्यवाणियां लोगों तक पहुंच जाती थीं और कानाफूसी करने वालों द्वारा दूर-दूर तक फैल जाती थीं। युद्ध और संकट के समय में जैसा कि आम तौर पर होता है, पूरे शहर में तरह-तरह की अफ़वाहें

फैलने लगीं और दुश्मन की ताक़त बहुत अधिक बढ़ गई। ज्योतिषियों के दिन अच्छे चल रहे थे, क्योंकि ना केवल देश का भाग्य अधर में था, बल्कि हर कोई अपने व्यक्तिगत लाभ को ध्यान में रख रहा था। पहले से कहीं अधिक लोग देवताओं की शरण में जा रहे थे, शकुन-अपशकुन का विचार कर रहे थे और हर घटना को अच्छा या बुरा अर्थ दे रहे थे। दूरदर्शी लोगों ने पहले से ही अपने ख़ज़ाने दक्षिण या दूरदराज़ के इलाक़ों में भेजना शुरू कर दिया था। लेकिन आम लोगों का मानना था कि देवता उनकी मदद करेंगे और कोई न कोई चमत्कार देश को युद्ध से बचा लेगा।

राष्ट्रीय सभा अधिक गंभीरतापूर्वक विचार कर रही थी। उन्हें यह स्पष्ट हो गया था कि पृथकतावाद देश के लिए गंभीर ख़तरा है। विदेशी राज्यों के साथ कूटनीतिक संबंध स्थापित करने और पूरी दुनिया को यह बताने का समय आ गया था कि तिब्बत स्वतंत्र होना चाहता है। अब तक चीन का यह दावा कि तिब्बत उसका एक प्रांत है, बिना किसी विरोध के बना रहा था। समाचार-पत्र और ब्रॉडकास्टर्स देश के बारे में जो चाहें कह सकते थे, तिब्बत ने अपनी ओर से कोई उत्तर नहीं दिया। पूर्ण तटस्थता की अपनी नीति के अनुरूप सरकार ने दुनिया के सामने अपने विचार स्पष्ट करने से इनकार कर दिया था। अब इस रवैये के ख़तरे को पहचाना गया और लोगों ने प्रचार-प्रसार के महत्त्व को समझना शुरू कर दिया। हर दिन रेडियो ल्हासा तिब्बती, चीनी और अंग्रेज़ी भाषा में अपने विचार प्रसारित करता था। सरकार द्वारा बीजिंग, दिल्ली, वाशिंगटन और लंदन जाने के लिए मिशन नियुक्त किए गए थे। उनके सदस्य मठवासी अधिकारी और युवा कुलीन लोग थे जिन्होंने भारत में अंग्रेज़ी सीखी थी। लेकिन वे अपनी सरकार द्वारा निर्णय ना लेने और महाशक्तियों द्वारा अवरोध के कारण भारत से आगे कभी नहीं बढ़ पाए।

युवा दलाई लामा को स्थिति की गंभीरता का एहसास था, लेकिन उन्होंने शांतिपूर्ण परिणाम की उम्मीद करना बंद नहीं किया। अपनी यात्राओं के दौरान मैंने देखा कि भावी शासक राजनीतिक घटनाओं में कितनी गहरी दिलचस्पी रखते थे। हम हमेशा अपने छोटे-से सिनेमाघर में अकेले मिलते थे और मैं अक्सर छोटी-छोटी बातों से समझ पाता था कि उन्हें मेरे आने का कितना इंतज़ार रहता था। कभी-कभी वे ख़ुशी से झूमते हुए और अपना हाथ

बढ़ाते हुए बगीचे में दौड़कर मेरा अभिवादन करने आते थे। उनके प्रति मेरी गर्मजोशी और इस तथ्य के बावजूद कि वे मुझे अपना मित्र कहते थे, मैंने हमेशा तिब्बत के भावी राजा के प्रति सम्मान दिखाने का ध्यान रखा। उन्होंने मुझे अंग्रेज़ी, भूगोल और अंकगणित की शिक्षा देने का ज़िम्मा सौंपा था। इसके अलावा मुझे उनके सिनेमा की देखभाल करनी थी और उन्हें दुनिया की घटनाओं से अवगत कराना था। उन्होंने अपनी पहल पर मेरा वेतन बढ़ाया, हालांकि उन्हें अभी तक संवैधानिक रूप से आदेश देने का अधिकार नहीं था, उन्हें केवल यह इच्छा व्यक्त करनी थी कि आदेश का पालन किया जाए।

वह अपनी समझ की शक्ति, अपनी दृढ़ता और अपने परिश्रम से मुझे लगातार चकित करते रहते थे। जब मैं उन्हें होमवर्क के लिए अनुवाद करने के लिए दस वाक्य देता था, तो वह आमतौर पर बीस वाक्य तैयार करके लाते थे। वह भाषाएं सीखने में बहुत तेज़ थे, जैसा कि ज़्यादातर तिब्बती लोग होते हैं। उच्च वर्ग के लोगों और व्यापारियों के लिए मंगोलियन, चीनी, नेपाली और हिंदी बोलना काफ़ी आम बात है। मेरे शिष्य की सबसे बड़ी कठिनाई 'एफ़' अक्षर का उच्चारण करना था। यह अक्षर तिब्बती में नहीं होता है। चूंकि मेरी अंग्रेज़ी एकदम सही नहीं थी, इसलिए हम पोर्टेबल रेडियो पर अंग्रेज़ी समाचार सुनते थे और डिक्टेशन स्पीड से बोले गए अंशों का लाभ उठाते थे।

मुझे बताया गया था कि एक सरकारी दफ़्तर में सीलबंद बक्सों में अंग्रेज़ी स्कूल की किताबें रखी हुई थीं। मंत्रालय को निर्देश दिया गया और उसी दिन किताबें नोरबुलिंगका भेज दी गईं। हमने थिएटर में उनके लिए एक छोटी-सी लाइब्रेरी बनाई। मेरे शिष्य को इस खोज पर बहुत ख़ुशी हुई। जब मैंने उनके भीतर उत्साह और ज्ञान की प्यास को देखा तो मुझे अपने बचपन के बारे में सोचकर बहुत शर्मिंदगी महसूस हुई।

तेरहवें दलाई लामा की संपत्ति में कई अंग्रेज़ी किताबें और नक़्शे भी थे, लेकिन मैंने देखा कि वे बहुत नए लग रहे थे और ज़ाहिर तौर पर पढ़े नहीं गए थे। दिवंगत शासक ने भारत और चीन में अपनी लंबी यात्राओं के दौरान बहुत कुछ सीखा था और सर चार्ल्स बेल के साथ उनकी दोस्ती के कारण ही उन्हें पश्चिमी दुनिया के बारे में जानकारी मिली थी। मैं पहले से ही इस अंग्रेज़ के नाम से परिचित था और मैंने अपनी नज़रबंदी के दौरान उनकी किताबें भी

पढ़ी थीं। वह तिब्बती स्वतंत्रता के एक बड़े समर्थक थे। सिक्किम, तिब्बत और भूटान के राजनीतिक संपर्क अधिकारी के रूप में उन्होंने भारत के लिए अपनी लड़ाई के दौरान दलाई लामा को जाना था। यह दोनों व्यक्तियों के बीच घनिष्ठ मित्रता की शुरुआत थी, जो कई वर्षों तक चली। सर चार्ल्स बेल निस्संदेह दलाई लामा के संपर्क में आने वाले पहले श्वेत व्यक्ति थे।

मेरा युवा शिष्य अभी यात्रा करने की स्थिति में नहीं था, लेकिन इससे विश्व भूगोल में उसकी रुचि कम नहीं हुई। जल्दी ही भूगोल उसका पसंदीदा विषय बन गया। मैंने उसके लिए दुनिया के और एशिया तथा तिब्बत के बेहतरीन नक़्शे बनाए। हमारे पास एक ग्लोब था, जिसकी मदद से मैं उसे समझा पाया कि रेडियो न्यू यॉर्क ल्हासा से ग्यारह घंटे पीछे क्यों था। उसे जल्द ही सभी देशों में अपनापन महसूस होने लगा और वह काकेशस से उतना ही परिचित हो गया जितना हिमालय से। उसे इस बात पर विशेष रूप से गर्व था कि दुनिया की सबसे ऊंची चोटी उसकी सीमा पर थी और कई तिब्बतियों की तरह उसे यह जानकर आश्चर्य हुआ कि क्षेत्रफल में वह कई देशों से बड़ा था।

इस गर्मी में एक अप्रिय घटना के कारण हमारे पढ़ाई में व्यवधान आया। 15 अगस्त को एक भयंकर भूकंप ने पवित्र शहर में दहशत पैदा कर दी। एक और अपशकुन! लोग धूमकेतु के कारण पैदा हुए डर से अभी उबर भी नहीं पाए थे, जो पिछले साल आसमान में घोड़े की चमकती हुई पूंछ की तरह दिन-रात दिखाई दे रहा था। बुज़ुर्गों लोगों को याद था कि पिछला धूमकेतु चीन के साथ युद्ध लेकर आया था।

भूकंप पूरी तरह से अप्रत्याशित था, बिना किसी पूर्वसूचना के। ल्हासा के घर अचानक हिलने लगे और लगभग चालीस धमाके सुनाई दिए, जो निस्संदेह धरती की सतह में दरार के कारण हुए थे। साफ़ आसमान में पूर्व दिशा में एक बहुत बड़ी चमक दिखाई दे रही थी। झटके कई दिनों तक जारी रहे। भारतीय रेडियो ने तिब्बत की सीमा पर स्थित अपने असम प्रांत में भारी भूस्खलन की सूचना दी। पहाड़ और घाटियां विस्थापित हो गईं और ब्रह्मपुत्र ने भारी तबाही मचाई, क्योंकि एक पहाड़ ने टूटकर उसका मार्ग अवरुद्ध कर दिया था।

कुछ सप्ताह बाद ही ल्हासा को यह पता चल पाया कि तिब्बत में तबाही कितनी भयंकर थी। भूकंप का केंद्र दक्षिण तिब्बत में रहा होगा। सैकड़ों भिक्षु और भिक्षुणियां अपने चट्टानी मठों में दफ़न हो गए थे। नज़दीकी ज़िला अधिकारी तक इन मौतों की जानकारी देने वाला कोई नहीं बचा था। भवन ध्वस्त होकर खंडहर में तब्दील हो गए और मनुष्यों को मानो धरती के भीतर बैठे किसी राक्षस खींच लिया हो। वे धरती में समा गए।

अपशकुन होने लगे। राक्षस पैदा हो गए। एक सुबह पोटाला के किनारे पर खड़े पत्थर के स्तंभ की चोटी धराशायी हो गई। सरकार ने भिक्षुओं को जगह-जगह प्रार्थनाएं करने के लिए भेजा, लेकिन यह व्यर्थ था। और जब एक दिन भीषण गर्मी के मौसम में गिरजाघर पर एक परनाले से पानी बहने लगा तो ल्हासा के लोग डर से कांप उठे। बेशक, इन सभी घटनाओं का प्राकृतिक कारण था, लेकिन अगर तिब्बती लोग अपना अंधविश्वास छोड़ देते तो वे एक परिसंपत्ति भी खो देते। हमें यह याद रखना चाहिए कि अगर बुरे संकेत उन्हें डर से हतोत्साहित कर सकते हैं, तो अच्छे संकेत उन्हें ताक़त और आत्मविश्वास से भर देते हैं।

दलाई लामा को इन सभी भयावह घटनाओं के बारे में जानकारी दी जा रही थी। हालांकि वह अपने लोगों की तरह ही अंधविश्वासी थे, लेकिन वह हमेशा इन घटनाओं पर मेरे विचार जानने के लिए उत्सुक रहते थे। हमारे पास बातचीत के लिए विषयों की कभी कमी नहीं होती थी और हमारे पढ़ाई का समय बहुत कम होता था। वह वास्तव में अपना ख़ाली समय मेरे साथ बिताते थे और बहुत कम लोगों को पता था कि वह अपने इस समय का उपयोग आगे के अध्ययन के लिए कर रहे थे। वह अपने नियमित कार्यक्रम का नियमानुसार पालन करते थे। और अगर वह मेरे आने का ख़ुशी से इंतज़ार करते थे, तो उसी तरह जब उनकी घड़ी बताती कि हमारी बातचीत का समय समाप्त हो गया है और एक धर्म शिक्षक कहीं उनकी प्रतीक्षा कर रहा है, तुरंत ही रुक भी जाते थे।

एक बार मुझे संयोग से पता चला कि वह हमारी पढ़ाई को कितना महत्त्व देते थे। एक दिन कई समारोह होने थे। मुझे उम्मीद नहीं थी कि मुझे

नोरबुहंगका में बुलाया जाएगा और इसलिए मैं दोस्तों के साथ शहर के पास एक पहाड़ी पर टहलने चला गया। पर्यटन पर निकलने से पहले मैंने अपने मुलाज़िम से कहा कि अगर दलाई लामा मुझे बुलाएं तो वह मुझे आईने से संकेत दे। हमेशा की तरह हॉर्न बजने पर मुझे संकेत मिला और मैं पूरी गति से शहर की ओर वापस भागा। मेरा नौकर घाट पर घोड़े के साथ मेरा इंतज़ार कर रहा था, मैं घोड़े पर सवार होकर सरपट भागा। मैं दस मिनट देर से पहुंचा। दलाई लामा मुझसे मिलने के लिए दौड़ पड़े और उत्साह से मेरे दोनों हाथ पकड़ लिए, 'आपने इतनी देर कहां लगा दी? मैं बड़ी देर से आपकी प्रतीक्षा कर रहा था हेनरीग।' मैंने माफ़ी मांगी कि मेरी वजह से उन्हें परेशानी हुई। तभी मुझे एहसास हुआ कि ये घंटे उनके लिए कितने मायने रखते हैं। उसी दिन उनकी मां और सबसे छोटा भाई वहां मौजूद थे, और मैंने उन्हें दलाई लामा के पास मौजूद अस्सी फ़िल्मों में से एक फ़िल्म दिखाई। मां और बेटे को एक साथ देखना मेरे लिए बहुत अच्छा अनुभव था। मैं जानता था कि पुत्र को बुद्ध अवतार के रूप में आधिकारिक मान्यता मिलने के बाद से परिवार का उस पर बेटा या भाई होने का कोई अधिकार नहीं रह गया था। इस कारण से उनकी मां का आना एक तरह का आधिकारिक कार्यक्रम था, जिसमें वह अपने पूरे ताम-झाम के साथ और सज-संवरकर आई थीं। जब वह जाने लगीं तो उन्होंने पुत्र के सामने सिर नवाया और पुत्र ने आशीर्वाद देने के लिए अपना हाथ उनके सिर पर रखा। यह हाव-भाव इन दोनों व्यक्तियों के एक-दूसरे के साथ संबंध को अच्छी तरह से व्यक्त कर रहा था। माता को दोनों हाथों से आशीर्वाद भी नहीं मिला, जो केवल भिक्षुओं और उच्च अधिकारियों को दिया जाता था।

ऐसा बहुत कम ही हुआ कि जब हम साथ होते थे तो हमें किसी बात की चिंता होती थी। एक बार अंगरक्षक उनके पास एक महत्त्वपूर्ण पत्र लेकर आया। उस विशालकाय व्यक्ति ने शिष्टाचार के अनुसार तीन बार ज़मीन पर लेटकर उन्हें प्रणाम किया और फिर हांफते हुए उन्हें पत्र सौंपा। फिर वह कमरे से बाहर चला गया और अपने पीछे चुपचाप दरवाज़ा बंद कर लिया। ऐसे क्षणों में मैं बहुत सचेत रहता था कि कहीं मैं प्रोटोकॉल उल्लंघन तो नहीं कर रहा।

यह पत्र दलाई लामा के सबसे बड़े भाई, चीन के चिंगहाई प्रांत के कुंबुम के मठाधीश की ओर से आया था। वहां पहले से ही रेड्स सत्ता में थे और अब वे अपने भाई टैग्सेल रिम्पोछे के माध्यम से दलाई लामा को अपने पक्ष में लाने की उम्मीद कर रहे थे। पत्र में बताया गया था कि टैग्सेल ल्हासा के लिए निकल चुके हैं।

उसी दिन मैं दलाई लामा के परिवार से मिलने गया। जब मैं पहुंचा तो उनकी मां ने मुझे फटकारा। उनकी मां का प्यार इस बात को बहुत अच्छी तरह से समझ रहा था कि वह मुझ पर कितना निर्भर थे और मेरी प्रतीक्षा में ना जाने कितनी बार घड़ी देखी थी। मैंने उन्हें समझाया कि मैं समय पर क्यों नहीं आया और उन्हें यह समझा सका मेरी समय पर पहुंचने की वजह लापरवाही नहीं थी। जब मैं उनसे विदा हुआ तो उन्होंने मुझसे विनती की कि मैं कभी ना भूलूं कि उनके बेटे को अपने तरीक़े से आनंद लेने के कितने कम मौक़े मिले थे। यह शायद अच्छी बात थी कि मां ने ख़ुद देख लिया था कि दलाई लामा के लिए हमारे अभ्यास के घंटे कितने मायने रखते हैं। कुछ महीनों के बाद ल्हासा में हर कोई जानता था कि मैं दोपहर के समय कहां जा रहा हूं। जैसा कि अपेक्षित था, भिक्षुओं ने मेरे नियमित दौरे की आलोचना की, लेकिन उनकी मां अपने बेटे की इच्छाओं के लिए खड़ी रहीं।

अगली बार जब मैं पीले रंग के गेट से होकर बग़ीचे में पहुंचा तो मुझे लगा कि दलाई लामा अपनी छोटी-सी खिड़की से मुझे देख रहे हैं और ऐसा लग रहा था कि उन्होंने चश्मा पहना हुआ है। यह देखकर मैं हैरान रह गया ,क्योंकि मैंने उन्हें कभी चश्मा पहने नहीं देखा था। मेरे सवाल के जवाब में उन्होंने मुझे बताया कि पिछले कुछ समय से उनकी आंखों में दिक्कत हो रही थी और इसलिए उन्होंने पढ़ने-लिखने के लिए चश्मा पहनना शुरू कर दिया था। उनके भाई ने भारतीय दूतावास से उन्हें एक चश्मा दिलवाया था। शायद बचपन में ही उनकी आंखें ख़राब हो गई थीं, जब उनका एकमात्र आनंद ल्हासा में दूरबीन से घंटों देखना था। इसके अलावा पोटाला की शामों को लगातार पढ़ना और अध्ययन करना उनकी दृष्टि के लिए ठीक नहीं था। इस अवसर पर उन्होंने अपने मठवासी परिधान के ऊपर एक लाल जैकेट पहना हुआ था। उन्होंने इसे खुद डिज़ाइन किया था और इस पर उन्हें बहुत गर्व

था, लेकिन वह इसे केवल अपने ख़ाली समय में ही पहनते थे। इस परिधान की सबसे ख़ास बात यह थी कि इसमें जेबें थीं। तिब्बती परिधान में जेब नहीं होती, लेकिन डिज़ाइनर ने चित्रों और मेरी जैकेट में बनी जेबों को देखा था और महसूस किया था कि ये कितने उपयोगी हो सकती हैं। अब, अपनी उम्र के लड़कों की तरह वह अपने साथ चाकू, स्क्रू-ड्राइवर, मिठाई आदि ले जा सकते थे। वह अब अपनी जेबों में रंगीन पेंसिल और फ़ाउंटेन पेन भी रखते थे और निस्संदेह, ऐसी चीज़ों का आनंद लेने वाले वह पहले दलाई लामा थे। उन्हें कलाई घड़ियों और दीवार घड़ियों का संग्रह करने में भी बड़ी रुचि थी। कुछ घड़ियां उन्हें तेरहवें दलाई लामा से विरासत में मिली थीं। उनका पसंदीदा एक ओमेगा कैलेंडर-घड़ी थी जिसे उन्होंने अपने पैसों से ख़रीदा था। नाबालिग होने के दौरान वह केवल उन पैसों को ख़र्च कर सकते थे, जो उनके सिंहासन के नीचे चढ़ावे के रूप में छोड़े जाता थे। बाद में पोटाला के ख़ज़ाने के तिजोरियां उनके लिए खुलेंगी और तिब्बत के शासक के रूप में वह दुनिया के सबसे अमीर व्यक्तियों में से एक बन जाएंगे।

16

तिब्बत पर आक्रमण

'दलाई लामा को शक्ति दो' - अवतार को मान्यता – रेड्स (चीन) ने तिब्बत पर आक्रमण किया - दलाई लामा के पलायन की तैयारी।

अब पहली बार लोगों ने सार्वजनिक रूप से यह कहते हुए सुना कि दलाई लामा की वयस्कता की घोषणा सामान्य आयु तक पहुंचने से पहले ही आधिकारिक रूप से कर दी जानी चाहिए। इस कठिन दौर में लोग चाहते थे कि सिंहासन पर एक युवा, बेदाग़ सम्राट बैठे और अब जनता को रीजेंट के इर्द-गिर्द मौजूद भ्रष्ट और अलोकप्रिय गुट की दया पर निर्भर ना रहना पड़े। वर्तमान शासन युद्ध थोपे जा रहे लोगों के लिए किसी भी तरह से मददगार साबित नहीं होगा।

लगभग इसी समय ल्हासा में कुछ अभूतपूर्व घटा। एक सुबह हमें नोरबुलिंगका की ओर जाने वाली सड़क की दीवारों पर पोस्टर लगे मिले, जिन पर लिखा था, 'दलाई लामा को सत्ता दो।' इस अपील के समर्थन में रीजेंट के पसंदीदा लोगों के ख़िलाफ़ आरोपों का एक सिलसिला शुरू हो गया। स्वाभाविक रूप से मैंने महामहिम के साथ अपनी अगली मुलाक़ात में इन पोस्टरों के बारे में बात की। उन्होंने अपने भाई से इसके बारे में पहले ही सुन लिया था। यह अनुमान लगाया गया कि सेरा के भिक्षुओं ने यह काम किया होगा। हालात जिस तरह से बदल रहे थे उससे दलाई लामा बिलकुल भी ख़ुश नहीं थे। वह अपने आपको सिंहासन पर बैठने के उपयुक्त नहीं मानते थे। वह जानते थे कि उन्हें अभी भी बहुत कुछ सीखना है। इसी वजह से उन्होंने

पोस्टरों को अधिक महत्त्व नहीं दिया और हमारे अध्ययन कार्यक्रम को पूरा करने में अधिक रुचि ली। उनकी सबसे बड़ी चिंता यह थी कि क्या उनका ज्ञान उनकी उम्र के किसी पश्चिमी स्कूली लड़के के बराबर है, या क्या उन्हें यूरोप में पिछड़े तिब्बती के रूप में गिना जाएगा। मैं उन्हें पूरी ईमानदारी से आश्वस्त कर सकता था कि वह बुद्धि में औसत से ऊपर हैं और उनके लिए यूरोपीय लड़कों के अधिक ज्ञान हासिल करना संभव होगा। केवल दलाई लामा ही हीनभावना से ग्रस्त नहीं थे, बल्कि हम आम तिब्बतियों को भी यह कहते हुए सुनते हैं, 'हम कुछ नहीं जानते। हम बहुत मूर्ख हैं!' लेकिन निश्चित रूप से ऐसा नहीं है। तिब्बती लोग मंदबुद्धि नहीं हैं। और, ऐसा निर्णय देते समय वे शिक्षा और बुद्धिमत्ता के बीच अंतर करने में गड़बड़ी कर देते हैं।

भारतीय दूतावास की मदद से मैं समय-समय पर हमारे सिनेमा के लिए ड्रामा फ़िल्में ला रहा था। मैं दलाई लामा को ख़ुश करने के लिए एक शानदार और विस्तृत प्रदर्शन-सूची तैयार करना चाहता था। मुझे जो ड्रामा फ़िल्में मिलीं, उनमें से पहली हेनरी V थी और मैं यह देखने के लिए बहुत उत्सुक था कि युवा शासक की इस पर क्या प्रतिक्रिया होगी। उन्होंने अपने मठाधीशों को प्रदर्शन में उपस्थित रहने की अनुमति दी और जब अंधेरा हो गया, तो अंदर काम करने वाले माली और रसोइए भी थिएटर में आ गए। दर्शक थिएटर के फ़र्श पर कालीनों पर बैठे थे, जबकि दलाई लामा और मैं हमेशा की तरह सभागार से प्रक्षेपण कक्ष की ओर जाने वाली सीढ़ियों पर बैठे थे। जो कुछ बोला जा रहा था, मैं फुसफुसाते हुए उसका अनुवाद कर रहा था और उनके सवालों के जवाब देने की कोशिश भी कर रहा था। सौभाग्य से मैंने इसके लिए अपने आपको तैयार करने के लिए बड़ी मेहनत की थी, क्योंकि एक जर्मन के लिए शेक्सपियर की अंग्रेज़ी का तिब्बती में अनुवाद करना इतना आसान नहीं था। प्रेम दृश्यों को देखकर जनता को थोड़ी शर्मिंदगी महसूस हो रही थी। इन्हें अगली बार फ़िल्म को देखते समय मैंने काट दिया। कुंडीन पिक्चर को लेकर उत्साहित थे। उन्हें पांच महान व्यक्तियों में गहरी रुचि थी और उनकी रुचि राजाओं तक ही सीमित नहीं थी। वे सेनापतियों और विज्ञान से जुड़े महान लोगों के बारे में सब कुछ जानना चाहते थे और उनके उपलब्धियों का अध्ययन करना चाहते थे। उन्होंने महात्मा गांधी के बारे में एक

डॉक्यूमेंट्री फ़िल्म कई बार देखी। महात्मा को तिब्बत में बहुत सम्मान दिया जाता था।

मैं उनकी पसंद को समझने लगा था। एक बार जब हम फ़िल्मों का चयन कर रहे थे, तो उन्होंने हास्य और विशुद्ध रूप से मनोरंजक फ़िल्मों को एक तरफ़ रख दिया और उनकी जगह दूसरी फ़िल्में लाने के लिए कहा। उनकी रुचि शैक्षिक, सैन्य और सांस्कृतिक पिक्चरों में थी। एक बार मैंने उन्हें घोड़ों के विषय में एक सुंदर फ़िल्म दिखाकर ख़ुश करने का विचार किया, लेकिन उन्हें यह विषय पसंद नही आया। उन्होंने कहा, 'यह अजीब बात है कि पूर्व सत्ता (जिसका अर्थ तेरहवें दलाई लामा था) घोड़ों का इतनी शौक़ीन थी और घोड़े मेरे लिए बहुत मायने नहीं रखते हैं।'

इस समय वह बहुत तेज़ी से प्रगति कर रहे थे और संक्रमणकालीन उम्र के लक्षण भी प्रदर्शित हो रहे थे। एक बार उनसे एक्सपोज़र-मीटर गिर गया और इस पर वह उतने ही दुखी हुए, जितना एक ग़रीब बच्चा अपना एकमात्र खिलौना तोड़कर दुखी होता है। मुझे उन्हें याद दिलाना पड़ा कि वह एक महान राज्य के शासक हैं और वह जितने चाहे उतने एक्सपोज़र-मीटर ख़रीद सकते हैं। उसकी विनम्रता मेरे लिए हमेशा आश्चर्य का विषय थी। एक अमीर व्यापारी का औसत बच्चा निश्चित रूप से उनसे कहीं अधिक बिगड़ा हुआ होगा। उनका जीवन जीने का तरीक़ा तपस्वियों की तरह और एकांतप्रिय था। अक्सर वह उपवास और मौन रहकर दिन बताते थे।

उनके बड़े भाई लोबसंग समतेन एकमात्र व्यक्ति थे जिनके साथ वह खुलकर रह सकते थे, लेकिन वह मानसिक रूप से बहुत कम विकसित थे। पढ़ाई की शुरुआत में दलाई लामा ने अपने भाई को भी हमारे साथ पर ज़ोर दिया था, लेकिन लोबसंग के लिए यह बाध्यता एक पीड़ा थी और वह लगातार अनुपस्थित रहते और मुझसे इसके लिए बहाने बनाने के लिए कहते। उन्होंने स्वीकार किया कि वह हमारी बातचीत को बहुत मुश्क़िल से समझ पाते थे और उन्हें जागते रहने के लिए बड़ा संघर्ष करना पड़ता था। दूसरी ओर, उन्हें सरकारी कामकाज की बहुत अधिक व्यावहारिक समझ थी और वह अपने भाई को उनके आधिकारिक कर्तव्यों को पूरा करने में मदद करने में बहुत सक्षम थे।

कुंडीन ने अपने भाई के बार-बार बनाए जाने वाले बहानों को स्वीकार कर लिया। मुझे आश्चर्य हुआ, क्योंकि लोबसंग ने मुझे बताया था कि कुंडीन बचपन में कितने गुस्सैल स्वभाव के थे। पर अब इस दुर्गुण का कोई निशान नहीं बचा था। वास्तव में वह अपनी उम्र के हिसाब से बहुत अधिक संयमित और गंभीर थे। लेकिन जब हँसते, तो किसी भी सामान्य बच्चे की तरह दिल खोलकर हँसते थे और उन्हें शालीन चुटकुले बहुत पसंद थे। कभी-कभी वह मेरे साथ मुक्केबाज़ी करने का नाटक करते थे और अक्सर मुझे चिढ़ाकर ख़ुश होते थे।

पश्चिमी विचारों को ख़ुले दिल से स्वीकारने के बावजूद उन्हें अपने कार्यालय की सदियों पुरानी परंपराओं का पालन करना था। दलाई लामा को निजी इस्तेमाल के लिए दी जाने वाली सभी वस्तुओं को बीमारियों के विरुद्ध सर्वोच्च उपचार या बुरी आत्माओं के ख़िलाफ़ ताबीज़ माना जाता था। महामहिम की रसोई से मैं जो केक और फल अपने साथ घर लाता था, उसे पाने के लिए बहुत प्रतिस्पर्धा होती थी। और मैं अपने दोस्तों के साथ इन चीज़ों को साझा करके उन्हें खुशियां देना चाहता था।

मैं जानता था कि युवा राजा के मन में अपने लोगों को अंधकारमय अंधविश्वास के कोहरे से बाहर निकालने की कितनी तीव्र इच्छा थी। हम ज्ञानोदय और भविष्य के सुधारों के बारे में बहुत सारे सपने देखते और उनके बारे में बातें करते थे। हमने पहले ही एक योजना बना ली थी। हमने तिब्बत में छोटे, तटस्थ देशों से ऐसे विशेषज्ञों को बुलाने का प्रस्ताव रखा, जिनकी एशिया में कोई रुचि नहीं थी। उनकी मदद से हम शिक्षा और सार्वजनिक स्वास्थ्य की व्यवस्थाएं बनाना चाहते थे और काम को आगे बढ़ाने के लिए तिब्बतियों को प्रशिक्षित भी करना चाहते थे। मेरे मित्र औफ़्शनाइटर के लिए एक बड़ा काम आरक्षित था। तिब्बत में एक कृषि इंजीनियर के रूप में उनके पास अपने जीवन के बाक़ी हिस्से के लिए करने के लिए बहुत कुछ था। वह खुद इन विचारों से उत्साही थे और यहां काम करते रहने से बेहतर उनके लिए कुछ नहीं था। जहां तक मेरा सवाल है, मैं खुद को शिक्षा के कार्य में समर्पित करना चाहता था और अपने विभिन्न संकायों के साथ एक विश्वविद्यालय बनाने सपना देखता था। लेकिन भविष्य में हमारे सपनों के साकार होने की

कोई संभावना नहीं थी, और औफ़्शनाइटर और मेरी दृष्टि इतनी स्पष्ट थी कि हम झूठी उम्मीदों के सहारे जीना नहीं चाहते थे। यह अवश्यंभावी था कि चीन तिब्बत पर आक्रमण करेगा और फिर तिब्बती स्वतंत्रता के हिमायती हम दो मित्रों के लिए वहां कोई जगह नहीं होगी।

जब हम दोनों के घनिष्ठ संबंध बन गए तो मैंने कुंडीन अवतार के रूप में अपनी मान्यता के बारे में कुछ जानना चाहा। मुझे पहले से ही पता था कि उनका जन्म 6 जून, 1935 को कुकू-नोर झील के पड़ोस वाले गांव में हुआ था। उनके जन्मदिन पर बधाई देने वाला मैं एकमात्र व्यक्ति था। तिब्बत में जन्मदिन की तिथि का महत्त्व नहीं है। कई लोगों को तो उनके जन्म की तिथियां याद भी नहीं हैं, उत्सव मनाने का सवाल ही नहीं। लोगों को अपने राजा के जन्म की तारीख़ में बिलकुल भी दिलचस्पी नहीं है। माना जाता है कि कृपा के देवता चेनरेज़ी धरती पर उनके राजा के रूप में पुनर्जन्म लेते हैं। चेनरेज़ी हज़ार जीवित बुद्धों में से एक हैं, जिन्होंने मानव जाति की मदद करने के लिए निर्वाण लिया है। चेनरेज़ी तिब्बत के संरक्षक देवता थे और मान्यता है कि उनका पुनर्जन्म हमेशा बो(तिब्बत) के राजा के रूप में होता है। बौद्ध धर्म अपनाने वाले मंगोलियाई शासक अल्तान ख़ान ने अवतारों को दलाई लामा की उपाधि दी। वर्तमान दलाई लामा चौदहवें अवतार थे। लोग उन्हें राजा के बजाय जीवित बुद्ध मानते थे, और अपनी प्रार्थनाएं उन्हें शासक के रूप में नहीं बल्कि देश के संरक्षक देवता के रूप में समर्पित करते थे।

युवा राजा के लिए लोगों की मांगों को पूरा करना आसान नहीं था। वह जानते थे कि उनसे दैवीय निर्णय देने की अपेक्षा की जाती है और वह जो आदेश देते हैं और जो करते हैं उसे अचूक माना जाता है और वह ऐतिहासिक परंपरा का हिस्सा बन जाएगा। तिब्बत का युवा राजा पहले से ही सप्ताह भर के ध्यान और गहन धार्मिक अध्ययन के माध्यम से अपने पद के भारी कर्तव्यों को निभाने के लिए अपने आपको तैयार करने का प्रयास कर रहा था। तेरहवें अवतार की तुलना में उनमें आत्मविश्वास की कमी थी। त्सारोंग ने एक बार मुझे दिवंगत शासक के दबंग चरित्र का उदाहरण दिया। वह नए क़ानून बनाना चाहते थे, लेकिन उन्हें अपने रूढ़िवादी साथियों से तीव्र विरोध का

सामना करना पड़ा। विरोध के लिए इन लोगों ने उन्हें पांचवें दलाई लामा के कथनों को उद्धृत किया। जिस पर तेरहवें दलाई लामा ने पूछा, 'और पांचवीं काया कौन थी?' इस पर भिक्षु उनके सामने दंडवत हो गए, क्योंकि उनके उत्तर ने उन्हें अवाक कर दिया था। एक अवतार के रूप में, वह निश्चित रूप से ना केवल तेरहवें बल्कि पांचवें और अन्य सभी दलाई लामा भी थे। जब मैंने यह कहानी सुनी तो मेरे मन में यह बात आई कि तिब्बत कितना भाग्यशाली रहा कि उसे नीरो या इवान द टेरिबल जैसा शासक कभी नहीं मिला। लेकिन एक तिब्बती के मन में ऐसा विचार कभी नहीं आ सकता, क्योंकि कृपा के देवता का अवतार अच्छाई ही तो हो सकती है।

दलाई लामा मेरे इस सवाल का कोई संतोषजनक जवाब नहीं दे पाए कि उन्हें कैसे खोजा गया। जब यह घटना हुई तब वे बहुत छोटे थे और उन्हें इस घटना की धुंधली-सी याद थी। जब उन्होंने देखा कि मैं इस मामले में गहरी दिलचस्पी रखता हूं, तो उन्होंने मुझे सलाह दी कि मैं उनकी पहचान के समय मौजूद किसी महानुभाव से पूछूं।

इस घटना के कुछ जीवित प्रत्यक्षदर्शियों में से एक सेना के कमांडर-इन-चीफ़, दज़ाज़ा किनसांगत्से थे। एक शाम उन्होंने मुझे इस रहस्यमयी घटना के बारे में बताया। 1933 में मृत्यु से कुछ समय पहले तेरहवें दलाई लामा ने अपने पुनर्जन्म के संकेत दिए थे। उनकी मृत्यु के बाद, उनका शरीर पारंपरिक बुद्ध-मुद्रा में पोटाला में दक्षिण की ओर रखा गया था। एक सुबह यह देखा गया कि उनका सिर पूर्व की ओर मुड़ा हुआ था। राज ज्योतिषी से तुरंत सलाह ली गई और समाधिस्थ भिक्षु ज्योतिषी ने उगते सूरज की दिशा में एक सफ़ेद दुपट्टा फेंका। लेकिन दो साल तक कुछ भी निश्चित संकेत नहीं मिला। फिर सलाह लेने के लिए रीजेंट एक प्रसिद्ध झील की तीर्थयात्रा पर निकले। ऐसा कहा जाता है कि चो खोर ग्ये के पानी में व्यक्ति को भविष्य दिखाई देता है। लंबी प्रार्थना के बाद जब रीजेंट पानी के पास पहुंचे और उसके दर्पण में देखा तो उन्हें सुनहरे छतों वाला एक तीन मंज़िला मठ दिखाई दिया। इसके पास नक़्क़ाशीदारी एक छोटा-सी झोपड़ी थी। दिव्य निर्देश के लिए कृतज्ञता से भरे हुए रीजेंट ल्हासा लौट आए और खोज की तैयारी में जुट गए। पूरे देश ने इस काम में गहरी दिलचस्पी दिखाई। क्योंकि किसी दिव्य

संरक्षक की अनुपस्थिति में देश अनाथ महसूस कर रहा था। हमारे यहां आम तौर पर माना जाता है कि प्रत्येक पुनर्जन्म पूर्ववर्ती की मृत्यु के क्षण में ही होता है। यह मान्यता बौद्ध सिद्धांत के अनुरूप नहीं है। इस सिद्धांत के अनुसार भगवान के स्वर्ग को छोड़ने और एक मनुष्य रूप धारण करने में कई साल लग सकते हैं। खोज करने वाले वर्ष 1937 में निकले। जो संकेत दिए गए थे, उनका अनुसरण करते हुए वे पवित्र शिशु की खोज में पूर्व की ओर यात्रा करने लगे। इन समूहों के सदस्य भिक्षु थे और प्रत्येक समूह में एक धर्मनिरपेक्ष अधिकारी था। वे सभी अपने साथ तेरहवें दलाई लामा से संबंधित वस्तुएं ले गए थे।

मुझे जानकारी देने वाले व्यक्ति जिस समूह से जुड़े थे, वह कायेत्सांग रिम्पोछे के नेतृत्व में यात्रा करते हुए चीन के चिंगहाई प्रांत के आमदो ज़िले में पहुंचा। इस क्षेत्र में कई मठ हैं, क्योंकि लामावाद के महान सुधारक त्सोंग कापा का जन्म यहीं हुआ था। आबादी आंशिक रूप से तिब्बती है और मुसलमानों के साथ-साथ शांतिपूर्वक रहती है। समूह को कई लड़के मिले लेकिन उनमें से कोई भी उनको दिए गए निर्देशों के अनुरूप नहीं था। उन्हें डर लगने लगा कि कहीं वे अपने मिशन में विफल ना हो जाएं। आख़िरकार काफ़ी भटकने के बाद उन्हें सोने की छतों वाला एक तीन मंज़िला मठ मिला। उन्हें रीजेंट का सपना याद आया, और फिर उनकी नज़र नक्काशीदार झोपड़ी पर पड़ी। उत्साह से भरे हुए लोगों ने अपने नौकरों के कपड़े पहने। इस तरह की खोजों के दौरान यह परंपरागत उपाय अपनाया जाता है, क्योंकि उच्च अधिकारियों की तरह कपड़े पहने हुए लोगों की ओर बहुत लोगों का ध्यान खिंचता है और उन्हें लोगों से संपर्क नहीं करने में कठिनाई होती है। अपने स्वामियों के वस्त्र पहने हुए नौकरों को अच्छे कमरे में ले जाया गया, जबकि नौकरों का वेश धरे हुए भिक्षु रसोईघर में गए। उन्हें उम्मीद थी कि घर के बच्चे वहीं पर मिलेंगे।

जैसे ही वे घर में दाख़िल हुए, उन्हें यक़ीन हो गया उन्हें पवित्र बालक यहीं मिल जाएगा, और वे इस बात की उत्सुकता से प्रतीक्षा करने लगे कि आगे क्या होगा। और, सचमुच, दो वर्षीय बालक उनसे मिलने के लिए दौड़ता हुआ आया और उस लामा का लबादा पकड़ लिया, जिसने अपने गले में

तेरहवें दलाई लामा की माला पहनी हुई थी। निडर होकर बालक चिल्लाया 'सेरा लामा, सेरा लामा!' आश्चर्य की बात थी कि शिशु ने सेवक के वेश में एक लामा को पहचान लिया और उसने कहा कि वह सेरा के मठ से आया है। बात सच भी थी। फिर बालक ने माला को पकड़ लिया और तब तक खींचता रहा जब तक लामा ने उसे नहीं दे दिया। इसके बाद बच्चे ने वह माला अपने गले में पहन ली। खोजकर्ताओं को अब कोई संदेह नहीं था। उन्होंने अवतार पा लिया था। लेकिन उन्हें निर्धारित तरीक़े से आगे बढ़ना था।

उन्होंने किसान परिवार को अलविदा कहा और कुछ दिनों बाद फिर से लौटे। इस बार वे वेश बदलकर नहीं आए। उन्होंने पहले माता-पिता से बातचीत की, जिन्होंने पहले ही अपने एक बेटे को चर्च में अवतार के रूप में समर्पित कर दिया था। और फिर छोटे बेटे को नींद से जगाया गया और चार प्रतिनिधि उसके साथ पूजा-कक्ष में चले गए। यहां बच्चे को निर्धारित परीक्षा से गुज़रना पड़ा। उसे पहले चार अलग-अलग मालाएं दिखाई गईं, जिनमें से एक तेरहवें दलाई लामा की थी। लड़का बिलकुल बेपरवाह था। उसमें ज़रा भी संकोच नहीं था। उसने बिना किसी हिचकिचाहट के सही माला चुनी और उसे लेकर कमरे में नाचने लगा। उसने कई ढोलों में से उस एक ढोल भी चुना, जिसका इस्तेमाल पिछले अवतार ने अपने नौकरों को बुलाने के लिए किया था। फिर बालक ने एक पुरानी छड़ी चुनी, जो दलाई लामा की ही थी। बालक ने हाथीदांत और चांदी की मूठ वाली छड़ी पर नज़र तक नहीं डाली। जब उन्होंने उसके शरीर पर बने निशानों को देखा तो उन्हें वे सभी निशान मिले जो चेनरेज़ी के अवतार में होने चाहिए- बड़े, उभरे हुए कान और धड़ पर तिल जो कि चतुर्भुज भगवान के निशान माने जाते हैं।

प्रतिनिधियों को अब यक़ीन हो गया था कि वह जिसकी तलाश कर रहे थे, वह उन्हें मिल गया है। उन्होंने चीन और भारत के ज़रिए एक गुप्त कोड में ल्हासा को संदेश भेजा और तुरंत ही उन्हें निर्देश मिले कि वे पूरी गोपनीयता बरतें, ताकि ऐसी किसी भी साज़िश से बचा जा सके जो उनके मिशन की सफलता को ख़तरे में डाल सकती थी। चार दूतों ने मौन की शपथ ली और फिर वे दृष्टिहीनों की तरह दूसरे लड़कों की जांच करने निकल गए। यह याद रखना चाहिए कि खोज चीनी क्षेत्र में की जा रही थी, इसलिए सावधानी

बरतना ज़रूरी था। असली दलाई लामा की खोज हो गई है, यह बताना घातक साबित हो सकता था, क्योंकि तब चीनी उनके साथ ल्हासा में सैनिकों की एक टुकड़ी भेजने पर ज़ोर दे सकते थे। प्रतिनिधियों ने प्रांत के गवर्नर, मा पुफ़ांग से उस बालक को ल्हासा ले जाने की अनुमति मांगी। यहां कई उम्मीदवारों में से दलाई लामा की पहचान की जानी थी। मा पुफ़ांग ने बच्चे को सौंपने के लिए 100,000 चीनी डॉलर मांगे और यह राशि तुरंत चुका दी गई। यह एक चूक थी, क्योंकि अब चीनियों को एहसास हो गया कि तिब्बती लोग इस शहर को इतना महत्त्व क्यों देते हैं। फिर उन्होंने 300,000 डॉलर और मांगे। प्रतिनिधियों को अपनी पिछली चूक का एहसास हुआ और उन्होंने इस राशि का केवल एक हिस्सा दिया। यह राशि उन्होंने स्थानीय मुसलमान व्यापारियों से उधार ली और वादा किया कि जब वे ल्हासा आएंगे तो बाक़ी राशि का भुगतान काफ़िले के साथ आए व्यापारियों को कर देंगे। गवर्नर इस व्यवस्था से सहमत हो गए।

1939 की गर्मियों के आख़िर में चार प्रतिनिधि अपने मुलाज़िमो, व्यापारियों, पवित्र बालक और उसके परिवार के साथ ल्हासा के लिए रवाना हुए। तिब्बती सीमा पर पहुंचने से पहले वे महीनों तक यात्रा करते रहे। वहां एक कैबिनेट मंत्री अपने कर्मचारियों के साथ उनका इंतज़ार कर रहा था। उसने बालक को रीजेंट का एक पत्र दिया जिसमें उसकी मान्यता की आधिकारिक पुष्टि थी। तब पहली बार उसे दलाई लामा के रूप में आदरांजलि दी गई। यहां तक कि उसके माता-पिता ने भी, जिन्होंने पहले ही अनुमान लगा लिया था कि उनका बेटा एक उच्च अवतार होगा। उन्हें अब जाकर पता चला कि उनका बेटा तिब्बत के भावी शासक से कम नहीं था।

इस दिन से छोटे दलाई लामा ने स्वाभाविक रूप से आशीर्वाद देना शुरू कर दिया। उन्हें अभी भी याद है कि किस तरह से उन्हें स्वर्ण पालकी में बिठाकर ल्हासा लाया गया था। उन्होंने इससे पहले इतने सारे लोगों को कभी नहीं देखा था। पूरा शहर चेनरेज़ी के नए अवतार का स्वागत करने के लिए वहां मौजूद था। उस अवतार का जो इतने सालों के बाद आख़िरकार पोटाला और अपने अनाथ लोगों के पास आ गया था। 'पिछली देह' के निर्वाण के बाद से छह साल बीत चुके थे और इनमें से लगभग दो वर्ष बीत जाने के

बाद भगवान ने मानव शरीर में पुनः प्रवेश किया। फ़रवरी 1940 में नववर्ष उत्सव के दौरान दलाई लामा का राज्याभिषेक किया गया, जब उन्हें 'पवित्र आत्मा', 'सुकुमार, गौरवशाली व्यक्ति', 'वाणीवीर' 'उत्कृष्ट समझ', 'परम ज्ञानी', 'विश्वास के रक्षक', 'महासागर' जैसे नए नाम मिले।

हर कोई बच्चे की गरिमा और जिस अविश्वसनीय गंभीरता के साथ वह घंटों तक चलने वाले समारोहों में उपस्थिति देता था, उसे देखकर आश्चर्यचकित था। अपने पूर्ववर्ती के सेवकों के साथ, जो अब उसकी देखभाल कर रहे थे, वह इतना स्नेहपूर्ण व्यवहार करता था, उन पर इतना विश्वास करता था मानो वह उन्हें हमेशा से जानता हो। यह कहानी किसी विश्वसनीय व्यक्ति से सुनकर मुझे ख़ुशी हुई। समय बीतने के साथ इन असाधारण घटनाओं के इर्द-गिर्द कई किंवदंतियां जुड़ने लगीं। मैं पहले ही कई विकृत संस्करण सुन चुका था।

शरद ऋतु के आगमन के साथ ही हमारा साथ कम से कम होने लगा। यहां तक कि अब शानदार बाग़ के हमारे शांत कोने में भी आने वाले तूफ़ान की आहट महसूस होने लगी। जैसे-जैसे संकट गहराता गया, युवा राजा का सरकारी कामकाज में दख़ल तेज़ी से बढ़ने लगा। राष्ट्रीय सभा नोरबुलिंगका में स्थानांतरित हो गई महामहिम को यथाशीघ्र महत्त्वपूर्ण घटनाओं के बारे में सूचित किया जा सके। युवा राजा ने अपनी अनुभवहीनता के बावजूद बुद्धिमानी और दूरदर्शिता से अनुपयुक्त नीतियों का विरोध करके आधिकारिक जगत को आश्चर्यचकित कर दिया। इसमें कोई संदेह नहीं था कि राज्य का भविष्य जल्द ही उन्हें सौंपा जाना था।

स्थिति और भी गंभीर होती गई। पूर्वी तिब्बत से ख़बर आई कि चीनी घुड़सवार सेना और पैदल सेना हमारी सीमा की ओर बढ़ रही है। सैनिकों को पूर्व की ओर भेजा गया, हालांकि यह तो साफ़ था कि वे दुश्मनों को रोक नहीं पाएंगे। सरकार के कूटनीतिक तरीक़ों से समझौता करने के प्रयास व्यर्थ थे। प्रचार के उद्देश्य से भेजे गए प्रतिनिधिमंडल भारत में फंस गए थे। तिब्बत को बाहर से किसी सहायता की उम्मीद नहीं थी। कोरिया के उदाहरण से यह स्पष्ट रूप से पता चला कि चीनी सेनाओं के ख़िलाफ़ संयुक्त राष्ट्र का समर्थन मिलना भी अनिश्चित था। लोग हार की आशंकाओं से घिर गए थे।

7 अक्टूबर 1950 को दुश्मन ने तिब्बती सीमा पर एक साथ छह जगहों पर हमला किया। पहली मुठभेड़ हुई, लेकिन ल्हासा को दस दिनों तक लड़ाई की कोई ख़बर नहीं मिली। शुरुआत में जब तिब्बती अपने देश के लिए मर रहे थे, तो ल्हासा में उत्सव मनाए जा रहे थे और लोग किसी चमत्कार की प्रतीक्षा कर रहे थे। पहली हार की ख़बर मिलने के बाद सरकार ने तिब्बत के सभी सबसे प्रसिद्ध ज्योतिषियों को बुला भेजा। नोरबुलिंगका में नाटकीय दृश्य थे। भूरे बालों वाले मठाधीशों और अनुभवी मंत्रियों ने ज्योतिषियों से विनती की कि वे मुसीबत के समय उनका साथ दें। दलाई लामा की उपस्थिति में बुज़ुर्गों ने भविष्यवक्ता भिक्षुओं के चरणों में गिरकर उनसे एक बार बुद्धिमतापूर्ण सलाह देने की विनती की। अपनी समाधि के चरम पर राज ज्योतिषी खड़े हुए और फिर दलाई लामा के सामने गिर पड़े और चिल्लाए, 'उन्हें राजा बनाओ!' अन्य ज्योतिषियों ने भी लगभग यही बात कही, और चूंकि यह मान्यता है कि देवताओं की आवाज़ शीघ्र सुनी जानी चाहिए, इसलिए दलाई लामा को सिंहासन पर आसीन करने की तैयारियां तुरंत शुरू कर दी गईं।

इस बीच चीनी सेना तिब्बत में सैकड़ों मील तक घुस आई थी। कुछ तिब्बती कमांडर पहले ही हार मान चुके थे और अन्य ने प्रतिरोध करना बंद कर दिया था, क्योंकि उन्हें भारी ताक़त के ख़िलाफ़ लड़ाई में कोई भविष्य नहीं दिख रहा था। पूर्वी तिब्बत के मुख्य शहर के गवर्नर ने ल्हासा को वायरलेस संदेश भेजकर आत्मसमर्पण करने की अनुमति मांगी थी क्योंकि प्रतिरोध बेकार था। नैशनल असेंबली ने उनके अनुरोध को अस्वीकार कर दिया, इसलिए, अपनी बंदूक़ें और गोला-बारूद के भंडार को उड़ाने के बाद, वह अंग्रेज़ी रेडियो ऑपरेटर फ़ोर्ड के साथ ल्हासा की दिशा में भाग गए। दो दिन बाद चीनी सैनिकों ने उनका रास्ता रोक लिया और दोनों को पकड़ लिया गया। मैं पहले ही रॉबर्ट फ़ोर्ड की नियति का उल्लेख कर चुका हूं।

अब नैशनल असेंबली ने हमलावरों के खिलाफ़ तत्काल मदद के लिए संयुक्त राष्ट्र संघ को एक अपील भेजी। इसमें दावा किया गया कि उनके देश में शांति के समय इस बहाने से आक्रमण किया गया था कि रेड पीपुल्स आर्मी तिब्बत में साम्राज्यवादी शक्तियों का प्रभाव बर्दाश्त नहीं कर सकती। उन्होंने बताया कि पूरी दुनिया जानती है कि तिब्बत किसी भी विदेशी प्रभाव

से पूरी तरह मुक्त है। यहां कोई साम्राज्यवादी प्रभाव नहीं है और उन्हें किसी से आज़ादी नहीं चाहिए। यदि कोई देश संयुक्त राष्ट्र संघ की मदद का हक़दार था, तो वह तिब्बत था। अपील को खारिज़ कर दिया गया और संयुक्त राष्ट्र संघ ने आशा व्यक्त की कि चीन और तिब्बत एक शांतिपूर्ण समझौते पर पहुंचेंगे। अब यह तो स्पष्ट हो गया था कि तिब्बत को बाहर से मदद नहीं मिलनी थी इसलिए तिब्बत को आत्मसमर्पण करना होगा। सभी ने सामान समेटना शुरू कर दिया। औफ़्शनाइटर और मैं समझ गए थे कि अब हम अपना दूसरा घर भी खोने जा रहे हैं। दलाई लामा को शिक्षित करने का सौभाग्य मुझे जिस समय मिला, वह मेरे जीवन का सबसे अच्छा समय था। जैसा कि कई यूरोपीय समाचार पत्रों ने दावा किया है, तिब्बत की सैन्य गतिविधियों से हमारा कभी कोई लेना-देना नहीं था।

दलाई लामा हमारी व्यक्तिगत संभावनाओं को लेकर चिंतित होने लगे। मैंने उनसे लंबी बातचीत की, जिसके परिणामस्वरूप यह सहमति बनी कि मुझे अब विदा लेनी चाहिए। मैं लंबे समय से इसकी योजना बना ही रहा था। इससे मुझे घूमने-फिरने की ज़्यादा आज़ादी मिलेगी और मैं बिना किसी सवाल-जवाब के चुपचाप निकल जाऊंगा। कुछ दिनों में दलाई लामा पोटाला चले जाएंगे, जहां फ़िलहाल उनके पास मुझसे सीखने का समय नहीं होगा। मेरी योजना पहले दक्षिण तिब्बत की यात्रा करने और शिगात्से शहर का दौरा करने की थी, जिसके बाद मुझे भारत जाना था।

दलाई लामा को वयस्क घोषित किए जाने का समारोह निकट था। सरकार इसे जल्दी से जल्दी करवाना चाहती थी, लेकिन शुभ तिथि का निर्धारण तो शगुन देखकर ही होना था। साथ ही, यह तय करना भी बहुत ज़रूरी था कि युवा शासक के साथ क्या किया जाए। क्या उसे ल्हासा में रहना चाहिए या कहीं और निकल जाना चाहिए? जब कठिन प्रश्नों पर निर्णय लेना होता था, तो सामान्यतः पिछले अवतारों के आचरण से ही मार्गदर्शन लिया जाता था। इसलिए यह याद रखना उचित लगता है कि चालीस साल पहले, तेरहवें दलाई लामा आक्रमणकारी चीनी सेना से बचकर निकल गए थे और उसके बाद से उनके लिए सबकुछ ठीक रहा। लेकिन सरकार अकेले इतना महत्त्वपूर्ण निर्णय नहीं ले सकती थी। अंतिम निर्णय तो देवताओं को ही देना

था। इसलिए दलाई लामा और रीजेंट की मौजूदगी में गूंथे हुए त्सम्पा की दो गेंदें बनाई गईं और यह सुनिश्चित करने के लिए कि वे बिलकुल एक ही वज़न की हैं, उन्हें सोने के तराज़ू पर परख़ने के बाद सोने के बर्तन में रख दिया गया। इनमें से प्रत्येक गेंद के अंदर एक काग़ज़ का टुकड़ा रखा हुआ था-इनमें से एक पर 'हां' लिखा था और दूसरे पर 'नहीं'। इस बीच राज ज्योतिषी ने अपने आपको सम्मोहित किया और नृत्य करने लगे। गेंदों वाले बर्तन को उनके हाथों में रखा गया और उन्होंने इसे लगातार घुमाया। तब तक, जब तक कि एक गेंद उछलकर ज़मीन पर गिर नहीं गई। जब इसे खोला गया तो उसमें से 'हां' वाला काग़ज़ निकला, और इसलिए यह निर्णय लिया गया कि दलाई लामा को ल्हासा छोड़ देना चाहिए।

मैंने अपनी यात्रा कुछ समय के लिए स्थगित कर दी थी, क्योंकि मैं पहले दलाई लामा की योजना जानना चाहता था। मुझे इस असाधारण स्थिति में यहां से निकलना ठीक नहीं लग रहा था, लेकिन उन्होंने मेरे निकल जाने पर ज़ोर दिया और मुझे यह कहकर सांत्वना दी कि हम दक्षिण में फिर मिलेंगे। उनके पलायन की तैयारियां तेज़ी से चल रही थीं, लेकिन बहुत गोपनीयता बरती जा रही थी, ताकि लोगों में डर का वातावरण ना बने। चीनी अभी भी ल्हासा के पूर्व में सैकड़ों मील की दूरी पर थे और फ़िलहाल आगे नहीं बढ़ रहे थे, लेकिन यह आशंका थी कि यदि सेना ने अचानक बढ़त बना ली तो दलाई लामा के दक्षिण की ओर भागने का अवसर समाप्त हो सकता था।

यह ख़बर तो बाहर आनी ही थी कि शासक देश छोड़कर बाहर जाने की तैयारी कर रहा है। यह तथ्य छिपाया नहीं जा सकता था कि उनके निजी ख़ज़ाने को बाहर ले जाया जा रहा था। हर दिन भारी भरकम खच्चरों के काफ़िले अंगरक्षकों के साथ में शहर से निकलते देखे जा सकते थे। नतीजतन, रईसों ने अब और संकोच नहीं किया और अपने परिवारों और ख़ज़ाने को सुरक्षित स्थानों पर ले जाना शुरू कर दिया।

बाहरी तौर पर ल्हासा में जीवन सामान्य ढंग से चल रहा था। यातायात के साधनों की कमी के कारण यह देखा गया कि बहुत से लोग बोझ ढोने वाले अपने जानवरों को निजी कामों के लिए रखते थे। बाज़ार में क़ीमतें थोड़ी बढ़

गईं। तिब्बती सैनिकों के वीरतापूर्ण कार्यों की ख़बरें आ रही थीं, लेकिन आम तौर पर लोगों को यह पता था कि सेना पराजित हो चुकी है। सेना की जो कुछ इकाइयां अभी भी मोर्चे पर टिकी हुई थीं, उन्हें भी जल्द ही दुश्मन की बेहतर रणनीति के आगे झुकना पड़ा।

1910 में हमलावर चीनी ल्हासा में आकर लूटपाट और आगजनी कर चुके थे। निवासी डरे हुए थे कि ये अत्याचार दोहराए जाएंगे। फिर भी यह कहना ठीक होगा कि इस युद्ध के दौरान चीनी सैनिकों ने ख़ुद को अनुशासित रखा और धैर्य बनाए रखा। जिन तिब्बतियों को पकड़ा गया था, उन्हें रिहा कर दिया गया। वे बता रहे थे कि उनके साथ अच्छा व्यवहार किया गया था।

17

मैं तिब्बत छोड़ता हूं

ल्हासा को अलविदा-कठपुतली लामा और दलाई लामा- राजा देवता का पलायन, युद्धविराम की शर्तें- तिब्बत में मेरे अंतिम दिन-पोटाला पर संकट के बादल।

मैंने नवंबर 1950 के मध्य में ल्हासा छोड़ दिया। मैं निकलने को लेकर संकोच कर रहा था, जब परिवहन की सुविधा मिल गई, तो मैंने अपना मन बना लिया। वैसे तो औफ़्शनाइटर का इरादा भी मेरे साथ ही निकलने का था, लेकिन आख़िरी क्षण में हिचकिचाने लगे। इसलिए मैंने उनका सामान अपने साथ ले लिया, यह कहकर कि वह कुछ दिनों बाद आ जाएं। भारी मन के साथ मैंने उस घर को छोड़ा जो इतने लंबे समय तक मेरा घर था। मेरा प्यारा बगीचा मुझसे छूट रहा था। मेरे सेवकों ने रोते हुए मुझे घेर लिया था। मैं अपने साथ केवल पुस्तकें और कुछ ख़ज़ाना लेकर निकला, बाक़ी सारा सामान नौकरों के लिए छोड़ दिया। दोस्तों के उपहार मिलते रहे। उनका स्नेह देखकर मेरे लिए निकलना कठिन हो रहा था। मैं यह सोचकर अपने आपको सांत्वना दे रहा था कि कुछ समय बाद मैं इन सभी से दक्षिण तिब्बत में मिलूंगा। मेरे कई दोस्तों का पक्का विश्वास था कि चीनी कभी भी ल्हासा नहीं आएंगे और मेरी छुट्टियां ख़त्म होने के बाद मैं वापस शांति भरे वातावरण में लौट सकूंगा। मुझे ऐसी कोई आशा नहीं थी। मुझे पता था कि ल्हासा में इतनी जल्दी लौटना अब संभव नहीं होगा, इसलिए मैं उन सभी जगहों से विदाई लेता हूं, जिनसे

मैं प्यार करता था। एक दिन मैं अपने कैमरे के साथ बाहर निकला और जितने भी फ़ोटो ले सकता था, ले लिए। मैं फ़ोटो खींचते हुए महसूस कर रहा था कि ये भविष्य में मेरी ख़ुशनुमा यादों को पुनर्जीवित करेंगे और शायद इस सुंदर और अनोखी भूमि के प्रति दूसरे लोगों में सहानुभूति जगाएंगे।

जब मैं अपनी छोटी-सी याक-स्किन बोट में निकला, तब आकाश में मेघ छाए हुए थे। यह नाव मुझे ब्रह्मपुत्र के जल के साथ अपने गंतव्य किचू तक ले जाने वाली थी। नदी की छह घंटे की यात्रा थी। मैंने दिन में नहीं, रात में यात्रा की। मेरा सामान सड़क मार्ग से आगे बढ़ गया था। मेरे दोस्त और नौकर-चाकर नदी के तट पर खड़े थे और दुखी मन से मुझे विदा कर रहे थे। जैसे ही मैंने उनका एक स्नैपशॉट लिया, नदी की धारा ने नाव को गति दी और वे जल्द ही नज़रों से ओझल हो गए। नदी की धारा के साथ बढ़ते हुए मैं अपनी नज़रें पोटाला से हटा नहीं पा रहा था। मुझे पता था कि दलाई लामा अपनी दूरबीन से मुझे देख रहे थे।

उसी दिन मुझे मेरा काफ़िला मिल गया, जिसमें मेरा और मेरे नौकर का सामान ढोने के लिए चौदह याक और दो घोड़े शामिल थे। वफ़ादार न्यामा ने मेरे साथ चलने की ज़िद पकड़ ली थी। एक बार फिर मैं पदयात्रा पर निकल पड़ा था। पहाड़ियों और वादियों के बीच से होते हुए एक सप्ताह बाद ग्यांत्से पहुंचे। हमारा काफ़िला भारत के लिए निकला था।

हाल ही में मेरे बहुत अच्छे दोस्त को इस क्षेत्र का गवर्नर नियुक्त किया गया था। मैं उनके घर पर अतिथि बनकर रहा और यहां हमने दलाई लामा के राज्याभिषेक का उत्सव मनाया। इस दिन पूरे तिब्बत में एक दावत मनाई जा रही थी। इस आयोजन की ख़बर को पूरे देश में धावकों के माध्यम से प्रसारित किया गया था। छतों पर नई प्रार्थना-पताकाएं फहराई गई थीं और थोड़े समय के लिए लोग निराशाजनक भविष्य के बारे में सोचना भूल गए। लोगों ने नृत्य किया और गीत गाए। अब तक के किसी भी नए दलाई लामा ने लोगों में इतना आत्मविश्वास और आशा का संचार नहीं किया था। युवा राजा गुटबाजी छल-छद्म से ऊपर थे। वह पहले ही अपनी स्पष्ट-दृष्टि और संकल्पशक्ति के कई प्रमाण दे चुके थे। उनका जन्मजात सहज-ज्ञान अपने

सलाहकारों को विकल्प चुनने के लिए मार्गदर्शन करेगा और षड्यंत्र करने से रोकेगा।

अफ़सोस! जैसा कि मुझे पता था, बहुत देर हो चुकी थी। वह उस समय राजगद्दी पर बैठे जब भाग्य उनके विरुद्ध निर्णय दे रहा था। अगर उनकी उम्र कुछ अधिक होती, तो उनके नेतृत्व ने उनके देश के इतिहास को बदल दिया होता।

इसी महीने मैंने तिब्बत के दूसरे सबसे बड़े शहर शिगात्से का दौरा किया। यह अपने महान मठ के लिए प्रसिद्ध है। वहां मैं कई दोस्तों से मिला। वे सभी राजधानी के समाचार जानने को उत्सुक थे। यहां के लोग शहर छोड़कर जाने का विचार नहीं कर रहे थे, क्योंकि इस मठ में पंचेन लामा का प्रभुत्व है।

यह अवतार दलाई लामा के प्रतिद्वंद्वी के रूप में चीन द्वारा समर्थित पीढ़ियों के लिए था। वर्तमान पदस्थ दलाई लामा से दो साल छोटे थे। उन्हें चीन में शिक्षित किया गया था और पीकिंग में तिब्बत के सही शासक के रूप में घोषित किया गया था। वास्तव में वह इस पद के मामूली दावेदार भी नहीं थे। मठ और उसकी भूमि के उनके पास क़ानूनी अधिकार थे, लेकिन इससे अधिक कुछ नहीं। यह सच है कि जीवित बौद्ध धर्म की रैंकिंग में ओ-पा-मे को चेनरेज़ी से ऊंचा स्थान दिया गया था, लेकिन वस्तुतः पहले अवतार मूल रूप से केवल पांचवें दलाई लामा के शिक्षक ही थे। दलाई लामा ने उनके प्रति कृतज्ञता के कारण ही उन्हें अवतार घोषित किया और उन्हें वह मठ तथा उसके विशाल लाभ प्रदान किए।

अंतिम पंचेन लामा के चयन के लिए कई उम्मीदवार थे। उनमें से एक बच्चा चीन में पाया गया था और उस अवसर पर चीनी अधिकारियों ने उसे सैन्य सुरक्षा के बिना ल्हासा ले जाने की अनुमति नहीं दी थी। तिब्बती सरकार इस प्रस्ताव का विरोध करने में असमर्थ थी, और एक दिन चीनियों ने बस इस बच्चे को ओ-पा-मे का सच्चा अवतार और एकमात्र सही पंचेन लामा घोषित कर दिया।

इस प्रकार उन्होंने तिब्बत के साथ अपनी राजनीति के खेल में एक महत्त्वपूर्ण कार्ड अपने पास रख लिया था। तथ्य यह है कि वे कम्युनिस्ट थे। चीनियों को उनके धार्मिक और लौकिक दावों के पक्ष में हिंसक रेडियो प्रचार

करने से नहीं रोका, फिर भी तिब्बत में उनके गिने-चुने समर्थक थे। ये मुख्य रूप से शिगात्से के निवासी और उनके मठ के भिक्षु थे, जो उन्हें अपना प्रमुख मानते थे और ल्हासा से स्वतंत्र होना चाहते थे। ये लोग बिना किसी डर के 'मुक्ति सेना' का इंतज़ार कर रहे थे। वास्तव में, यह अफ़वाह थी कि पंचेन लामा चीनी लोगों के साथ मिलकर काम करेंगे। इसमें कोई संदेह नहीं है कि तिब्बत के लोग उनका आशीर्वाद पाकर ख़ुश होंगे, क्योंकि बुद्ध के अवतार के रूप में उन्हें बहुत सम्मान दिया जाता है। लेकिन यदि चीनियों ने उन्हें जबरन तिब्बत पर शासन करने के लिए मजबूर भी किया तो भी तिब्बती लोग उन्हें कभी अपना शासक नहीं मानेंगे।

तिब्बत के संरक्षक देवता के अवतार के रूप में यह पद निर्विवाद रूप से दलाई लामा के लिए आरक्षित है। इसलिए जब अपना तुरुप का पत्ता खेलने का समय आया, तो चीनी तिब्बत के लोगों पर पंचेन लामा को शासक के रूप में थोपने की अपनी कोशिश में विफल रहे। उनका अधिकार, पहले की तरह, ताशी ल्हुंपो मठ तक सीमित है।

शिगात्से की यात्रा के दौरान मैंने मठ का दौरा किया और एक और बड़ा शहर देखा जिसमें हज़ारों भिक्षु रहते थे। मैं चुपचाप कुछ तसवीरें लेने में कामयाब रहा। अन्य अनोखी चीज़ों के बीच मुझे एक मंदिर में सोने की परत चढ़ी एक बहुत ही प्रभावशाली मूर्ति मिली जो नौ मंज़िल के घर जितनी ऊंची थी, और उसका सिर भी बहुत बड़ा था।

शिगात्से शहर ब्रह्मपुत्र नदी के किनारे है। नदी मठ के क़रीब ही बहती है। यह ल्हासा की तरह ही है, क्योंकि यहां भी एक किला है। यहां 10 हज़ार लोग रहते हैं। इनमें तिब्बत के बेहतरीन कारीगर शामिल हैं। ऊन मुख्य उद्योग है। इसे चांगथांग के पड़ोसी मैदानों से काफ़िले अपने साथ लेकर आते हैं। शिगात्से ल्हासा से अधिक ऊंचाई पर स्थित है और यहां की जलवायु काफ़ी ठंडी है। फिर भी देश का सबसे बढ़िया अनाज यहीं से आता है और दलाई लामा और ल्हासा के कुलीन लोग अपना सारा आटा यहीं से मंगवाते हैं।

कुछ दिनों बाद मैं वापस ग्यांत्से पहुंचा। वहां मेरा गवर्नर मित्र मुझे यह ख़ुशख़बरी सुनाना चाहता था कि दलाई लामा जल्द ही ग्यांत्से से गुज़रने वाले

हैं। एक आदेश आया था जिसमें सभी काफ़िलों को मेहमानों के स्वागत के लिए तैयार रहने और सड़कों को व्यवस्थित करने का निर्देश दिया गया था। इसका केवल एक ही मतलब हो सकता है। गवर्नर के साथ मैं भी तैयारियों में जुट गया।

पशुओं के चारे के लिए काफ़िलों की सरायों में मटर और जौ की भरपूर मात्रा संग्रहीत की गई और सड़कों को साफ़ करने और सुधारने के लिए श्रमिकों को जुटाया गया। मैं गवर्नर के साथ दौरे पर निकला। जब हम ग्यांत्से लौटे तो हमें पता चला कि दलाई लामा 19 दिसंबर को ल्हासा छोड़ चुके थे और अब यहां पहुंचने को थे। हम ग्यांत्से से होते हुए उनकी मां और भाइयों और बहनों से मिले। लोबसांग से मुलाक़ात नहीं हुई, क्योंकि वह राजा के साथ यात्रा कर रहे थे। मैं तीन साल में पहली बार टैग्सेल रिम्पोछे से भी मिला। उन्हें चीनी सैनिकों के साथ अपने भाई को संदेश देने के लिए चीनी सैनिकों द्वारा मजबूर किया गया था। इससे चीनियों को कुछ हासिल नहीं हुआ था और टैग्सेल ने दलाई लामा पर दबाव डालने की कोशिश नहीं की थी। टैग्सेल चीनी लोगों से बचकर निकलने से बहुत ख़ुश थे। उनके अनुरक्षक को गिरफ़्तार कर लिया गया था और उनके पास जो वायरलेस ट्रांसमीटर था, उसे ज़ब्त कर लिया गया था।

पवित्र परिवार का काफ़िला बहुत ही मामूली था। मां की उम्र बढ़ चुकी थी और उन्हें पालकी में बैठने का अधिकार था, लेकिन वह भी दूसरों की तरह ही हर दिन लंबी दूरी तय करती थीं। गवर्नर और मेरे दलाई लामा से मिलने जाने से पहले ही मां अपने बच्चों और सेवकों के साथ दक्षिण की ओर बढ़ चुकी थीं।

मेरे दोस्त और मैं ल्हासा रोड पर क़रीब तीन दिन तक चले और कारो दर्रे पर हमारी मुलाक़ात महामहिम के काफ़िले के अग्रिम दल से हुई। दर्रे से नीचे देखने पर हमें धूल के घने बादलों के बीच सड़क पर एक लंबा दल रेंगता हुआ दिख रहा था। दलाई लामा के साथ चालीस कुलीनों का एक दल और मशीन-गन और हॉवित्ज़र के साथ क़रीब दो सौ चुने हुए सैनिकों का एक दल था। नौकरों और रसोइयों की एक सेना उनके पीछे थी और भार ढोने वाले 1,500 पशुओं की लंबी क़तार पीछे चल रही थी।

टुकड़ियों के बीच में दो झंडे लहरा रहे थे। एक तिब्बत का राष्ट्रीय ध्वज था और दूसरा था चौदहवें दलाई लामा का निजी ध्वज। झंडे शासक की उपस्थिति को दर्शाते थे। जब मैंने युवा राजा देवता को अपने भूरे घोड़े पर धीरे-धीरे दर्रे की ओर बढ़ते देखा, तो मुझे अनजाने में एक प्राचीन भविष्यवाणी याद आ गई जिसे लोग कभी-कभी ल्हासा में मन ही मन दोहराते थे। एक ज्योतिषी ने बहुत पहले घोषणा की थी कि तेरहवें दलाई लामा अपने वंश के अंतिम व्यक्ति होंगे। ऐसा लग रहा था कि भविष्यवाणी सच हो रही थी। उनके राज्याभिषेक के चार सप्ताह बीत चुके थे, लेकिन युवा राजा ने सत्ता की बागडोर नहीं संभाली थी। दुश्मन देश में था, और शासक का पलायन करना दुर्भाग्य की ओर पहला क़दम था।

जैसे ही वह मेरे पास से गुज़रे, मैंने अपनी टोपी उतार दी और उन्होंने मुझे हाथ हिलाकर दोस्ताना अंदाज़ में इशारा किया। दर्रे के ऊपर धूप की अग्नि जल रही थी, जो युवा राजा का स्वागत कर रही थी। लेकिन एक अप्रिय खड़खड़ाहट से प्रार्थना-पताकाएं हिल रही थीं। काफ़िला अविलंब अगले पड़ाव की ओर बढ़ गया, जहां यात्रियों के लिए भोजन तैयार था। दलाई लामा ने रात एक पड़ोसी मठ में बिताई। और सोने से पहले मैंने सोचा कि वह एक ऐसे अव्यवस्थित अतिथि-कक्ष में बैठे हैं, जहां धूल-धूसरित मूर्तियां उनके साथ हैं। उन्हें गर्माहट देने के लिए अलाव नहीं मिलेगा और काग़ज़ से ढंकी खिड़कियों के फ्रेम ही उनके लिए तूफ़ान और ठंड से बचाव का एकमात्र साधन थे। मक्खन के दीपक से बस नाममात्र की रोशनी मिल रही थी।

युवा शासक, जिसने अपने छोटे से जीवन में पोटाला और शानदार बग़ीचे के अलावा कोई और घर नहीं देखा था, अब दुर्भाग्य से इतनी कम उम्र में ही अपने देश के बारे में कुछ सीखने-जानने और अनुभव लेने के लिए मजबूर था। उसे आराम और सहारे की कितनी सख़्त ज़रूरत थी! लेकिन बेचारे नौजवान को अपनी तमाम परेशानियों से ऊपर उठकर अपनी सारी ऊर्जा और शक्ति उन अनगिनत लोगों को आशीर्वाद देने में लगानी पड़ी जो उससे दिलासा और भरोसा पाने के लिए आए थे।

उनके भाई लोबसांग दिल के दौरे से गंभीर रूप से बीमार थे। वह काफ़िले के साथ एक पालकी में यात्रा कर रहे थे। मैं यह सुनकर भयभीत हो

गया कि डॉक्टरों ने उनके साथ भी वही कठोर तरीक़े अपनाए थे जो वे बीमार घोड़े के साथ करते हैं। जिस दिन काफ़िला रवाना होना था, उस दिन वे कई घंटों तक बेहोशी की हालत में पड़े रहे, इसलिए दलाई लामा के चिकित्सक ने उनके शरीर पर गर्म लोहा दागकर उन्हें जीवनदान दिया। उन्होंने बाद में मुझे इस यादगार यात्रा के बारे में विस्तार से बताया।

दलाई लामा के पलायन को पूरी तरह से गुप्त रखा गया था। अधिकारी जनता को विचलित नहीं करना चाहते थे और उन्हें डर था कि कहीं बड़े मठों के भिक्षु दलाई लामा को उनके संकल्प से विचलित करने की कोशिश ना करें। और इसीलिए, उनके साथ जाने के लिए चुने गए उच्च अधिकारियों को देर शाम को ही सूचित किया गया कि काफ़िला अगली सुबह दो बजे रवाना होगा। आख़िरी बार उन सभी ने पोटाला में मक्खन वाली चाय पी और फिर उनके प्याले फिर से भर दिए गए और शीघ्र वापसी के एक टोटके के रूप में वैसा ही छोड़ दिया गया। प्रस्थान करने वाले राजा ने जिन कमरों में निवास किया था, अगले दिन उनमें से किसी में भी झाड़ू नहीं लगानी थी। क्योंकि ऐसा करने से अपशकुन होता है।

पलायन करने वालों का दल रात भर चलता रहा। सबसे पहले नोरबुलिंगका पहुंचा, जहां युवा शासक प्रार्थना करने के लिए रुका। काफ़िले को सड़क पर उतरे एक दिन भी नहीं बीता था कि उनके पलायन की ख़बर चारों ओर फैल गई। जंग मठ के भिक्षु हज़ारों की संख्या में दलाई लामा से मिलने के लिए उमड़ पड़े। वे उनके घोड़े के खुरों के सामने लेट गए और उनसे विनती करने लगे कि वे उन्हें छोड़कर ना जाएं। वे चीख़-पुकार करने लगे कि अगर वह चले गए तो उनका मार्गदर्शन करने वाला कोई नहीं होगा और वे चीनी लोगों की दया पर निर्भर हो जाएंगे। अधिकारियों को डर था कि भिक्षु दलाई लामा को आगे बढ़ने से रोकने की कोशिश करेंगे, लेकिन इस महत्त्वपूर्ण क्षण में दलाई लामा ने अपने व्यक्तित्व का प्रभाव दिखाया और भिक्षुओं को समझाया कि अगर वह दुश्मन के हाथों से बचेंगे, तभी तो अपने देश के लिए और भी बहुत कुछ कर पाएंगे। और जैसे ही चीन के साथ उचित समझौता कर लेंगे, वे वापस लौट आएंगे। दलाई लामा ने अपने लोगों के प्रति

स्नेह और निष्ठा का प्रदर्शन किया और इसके बाद भिक्षुओं ने काफ़िले को आगे बढ़ने का रास्ता दे दिया।

दलाई लामा के आगमन की ख़बर जल्द ही ग्यांत्से तक पहुंच गई। सड़कों के किनारे छोटे-छोटे सफ़ेद पत्थर बिछा दिए गए थे, ताकि बुरी आत्माएं दूर रहें। मठों से भिक्षु और भिक्षुणियां उमड़ पड़ीं और पूरी आबादी अपने राजा के स्वागत के लिए घंटों खड़ी रही। भारतीय सैनिक, जो कुछ ही दूरी पर तैनात थे, दलाई लामा को सम्मान देने के लिए उनके काफ़िले की ओर बढ़े। काफ़िला जब-जब किसी बड़े स्थान पर पहुंचता, जुलूस उमड़ पड़ता था। दलाई लामा अपने घोड़े से उतरकर पालकी में बैठ गए। हम रोज़ाना आधी रात के बाद ही चलना शुरू कर देते थे ताकि असुरक्षित पठार पर दिन भर चलने वाली रेतीली आंधी से बच सकें। रातें बर्फ़ीली थीं। दलाई लामा ने अपने फ़र-लाइन वाले रेशमी लबादे में ख़ुद को व्यवस्थित ढंग से लपेट लिया और लोमड़ी की खाल से बनी एक बड़ी टोपी पहन ली, जिससे उनके कान ढंक गए। भोर से पहले अक्सर तापमान पचास डिग्री तक गिर जाता था। भले ही हवा शांत थी पर घुड़सवारी करना किसी तपस्या से कम नहीं थी।

दलाई लामा अक्सर अपने मठाधीशों की मदद के बिना ही अपने घोड़े से कूद जाते थे और दूसरों से बहुत आगे निकल जाते थे। स्वाभाविक रूप से सभी अन्य सवारों को भी उतरना पड़ता था और कई मोटे-तगड़े कुलीन लोग जिन्होंने कभी पांच फ़ुट की चढ़ाई भी नहीं की थी, अक्सर मीलों पीछे रह जाते थे। दो दिनों तक हम बर्फ़ीले तूफ़ान के बीच चलते रहे, कड़ाके की ठंड में कांपते रहे और हमें सबसे ज़्यादा राहत तब मिली जब हम हिमालय के दर्रे को पीछे छोड़कर गर्म, घने जंगलों वाले इलाक़े में पहुंचे।

राजधानी छोड़ने के सोलह दिन बाद हमारा कारवां अपने अंतिम गंतव्य, चुम्बी के ज़िला गवर्नर के मुख्यालय पर पहुंचा। वहां पहुंचने पर दलाई लामा को उनकी पीली कुर्सी पर बहुत भीड़भाड़ के बीच से गवर्नर के मामूली घर में ले जाया गया। और उसका यह घर पवित्र स्थान बन गया। कोई भी नश्वर मनुष्य अब वहां नहीं रहेगा, क्योंकि जिस भी स्थान पर दलाई लामा

ने एक रात बिताई, उसे एक पवित्र प्रार्थना घर मान लिया गया। इसके बाद से श्रद्धालु वहां भगवान का आशीर्वाद पाने के लिए प्रार्थना करने आते रहेंगे।

अधिकारियों को आस-पास के गांवों के किसानों के घरों में ठहराया गया और उन्हें अपने अपने घर जैसा आराम नहीं मिला। जो व्यवस्था थी, उसके अनुसार काम चलाना पड़ा। अधिकतर सैनिकों को वापस अंदरूनी इलाक़ों में भेज दिया गया, क्योंकि चुम्बी में उनके लिए रहने की व्यवस्था नहीं थी। घाटी के सभी प्रवेश द्वार सैन्य चौकियों द्वारा सुरक्षित थे और केवल विशेष पास वाले व्यक्ति ही अंदर और बाहर आ सकते थे। दलाई लामा के दल में प्रत्येक सरकारी कार्यालय का कम से कम एक प्रतिनिधि था और इस प्रकार एक अस्थायी सरकार की स्थापना की गई जो नियमित कार्यालय समय के अनुसार काम करती थी और नियमित बैठकें करती थी। ल्हासा और अस्थायी सरकार के बीच संदेशवाहकों की एक सेवा स्थापित की गई थी। दलाई लामा अपने साथ अपनी विशेष मुहर लेकर आए थे। वह ल्हासा में अधिकारियों के निर्णयों को प्रमाणित करते थे। इन संदेशवाहकों ने ल्हासा और चुम्बी के बीच की दूरी अविश्वसनीय गति से तय की। उनमें से एक ने नौ दिनों में दोहरी यात्रा (पहाड़ी देश में लगभग 500 मील) पूरी की। संदेशवाहक ल्हासा और बाहरी दुनिया के बीच एकमात्र कड़ी थे। उन्होंने चीनियों की बढ़त की नवीनतम ख़बरें लेकर आए। बाद में फ़ॉक्स अपने उपकरणों के साथ पहुंचे और एक रेडियो स्टेशन स्थापित किया।

दलाई लामा के साथ आए अधिकारियों की पत्नियां और बच्चे सीधे भारत चले गए। चुम्बी में उनके लिए रहने-ठहरने की कोई व्यवस्था नहीं थी। उनमें से कई ने भारत और नेपाल में बौद्ध धर्म के पवित्र स्थानों की तीर्थयात्रा करने का विचार किया। यहां तक कि दलाई लामा का परिवार भी, लोबसांग समतेन को छोड़कर, दक्षिण की ओर निकल गया और खामपोंग जैसे शांत स्थान में बंगलों में रह रहा था। कई शरणार्थियों ने भारत आने पर पहली बार रेलवे, हवाई जहाज और मोटर-कारों को देखा था। इन चमत्कारों को देखने का उत्साह कुछ ही समय तक बरकरार रहा, क्योंकि वे अपने देश में वापस जाने के लिए तरस गए। भले ही वह देश सभ्यता के आधुनिक साधनों के मामले में पिछड़ा हुआ था पर वह उनके लिए अस्तित्व का दृढ़ आधार था।

इन दिनों मैं चुम्बी में एक अधिकारी मित्र के घर पर मेहमान बनकर रह रहा था। मेरा काम ख़त्म हो चुका था और मैं अक्सर ऊब जाता था, लेकिन मैं अपने दोस्तों को अलविदा कहने की मनःस्थिति नहीं बना पा रहा था। मुझे ऐसा महसूस हो रहा था जैसे मैं नाटक का एक दर्शक हूं, जिसने अंत का पूर्वानुमान लगा लिया था और अपरिहार्य अंत से दुखी था, लेकिन उसे अंतिम दृश्य देखना पड़ा। अपनी चिंता को कम करने के लिए मैं प्रतिदिन पहाड़ों पर जाता था और कई स्केच मैप बनाता था।

मुझे केवल एक ही आधिकारिक कर्तव्य निभाना था, और वह था मुझे अपने छोटे-से वायरलेस के माध्यम से जो समाचार मिलते थे, उन्हें विदेश मंत्री तक पहुंचाना। मुझे पता चला कि चीन की सेना आगे नहीं बढ़ रही है और अब तिब्बती सरकार से पीकिंग आकर समझौता करने का प्रस्ताव दे रही है। दलाई लामा और सरकार ने निष्कर्ष निकाला कि निमंत्रण स्वीकार करना अच्छी नीति होगी और इसीलिए एक प्रतिनिधिमंडल भेजा गया। चूंकि सशस्त्र प्रतिरोध निरर्थक होता, इसलिए सरकार ने दलाई लामा के व्यक्तित्व का इस्तेमाल सौदेबाजी के लिए किया, क्योंकि वे जानते थे कि रेड्स उन्हें तिब्बत में वापस लाने के लिए बहुत उत्सुक थे। सभी वर्गों से आए प्रतिनिधि दलाई लामा को वापस लौटने की विनती करने के लिए चुम्बी पहुंचते रहे। पूरा तिब्बत अवसाद में डूबा हुआ था और अब मुझे पूरी तरह से एहसास हुआ कि लोग और उनके राजा एक-दूसरे से कितने क़रीब से जुड़े हुए हैं। उनकी उपस्थिति के आशीर्वाद के बिना देश कभी समृद्ध नहीं हो सकता था।

अंत में दलाई लामा के पास चीनियों की शर्तें स्वीकार करने और ल्हासा लौटने के अलावा कोई विकल्प नहीं बचा था। लंबी बातचीत के बाद पीकिंग में संधि की शर्तें तैयार की गईं। इनसे देश का आंतरिक प्रशासन दलाई लामा को मिल गया और यह गारंटी दी गई कि धर्म का सम्मान किया जाएगा और पूजा की स्वतंत्रता दी जाएगी। इन रियायतों के बदले में चीनियों ने तिब्बत के विदेशी संबंधों को अपने हाथ में लेने और देश की रक्षा के लिए ज़िम्मेदारी लेने पर ज़ोर दिया। उन्हें देश में जितने चाहें उतने सैनिक भेजने का

अधिकार होगा और इस प्रकार वे भविष्य में अपनी मांगों की पूर्ति सुनिश्चित कर सकेंगे।

चूंकि गवर्नर का घर ठंडी और धूप रहित घाटी में बना हुआ था, इसलिए दलाई लामा डुंगखर मठ में चले गए। यह प्राकृतिक दृष्टि से बहुत रम्य स्थान था। वहां वे दुनिया से दूर रहते थे, भिक्षुओं और उनके अपने सेवकों के साथ रहते थे और मुझे उनसे अकेले में बात करने का शायद ही कभी मौक़ा मिला हो। लोबसंग समतेन मठ के एक कमरे में रहते थे, जहां मैं अक्सर उनसे मिलने जाता था। हम दलाई लामा के साथ लंबी सैर पर जाते थे। वे पैदल ही आस-पास के मठों में जाते थे और हर कोई उनकी तेज़ चाल देखकर हैरान रह जाता था। कोई भी उनके साथ नहीं चल पाता था। यहां उन्हें पहली बार शारीरिक व्यायाम करने का समय और अवसर मिला और उन्होंने इसका पूरा उपयोग किया। इसके अलावा उनकी ऊर्जा उनके कर्मचारियों के स्वास्थ्य के लिए लाभदायक थी। कर्मचारियों को उनके साथ तालमेल रखने के लिए प्रशिक्षण लेना पड़ता था। भिक्षुओं ने नस सूंघना छोड़ दिया और सैनिकों ने तंबाकू और शराब का नशा करना छोड़ दिया। संसाधनों की कमी के बावजूद धार्मिक उत्सव नियमित रूप से मनाए जाते थे, लेकिन ल्हासा की तरह धूमधाम से नहीं। एक भारतीय विद्वान की यात्रा से उनकी दिनचर्या को एक सुखद अंतराल मिला। यह भारतीय राजा के लिए एक स्वर्ण कलश में बुद्ध का एक अवशेष लेकर आया था। इस अवसर पर मैंने दलाई लामा की अपनी अंतिम और सबसे अच्छी तसवीर खींची।

चुम्बी घाटी में हम जितने दिन रहे, कुलीनों का जीवन स्तर उतना ही अधिक गिरता गया। लगभग सभी लोग पैदल ही चलते थे, क्योंकि कुछ अपवादों को छोड़कर, सभी घोड़े भेज दिए गए थे। यह सच है कि उनके पास अभी भी नौकर थे और उन्हें अपने काम ख़ुद नहीं करने पड़ते थे। लेकिन उन्हें पहले जैसा आराम नहीं मिल रहा था। आलीशान घर नहीं थे। पार्टियों और मनोरंजन से दूर थे। उन्होंने छोटे-मोटे षड्यंत्र रचने शुरू कर दिए और गपशप करने और अफ़वाहें फैलाने में उन्हें मज़ा आने लगा। उन्हें एहसास होने लगा कि उनके वर्चस्व का दौर ख़त्म हो गया है। वे अब अपने लिए कोई भी फ़ैसला

नहीं ले सकते थे और उन्हें हर बात दलाई लामा को बतानी पड़ती थी। इसके अलावा उन्हें यक़ीन नहीं था कि चीनी उन्हें वापस उनकी संपत्ति लौटा देंगे, भले ही उन्होंने ऐसा करने का वादा किया था। सामंतवाद का दौर समाप्त हो चुका है, यह सच उन्हें यह पता था।

मैं मार्च 1951 तक चुम्बी घाटी में रहा और फिर भारत जाने का फ़ैसला किया। मुझे बहुत पहले ही पता चल गया था कि मैं ल्हासा वापस नहीं जा पाऊंगा, लेकिन मैं अभी भी तिब्बती सरकार का एक अधिकारी था और भारत जाने से पहले मुझे छुट्टी मांगनी थी। मेरी छुट्टी तुरंत मंज़ूर हो गई। कैबिनेट द्वारा मुझे दिया गया पासपोर्ट छह महीने के लिए वैध था और इसमें एक सेक्शन था जिसमें भारत सरकार से अनुरोध किया गया था कि अगर मैं तिब्बत वापस लौटूं तो वह मेरी सहायता करे, लेकिन मैं जानता था कि मैं इसका कभी उपयोग नहीं कर पाऊंगा। मुझे यक़ीन था कि छह महीने के बाद दलाई लामा ल्हासा वापस चले जाएंगे, जहां उन्हें चेनरेज़ी के अवतार के रूप में मान्यता मिल जाएगी, लेकिन एक स्वतंत्र लोगों के शासक के रूप में उन्हें कभी मान्यता नहीं दी जाएगी।

मैं अपनी व्यक्तिगत समस्या का समाधान खोजने के लिए लंबे समय से दिमाग़ खपा रहा था, और बहुत सोच-विचार के बाद मैंने भारत जाने का फ़ैसला किया। मैं कुछ समय से औफ़्शनाइटर के साथ पत्र-व्यवहार कर रहा था और वास्तव में ग्यांत्से में उनसे मिला भी था। उन्होंने मुझे बताया था कि वह यथासंभव लंबे समय तक तिब्बत में रहना चाहते हैं और फिर भारत जाना चाहते हैं। जब हम अलग हुए, तो हमें इस बात का बिलकुल भी अंदाज़ नहीं था कि हम कई सालों तक एक-दूसरे से नहीं मिलेंगे। मैं उनका सामान अपने साथ कलिम्पोंग ले गया और वहां रखवा दिया। उसके बाद एक साल तक मुझे उनसे कोई ख़बर नहीं मिली। ऐसा लग रहा था कि वे पूरी तरह से ग़ायब हो गए हैं। तरह-तरह की अफ़वाहें फैलीं और कई लोगों का मानना था कि वह अब इस दुनिया में नहीं रहे। जब मैं फिर से यूरोप गया, तो मुझे पता चला कि वह हमारे परीलोक के गांव किरोंग में बस गए हैं और वहां चीनियों के आने तक इंतज़ार कर रहे हैं। वह सचमुच आख़िरी मिनट तक वहां रहे और मुझसे

भी ज़्यादा कठिनाइयों से बाहर निकले। मुझे नेपाल में उनका पत्र पाकर बहुत ख़ुशी हुई। ज़ाहिर है वह जीवित थे।

वह अपनी असीम अन्वेषण-पिपासा को तृप्त करने का प्रयास करते हुए अभी भी सुदूर पूरब में एक स्वैच्छिक निर्वासित के रूप में रह रहे हैं। आज भी बहुत कम लोग जीवित हैं जिन्हें हिमालय और 'फॉरबिडेन लैंड' का उतना व्यापक ज्ञान हो जितना उनके पास है इतने वर्षों के बाद जब वह यूरोप लौटेंगे, तो वह क्या-क्या नहीं बताने वाले होंगे!

मैं भारी मन से वहां से निकला। मुझे युवा राजा के भाग्य को लेकर बड़ी चिंता थी। मैं जानता था कि पोटाला में उनका जीवन माओ त्से-तुंग की छाया से अंधकारमय हो जाएगा। शांतिपूर्ण प्रार्थना-पताकाओं के बजाय मैं लाल झंडों की कल्पना करने लगा, जिसमें हथौड़ा और दरांती हवा में लहरा रही थी और जो विश्व प्रभुत्व का दावा कर रहा था। शायद कृपा के शाश्वत देवता चेनरेज़ी इस निष्प्राण शासन से बच जाएंगे, क्योंकि वह इतने सारे चीनी आक्रमणों से बच गए थे। मैं केवल यह आशा कर सकता था कि पृथ्वी पर सबसे शांतिपूर्ण राष्ट्र को बहुत अधिक कष्ट नहीं सहना पड़ेगा और क्रांतिकारी परिवर्तनों से उसका मनोबल नहीं टूटेगा। जब मैंने भारत की ओर जाने वाले सीमांत दर्रे पर क़दम रखते हुए वहां रखे पत्थरों और प्रार्थना-पताकाओं देखा, तब तिब्बत में मेरे प्रवेश के लगभग सात साल हो चुके थे। तब मैं भूखा-प्यासा और थका-हारा हुआ था, लेकिन जिस भूमि की मुझे लालसा थी, वहां पहुंचने पर मैं बहुत ख़ुश था। अब मेरे पास नौकर-चाकर और घोड़े थे। मेरे पास पर्याप्त बचत भी थी, इसलिए भविष्य को लेकर बहुत चिंता नहीं थी। लेकिन मैं गहरे अवसाद का शिकार हो गया था और मुझे वह उत्साहपूर्ण उम्मीद नहीं दिखी जो एक नए देश की सीमा पर मुझमें होती थी। मैंने तिब्बत की ओर उदास होकर देखा। दूर से उठता हुआ चोमोल्हारी का विशाल पिरामिड मुझे विदाई का अभिवादन करता हुआ प्रतीत हुआ।

मेरे सामने सिक्किम था, जिस पर कंचनजंघा की उत्तुंग पर्वतमाला खड़ी थी। यह हिमालय की आख़िरी विशालकाय पर्वतमाला थी जिसे मैं देख पा रहा था। मैंने अपने घोड़े की लगाम अपने हाथ में ली और आहिस्ता-आहिस्ता भारतीय मैदान की ओर चल पड़ा।

कुछ दिनों बाद मैं कलिम्पोंग में था और कई सालों के बाद एक बार फिर यूरोपीय लोगों के बीच था। वे मुझे अजीब लगे और मैं उनकी संगति में अजनबी महसूस कर रहा था। दुनिया भर की ख़बरों की तलाश में भटकते कई अख़बारों के रिपोर्टर दुनिया मुझसे मिलने के लिए दौड़े चले आए। नई सभ्यता तमाम हलचलों और ताम-झाम के बीच ख़ुद को ढालने में मुझे काफ़ी समय लगा। लेकिन मुझे ऐसे दोस्त मिले जिन्होंने मेरी मदद की। मैं अभी भी भारत छोड़ने के लिए तैयार नहीं था, जहां मैं तिब्बत से जुड़ा हुआ महसूस करता था और यूरोप के लिए अपने प्रस्थान को स्थगित करता रहा।

उस वर्ष की गर्मियों में दलाई लामा ल्हासा लौट गए और भारत भागकर आए तिब्बती परिवार भी अपने घर वापस चले गए। मुझे तिब्बत के चीनी गवर्नर-जनरल को ल्हासा में अपना पदभार ग्रहण करने के लिए कलिम्पोंग से गुज़रते हुए देखने का अवसर मिला। 1951 की शरद ऋतु तक पूरे तिब्बत पर चीनी सैनिकों का कब्ज़ा हो गया था और उस देश से समाचार बहुत कम और आधे-अधूरे मिल रहे थे। जब मैं ये अंतिम पंक्तियां लिख रहा हूं तो मेरे कई डर सच हो गए हैं।

देश में अकाल है, जो ना तो कब्ज़ा करने वाली सेनाओं का पेट भर सकता है और ना ही निवासियों का। मैंने यूरोपीय अख़बारों में पोटाला में माओ त्से-तुंग की तसवीर वाले विशाल पोस्टरों की तसवीरें देखी हैं। पवित्र शहर में बख़्तरबंद गाड़ियां घूमती हैं। दलाई लामा के वफ़ादार मंत्रियों को पहले ही बर्ख़ास्त कर दिया गया है और पंचेन लामा चीनी सैनिकों के साथ ल्हासा में प्रवेश कर चुके हैं। चीनियों ने दलाई लामा को सरकार के आधिकारिक मुखिया के रूप में मान्यता देकर बड़ी चतुराई दिखाई, लेकिन अंततः कब्ज़ा करने वाली शक्ति की इच्छा सर्वोपरि रहेगी। चीनियों ने तिब्बत में ख़ुद को बड़े आराम से स्थापित कर लिया है और अपने शक्तिशाली संगठन के साथ पहले ही सैकड़ों मील लंबी सड़कें बना ली हैं जो इस भूमि को उनके अपने देश से जोड़ती हैं।

मैं तिब्बत में होने वाली हर घटना को बहुत ही दिलचस्पी से देखता हूं, क्योंकि मेरे अस्तित्व का एक हिस्सा उस प्यारे देश से अविभाज्य रूप से जुड़ा

हुआ है। मैं जहां भी रहूंगा, मुझे तिब्बत की याद आएगी। मुझे अक्सर लगता है कि मैं अभी भी ल्हासा के खुले चांदनी भरे आसमान में हंसों और सारसों की चीखें और उनके पंखों की फड़फड़ाहट सुन सकता हूं। मेरी हार्दिक इच्छा है कि यह पुस्तक उन लोगों के लिए कुछ समझदारी पैदा करे जिनकी शांति और स्वतंत्रता से जीने की इच्छा को उदासीन दुनिया से बहुत कम सहानुभूति मिली है।

उपसंहार

मुझे तिब्बत में रहने का सौभाग्य मिला था और अब उस बात को आधी सदी से भी ज़्यादा समय बीत चुका है। दलाई लामा ने एक बार कहा था, 'हाइनरिक हैरर और मेरी पहली मुलाक़ात तब हुई थी, जब वह मेरे बड़े भाई लोबसांग समतेन के अच्छे मित्र बन गए थे। फिर हम भी जल्द ही मित्र बन गए। अब जब हम दोनों वृद्ध हो रहे हैं, तो हम उन सुखद दिनों को याद करते हैं जो हमने एक सुखी देश में साथ बिताए थे। सच्ची मित्रता की पहचान यही है कि वह परिस्थितियों के बदलने पर भी नहीं बदलती। आप जीवन भर एक-दूसरे की मित्रता निभाते हैं और मदद करते रहते हैं। हैरर तिब्बत के लिए हमेशा ऐसे ही मित्र रहे हैं। तिब्बत के लिए उनका सबसे बड़ा योगदान उनकी पुस्तक *सेवन ईयर्स इन तिब्बत* है। इस पुस्तक ने हज़ारों लोगों को मेरे देश से परिचित कराया। आज भी वह तिब्बतियों के स्वतंत्रता-संग्राम में सक्रिय हैं और हम इसके लिए उनके आभारी हैं।'

जब पीटर औफ़्शनाइटर और मैं छह हज़ार मीटर से भी अधिक ऊंचे कई दर्रों को पार करते हुए लगभग दो वर्षों की यात्रा के बाद ल्हासा पहुंचे, तो हमारे शरीर में ठंड के कारण घाव हो गए थे, छाले पड़ गए थे, हम भूखे और बीमार थे। अगर तिब्बती सरकार ने हमें वापस भारतीय सीमा पर भेज दिया होता, तो हमें कोई हैरानी नहीं होती, क्योंकि तब तिब्बत एक निषिद्ध देश था और विशेष रूप से यह पवित्र नगरी ल्हासा तो पूरी तरह वर्जित थी। लेकिन हुआ इसका उलटा। तिब्बती लोगों ने हम पर तरस खाया। उन्होंने हमें भोजन दिया, गर्म कपड़े दिए, रहने के लिए जगह दी और काम भी दिया। उनके समाज ने हमें अपनाया।

जब हम ल्हासा में सुख-शांति से रह रहे थे, तब किसी को यह अंदाज़ नहीं था कि एक दिन ऐसा भी आएगा जब हमें इस शांतिपूर्ण भूमि, दुनिया की छत को छोड़ना पड़ेगा। लेकिन चीन की रेड आर्मी ने आक्रमण कर दिया और 1951 में दलाई लामा को लगभग एक लाख तिब्बतियों के साथ भारत की ओर पलायन करना पड़ा।

तब से लेकर अब तक हिम भूमि में जो कुछ भी घटा है, वह शब्दों में बयान कर पाना कठिन है। 12 लाख तिब्बतियों ने अपने प्राण गंवाए और 6,000 पवित्र स्थलों में से अधिकतर नष्ट कर दिए गए। यह कहने की आवश्यकता नहीं कि आज तिब्बती लोगों को मदद की ज़रूरत है। जो भी अपने देश और वहां के साहसी लोगों से प्रेम करता है, वह उनके संघर्ष का समर्थन करता है। भूतकाल और वर्तमान में किए गए प्रयासों में विभिन्न तिब्बती सहायता संगठनों की ओर से व्याख्यान देना और पुराने छाया-चित्रों का प्रकाशन शामिल रहा है, क्योंकि निर्वासन में रह रहे अधिकांश तिब्बती आज अपने देश को उसके विनाश से पहले के स्वरूप में देख ही नहीं पाए हैं। इसके अतिरिक्त, मुझे गर्व है कि मेरी पुस्तक *सेवन इयर्स इन तिब्बत* (तिब्बती में प्रकाशित) अब एक डॉक्यूमेंट्री फ़िल्म के रूप में भी निर्मित की जा रही है। निर्माता ने यह वादा किया है कि यह फ़िल्म तिब्बत पर हुए आक्रमण और तिब्बती लोगों के संघर्षों को ईमानदारी से दर्शाएगी, जिससे उनके संघर्ष को बल मिले। इस फ़िल्म का निर्देशन जां-जाक आनू जैसे निर्देशक कर रहे हैं, जो हर बारीक़ी पर विशेष ध्यान देने के लिए जाने जाते हैं। इससे एक बात तो पक्की है कि फ़िल्म तिब्बत पर हुए आक्रमण और वहां के लोगों की पीड़ा को सच्चाई और संवेदनशीलता के साथ पेश करेगी।

हालांकि, इस फ़िल्म के कारण चीन ने सभी पड़ोसी देशों पर दबाव बनाना शुरू कर दिया, नतीजतन फ़िल्म की शूटिंग हिमालय की बजाय ऐंडीज़ पर्वतों में करनी पड़ी। इसी तरह का डर और चीनी सत्ता के सामने झुकना हमें अप्रैल 1996 में घेंट में आयोजित मानवाधिकार आयोग की कार्रवाई में भी देखने को मिला, जब उसने छह देशों की निंदा की, पर चीन का नाम नहीं लिया।

तिब्बत छोड़ने के बाद से मैंने कई और देशों और दिलचस्प संस्कृतियों को जाना है। उम्र के साथ-साथ इंसान की रुचियां और प्रेरणाएं भी बदलती हैं, लेकिन एशिया, और ख़ासकर तिब्बत के प्रति मेरा आकर्षण आज भी वैसा ही बना हुआ है। मैं हर साल हिमालय के देशों में यात्रा करता हूं। केवल तिब्बत की सीमाएं ही अब मेरी पहुंच से बाहर हैं, लेकिन मेरे लिए यह एक अलग तरह के गौरव की बात है कि मैं वहां एक *अवांछित व्यक्ति* माना जाता हूं।

दो विश्व-युद्धों के बीच के समय में एक ब्रिटिश अधिकारी ने यह मत व्यक्त किया था कि भले ही हवाई जहाज़ के आविष्कार ने पूरी दुनिया को इंसानी पहुंच में ला दिया हो, फिर भी एक आख़िरी रहस्य अब भी बाक़ी है। और वह है एक विराट देश, जो दुनिया की छत है, एक ऐसा देश, जहां चमत्कार होते हैं, जहां भिक्षु ध्यान के बल पर अपनी आत्मा को शरीर से अलग कर अंतरिक्ष में विचरण करा सकते हैं, और जहां भविष्यवक्ता ही घटनाओं की दिशा तय करते हैं। वह भूमि पृथ्वी की सबसे ऊंची पर्वत-मालाओं से घिरी थी और उस राज्य का शासक एक जीवित देवता था, जो एक लाल चट्टान पर बने अद्वितीय रूप से सुंदर दुर्ग में रहता था। वह एक निषिद्ध देश था, और उसकी राजधानी ल्हासा भिक्षुओं द्वारा कड़ी निगरानी में रहती थी। पहाड़ों के उस पार छुपकर खिलने वाली एक दुर्लभ ब्लू पॉपी रोमांटिक लोगों के लिए एक और आकर्षण थी।

इसमें कोई आश्चर्य नहीं कि मिशनरी, बुद्धिजीवी, साहसी यात्री और वैज्ञानिक उस देश के रहस्यों और रहन-सहन को जानने के लिए उत्सुक थे।

पीटर औफ़्शनाइटर और मुझे तिब्बत की इस रहस्यमय भूमि को उसके मध्य-कालीन स्वरूप में जानने का अवसर मिला, लेकिन हमने उसका पतन भी देखा। हम उस क्षण के साक्षी बने, जब उस प्राचीन संस्कृति को जबरन नष्ट कर दिया गया और एक हज़ार साल पुरानी सभ्यता समाप्त कर दी गई।

बचपन से ही मैं रोमांच और खोजबीन की कहानियों वाली पुस्तकें बड़े चाव से पढ़ा करता था। मेरे महान आदर्शों में अलेक्ज़ेंडर वॉन हुम्बोल्ट और एशिया के प्रसिद्ध स्वीडिश खोजी स्वेन हेडिन शामिल थे। विशेष रूप से उनकी

तिब्बती यात्राओं ने मुझे बहुत आकर्षित किया। और जब हमारे द्वितीय विश्व-युद्ध के क़ैदी शिविर को भारत में हिमालय की तराई में स्थानांतरित किया गया, तो मेरे पलायन के सभी प्रयास स्वाभाविक रूप से तिब्बत की ओर ही केंद्रित हो गए - उस निषिद्ध भूमि की ओर जो दुनिया की छत पर स्थित थी और जो दक्षिण में अपने ब्रिटिश उपनिवेश पड़ोसियों के लिए भी वर्जित थी।

एक बात शुरुआत में ही स्पष्ट कर देना चाहता हूं कि ब्रिटिशों ने हमारे साथ जेनेवा कन्वेंशन के अनुसार ही व्यवहार किया। कांटेदार तारों के पीछे जीवन क़तई असहनीय नहीं था, वास्तव में वह काफ़ी आरामदायक था। हमारे पास पुस्तकें थीं, खेलकूद की गतिविधियां थीं, आस-पास के क्षेत्रों में पैरोल पर बाहर जाने की अनुमति थी और खाने-पीने की कोई कमी नहीं थी। इस वजह से हमें भागने की आवश्यकता नहीं थी। मेरे भागने की इच्छा का कारण उल्टा था। मैं उस शिविर से बाहर निकलकर कुछ हासिल करना चाहता था। शायद यह आज़ादी की वह शाश्वत मानवीय आकांक्षा थी, लेकिन मेरे मामले में पहाड़ों के प्रति मेरा प्रेम भी निश्चित ही एक कारण रहा होगा। और निस्संदेह, मेरे मन में कहीं यह अद्भुत कल्पना भी पल रही थी कि मैं हिमालय के पार उस निषिद्ध तिब्बत भूमि तक पहुंच सकूं।

मेरी पुस्तक *सेवन इयर्स इन तिब्बत* का अंत दक्षिण तिब्बत में, 1951 की वसंत ऋतु में होता है, जब मैं कई वर्षों बाद अपनी दूसरी मातृभूमि तिब्बत और अपने युवा मित्र, चौदहवें दलाई लामा से विदा ले रहा था। इस बार मैं अपनी इच्छा से भागने को व्याकुल नहीं था, बल्कि सच्चाई इसके ठीक विपरीत थी। भारत की सीमा पार करने से पहले मैंने तिब्बत में स्वतंत्रता के अंतिम क्षणों में परम पावन दलाई लामा की एक अंतिम तसवीर ली। यही तसवीर *लाइफ़* पत्रिका के 7 मई 1951 के अंक में रंगीन आवरण चित्र के रूप में छपी थी। उसी दिन, जब दुनिया को चीन के तिब्बत पर आक्रमण के बारे में पता चला।

सन् 1952 में मैं ऑस्ट्रिया लौट आया, जबकि दलाई लामा ने अपने मंत्रियों के साथ तिब्बत में ही रहने का निर्णय लिया। उन्हें अब भी यह विश्वास था कि अंततः चीनी सरकार स्वयं द्वारा थोपे गए सत्रह सूत्रीय समझौते की

शर्तों का पालन करेगी। यह एक ऐसा समझौता था जिसे तिब्बती प्रतिनिधियों पर दबाव डालकर तय कराया गया था। इसके बाद के वर्षों की कहानी संक्षेप में कही जा सकती है। विदेशी आक्रांताओं के अधीन जीवन दिन-ब-दिन बदतर होता गया। मार्च 1959 में ल्हासा में हुए एक जन-विद्रोह के दौरान, दलाई लामा किसी तरह बच निकलने में सफल हुए, कई सप्ताहों की कठिनाइयों और कष्टों के बाद वे भारत पहुंचे। पंडित नेहरू ने इस विशिष्ट शरणार्थी का स्वागत किया और ठीक पंद्रह वर्ष बाद, जब मैंने देहरादून के क़ैदी शिविर से भागकर तिब्बत की ओर रुख़ किया तो मैं स्वयं असम के तेज़पुर में उनका स्वागत करने के लिए उपस्थित था। शरणार्थियों को उदारतापूर्वक निवास स्थान उपलब्ध कराए गए और उन्होंने धर्मशाला में एक अनौपचारिक निर्वासित सरकार की स्थापना की।

अगले कुछ साल कठिन रहे। सन् 1962 में दलाई लामा ने अपनी प्रिय माता को खो दिया और कुछ समय बाद उनके बड़े भाई लोबसांग समतेन का भी देहांत हो गया। उनकी उम्र मात्र पचास वर्ष थी। वे निर्वासन के दौरान दलाई लामा के सबसे बड़े संबल रहे थे।

आज दलाई लामा को पूरे विश्व में सम्मान और श्रद्धा की दृष्टि से देखा जाता है। यह बात चीन को जितनी खटकती है, उतनी ही मज़बूती से तिब्बतियों की स्वतंत्रता और स्वराज्य की आकांक्षा बढ़ी है। दलाई लामा के क़रिश्माई व्यक्तित्व के माध्यम से अब तिब्बत के लोगों और उनकी दो हज़ार वर्ष पुरानी संस्कृति के बारे में दुनिया को कहीं अधिक जानने और समझने का अवसर मिला है। उनकी जीवन-परंपराओं और मूल्यों का विनाश अब एक गहरी क्षति के रूप में देखा जाता है। सन् 1986 में दलाई लामा को नोबेल शांति पुरस्कार दिया गया, यह उनके जीवन के सर्वोच्च गौरवशाली क्षणों में से एक रहा होगा।

जब भी दलाई लामा को कोई सम्मान मिलता है, तो मेरे भीतर यह सोचकर स्वाभाविक गर्व जागता है कि यह महान व्यक्ति मेरा मित्र है। मुझे तब भी गर्व होता है, जब निर्वासन में रहने वाले तिब्बती शरणार्थी सफलता और लोकप्रियता प्राप्त करते हैं, और मैं आज भी उस आत्मीय स्वागत के

लिए आभारी हूं जो मुझे ल्हासा पहुंचने पर मिला था। यदि मैं तिब्बत के संघर्ष का समर्थन करता हूं तो यह अत्यंत स्वाभाविक है।

एक सुखद संयोग यह भी है कि मेरी और परम पूज्य दलाई लामा की जन्मतिथि एक ही है -6 जुलाई। निस्संदेह, यह मेरे जन्मस्थान ह्यूटेनबर्ग (ऑस्ट्रिया के कैरिन्थिया प्रांत में स्थित) के इतिहास का सबसे गौरवपूर्ण दिन था, जब 25 जुलाई 1992 को दलाई लामा वहां पधारे और 'हैनरिक हैरर म्यूज़ियम' का उद्घाटन और लोकार्पण किया।

लगभग चालीस वर्षों के बाद भी तिब्बत का विनाश थमा नहीं है। जो ल्हासा मैंने देखा था, उसका शायद केवल दो प्रतिशत हिस्सा ही अब शेष बचा है। वह एक चीनी नगर बन चुका है। अनगिनत चीनी दुकानें, शराब और जुए के सैकड़ों अड्डे, पोटाला में तैनात सैनिकों का मनोरंजन करने के लिए चारों ओर बने वेश्यालय बन गए हैं। इतने सालों की तबाही, ज़ुल्म, ज़बरदस्ती नसबंदी, हत्या और पॉलिटिकल ब्रेनवॉश के बाद भी तिब्बती लोग आज़ादी चाहते हैं। दलाई लामा के प्रति उनका विश्वास और सम्मान अब भी वैसा ही है।

दलाई लामा को दुनिया भर से सहानुभूति और समर्थन के कई संदेश तो मिलते हैं, लेकिन अफ़सोस की बात है कि इन शब्दों के पीछे कोई ठोस कार्रवाई नहीं होती। आर्थिक फ़ायदा अक्सर मानव अधिकारों से ज़्यादा अहम माना जाता है। फिर भी, मैं उस दिन की कल्पना करता हूं जब तिब्बत आज़ाद होगा और दलाई लामा से प्रेम करने वाले लोग एक साथ मिलकर पोटाला महल तक श्रद्धा और सम्मान की यात्रा करेंगे।

हालांकि सांस्कृतिक धरोहरों का विनाश शायद जारी रहे, बावजूद चीन भी दुनिया की सर्वोच्च पर्वत-मालाओं को नष्ट नहीं कर सकता। ये पर्वत उस भूमि को घेरे हुए हैं जो तिब्बती देवताओं का सिंहासन मानी जाती है, और जैसा अतीत में होता आया है, जब श्रद्धालु तिब्बती ऊंचे दर्रों को पार करेंगे, तो वे पुकारेंगे, 'देवता विजयी होंगे।'

पुनश्च:

लेखक के बारे में

लेखक के बारे में

हाइनरिक हैरर : एक असाधारण जीवन

- मिरांडा हेन्स

इतिहास अक्सर खोजकर्ताओं की कठिनाइयों और उपलब्धियों की वास्तविकता को अनदेखा कर देता है। इसका एक उदाहरण हैं आर्कटिक खोजकर्ता सर वैली हर्बर्ट। इन्होंने अकल्पनीय कठिनाइयों को झेला, लेकिन घर वापस लौटने पर वह जिस प्रशंसा और सराहना के हक़दार थे, वह नहीं मिली। जनसंपर्क, भाग्य, प्रकाशन की सौदेबाज़ी और धनबल के बिना, अक्सर बड़ी से बड़ी उपलब्धियां अनदेखी रह जाती हैं। हाइनरिक हैरर इन सभी मामलों में भाग्यशाली रहे हैं।

हैरर जब 90 वर्ष के थे, तो उन्हें अपने जीवन में दूसरी बार लंदन में रॉयल जियोग्राफ़िकल सोसाइटी में अपनी बात रखने के लिए आमंत्रित किया गया था। शाम को साक्षात्कार लिया जाना था, लेकिन जिस क्षण हैरर मंच पर चढ़े, उन्हें सांस लेने की फ़ुर्सत नहीं मिली। साक्षात्कारकर्ता जिम रिंग पीछे बैठे और हैरर द्वारा अंग्रेज़ी में लिखे गए सावधानीपूर्वक व्याख्यान को सुना। यह बड़ा सावधानीपूर्वक लिखा गया था। श्रोता मंत्रमुग्ध थे। व्याख्यान एकाग्रचित्त होकर, पूरे जोश और सरल भाषा में दिया गया था। श्रोताओं को बड़ी प्रेरणा मिली। उन्हें उस रात एहसास हुआ कि वे एक 'महान' खोजकर्ता को सुन रहे थे।

रॉयल जियोग्राफ़िकल सोसाइटी के डिप्टी डायरेक्टर निगेल डी विंसर वहां मौजूद थे। उन्होंने कहा, 'हैरर एक बहादुर, शानदार लेखक और महान मानवतावादी व्यक्ति हैं। व्यक्तिगत रूप से मुझे लगता है कि वह एक असाधारण व्यक्ति हैं, जिनमें साहसिक अभियानों अंजाम देने का जुनून भी है, और प्रतिभा भी। मुझे ट्रैवलर्स क्लब और रॉयल जियोग्राफ़िकल सोसाइटी दोनों में उनके विचार सुनने का सौभाग्य मिला है। वे शामें अविस्मरणीय हैं।' जिस व्यक्ति ने इतने सालों तक सोसाइटी के साथ काम करते हुए दुनिया के अधिकतर महान खोजकर्ताओं और भूगोलवेत्ताओं से मुलाक़ात की है, वह यदि हैरर के बारे में यह बात कहता है, तो वह मायने रखती है।

निसंदेह, ऑस्ट्रियाई हाइनरिक हैरर एक बेहद सफल खोजकर्ता, भूगोलवेत्ता, खिलाड़ी, पर्वतारोही और लेखक हैं। उनका जीवन और उपलब्धियां काफ़ी असाधारण रही हैं, लेकिन अजीब बात यह है कि इंग्लैंड में उन्हें बहुत कम लोग जानते हैं। वह कम उम्र में ही प्रसिद्ध हो गए थे। उन्हें ऑस्ट्रियाई राष्ट्रीय स्कीइंग टीम के लिए चुना गया और 1937 में केवल 24 साल की उम्र में उन्होंने वर्ल्ड यूनिवर्सिटी स्लैलम (स्कीइंग) चैंपियनशिप जीती। फिर, 1938 में जब उन्होंने चार लोगों की टीम के सदस्य के रूप में पहली बार एगर के कुख्यात उत्तरी भाग पर सफलतापूर्वक चढ़ाई की, तो दुनिया दंग रह गई। उनकी किताब द *वाइट स्पाइडर* उस भयानक चढ़ाई का एक शानदार विवरण है। यह एक ऐसी

'इनकी पुस्तक द *वाइट स्पाइडर*, ईगर पर्वत के उत्तरी मुख पर चढ़ाई का एक उत्कृष्ट वृत्तांत है। इसने अनगिनत युवा पर्वतारोहियों को प्रेरित किया है।'

किताब है जिसने तब से अब तक अनगिनत युवा पर्वतारोहियों को प्रेरित किया है। इनमें महान ब्रिटिश पर्वतारोही क्रिस बोनिंगटन भी शामिल हैं, जो उसी चढ़ाई को करने वाले पहले ब्रिटिश पर्वतारोही थे।

इस सफलता से संतुष्ट ना होकर हैरर ने 1939 में पाकिस्तानी हिमालय के नंगा पर्वत पर चढ़ाई शुरू कर दी। इसके बाद जो हुआ, उसे *सेवन इयर्स इन तिब्बत* के रोमांचक विवरण में पढ़ा जा सकता है। शायद यह समझना बहुत मुश्किल है कि हैरर और उनके साथी पर्वतारोही पीटर औफ़्शनाइटर ने आधुनिक समय के खोजकर्ताओं की तुलना में कितनी कठिनाइयां झेली होंगी। हैरर आज भी अपने साथी पर्वतारहोही को श्रेय देने और धन्यवाद देने से नहीं थकते हैं। उनका मानना है कि इस साथी के बिना वह भारत से तिब्बत तक की यात्रा कर ही नहीं सकते थे।

हैरर ने पर्वतारोहण जारी रखा और कई नए इलाक़ों का पता लगाया। नवपाषाण संस्कृतियों का मानचित्रण किया और उनका अध्ययन भी किया। उन्होंने ही अलास्का में माउंट हंगर, माउंट डेबोरा और माउंट ड्रम पर पहली बार चढ़ाई की। उन्होंने 50 वर्ष की आयु में पश्चिमी न्यू गिनी में उत्तर से दक्षिण तक ('माय हार्डेस्ट जर्नी') सात महीने का अभियान पूरा किया। उन्होंने 61 वर्ष की आयु में माउंट किनाबालु पर चढ़ाई की और उत्तर से दक्षिण तक बोर्नियो को पार किया। और अस्सी के दशक में भी काम करना और अभियान पर जाना, लिखना और फ़िल्म बनाना जारी रखा।

लेकिन एक व्यक्ति के तौर पर वह कैसे हैं? मिथक और कल्पना मिलकर दुनिया के सामने उनकी जो जटिल छवि प्रस्तुत की गई है, वह उससे कहीं अधिक सरल हैं। *सेवन इयर्स इन तिब्बत* उनकी अभी भी एक बेस्टसेलर पुस्तक है। यह एक शानदार यात्रा वृत्तांत है जो अड़तालीस भाषाओं में अनुवादित हुआ है। रॉयल जियोग्राफ़िकल लाइब्रेरी से सबसे अधिक चुराई गई पुस्तकों में इसका शुमार है। इस पुस्तक में हैरर ने एक भी 'अनावश्यक' व्यक्तिगत जानकारी नहीं दी है। वास्तव में हिमालय में चढ़ाई करने के लिए उन्होंने अपनी गर्भवती पत्नी को ऑस्ट्रिया में छोड़ दिया था। कई लोग निष्पक्ष रूप से कहेंगे कि पुस्तक पर आधारित फ़िल्म में उन्हें एक महत्त्वाकांक्षी और समझौता ना करने वाले चरित्र के रूप में चित्रित किया गया है।

दस-बारह साल पहले *स्टर्न* मैगज़ीन ने एक स्तब्ध करने वाली कहानी प्रकाशित की थी कि हैरर अपनी युवावस्था में एसएस (शुट्ज़स्टाफ़ेल) के सदस्य थे और उन्हें एसएस को स्कीइंग में प्रशिक्षित करने के लिए कहा गया था। एगर पर चढ़ने के बाद उनकी तसवीर हिटलर के साथ ली गई थी, क्योंकि नाज़ी खेल कौशल का फ़ायदा उठाने के लिए उत्सुक थे और उन्होंने एसएस वर्दी में शादी की थी। हालांकि, पहली और आख़िरी बार ही इस वर्दी को पहना था। हैरर ने बाद में एक महत्त्वपूर्ण बयान जारी किया जिसमें नाज़ियों के साथ अपने पिछले संबंधों का स्पष्टीकरण दिया और उसके लिए गहरा खेद व्यक्त किया।

'*स्टर्न* मैग्ज़ीन ने यह स्तब्ध करने वाली कहानी उजागर की कि हैरर अपनी युवावस्था में एसएस (शुट्ज़स्टाफ़ेल) के सदस्य थे।'

सेवन इयर्स इन तिब्बत पढ़ने से पता चलता है कि इस तरह का अनुभव किसी व्यक्ति को कैसे बदल सकता है। तिब्बत और उसके लोगों के प्रति उनके स्नेह और युवा दलाई लामा के साथ उनके असाधारण घनिष्ठ संबंध ने निश्चित रूप से उनकी दिशा को अनायास बदल दिया। नंगा पर्वत हिमालयन एक्सपीडिशन एक महत्त्वपूर्ण मोड़ था, या जैसा कि वह कहते हैं, 'यह मेरा सौभाग्य था कि पहाड़ों, बर्फ़ की वादियों और देवताओं ने मुझे रास्ते में आने वाली समस्याओं को दूर करने में मदद की।'

'तिब्बत और उसके लोगों के प्रति उनके स्नेह और युवा दलाई लामा के साथ उनके असाधारण घनिष्ठ संबंध ने अनायास ही उनकी दिशा बदल दी।'

हैरर का बचपन बहुत ही साधारण ढंग से बीता। 1912 में ऑस्ट्रिया के दक्षिणी प्रांत कैरिंथिया में हटनबर्ग के पास ओबरगोसेन नामक एक छोटे-से गांव में जन्मे हैरर डाकघर के एक अधिकारी के बेटे थे। उनका बचपन पहाड़ों के आस-पास बीता। उनके दादा स्थानीय लोहे की खदान में काम करते थे और हैरर को याद है कि वह खदान से दुर्लभ क्रिस्टल लाते थे और उन्हें एक अलमारी के ऊपर रख देते थे। एक दिन उन्होंने अपनी पत्नी को बताया कि खदान में काम करने वाले उनके एक क़रीबी सहकर्मी की विस्फोट में मौत हो गई है। कभी-कभी रात में सभी लोग बछड़े को जन्म लेने में मदद करने के लिए जाग जाते थे। जन्म और मृत्यु का नज़दीकी संबंध है और दोनों ही अनिवार्य हैं।

क्रैनबेरी और जंगली फूल इकट्ठा करने के लिए अल्पाइन घास के मैदानों में भ्रमण करने से धीरे-धीरे भूगोल और पहाड़ों में उनकी रुचि पैदा

होने लगी। वह कहते हैं कि पहाड़ों ने उन्हें अपने लक्ष्य को समझने में मदद की। 'धीरे-धीरे पहाड़ों के प्रति मेरा प्यार बढ़ता गया और हाई स्कूल के दौरान मेरा अगला क़दम दक्षिण में लाइमस्टोन रेंज की चढ़ाई करना था। यह पर्वतश्रृंखला मेरे घर की खिड़की से दिखती थी। पहली बार मुझे चट्टान को पकड़ने के लिए अपने हाथों का उपयोग करना पड़ा। मैं पहले चील और सांभर के बारे में नहीं जानता था, और उन्हीं पहाड़ों पर भूगोल का अध्ययन करने का विचार मेरे मन में आया होगा।'

उन्होंने स्कूल एथलेटिक्स और स्कीइंग में उत्कृष्ट प्रदर्शन किया और 1933 में खेल और भूगोल का अध्ययन करने के लिए ग्राज़ यूनिवर्सिटी चले गए। उन्हें याद है कि ग्लेशियोलॉजी और एथनोग्राफ़ी का अध्ययन उनके बाद के अभियानों के दौरान बहुत उपयोगी साबित हुए। हैरर ने पर्वतारोहण के 'स्वर्ण युग' में अपने चार्ल्स बैरिंगटन, एडवर्ड व्हाइम्पर, अलेक्जेंडर वॉन हम्बोल्ट जैसे नायकों के बारे में किताबें पढ़ना शुरू किया। वह आज भी मानते हैं कि पर्वतारोहण करने की इच्छा के बारे में अनोखी बात यह है कि यह पूरी तरह से खेल के आधार के अलावा आध्यात्मिक और तकनीकी उद्देश्यों से उपजी है। दूसरे शब्दों में केवल केवल महत्त्वाकांक्षा ने ही उन्हें सफल होने के लिए प्रेरित नहीं किया। बेशक, इसको लेकर वह महत्त्वाकांक्षी तो थे ही, लेकिन पहाड़ों के प्रति उनका प्यार भी इसमें शामिल था। 'चार छुट्टियों के दौरान मैंने कई सौ ऊर्ध्वाधर

शिखरों [डोलोमाइट्स में] पर चढ़ाई की, जिनके बारे में ली कोर्बुसियर ने अपनी प्रसिद्ध इमारतों के लिए प्रशंसा हासिल करने के बाद कहा था, 'सबसे महान वास्तुकार डोलोमाइट्स का निर्माता था।'

फिर, 1939 में हैरर ने नंगा पर्वत पर चढ़ने के लिए पीटर औफ़्शनाइटर के नेतृत्व में एक छोटे अभियान के साथ नाज़ी जर्मनी को छोड़ दिया। अपने सभी अभियानों के बारे में हैरर ज़ोर देकर कहते हैं कि यह सब उनके सहयोगियों के बिना संभव नहीं था। इस पर्वतारोही की सहयोग की भावना कई आधुनिक पर्वतारोहियों की एकल महत्त्वाकांक्षा के साथ मेल नहीं खाती। उन्होंने कहा, 'पहाड़ों पर चढ़ना एक खेल माना जाता है और दुर्भाग्य से यह एकमात्र ऐसा खेल है जिसमें हर साल सैकड़ों घातक दुर्घटनाएं होती हैं... मुझे लगता है कि बचाव दल को भी जान बचाने के लिए उठाए गए जोख़िम का श्रेय मिलना चाहिए।' इतिहास द्वारा अनदेखा किए गए लोगों की उपलब्धियों की प्रशंसा करना हैरर की ख़ासियत है।

'1939 में हैरर ने पीटर औफ़्शनाइटर के नेतृत्व में एक छोटे अभियान के साथ नंगा पर्वत पर चढ़ाई करने के लिए नाज़ी जर्मनी को छोड़ दिया।'

लेकिन कई लोगों के लिए परम पावन दलाई लामा के साथ हैरर की निरंतर मित्रता ही उनकी सबसे असाधारण उपलब्धि है। निश्चित ही उन्हें स्वयं भी इस पर बहुत गर्व है। 'परम पावन ने मुझसे तीन बार मुलाक़ात की है। एक बार लिकटेंस्टीन में, फिर मेरे 80वें जन्मदिन पर (हमारी जन्म तिथि एक ही है-6 जुलाई) वह हैरर संग्रहालय का उद्घाटन करने के लिए मेरे जन्मस्थान पर आए थे, और पिछले साल [2003] मुझे तिब्बती पुरस्कार प्रदान करने के

लिए यहां आए थे।' हैरर ने मुझसे कहा, 'मुझे बहुत गर्व है कि उन्हें नोबेल शांति पुरस्कार से सम्मानित किया गया, यह वह बालक है जिसकी परवरिश में मैंने मदद की। अब वह दुनिया के सबसे प्रसिद्ध लोगों में से एक है। हाल ही में गैलप पोल में उन्हें पोप से ज़्यादा वोट मिले हैं!'

वह मुझे उन पुरस्कारों के बारे में बताने के लिए उत्सुक हैं जो उन्होंने स्वयं प्राप्त किए हैं, 'मैं अल्पाइन क्लब का मानद सदस्य हूं, जो दुनिया का सबसे पुराना पर्वतारोहण क्लब है। मैं ट्रैवलर्स क्लब का सदस्य भी हूं और 1983 में गोल्ड हम्बोल्ट पदक पाकर मुझे बहुत ख़ुशी हुई थी।'

मैंने उनसे उनकी पुस्तक *सेवन इयर्स इन तिब्बत* पर बनी हॉलीवुड फ़िल्म में उनकी भागीदारी के बारे में पूछा। इस फ़िल्म में ब्रैड पिट मुख्य भूमिका में हैं। फ़िल्म जीन-जैक्स अन्नाड द्वारा निर्देशित है। 'बेशक, इस फ़िल्म के लिए मुझसे सलाह ली गई थी और जब ब्रैड पिट हमारे साथ थे, तो हमें उन्हें छिपाना पड़ा क्योंकि बहुत-सी युवतियां उनको घेर सकती थीं। लेकिन फ़िल्म के बारे में सबसे ज़रूरी बात यह है कि पुस्तक जिस उद्देश्य को लेकर लिखी गई थी, वह पूरा हुआ। ब्रैड पिट, दलाई लामा से भी अधिक प्रसिद्ध हैं, इसलिए तिब्बती लोगों के हितों का प्रचार हुआ। लाखों लोगों ने यह फ़िल्म देखी और वे सभी जानते हैं कि 1951 से अब तक 12 लाख तिब्बतियों ने अपनी जान गंवाई है और उनकी 90 प्रतिशत इमारतें नष्ट हो गई हैं। यही बात मायने रखती है।'

'ब्रैड पिट, दलाई लामा से भी अधिक प्रसिद्ध हैं, इसलिए तिब्बती लोगों के हितों का प्रचार हुआ।'

जब मैं उन्हें याद दिलाती हूं कि युवा दलाई लामा एक बार अपने पश्चिमी गुरु (यानी हैरर को) को बौद्ध धर्म में परिवर्तित करना चाहते थे-तो हैरर भड़क जाते हैं। 'दलाई लामा ने यह बात आधी सदी पहले कही थी और मेरी राय में तिब्बत छोड़ने के बाद से उन्होंने अपने विचार बदल दिए हैं। अब वह कहते हैं कि लोगों को अपने धर्म के साथ ही बने रहना चाहिए। उन्होंने मुझसे एक बार पूछा था, 'लोग बौद्ध क्यों बनना चाहते हैं?' अब जबकि यह फ़ैशन बन गया है, हर कोई बौद्ध बनना चाहता है, लेकिन इसकी कोई ज़रूरत नहीं है।' तो आप किस धर्म के हैं? 'यह मेरा निजी मामला है।'

हैरर खोजकर्ताओं की पूरी नई पीढ़ी को सलाह और प्रेरणा देते हैं। कई पुराने लोगों के विपरीत वह विकासशील दुनिया और बिना नक़्शे वाले इलाक़ों की ख़ामियों को अपमानजनक ढंग से नहीं कहते हैं। 'जब हवाई जहाज का आविष्कार हुआ तो सभी ने सोचा कि खोज करने के लिए कुछ भी नहीं बचेगा, जो सच नहीं था। फिर नासा के उपग्रह आए। लेकिन उपग्रह किसी संस्कृति की आत्मा, भाषाओं और महान गाथाओं की खोज नहीं कर सकते। खोजकर्ताओं के लिए अभी भी बहुत कुछ करना बाक़ी है। हमें अभी भी लगभग हर जगह पर और अधिक जानकारी जुटाने की आवश्यकता है। तूफ़ानों पर हमारा कोई नियंत्रण नहीं है लेकिन हम उनका अध्ययन कर सकते हैं और शायद और अधिक जानकारी प्राप्त कर सकते हैं।'

'उपग्रह किसी संस्कृति की आत्मा, भाषाओं और महान गाथाओं की खोज नहीं कर सकते। खोजकर्ताओं के लिए अभी भी बहुत कुछ करना बाक़ी है।'

ब्रिटेन में दिए गए अपने अंतिम व्याख्यान में हैरर ने अपने भविष्य के विचारों को बताया, 'मैं अब उतना महत्त्वाकांक्षी और जिज्ञासु नहीं रहा। मैं चूहा-दौड़ में भाग नहीं लेता। उम्र ने मुझे सिखाया है कि जब मैं ख़ुद कुछ नहीं देता तो मुझे पाने की उम्मीद भी नहीं करनी चाहिए। मैं पुरानी यादों में खोने से बचने की कोशिश करता हूं, लेकिन मैं पूरी तरह चुप भी नहीं रह सकता। एक बार मैं देवदार के जंगलों में हफ़्तों तक घूमता रहा। अब पहाड़ों के किसान चाय बनाने के लिए बदबूदार केरोसिन लैंप लेकर चलते हैं, क्योंकि पेड़ों को बेतहाशा काट दिया गया है।'

वह आगे कहते हैं, 'पर्वतारोही, भूगर्भशास्त्री और नृवंशविज्ञानियों (एंथोलॉजिस्ट) सभी को ज़िम्मेदार होना चाहिए और हमारी पृथ्वी के लिए वैश्विक रूप से सोचना चाहिए। आख़िरकार यह एकमात्र ऐसा ग्रह है जिस पर मनुष्य रहते हैं। कोई भी व्यक्ति प्रकृति या विशेष रूप से पहाड़ों पर विजय प्राप्त नहीं कर सकता। कोई भी व्यक्ति वास्तव में कुछ भी करने वाला पहला व्यक्ति नहीं होता। यहां तक कि दिग्गज सर आइजैक न्यूटन भी ने इस बात को ज़ोर देकर कहा था कि वह केवल इसलिए सफल हुए, क्योंकि दूसरों ने नींव बना रखी थी। हैरर के लिए, 'पर्वत जीवंत हैं। उनकी अपनी लय है और उन्हें आराम की आवश्यकता है... पहाड़ हमें शक्ति देते हैं और शरण प्रदान करते हैं। वे स्वतंत्र हैं।

92 साल की उम्र में भी हैरर काम कर रहे हैं। जिस सुबह वह मुझसे बात कर रहे थे, उस

'कोई भी व्यक्ति प्रकृति या विशेष रूप से पहाड़ों पर विजय प्राप्त नहीं कर सकता। पहाड़ स्वतंत्र हैं।'

'92 साल की उम्र में भी हैरर काम कर रहे हैं।'

दिन उनके प्रकाशक उनके घर आने वाले थे और भूटान की 2,000 स्लाइड्स को देखकर उनमें से कुछ का चयन करने वाले थे। 'मैंने 15,000 स्लाइड्स में से 2000 छांटकर रखी हैं। भूटान पर एक कॉफ़ी-टेबल बुक की तैयारी चल रही थी। 'लेकिन मैंने पाया कि मेरे पास कहने के लिए बहुत कुछ है, इसलिए हैरर ने अपनी तसवीरों के साथ एक लंबा पाठ लिखा है। अधिकांश लोग इस इंसान के जीवन के एक अंश की जानकारी पाकर संतुष्ट हो जाएंगे। फिर भी वह दुनिया के उन अज्ञात हिस्सों को रोशन करने का काम करते जा रहे हैं जिन्हें आवाज़ देने की सख़्त ज़रूरत है।

मिरांडा हेन्स रॉयल जियोग्राफ़िकल सोसाइटी की मैग्ज़ीन जियोग्राफिकल की *एग्ज़ीक्यूटिव* एडिटर हैं और इससे पहले चार साल तक इस मैग्ज़ीन की संपादक रह चुकी हैं। *ईवनिंग स्टैंडर्ड* अख़बार में उनका पाक्षिक यात्रा स्तम्भ प्रकाशित होता है।

जीवन एक नज़र में

जन्म

6 जुलाई 1912 को ऑस्ट्रिया के कैरिंथिया प्रांत में हुटेनबर्ग के पास।

शिक्षित

1933 : ग्राज़ यूनिवर्सिटी से। यहां उन्होंने भूगोल और एथलेटिक्स में अपनी विशिष्ट पहचान बनाई।

खेल और पर्वतारोहण

1936 : गार्मिश-पार्टेनकिर्चेन ओलंपिक खेलों में ऑस्ट्रियाई राष्ट्रीय स्कीइंग टीम के लिए चयनित।

1937 : वर्ल्ड यूनिवर्सिटी स्लैलम चैम्पियनशिप जीती। पेशेवर स्कीइंग टीचर और पर्वतारोही गाइड के रूप में योग्यता प्राप्त की, ऑस्ट्रियाई राष्ट्रीय महिला स्कीइंग टीम के कोच के रूप में नियुक्त किया गया।

24 जुलाई 1938 : फ्रिट्ज़ कास्परेक, एन्डरल हेक्मेयर और विगरल वोर्ग के साथ ईगर के नॉर्थ फ़ेस पर चढ़ने का पहला सफल प्रयास किया और जर्मनी में तत्काल प्रसिद्धि प्राप्त की।

दिसंबर 1938 : एक प्रख्यात जर्मन खोजकर्ता और वैज्ञानिक की बेटी लोट्टे वेगेनर से विवाह किया।

अप्रैल 1939 : नंगा पर्वत पर्वतारोहण अभियान के साथ जर्मनी से रवाना हुए, 6 मई को रावलपिंडी, पाकिस्तान पहुंचे। अगस्त के अंत में : द्वितीय विश्व युद्ध के शुरू होने पर, उन्हें भारत में ब्रिटिश सरकार द्वारा कराची, पाकिस्तान के जेल शिविर में नज़रबंद कर दिया गया। उन्हें कई शिविरों में स्थानांतरित किया गया : अहमदनगर, भारत, फिर देवलाली, भारत और अंत में देहरादून, भारत।

1943 : लोट्टे वेगेनर से विवाह विच्छेद।

20 जून 1944 : देहरादून से भागने का पहला विफल प्रयास।

29 जून 1944 : पीटर औफ़्शनाइटर के साथ देहरादून से भाग निकले। पैदल ही तिब्बत भागे।

1945 : दोनों को तिब्बत के किरोंग में शरण मिलती है, जहां उन्हें नौ महीने तक रखा जाता है।

9 नवंबर 1945 : दोनों ने शीतकाल में यात्रा जारी रखी और 2 दिसंबर को ट्रांसहिमालय के त्सांगपो पहुंचे।

1946 : लगभग सत्तर दिनों में 1,000 किलोमीटर की दूरी तय करने के बाद, थके, फटेहाल, वे पवित्र शहर ल्हासा में प्रवेश करते हैं। बाद में हैरर, दलाई लामा के निजी सलाहकार और मित्र बन जाते हैं।

1951 : सात साल बाद, चीनी आक्रमण के बाद तिब्बत छोड़कर अस्थायी रूप से भारत में बस गए, *लाइफ़* मैग्ज़ीन के लिए काम किया।

1952 : 1939 के बाद पहली बार यूरोप लौटने के लिए भारत छोड़ा। उनका पहला पड़ाव किट्ज़बुहेल, टायरॉल था, जहां वे पहली बार अपने बेटे पीटर से मिले। बाद में लिकटेंस्टीन में बस गए।

लेखन और बाद के अभियान

1952 : *सेवन इयर्स इन तिब्बत* पुस्तक प्रकाशित हुई, विश्वव्यापी व्याख्यान यात्राएं शुरू हुईं।

1953 : *सेवन इयर्स इन तिब्बत* का पहला अंग्रेज़ी संस्करण प्रकाशित हुआ।

1 मई : लंदन स्थित रॉयल जियोग्राफ़िकल सोसायटी में व्याख्यान देने के लिए आमंत्रित किया गया।

1955 : अलास्का अभियान; माउंट हंटर, माउंट डेबोरा, माउंट ड्रम की पहली चढ़ाई। ऑस्ट्रियाई गोल्फ़ चैंपियन बने। *द वाइट स्पाइडर* का प्रकाशन।

1962 : पश्चिमी न्यू गिनी में सात महीने लंबा अभियान शुरू किया। देश को उत्तर से दक्षिण की ओर पार करने का पहला सफल प्रयास। अगस्त : किट्ज़बुहेल में कैरिना हारहाउस से विवाह किया।

1964: *आई केम फ़्रॉम द स्टोन एज* का प्रकाशन।

1971 : बोर्नियो अभियान, माउंट किनाबालु पर चढ़ाई और उत्तर से दक्षिण तक बोर्नियो को पार किया।

1971-92: विश्व भर में अभियान चलाए, पुस्तकें लिखीं और टेलीविज़न के लिए डॉक्यूमेंट्री बनाईं।

जीवन का उत्तरार्द्ध

1983 : गोल्ड हम्बोल्ट पदक से सम्मानित।

25 जुलाई 1992 : परम पावन दलाई लामा ने हाइनरिक हैरर संग्रहालय का उद्घाटन किया।

1997 : निर्देशक जीन-जैक्स अन्नाड की हॉलीवुड फ़िल्म *सेवन इयर्स इन तिब्बत* के निर्माण में सलाह दी। इस फ़िल्म में ब्रैड पिट ने हाइनरिक हैरर की भूमिका निभाई।

जून 2002 : आत्मकथा मीन लेबेन प्रकाशित हुई।

6 जुलाई : हटनबर्ग में हैरर के 90वें जन्मदिन का जश्न मनाया गया, जिसमें दलाई लामा उनके अतिथि थे।

21 नवंबर : रॉयल जियोग्राफ़िकल सोसायटी और ट्रैवलर्स क्लब में 'फ़िफ़्टी इयर्स आफ़्टर तिब्बत' विषय पर व्याख्यान दिया।

आधुनिक खोजकर्ताओं के लिए हैरर की शीर्ष सलाहें

(रॉयल जियोग्राफ़िकल सोसायटी मे 21 नवंबर 2002 को दी गई)

हमेशा व्हिस्की साथ रखें

मेरे पास स्कॉच की कुछ बोतलें रहती हैं—बेशक यह बहाना बनाकर कि यह आवश्यक दवाई है। यह कितनी उपयोगी साबित हो सकती है, इसका अनुभव मैंने युगांडा में किया। ज़ैरे के रुवेनज़ोरी से आते समय हमें नशे में धुत सैनिकों ने रोक लिया। कुछ देर बाद एक आकर्षक—सा अफ़सर आया और उसने मुझे वैन खोलने का आदेश दिया।

“यहां बहुत सी अच्छी चीज़ें हैं—इनमें से कौन-सी मेरी है?” यह उसका पहला ही रिएक्शन था।

वह बेहतरीन अंग्रेज़ी बोलता था और बताता था कि उसने सैंडहर्स्ट में ट्रेनिंग ली है। मैंने तुरंत शेख़ी बघारी कि मैं इदी अमीन से मिल चुका हूँ और यह भी कि कर्नल गद्दाफ़ी ने मेरी अभियान-यात्रा को पेट्रोल से सहायता दी थी। वैन में तो केवल कैंपिंग का सामान था, लेकिन जैसे ही मैंने बड़े लाल क्रॉस वाले फ़र्स्ट-एड बॉक्स को खोला, मैं लगभग पूरी भरी हुई व्हिस्की की बोतल क़ुर्बान करने के लिए तैयार था।

मित्रतापूर्ण बातचीत में उसने बताया कि वह वतूसी मुखिया का बेटा है। फिर उसने हमें जाने दिया। अगले पड़ाव पर मैंने अपनी छिपी हुई खेप से वह बोतल तुरंत बदल दी।

यदि आप खोज करना चाहते हैं, तो हमेशा 'इनर लाइन' पार करें

'जब तक आप अपनी इनर लाइनों को पार नहीं करते, आप महान रोमांच का सामना नहीं कर सकते।'

"ज़रा-सी दुस्साहसिकता के साथ आदमी उन क्षेत्रों तक भी पहुंच सकता है जहां प्रवेश निषिद्ध होता है। जहां तक मेरा सवाल है, मैंने कम-से-कम आठ बार चुपके से तथाकथित 'इनर लाइन' को पार किया है। और मेरा मानना है कि जब तक आप अपनी इनर लाइनों को पार नहीं करते, आप महान रोमांच का सामना नहीं कर सकते। मैं अवज्ञा के लिए किसी को बढ़ावा देने वाला व्यक्ति नहीं हूं, लेकिन अगर आप में से किसी को यह जानने की सलाह चाहिए कि यह कैसे किया जाता है, तो मैं ख़ुशी से बता दूंगा।"

अपना भय छिपाएं

'हिचकिचाहट, आधे मन से काम करना, या बीच का रास्ता अपनाना—ये सब घातक साबित हो सकते हैं।'

"किसी अनजान क़बीले के पास जाते समय—चाहे पहाड़ों में हों या जंगलों में—कभी भी आधे मन से या झिझकते हुए ना जाएं। अपने भय को छिपाएं, ताकि वह ना तो आपके अभियान-सदस्यों में फैले और ना ही क़बीलाई लोगों तक पहुंचे, जिन्हें हमेशा बाहरी लोगों का आना पसंद नहीं होता। आपको दृढ़ता दिखानी होगी, इससे पहले कि उन्हें पता चले कि उनके मुक़ाबले आप कितने कमज़ोर हैं। हिचकिचाहट, आधे मन से

काम करना, या बीच का रास्ता अपनाना—ये सब घातक साबित हो सकते हैं।”

(इस सामग्री के उपयोग हेतु ऑस्ट्रियन कल्चरल फ़ोरम, लंदन के प्रति कृतज्ञता व्यक्त की जाती है।)

अनुवादक के बारे में

यामिनी रामपल्लीवार

इन दिनों नागपुर, महाराष्ट्र में कार्यरत।

एक ज़िम्मेदार, संवेदनशील और प्रतिबद्ध हिंदी पत्रकार।

'पुनःकथन' की परंपरा का निर्वाह करते हुए एक हिंदी अनुवादक के रूप में मौलिक पहचान बनाने के लिए प्रयासरत।

संतुलित, जानकारीपरक और दिलचस्प सामग्री के लेखन–पठन में रुचि।